中国核能年鉴

2015年卷

中国核能行业协会 编

CHINA
NUCLEAR
ENERGY
YEARBOOK

中国原子能出版社

编辑说明

一、《中国核能年鉴》是由中国核能行业协会组织编纂的一份综合性资料年刊，于 2009 年创刊。创办此刊旨在如实记载我国核能行业各个领域改革发展的历程和情况，力求具有全面、系统、详实、准确、权威的特点。《中国核能年鉴》的出版发行，可以为政府有关部门和各级领导科学决策提供支持，为广大会员单位提供丰富的行业信息资源，也为国内外各界人士了解、认识我国核能行业开启一扇窗口。

二、《中国核能年鉴》2015 年卷采用分类编辑法，主体内容分为栏目、分目、条目 3 个层次，少数条目下设子目。全书除了“编辑说明”“序”“《中国核能年鉴》编委会、编辑部组成人员名单”之外，共设特载、核能行业发展、核能骨干企业、行业协会与学会、企业风采、大事记、核能协会活动报道、附录 8 个栏目。

三、本卷为《中国核能年鉴》2015 年卷。文中记述时间，原则上截至 2014 年 12 月 31 日。年鉴资料均取自政府有关部门、中国核能行业协会和协会会员单位提供的材料。因在截稿付印前中国核工业集团公司材料因故未到，故本卷中涉及其集团部分，为编辑部根据公开报道整理。

四、由于编辑水平有限，缺点错误在所难免。我们祈盼广大读者的批评指正。《中国核能年鉴》编辑部将坚持中国核能行业协会的宗旨，不断提高年鉴质量，更好地为政府服务，为企业服务，为我国核能事业的发展服务。

本卷年鉴在编辑出版的过程中，得到了广大会员单位和政府有关部门的大力支持。在此，谨表诚挚的谢意。

《中国核能年鉴》2015 年卷 编辑部

《中国核能年鉴》2015年卷编辑委员会

《中国核能年鉴》2015年卷编辑部

《中国核能年鉴》2015 年卷

序

由中国核能行业协会编辑、中国原子能出版社出版的《中国核能年鉴》2015 年卷和广大读者见面了。对此，我代表中国核能行业协会表示热烈的祝贺！谨向为核能年鉴的编辑、出版给予热情帮助和大力支持的政府有关部门、会员单位、出版社、有关单位和热心人士表示衷心的感谢！

从上世纪 70 年代以来，在几代中央领导集体的关怀和支持下，我国核电发展经历了“技术准备”“工程起步”“适度发展”和“积极发展”等几个阶段，特别是 2005 年以来的 10 年中，发展速度明显加快，先后开工建设了 40 台核电机组。我国核电发展已经进入了一个新的阶段。

2014 年，我国有 5 台核电机组相继投入商业运行。2015 年，我国又有 5 台核电机组相继投入商业运行。截至 2015 年 10 月底，我国投入商业运行的核电机组数达到 27 台，装机容量达到 2577.8 万千瓦。据统计，截至 2014 年底，核电装机容量占全国电力总装机容量的 1.49%；全年累计核发电量为 1305.8 亿千瓦时，占全国电力总发电量的 2.39%。

2014 年全年，我国没有新的核电机组开工建设。2015 年，我国有 3 台核电机组相继开工建设。截至 2015 年 10 月底，我国在建的核电机组数为 24 台，装机容量为 2636.1 万千瓦。

这样，我国在建和投运的核电机组为 51 台，总装机容量首次超过 5000 万千瓦，达到 5213.9 万千瓦。

2015 年，我国运行核电厂严格控制机组的运行风险，继续保持安全稳定运行，未发生国际核事件分级（INES）1 级及 1 级以上的运行事件；未发生较大及以上生产安全事故、环境污染事件；未发生火灾爆炸事故；未发生职业病危害事故。

按照国家环境保护法规和环境辐射监测标准，依据管理部门批准的排放限值，我国运行核电厂对放射性排出流的排放进行了严格控制，对核电厂周围环境进行了有效监测。据环境监测结果表明，各核电厂放射性排出流的排放量均远低于国家标准限值；环境空气吸收剂量率在当地本底辐射水平涨落范围之内。

在我国核工业创建 60 周年之际，中共中央总书记、国家主席、中央军委主席习近平作出重要指示，指出，“核工业是高科技战略产业，是国家安全重要基石。要坚持安全发展、创新发展，坚持和平利用核能，全面提升核工业的核心竞争力，续写我国核工业新的辉煌篇章。”

国务院总理李克强2015年6月15日在中国核电工程有限公司考察工作时说，“你们自主研发制造质量优、有竞争力的核电机组，是在铸‘国之重器’，为中国发展‘强筋壮骨’。”

中国向国际社会承诺，到2030年，我国“非化石能源消费占比提高到20%”。核电在中国未来清洁能源发展中仍将发挥重要作用，继续保持规模发展的良好态势。

中核集团和中广核集团在30余年核电建设和运行经验的基础上，充分借鉴国际三代核电技术先进理念，采用国际最高安全标准研发设计了“华龙一号”。“华龙一号”的诞生，使我国成为继美国、法国、俄罗斯等之后，具有三代核电技术和自主品牌的少数国家之一。

国务院核准建设的“华龙一号”示范机组，已于2015年5月7日在福清核电厂址开工建设。

国家重大科技专项——大型先进压水堆及高温气冷堆核电站获得重要进展。具有自主知识产权的三代核电技术品牌CAP1400示范工程开工前的6大关键试验已经全部完成，在设计、项目评审、主设备采购、施工准备等方面均已具备核准开工条件。世界首台模块式高温气冷堆核电站——华能石岛湾高温气冷堆核电站示范工程，自2012年12月21日正式开工以来，进展顺利。

中国核能行业协会组织专家，对内陆核电建设进行了科学论证，并向政府有关部门提出了适时开工建设内陆核电的建议。

我们相信，有政府有关部门和广大会员单位和编委会同志的大力支持，有编辑部全体同仁的共同努力，《中国核能年鉴》一定会一卷比一卷办得好，也一定能成为为政府、行业和企业提供更好服务的信息平台。

中国核能行业协会 理事长

张华祝

目 录

特 载

党和国家领导人对发展我国核能事业的关怀及重要指示……2

习近平出席第三届核安全峰会……2

习近平在核安全峰会上发表重要讲话首次阐述中国核安全观……3

习近平出席中法和平利用核能合作签字仪式……4

习近平见证中俄签署合作建造浮动堆的谅解备忘录……4

李克强出席纳米比亚湖山铀矿项目有关协议签字仪式……5

李克强出席中意核能合作备忘录签字仪式……5

李克强见证中英签署核能合作谅解备忘录……6

李克强出席中国与西班牙签署核能合作有关文件签字仪式……6

李克强出席中加签署核能合作谅解备忘录签字仪式……7

刘延东、胡春华参观深圳高交会核电展台……7

马凯参观第十三届中国国际核工业展……8

胡春华到陆丰核电项目现场调研……8

张庆黎到临港基地现场调研……9

万钢考察大亚湾核电基地……9

法律法规……10

中华人民共和国环境保护法……10

国家发展改革委关于加强和改进发电运行调节管理的指导意见……19

国家能源局关于 2014 年能源工作指导意见……24

国家发改委 国家能源局 国家环保部关于能源行业加强大气污染防治工作方案……32

国家能源局关于发电机组并网安全性评价管理办法……43

国家核安全局发布放射性物品运输核与辐射安全分析报告书格式和内容……46

国家能源局综合司关于改进加强核电重大专项立项管理工作的通知……59

战略与规划……61

国务院办公厅印发能源发展战略行动计划（2014—2020 年）……61

政策声明……71

国家核安全局 国家能源局 国家国防科工局发布核安全文化政策声明……71

特　　载

党和国家领导人

对发展我国核能事业的关怀及重要指示

习近平出席第三届核安全峰会

习近平在核安全峰会上发表重要讲话
首次阐述中国核安全观

第三届核安全峰会2014年3月24日在荷兰海牙举行。国家主席习近平出席并发表重要讲话，首次阐述中国核安全观。

习近平指出：人类要很好利用核能、实现更大发展，必须应对好各种核安全挑战，维护好核材料和核设施安全。加强核安全是一个持续过程。我们要坚持理性、协调、并进的核安全观，把核安全进程纳入健康持续发展轨道。

第一、发展和安全并重，以确保安全为前提发展核能事业。

我们要秉承为发展求安全、以安全促发展理念。任何以牺牲安全为代价的核能发展，都难以维持，都不是真正的发展。

第二、权利和义务并重，以尊重各国权益为基础推进国际核安全进程。

确实履行核安全国际法律文书规定的义务，全面执行联合国安理会有关决议，在强调各国履行有关国际义务的同时，尊重各国根据本国国情采取最适合的核安全政策和举措的权利。

第三、自主和协作并重，以互利共赢为途径寻求普遍核安全。

核安全首要责任应由各国政府承担，各国政府要强化核安全意识，加强机制建设，提升技术水平。核安全也是全球性课题，要吸引更多国家加入国际核安全进程，加强交流、互鉴、共享，有关多边机制和倡议要统筹协调、协同努力。

第四、治标和治本并重，以消除根源为目标全面推进核安全努力。

完善核安全政策举措，坚持核材料供需平衡，深化打击核恐怖主义国际合作，是消除核安全隐患和核扩散风险的直接和有效途径。只有营造和平稳定的国际环境，才能从根本上解决恐怖主义和核扩散问题，实现核能持久安全和发展。

习近平强调，发展核事业50多年来，中国保持了良好的核安全记录，中国对全国核设施开展了全面安全检查，不断完善国家核安全法规体系，正在制订核安全条例。中国还积极推动核安全国际合作。

习近平最后指出，光明前进一分，黑暗便退后一分。我们在核安全领域多做一份努力，恐怖主义就少一次可乘之机。中国将坚定不移增强自身核安全能力，坚定不移参与构建公平、合作、共赢的国际核安全体系，坚定不移支持国际原子能机构主导的核安全国际合作，坚定不移维护地区和世界和平稳定，为实现持久核安全继续作出自己的努力和贡献。

习近平出席中法和平利用核能合作签字仪式

2014 年 3 月 26 日（法国巴黎时间），在中国国家主席习近平、法国总统奥朗德的共同见证下，中广核集团公司与法国电力公司（EDF）签署了双方关于英国新建核电项目工业合作协议和关于核能领域研发、设计、采购及运维合作协议的联合声明；中核集团公司和法国阿海珐集团(AREVA)签署了关于后处理再循环长期合作谅解备忘录。

习近平见证中俄签署合作建造浮动堆的谅解备忘录

2014 年 5 月 20 日，在国家主席习近平与俄罗斯总统普京共同见证下，国家原子能机构主任许达哲与俄罗斯国家原子能集团公司总经理基里延科在上海签署《中国国家原子能机构与俄罗斯国家原子能集团公司关于合作建造浮动堆的谅解备忘录》。

李克强出席纳米比亚湖山铀矿项目有关协议签字仪式

2014年4月9日，在国务院总理李克强、纳米比亚总理根格布的见证下，中广核集团公司董事长贺禹与纳米比亚国家水务公司首席执行官希胡迪、纳米比亚金属业工人工会秘书长贾斯蒂娜在海南省三亚市签署了湖山铀矿项目供水供电协议和劳工协议。

李克强出席中意核能合作备忘录签字仪式

2014年6月11日，在国务院总理李克强、意大利共和国总理马泰奥·伦齐的共同见证下，中广核集团公司与意大利国有核电管理公司在北京签署核设施退役和放射性管理领域双边合作备忘录；中核集团公司与意大利国家电力公司签署了《核能合作谅解备忘录》。

李克强见证中英签署核能合作谅解备忘录

2014年6月17日，在国务院总理李克强和英国首相卡梅伦的见证下，中国国家原子能机构主任许达哲、中核集团公司总经理钱智民与英国能源与气候变化部大臣爱德华·戴维、英国国际核服务公司总经理马克·杰维斯分别代表四方在伦敦签署《关于加强民用核工业燃料循环全产业链合作的谅解备忘录》。

李克强出席中国与西班牙签署核能合作有关文件签字仪式

2014年9月25日，在国务院总理李克强、西班牙王国首相马里亚诺·拉霍伊的见证下，中广核集团公司与西班牙ENUSA公司在北京签署设备采购合同；中核集团公司与西班牙恩萨公司签署了关于核电站产品及服务合作谅解备忘录。

李克强出席中加签署核能合作谅解备忘录签字仪式

2014年11月8日，北京APEC会议期间，在国务院总理李克强与加拿大总理哈帕的共同见证下，国家能源局局长吴新雄与加拿大国贸部部长埃德·法斯特签署了《中国国家能源局与加拿大自然资源部关于核能合作的谅解备忘录》；中核集团公司与加拿大坎杜能源公司签署了关于组建合资公司的框架协议，双方将共同研发和推广先进燃料重水堆，联合开拓核能市场。

刘延东、胡春华参观深圳高交会核电展台

2014年11月16日，中共中央政治局委员、国务院副总理刘延东，中共中央政治局委员、广东省委书记胡春华一行参观了在深圳举行的第十六届中国国际高新技术成果交易会。在驻足中广核集团展台时，刘延东高度肯定了中广核在核电发展、技术研发等方面取得的进展，强调一定要做好自主知识产权三代核电技术研发，把握主动权，真正实现核电“走出去”。

马凯参观第十三届中国国际核工业展

2014年4月16日，中共中央政治局委员、国务院副总理马凯参观了第十三届中国国际核工业展。图为正在参观国家核电技术有限公司的展台。

胡春华到陆丰核电项目现场调研

2014年7月23日，中共中央政治局委员、广东省委书记胡春华到陆丰核电项目现场调研。

张庆黎到临港基地现场调研

2014年5月9日，全国政协副主席张庆黎率特邀常委视察团到临港基地现场调研，了解核电产业的制造与发展情况。

万钢考察大亚湾核电基地

2014 年 11 月 15 日，全国政协副主席、国家科技部部长万钢考察大亚湾核电基地。

法律法规

中华人民共和国主席令

第 九 号

《中华人民共和国环境保护法》已由中华人民共和国第十二届全国人民代表大会常务委员会第八次会议于2014年4月24日修订通过，现将修订后的《中华人民共和国环境保护法》公布，自2015年1月1日起施行。

中华人民共和国主席 习近平

2014年4月24日

中华人民共和国环境保护法

（1989年12月26日第七届全国人民代表大会常务委员会第十一次会议通过；2014年4月24日第十二届全国人民代表大会常务委员会第八次会议修订）

第一章 总则

第一条 为保护和改善环境，防治污染和其他公害，保障公众健康，推进生态文明建设，促进经济社会可持续发展，制定本法。

第二条 本法所称环境，是指影响人类生存和发展的各种天然的和经过人工改造的自然因素的总体，包括大气、水、海洋、土地、矿藏、森林、草原、湿地、野生生物、自然遗迹、人文遗迹、自然保护区、风景名胜区、城市和乡村等。

第三条 本法适用于中华人民共和国领域和中华人民共和国管辖的其他海域。

第四条 保护环境是国家的基本国策。

国家采取有利于节约和循环利用资源、保护和改善环境、促进人与自然和谐的经济、技术政策和措施，使经济社会发展与环境保护相协调。

第五条 环境保护坚持保护优先、预防为主、综合治理、公众参与、损害担责的原则。

第六条 一切单位和个人都有保护环境的义务。

地方各级人民政府应当对本行政区域的环境质量负责。

企业事业单位和其他生产经营者应当防止、减少环境污染和生态破坏，对所造成的损害依法承担责任。

公民应当增强环境保护意识，采取低碳、节俭的生活方式，自觉履行环境保护义务。

第七条 国家支持环境保护科学技术研究、开发和应用，鼓励环境保护产业发展，促进环境保护信息化建设，提高环境保护科学技术水平。

第八条 各级人民政府应当加大保护和改善环境、防治污染和其他公害的财政投入，提高财政资金的使用效益。

第九条　各级人民政府应当加强环境保护宣传和普及工作，鼓励基层群众性自治组织、社会组织、环境保护志愿者开展环境保护法律法规和环境保护知识的宣传，营造保护环境的良好风气。

教育行政部门、学校应当将环境保护知识纳入学校教育内容，培养学生的环境保护意识。

新闻媒体应当开展环境保护法律法规和环境保护知识的宣传，对环境违法行为进行舆论监督。

第十条　国务院环境保护主管部门，对全国环境保护工作实施统一监督管理；县级以上地方人民政府环境保护主管部门，对本行政区域环境保护工作实施统一监督管理。

县级以上人民政府有关部门和军队环境保护部门，依照有关法律的规定对资源保护和污染防治等环境保护工作实施监督管理。

第十一条　对保护和改善环境有显著成绩的单位和个人，由人民政府给予奖励。

第十二条　每年 6 月 5 日为环境日。

第二章　监督管理

第十三条　县级以上人民政府应当将环境保护工作纳入国民经济和社会发展规划。

国务院环境保护主管部门会同有关部门，根据国民经济和社会发展规划编制国家环境保护规划，报国务院批准并公布实施。

县级以上地方人民政府环境保护主管部门会同有关部门，根据国家环境保护规划的要求，编制本行政区域的环境保护规划，报同级人民政府批准并公布实施。

环境保护规划的内容应当包括生态保护和污染防治的目标、任务、保障措施等，并与主体功能区规划、土地利用总体规划和城乡规划等相衔接。

第十四条　国务院有关部门和省、自治区、直辖市人民政府组织制定经济、技术政策，应当充分考虑对环境的影响，听取有关方面和专家的意见。

第十五条　国务院环境保护主管部门制定国家环境质量标准。

省、自治区、直辖市人民政府对国家环境质量标准中未作规定的项目，可以制定地方环境质量标准；对国家环境质量标准中已作规定的项目，可以制定严于国家环境质量标准的地方环境质量标准。地方环境质量标准应当报国务院环境保护主管部门备案。

国家鼓励开展环境基准研究。

第十六条　国务院环境保护主管部门根据国家环境质量标准和国家经济、技术条件，制定国家污染物排放标准。

省、自治区、直辖市人民政府对国家污染物排放标准中未作规定的项目，可以制定地方污染物排放标准；对国家污染物排放标准中已作规定的项目，可以制定严于国家污染物排放标准的地方污染物排放标准。地方污染物排放标准应当报国务院环境保护主管部门备案。

第十七条　国家建立、健全环境监测

制度。国务院环境保护主管部门制定监测规范，会同有关部门组织监测网络，统一规划国家环境质量监测站（点）的设置，建立监测数据共享机制，加强对环境监测的管理。

有关行业、专业等各类环境质量监测站（点）的设置应当符合法律法规规定和监测规范的要求。

监测机构应当使用符合国家标准的监测设备，遵守监测规范。监测机构及其负责人对监测数据的真实性和准确性负责。

第十八条　省级以上人民政府应当组织有关部门或者委托专业机构，对环境状况进行调查、评价，建立环境资源承载能力监测预警机制。

第十九条　编制有关开发利用规划，建设对环境有影响的项目，应当依法进行环境影响评价。

未依法进行环境影响评价的开发利用规划，不得组织实施；未依法进行环境影响评价的建设项目，不得开工建设。

第二十条　国家建立跨行政区域的重点区域、流域环境污染和生态破坏联合防治协调机制，实行统一规划、统一标准、统一监测、统一的防治措施。

前款规定以外的跨行政区域的环境污染和生态破坏的防治，由上级人民政府协调解决，或者由有关地方人民政府协商解决。

第二十一条　国家采取财政、税收、价格、政府采购等方面的政策和措施，鼓励和支持环境保护技术装备、资源综合利用和环境服务等环境保护产业的发展。

第二十二条　企业事业单位和其他生产经营者，在污染物排放符合法定要求的基础上，进一步减少污染物排放的，人民政府应当依法采取财政、税收、价格、政府采购等方面的政策和措施予以鼓励和支持。

第二十三条　企业事业单位和其他生产经营者，为改善环境，依照有关规定转产、搬迁、关闭的，人民政府应当予以支持。

第二十四条　县级以上人民政府环境保护主管部门及其委托的环境监察机构和其他负有环境保护监督管理职责的部门，有权对排放污染物的企业事业单位和其他生产经营者进行现场检查。被检查者应当如实反映情况，提供必要的资料。实施现场检查的部门、机构及其工作人员应当为被检查者保守商业秘密。

第二十五条　企业事业单位和其他生产经营者违反法律法规规定排放污染物，造成或者可能造成严重污染的，县级以上人民政府环境保护主管部门和其他负有环境保护监督管理职责的部门，可以查封、扣押造成污染物排放的设施、设备。

第二十六条　国家实行环境保护目标责任制和考核评价制度。县级以上人民政府应当将环境保护目标完成情况纳入对本级人民政府负有环境保护监督管理职责的部门及其负责人和下级人民政府及其负责人的考核内容，作为对其考核评价的重要依据。考核结果应当向社会公开。

第二十七条　县级以上人民政府应当每年向本级人民代表大会或者人民代表大会常务委员会报告环境状况和环境保护目

标完成情况，对发生的重大环境事件应当及时向本级人民代表大会常务委员会报告，依法接受监督。

第三章　保护和改善环境

第二十八条　地方各级人民政府应当根据环境保护目标和治理任务，采取有效措施，改善环境质量。

未达到国家环境质量标准的重点区域、流域的有关地方人民政府，应当制定限期达标规划，并采取措施按期达标。

第二十九条　国家在重点生态功能区、生态环境敏感区和脆弱区等区域划定生态保护红线，实行严格保护。

各级人民政府对具有代表性的各种类型的自然生态系统区域，珍稀、濒危的野生动植物自然分布区域，重要的水源涵养区域，具有重大科学文化价值的地质构造、著名溶洞和化石分布区、冰川、火山、温泉等自然遗迹，以及人文遗迹、古树名木，应当采取措施予以保护，严禁破坏。

第三十条　开发利用自然资源，应当合理开发，保护生物多样性，保障生态安全，依法制定有关生态保护和恢复治理方案并予以实施。

引进外来物种以及研究、开发和利用生物技术，应当采取措施，防止对生物多样性的破坏。

第三十一条　国家建立、健全生态保护补偿制度。

国家加大对生态保护地区的财政转移支付力度。有关地方人民政府应当落实生态保护补偿资金，确保其用于生态保护补偿。

国家指导受益地区和生态保护地区人民政府通过协商或者按照市场规则进行生态保护补偿。

第三十二条　国家加强对大气、水、土壤等的保护，建立和完善相应的调查、监测、评估和修复制度。

第三十三条　各级人民政府应当加强对农业环境的保护，促进农业环境保护新技术的使用，加强对农业污染源的监测预警，统筹有关部门采取措施，防治土壤污染和土地沙化、盐渍化、贫瘠化、石漠化、地面沉降以及防治植被破坏、水土流失、水体富营养化、水源枯竭、种源灭绝等生态失调现象，推广植物病虫害的综合防治。

县级、乡级人民政府应当提高农村环境保护公共服务水平，推动农村环境综合整治。

第三十四条　国务院和沿海地方各级人民政府应当加强对海洋环境的保护。向海洋排放污染物、倾倒废弃物，进行海岸工程和海洋工程建设，应当符合法律法规规定和有关标准，防止和减少对海洋环境的污染损害。

第三十五条　城乡建设应当结合当地自然环境的特点，保护植被、水域和自然景观，加强城市园林、绿地和风景名胜区的建设与管理。

第三十六条　国家鼓励和引导公民、法人和其他组织使用有利于保护环境的产品和再生产品，减少废弃物的产生。

国家机关和使用财政资金的其他组织

应当优先采购和使用节能、节水、节材等有利于保护环境的产品、设备和设施。

第三十七条　地方各级人民政府应当采取措施，组织对生活废弃物的分类处置、回收利用。

第三十八条　公民应当遵守环境保护法律法规，配合实施环境保护措施，按照规定对生活废弃物进行分类放置，减少日常生活对环境造成的损害。

第三十九条　国家建立、健全环境与健康监测、调查和风险评估制度；鼓励和组织开展环境质量对公众健康影响的研究，采取措施预防和控制与环境污染有关的疾病。

第四章　防治污染和其他公害

第四十条　国家促进清洁生产和资源循环利用。

国务院有关部门和地方各级人民政府应当采取措施，推广清洁能源的生产和使用。

企业应当优先使用清洁能源，采用资源利用率高、污染物排放量少的工艺、设备以及废弃物综合利用技术和污染物无害化处理技术，减少污染物的产生。

第四十一条　建设项目中防治污染的设施，应当与主体工程同时设计、同时施工、同时投产使用。防治污染的设施应当符合经批准的环境影响评价文件的要求，不得擅自拆除或者闲置。

第四十二条　排放污染物的企业事业单位和其他生产经营者，应当采取措施，防治在生产建设或者其他活动中产生的废气、废水、废渣、医疗废物、粉尘、恶臭气体、放射性物质以及噪声、振动、光辐射、电磁辐射等对环境的污染和危害。

排放污染物的企业事业单位，应当建立环境保护责任制度，明确单位负责人和相关人员的责任。

重点排污单位应当按照国家有关规定和监测规范安装使用监测设备，保证监测设备正常运行，保存原始监测记录。

严禁通过暗管、渗井、渗坑、灌注或者篡改、伪造监测数据，或者不正常运行防治污染设施等逃避监管的方式违法排放污染物。

第四十三条　排放污染物的企业事业单位和其他生产经营者，应当按照国家有关规定缴纳排污费。排污费应当全部专项用于环境污染防治，任何单位和个人不得截留、挤占或者挪作他用。

依照法律规定征收环境保护税的，不再征收排污费。

第四十四条　国家实行重点污染物排放总量控制制度。重点污染物排放总量控制指标由国务院下达，省、自治区、直辖市人民政府分解落实。企业事业单位在执行国家和地方污染物排放标准的同时，应当遵守分解落实到本单位的重点污染物排放总量控制指标。

对超过国家重点污染物排放总量控制指标或者未完成国家确定的环境质量目标的地区，省级以上人民政府环境保护主管部门应当暂停审批其新增重点污染物排放总量的建设项目环境影响评价文件。

第四十五条　国家依照法律规定实行排污许可管理制度。

实行排污许可管理的企业事业单位和其他生产经营者应当按照排污许可证的要求排放污染物；未取得排污许可证的，不得排放污染物。

第四十六条　国家对严重污染环境的工艺、设备和产品实行淘汰制度。任何单位和个人不得生产、销售或者转移、使用严重污染环境的工艺、设备和产品。

禁止引进不符合我国环境保护规定的技术、设备、材料和产品。

第四十七条　各级人民政府及其有关部门和企业事业单位，应当依照《中华人民共和国突发事件应对法》的规定，做好突发环境事件的风险控制、应急准备、应急处置和事后恢复等工作。

县级以上人民政府应当建立环境污染公共监测预警机制，组织制定预警方案；环境受到污染，可能影响公众健康和环境安全时，依法及时公布预警信息，启动应急措施。

企业事业单位应当按照国家有关规定制定突发环境事件应急预案，报环境保护主管部门和有关部门备案。在发生或者可能发生突发环境事件时，企业事业单位应当立即采取措施处理，及时通报可能受到危害的单位和居民，并向环境保护主管部门和有关部门报告。

突发环境事件应急处置工作结束后，有关人民政府应当立即组织评估事件造成的环境影响和损失，并及时将评估结果向社会公布。

第四十八条　生产、储存、运输、销售、使用、处置化学物品和含有放射性物质的物品，应当遵守国家有关规定，防止污染环境。

第四十九条　各级人民政府及其农业等有关部门和机构应当指导农业生产经营者科学种植和养殖，科学合理施用农药、化肥等农业投入品，科学处置农用薄膜、农作物秸秆等农业废弃物，防止农业面源污染。

禁止将不符合农用标准和环境保护标准的固体废物、废水施入农田。施用农药、化肥等农业投入品及进行灌溉，应当采取措施，防止重金属和其他有毒有害物质污染环境。

畜禽养殖场、养殖小区、定点屠宰企业等的选址、建设和管理应当符合有关法律法规规定。从事畜禽养殖和屠宰的单位和个人应当采取措施，对畜禽粪便、尸体和污水等废弃物进行科学处置，防止污染环境。

县级人民政府负责组织农村生活废弃物的处置工作。

第五十条　各级人民政府应当在财政预算中安排资金，支持农村饮用水水源地保护、生活污水和其他废弃物处理、畜禽养殖和屠宰污染防治、土壤污染防治和农村工矿污染治理等环境保护工作。

第五十一条　各级人民政府应当统筹城乡建设污水处理设施及配套管网，固体废物的收集、运输和处置等环境卫生设施，危险废物集中处置设施、场所以及其他环境保护公共设施，并保障其正常运行。

第五十二条　国家鼓励投保环境污染责任保险。

第五章　信息公开和公众参与

第五十三条　公民、法人和其他组织依法享有获取环境信息、参与和监督环境保护的权利。

各级人民政府环境保护主管部门和其他负有环境保护监督管理职责的部门，应当依法公开环境信息、完善公众参与程序，为公民、法人和其他组织参与和监督环境保护提供便利。

第五十四条　国务院环境保护主管部门统一发布国家环境质量、重点污染源监测信息及其他重大环境信息。省级以上人民政府环境保护主管部门定期发布环境状况公报。

县级以上人民政府环境保护主管部门和其他负有环境保护监督管理职责的部门，应当依法公开环境质量、环境监测、突发环境事件以及环境行政许可、行政处罚、排污费的征收和使用情况等信息。

县级以上地方人民政府环境保护主管部门和其他负有环境保护监督管理职责的部门，应当将企业事业单位和其他生产经营者的环境违法信息记入社会诚信档案，及时向社会公布违法者名单。

第五十五条　重点排污单位应当如实向社会公开其主要污染物的名称、排放方式、排放浓度和总量、超标排放情况，以及防治污染设施的建设和运行情况，接受社会监督。

第五十六条　对依法应当编制环境影响报告书的建设项目，建设单位应当在编制时向可能受影响的公众说明情况，充分征求意见。

负责审批建设项目环境影响评价文件的部门在收到建设项目环境影响报告书后，除涉及国家秘密和商业秘密的事项外，应当全文公开；发现建设项目未充分征求公众意见的，应当责成建设单位征求公众意见。

第五十七条　公民、法人和其他组织发现任何单位和个人有污染环境和破坏生态行为的，有权向环境保护主管部门或者其他负有环境保护监督管理职责的部门举报。

公民、法人和其他组织发现地方各级人民政府、县级以上人民政府环境保护主管部门和其他负有环境保护监督管理职责的部门不依法履行职责的，有权向其上级机关或者监察机关举报。

接受举报的机关应当对举报人的相关信息予以保密，保护举报人的合法权益。

第五十八条　对污染环境、破坏生态，损害社会公共利益的行为，符合下列条件的社会组织可以向人民法院提起诉讼：

（一）依法在设区的市级以上人民政府民政部门登记；

（二）专门从事环境保护公益活动连续五年以上且无违法记录。

符合前款规定的社会组织向人民法院提起诉讼，人民法院应当依法受理。

提起诉讼的社会组织不得通过诉讼牟取经济利益。

第六章　法律责任

第五十九条　企业事业单位和其他生产经营者违法排放污染物，受到罚款处罚，被责令改正，拒不改正的，依法作出处罚决定的行政机关可以自责令改正之日的次日起，按照原处罚数额按日连续处罚。

前款规定的罚款处罚，依照有关法律法规按照防治污染设施的运行成本、违法行为造成的直接损失或者违法所得等因素确定的规定执行。

地方性法规可以根据环境保护的实际需要，增加第一款规定的按日连续处罚的违法行为的种类。

第六十条　企业事业单位和其他生产经营者超过污染物排放标准或者超过重点污染物排放总量控制指标排放污染物的，县级以上人民政府环境保护主管部门可以责令其采取限制生产、停产整治等措施；情节严重的，报经有批准权的人民政府批准，责令停业、关闭。

第六十一条　建设单位未依法提交建设项目环境影响评价文件或者环境影响评价文件未经批准，擅自开工建设的，由负有环境保护监督管理职责的部门责令停止建设，处以罚款，并可以责令恢复原状。

第六十二条　违反本法规定，重点排污单位不公开或者不如实公开环境信息的，由县级以上地方人民政府环境保护主管部门责令公开，处以罚款，并予以公告。

第六十三条　企业事业单位和其他生产经营者有下列行为之一，尚不构成犯罪的，除依照有关法律法规规定予以处罚外，由县级以上人民政府环境保护主管部门或者其他有关部门将案件移送公安机关，对其直接负责的主管人员和其他直接责任人员，处十日以上十五日以下拘留；情节较轻的，处五日以上十日以下拘留：

（一）建设项目未依法进行环境影响评价，被责令停止建设，拒不执行的；

（二）违反法律规定，未取得排污许可证排放污染物，被责令停止排污，拒不执行的；

（三）通过暗管、渗井、渗坑、灌注或者篡改、伪造监测数据，或者不正常运行防治污染设施等逃避监管的方式违法排放污染物的；

（四）生产、使用国家明令禁止生产、使用的农药，被责令改正，拒不改正的。

第六十四条　因污染环境和破坏生态造成损害的，应当依照《中华人民共和国侵权责任法》的有关规定承担侵权责任。

第六十五条　环境影响评价机构、环境监测机构以及从事环境监测设备和防治污染设施维护、运营的机构，在有关环境服务活动中弄虚作假，对造成的环境污染和生态破坏负有责任的，除依照有关法律法规规定予以处罚外，还应当与造成环境污染和生态破坏的其他责任者承担连带责任。

第六十六条　提起环境损害赔偿诉讼的时效期间为三年，从当事人知道或者应当知道其受到损害时起计算。

第六十七条　上级人民政府及其环境保护主管部门应当加强对下级人民政府及其有关部门环境保护工作的监督。发现有关工作人员有违法行为，依法应当给予处分的，应当向其任免机关或者监察机关提出处分建议。

依法应当给予行政处罚，而有关环境保护主管部门不给予行政处罚的，上级人民政府环境保护主管部门可以直接作出行政处罚的决定。

第六十八条　地方各级人民政府、县级以上人民政府环境保护主管部门和其他负有环境保护监督管理职责的部门有下列行为之一的，对直接负责的主管人员和其他直接责任人员给予记过、记大过或者降级处分；造成严重后果的，给予撤职或者开除处分，其主要负责人应当引咎辞职：

（一）不符合行政许可条件准予行政许可的；

（二）对环境违法行为进行包庇的；

（三）依法应当作出责令停业、关闭的决定而未作出的；

（四）对超标排放污染物、采用逃避监管的方式排放污染物、造成环境事故以及不落实生态保护措施造成生态破坏等行为，发现或者接到举报未及时查处的；

（五）违反本法规定，查封、扣押企业事业单位和其他生产经营者的设施、设备的；

（六）篡改、伪造或者指使篡改、伪造监测数据的；

（七）应当依法公开环境信息而未公开的；

（八）将征收的排污费截留、挤占或者挪作他用的；

（九）法律法规规定的其他违法行为。

第六十九条　违反本法规定，构成犯罪的，依法追究刑事责任。

第七章　附则

第七十条　本法自 2015 年 1 月 1 日起施行。

国家发展改革委关于加强和改进发电运行调节管理的指导意见

发改运行[2014]985号

北京市、河北省、江西省、河南省、陕西省、西藏自治区发展改革委，各省、自治区、直辖市经信委（经贸委、经委、工信委、工信厅），吉林省能源局，国家电网公司、中国南方电网有限责任公司，中国华能集团公司、中国大唐集团公司、中国华电集团公司、中国国电集团公司、中国电力投资集团公司、中国三峡集团公司、中国神华集团公司、国家开发投资公司：

为稳定电力生产供应，保障电力供需平衡，强化电网安全运行，促进节能减排和资源优化配置，根据《电力法》、《电网调度管理条例》等有关法律法规的规定和国务院关于行政审批改革的精神，现就加强和改进发电运行调节管理提出以下指导意见。

一、发电运行应坚持的原则

（一）发电运行应坚持“安全第一，预防为主”的方针，促进电网安全稳定运行。

（二）发电运行应坚持连续稳定，服从统一调度，保障电力可靠供应。

（三）发电运行应坚持电力电量平衡，资源优化配置，促进节能减排和大气污染防治。

（四）发电计划安排应坚持市场化改革的方向，逐步缩小计划比例，为市场交易创造条件。

（五）火力发电生产应坚持燃料稳定供应，避免因燃料短缺导致停机或减少发电出力。

（六）建立健全发电运行监督管理制度，并严格执行。

二、统筹电力电量平衡，促进节能减排

（七）年度电力电量平衡方案包括需求预测、供应能力、发电计划、送受电计划及供需平衡分析、保障应对措施等。

（八）国家发展改革委会同国家能源局确定年度电力电量平衡方案编制原则。

（九）各省（区、市）政府主管部门负责组织编制本地年度电力电量平衡方案，报国家发展改革委备案，并抄送国家能源局派出机构。

（十）在制定年度电力电量平衡方案时，应积极促进售电侧改革，根据市场需要预留直接交易空间（包括电量及对应的容量），支持用户开展电力直接交易试点，并将交易电量纳入电力电量平衡。

（十一）年度发电计划在确保电网安全稳定的前提下，全额安排可再生能源上网电量，优先安排水电、核电、热电联产、资源综合利用机组发电（其中水电等清洁能源按照资源条件和历史均值确定发电量，租赁制经营的抽水蓄能电站电量以市场招标方式确定）；在燃煤发电机组中，

综合考虑机组参数、脱硫、脱硝、除尘、供热、空冷、中水利用、海水淡化等有关因素，全面推行差别电量政策，确保高效节能环保机组的利用小时数明显高于其他机组。纳入关停规划并按期关停的机组可按规定安排发电量。

（十二）在实行差别电量政策基础上，对严格执行环保排放的燃煤发电机组实行鼓励，燃煤机组排放达到燃气机组标准的，应适当奖励发电量。

（十三）年度发电计划制定后，发电企业可自主协商开展替代发电，需通过电网调度机构校核。具备条件的地区，可跨区跨省进行替代发电。

（十四）各省（区、市）政府主管部门应积极推动清洁能源发电机组替代火电机组发电，高效、低排放燃煤机组替代低效、高排放燃煤机组发电。在本地区开展替代发电，应保证供需平衡和供热稳定；跨区跨省开展替代发电，对可能影响大气污染防治目标和节能减排任务实现的，应经相关政府主管部门同意。

（十五）送受电应贯彻国家能源战略规划，充分利用水能、风能、太阳能等清洁能源；优化电网运行方式，加强跨区跨省余缺调剂。

（十六）电力企业应根据年度电力电量平衡方案协商签订购售电合同。

（十七）电网企业应制定保障可再生能源全额上网的并网措施。可再生能源发电企业应满足并网运行的标准和要求，加强资源预测，保障运行平稳。

（十八）每年四季度，年度电力电量平衡方案应根据供需情况变化进行调整。方案调整后，电力企业应签订调整补充协议。

（十九）电力调度机构应合理制定年度运行方式，并报送同级经济运行主管部门及国家能源局派出机构；区域电力调度机构还应将其年度运行方式报送区域内相关省（区、市）经济运行主管部门。

三、强化发电运行调节管理，稳定机组出力

（二十）发电企业应加强机组维护管理，提高机组可靠性，满足稳发满发和调峰、备用的需要。在电网安全和供热受到影响时，可再生能源发电企业也应通过购买辅助服务等方式适当参与调峰。

（二十一）电力调度机构应根据电网结构、发电机组技术条件和性能情况，按照保证安全、经济高效和兼顾公平的原则，安排发电机组参与电力系统调峰、调频、调压、备用。

（二十二）电力企业应根据电力设备检修导则和设备健康状况，向电力调度机构提出检修安排申请。电力调度机构在考虑相关因素后，经与申请单位协商，统筹安排年度检修计划，并报送有关省级经济运行主管部门及国家能源局派出机构。

（二十三）发电企业临时检修或变更检修计划，应向电力调度机构提前申请；电力调度机构应视电网运行情况确定是否安排，并及时反馈。电网企业影响发电的

临时检修，应提前与发电企业协商，尽量与相关发电设备的检修有效衔接，减少对电力生产供应的影响。对可能导致供应紧张的重大电力设备临时检修安排，电力调度机构应提前报送省（区、市）经济运行主管部门。

（二十四）发电企业应保证机组最小技术出力、最大技术出力和调节情况满足电网稳定运行要求，特别是满足电网大负荷运行和调峰需要，并落实调频调压的有关措施，保证电能质量符合国家标准。

（二十五）发电机组实际最大出力超过额定铭牌出力的，必须经电力科研、调度等有关机构按照规程进行运行试验，必要时应通过电网大负荷连续运行试验。经试验合格后的机组最大技术出力，各省（区、市）经济运行主管部门应纳入电网的电力电量平衡。

（二十六）各省（区、市）经济运行主管部门应设定年度允许非计划停运次数和时间的上限，对非计划停运超过上限的，适当扣减下一年度发电计划；对全年没有发生非计划停运的，适当增加下一年度发电计划。

（二十七）各省（区、市）经济运行主管部门应根据发电机组保证出力、接带负荷和服从调度命令等情况增减下一年度发电计划。

（二十八）国家能源局派出机构及相关政府主管部门应严格组织执行并网运行及安全管理规定。各省（区、市）经济运行主管部门应和有关部门加大电网公平公正调度的监督，并加强发电运行等相关矛盾的协调。

四、加强燃料供应监管，保障火电正常生产

（二十九）各地应制定火电厂燃料存储标准和考核规则，完善燃料信息报送制度和燃料会商机制，加强燃料供应的监控和协调，及时发布燃料预警信息。

（三十）火电厂及其上级管理单位应认真履行保障燃料稳定供应的主体责任，加强与燃料生产、运输等方面的衔接，按存储标准要求购储燃料，并按有关规定要求及时、准确报送燃料信息。

（三十一）电力调度机构应准确掌握调度范围内火电厂燃料存储信息，对低于燃料存储标准的，应及时对相关电厂发布电煤预警通知，根据电力供应情况合理调整发电出力，并将有关情况及时报送省（区、市）经济运行主管部门。

（三十二）对于火电厂因燃料短缺造成停机或造成机组长时间不能按核定出力发电的，视同非计划停运。

五、优化安排发电组合，提高发电负荷率

（三十三）电力供需形势缓和时，在优先调度可再生能源和清洁能源的基础上，对燃煤机组生产运行进行优化组合，有序调停部分机组，提高发电负荷率，减少资源消耗和污染物排放。

（三十四）燃煤机组优化组合应坚持

保障电网安全、保证年度发电量不受影响和公开公平公正的原则。

（三十五）优化燃煤机组发电组合，启动条件为：

1. 根据发用电平衡预计，全网最小运行备用容量大于最高负荷的一定比例时或系统最小运行负备用容量小于最低负备用要求时。具体比例由各省（区、市）经济运行主管部门会同国家能源局派出机构组织确定。

2. 根据电力电量平衡预计，后续全网燃煤机组平均发电负荷率较低时。具体数值由各省（区、市）经济运行主管部门组织确定，但不应低于 70%；水电丰富地区启动条件可适当放宽，后续全网燃煤机组平均发电负荷率不应低于 60%。

3. 受电网约束，单一火电厂发电负荷率小于 65% 时。

（三十六）优化燃煤机组发电组合，需对火电厂后续发电负荷率从高到低排序，原则上排序靠后的电厂优先调停机组。火电厂后续发电负荷率计算方法由省（区、市）经济运行主管部门会同电力企业确定。

（三十七）优化燃煤机组发电组合，原则上不得安排全厂停机，尽可能减少单台机组频繁启停。一般情况下，单台机组调停一次不小于 7 天、不大于 45 天。

（三十八）电力调度机构应按照规定条件启动优化程序。

六、定期通报运行信息，加强组织管理

（三十九）电网企业应及时公开电力供需形势预测、电网运行方式、网络约束、发电计划完成情况、可再生能源上网情况、燃煤机组发电负荷率等信息，发电企业应及时反映机组运行状况、检修计划变更等信息。电力生产运行应坚持厂网协商一致，服从调度命令。

（四十）年度购售电合同实际执行情况与调整后计划的偏差应控制在 2% 以内，因发电企业自身原因造成偏差大于规定范围的除外。

对于因非发电企业自身原因造成个别发电企业偏差大于规定范围的，电力调度机构应作出合理解释。对超出规定范围的电量，由省（区、市）政府主管部门在制定下一年度发电计划时，予以相应增减。

（四十一）各省（区、市）经济运行主管部门应和有关部门定期公布发电运行考核结果，并将考核结果报送国家发展改革委及相关单位。

（四十二）国家发展改革委对发电运行情况适时进行通报，根据情况对严重违反发电运行规定的企业提出批评并责令改正。有关部门按照职责分工对电力企业执行国家相关规定进行监管。

七、有关要求

（四十三）各省（区、市）经济运行主管部门会同有关部门根据本意见制定实施细则。

（四十四）本意见下列用语的含义

运行备用容量：指在规定的时间内，

可供电网调度、用以平衡用电负荷波动而进行增减的发电容量。

后续发电负荷率：指发电厂在年度内剩余时间的开机状态下，完成计划发电量所要运行的负荷率水平。

国家发展改革委

2014 年 5 月 18 日

国家能源局关于印发2014年能源工作指导意见的通知

国能规划[2014]38号

各省（自治区、直辖市）发展改革委（能源局），各派出机构，有关企业：

为做好2014年能源工作，推动能源创新与可持续发展，打造中国能源“升级版”，为经济社会发展提供坚实的能源保障，现将我局制定的《2014年能源工作指导意见》印发你们，请认真组织实施。

国家能源局

2014年1月20日

2014年能源工作指导意见

一、总体要求

2014年能源工作的指导思想是：全面贯彻党的十八大和十八届二中、三中全会精神，认真落实党中央、国务院各项决策部署，围绕确保国家能源战略安全、转变能源消费方式、优化能源布局结构、创新能源体制机制等四项基本任务，着力转方式、调结构、促改革、强监管、保供给、惠民生，以改革红利激发市场动力活力，打造中国能源“升级版”，为经济社会发展提供坚实的能源保障。

二、主要目标

（一）提高能源效率。2014年，单位GDP能耗0.71吨标准煤/万元，比2010年下降12%。

（二）优化能源结构。2014年，非化石能源消费比重提高到10.7%，非化石能源发电装机比重达到32.7%。天然气占一次能源消费比重提高到6.5%，煤炭消费比重降低到65%以下。

（三）增强能源生产能力。2014年，能源生产总量35.4亿吨标准煤，同比增长4.3%。其中，煤炭生产38亿吨，增长2.7%；原油生产2.08亿吨，增长0.5%；天然气生产（不含煤制气）1310亿立方米，增长12%；非化石能源发电1.3万亿千瓦时，增长11.8%。

（四）控制能源消费。2014年，能源消费总量38.8亿吨标准煤左右，同比增长3.2%；用电量5.72万亿千瓦时，同比增长7%；煤炭消费量38亿吨，增长1.6%；石油表观消费量5.1亿吨，增长1.8%；天然气表观消费量1930亿立方米，增长14.5%。

三、重点任务

（一）转变能源消费方式，控制能源消费过快增长

以提高能源效率为主线，保障合理用能，鼓励节约用能，控制过度用能，限制粗放用能，以尽可能少的能源消费支撑经济社会发展。2014年，单位GDP能耗比

2013 年下降 3.9% 左右。

1. 推行“一挂双控”措施。将能源消费与经济增长挂钩，对高耗能产业和过剩产业实行能源消费总量控制强约束，能源消费总量只减不增。对其他产业按平均先进能效标准实行能耗强度约束，现有产能能效限期达标，新增产能必须符合先进能效标准，促进优胜劣汰。

2. 推行区域差别化能源政策。在能源资源丰富的西部地区，根据水资源和生态承载能力，在节能环保、技术先进的条件下，合理增强能源开发力度，加大跨区调出能力。合理控制中部地区能源开发强度。大力优化东部地区能源开发利用结构，严格控制化石能源消费过快增长。

3. 实施控制能源消费总量工作方案。坚持能源消费总量和能耗强度双控考核，指导各地编制和落实具体实施方案，切实控制能源消费总量过快增长。加强监督检查，确保各地区目标落实到位。

（二）认真落实大气污染防治措施，促进能源结构优化

以大气污染防治为契机，加快淘汰能源行业落后产能，着力降低煤炭消费比重，提高天然气和非化石能源比重。2014 年，京津冀鲁分别削减原煤消费 300 万吨、200 万吨、800 万吨和 400 万吨，合计 1700 万吨；全国淘汰煤炭落后产能 3000 万吨，关停小火电机组 200 万千瓦；力争实现煤电脱硫比重接近 100%，火电脱硝比重达到 70%。

1. 落实大气污染防治行动计划年度重点任务。健全工作协调机制，加强京津冀及其周边地区联防联控，制订出台重点省区能源保障方案，抓好增供外来电力、保障天然气供应、发展核电和可再生能源以及提前供应国五油品等 5 个方面 127 个重大项目落地，优化调整能源消费结构和空间布局，促进重点区域空气质量改善。

2. 降低煤炭消费比重。出台并组织实施煤炭减量替代管理办法。研究制订商品煤质量国家标准，发布煤炭质量管理办法。提高煤炭洗选加工比例。完善差别化煤炭进口关税政策，鼓励优质煤炭进口，限制高灰、高硫劣质煤炭进口。转变农村用煤方式，逐步降低分散用煤比例。

3. 严格控制京津冀、长三角、珠三角等区域煤电项目。新建工业项目禁止配套建设自备燃煤电站。除热电联产外，禁止审批新建燃煤发电项目。现有多台燃煤机组装机容量合计达到 30 万千瓦以上的，可按照煤炭等量替代的原则改建为大容量机组。

4. 有序实施“煤改气”。在落实气源、签订供气合同的地区，有序推进“煤改气”，避免一哄而上和供需严重失衡。

5. 加快推进油品质量升级。出台成品油质量升级行动计划（2014—2017），大力推进炼油企业升级改造和先进产能布局，确保 2015 年底前京津冀、长三角、珠三角等区域内重点城市供应国五标准的车用汽、柴油，2017 年底前全国供应国五标准的车用汽、柴油。

6. 提高天然气供气保障能力。结合各省市天然气需求情况，制订天然气中长期供应计划。增加常规天然气生产供应，加

快开发煤层气、页岩气等非常规天然气，推进煤制气产业科学有序发展。加快推进输气管道、储气设施和LNG接收站项目建设。完善天然气利用政策，加强需求侧管理，制订有序用气方案和应急预案。

7. 加大淘汰落后产能和节能减排工作力度。停止核准新建低于30万吨/年的煤矿和低于90万吨/年的煤与瓦斯突出矿井。逐步淘汰9万吨/年及以下煤矿，加快关闭其中煤与瓦斯突出等灾害隐患严重的煤矿，继续推进煤矿企业兼并重组。完善火电淘汰落后产能和“上大压小”后续政策，更多运用市场手段，促进落后火电机组自然淘汰。科学安排电力行业脱硫、脱硝、除尘改造工程，加大节能减排监管力度，确保相关设施稳定、达标运行。2015年前，完成京津冀、长三角、珠三角区域燃煤电厂污染治理设施建设和改造。

（三）大力发展清洁能源，促进能源绿色发展

坚持集中式与分布式并重、集中送出与就地消纳结合，稳步推进水电、风电、太阳能、生物质能、地热能等可再生能源发展，安全高效发展核电。2014年，新核准水电装机2000万千瓦，新增风电装机1800万千瓦，新增光伏发电装机1000万千瓦（其中分布式占60%），新增核电装机864万千瓦。

1. 积极开发水电。加快推动重点流域规划制订。在做好生态环境保护和移民安置的前提下，加快金沙江、澜沧江、大渡河、雅砻江等大型水电基地建设，抓紧外送输电工程建设。研究制订抽水蓄能发展政策，完善抽水蓄能电站建设运行管理。研究优化流域水电站运行管理，提高水能资源梯级利用效能。推动完善水电环境影响评价标准，探索移民土地补偿费用入股和流域梯级效益补偿机制，研究制定龙头水库征地补偿机制和利益共享机制。

2. 有序发展风电。制订、完善并实施可再生能源电力配额及全额保障性收购等管理办法，逐步降低风电成本，力争2020年前实现与火电平价。下达“十二五”第四批风电项目核准计划。优化风电开发布局，加快中东部和南方地区风能资源开发。修订和完善可再生能源发电工程质量监督管理办法，规范风电开发秩序，保障工程建设质量。有序推进酒泉、蒙西、蒙东、冀北、吉林、黑龙江、山东、哈密、江苏等9个大型风电基地及配套电网工程建设，合理确定风电消纳范围，缓解弃风弃电问题。稳步发展海上风电。

3. 加快发展太阳能发电。落实国务院《关于促进光伏产业健康发展的若干意见》，加强光伏发电并网服务、保障性收购等全过程监管，确保补贴资金及时到位。重点抓好北京海淀区等18个分布式光伏发电应用示范区建设，在大型公用建筑、工商企业、观光农业、居民住宅等领域拓展分布式光伏发电。协调地方政府、电网企业和金融机构做好项目建设、并网接入和金融支持等配套服务。探索形成符合实际的分布式光伏商业模式，逐步降低发电成本，力争2020年光伏发电实现用户侧平价上网。

4. 积极推进生物质能和地热能开发利用。完善有关政策措施，积极推进生物质能和地热能供热示范工程建设，大力推广生物质能和地热能在民用和工业供热中的应用，鼓励生物质热电联产，在资源条件具备的区域优先使用地热能供热。年内新增生物质能民用供热面积800万平方米，新增生物质能工业供热折合100万吨标准煤。加快非粮燃料乙醇试点、生物柴油和航空涡轮生物燃料产业化示范。

5. 安全高效发展核电。加强在运核电站安全管理，确保核电站安全运行。加快完成AP1000设计固化、主设备定型，推动AP1000自主化依托工程建设。适时启动核电重点项目审批，稳步推进沿海地区核电建设，做好内陆地区核电厂址保护。加快推进国内自主技术研发和工程验证，重点做好大型先进压水堆和高温气冷堆重大科技专项示范工程建设，加快融合技术的论证，避免多种堆型重复建设。制订核燃料技术发展总体战略规划，保障核电安全高效可持续发展。

（四）加快石油天然气发展，提高安全保障能力

按照常规非常规并重、陆上海上并举的方针，加强油气资源勘探开发，提升油气自给能力。2014年，国内原油产量达到2.1亿吨，天然气产量（不含煤制气）达到1310亿立方米，其中页岩气生产量15亿立方米，煤层气（煤矿瓦斯）抽采量180亿立方米。

1. 加大油气资源勘探开发力度。做好深层、近海和深水油气田勘探，以松辽、渤海湾、鄂尔多斯、西北、四川和海上6大油气生产基地为重点，切实提高油气资源探明率和采收率，努力实现增储上产。推动出台差别化的财税政策，鼓励老油田和低品位油气资源开发。

2. 着力突破页岩气等非常规油气和海洋油气资源开发。总结推广中石化涪陵示范区经验，加快页岩气示范区建设，力争在川渝地区加快勘探开发步伐，在湘鄂、云贵和苏皖等地区取得突破。加快沁水盆地和鄂尔多斯盆地东缘煤层气产业基地建设，积极推进新疆等地区煤层气勘查开发步伐。制订和实施海洋能源发展规划和周边海域油气开发规划。按照“以近养远、远近结合”的发展模式，积极推进南海、东海油气资源开发。

3. 稳妥推进煤制油气产业示范。研究制定政策措施，按照最严格的能效和环保标准，积极稳妥推进煤制气、煤制油产业化示范，鼓励煤炭分质利用，促进自主技术研发应用和装备国产化。

4. 加快油气基础设施建设。加快推动西气东输三线、陕京四线、新疆煤制气外输管道、庆铁三四线等油气管道建设。完善天然气输配管网，大力推动LNG接收站及应急调峰储气设施建设。

5. 积极推进石油和天然气期货贸易。加快上海国际能源交易中心建设，搭建油气现货和期货交易平台。

（五）优化布局，推进煤炭煤电大基地和大通道建设

按照“安全、绿色、集约、高效”的原则，重点建设14个大型煤炭基地、

9个大型煤电基地、12条“西电东送”输电通道，优化能源发展空间布局，提高能源资源配置效率。2014年，煤炭基地产量达到34.6亿吨，占全国的91.1%。煤电基地开工和启动前期工作规模7000万千瓦，占全国煤电总装机比重达到8%。

1. 加强大型煤炭基地建设。按照优化结构、扶强限劣，综合施策、挖潜增效、分质利用、抓好示范的方针，推进神东、陕北、蒙东、宁东、新疆、云贵等14个大型煤炭基地建设。加强煤炭矿区总体规划管理，发挥矿区总体规划的引导和约束作用，规范煤炭资源勘查开发秩序，稳步推进大中型现代化煤矿项目前期工作和核准工作；以大型煤炭企业为主体，推进煤炭安全绿色开采，推广煤矿充填开采技术；加快煤矿瓦斯规模化抽采利用矿区和瓦斯治理示范矿井建设，提高瓦斯利用水平；稳步推进煤炭深加工产业升级示范，促进煤炭资源高效清洁转化和综合利用。

2. 加快清洁煤电基地和输电通道建设。出台煤电基地科学开发指导意见，在新疆、内蒙古、山西、宁夏等煤炭资源富集地区，按照最先进的节能节水环保标准，建设大型燃煤电站（群）。推进鄂尔多斯、锡盟、晋北、晋中、晋东、陕北、宁东、哈密、准东等9个以电力外送为主的千万千瓦级现代化大型煤电基地建设。鼓励低热值煤发电。加大西电东送力度，加快推进鄂尔多斯、山西、锡林郭勒盟能源基地向华北、华中、华东地区输电通道建设，规划建设蒙西—天津南、锡盟—山东、锡盟—江苏、宁东—浙江、准东—华东等12条电力外输通道，提高跨省区电力输送能力。

（六）以重大项目为载体，大力推进能源科技创新

坚持自主创新，鼓励引进消化吸收再创新，以能源重大工程为载体，以政府为主导、以企业为主体，建立政、产、学、研、用相结合的自主创新体制机制，推动能源装备国产化，打造能源科技装备“升级版”。

1. 抓好重大技术研究和重大科技专项。充分发挥国家能源研发中心（重点实验室）骨干作用，重点推进非常规油气、深水油气、先进核电、新能源、700℃超超临界燃煤发电、符合燃机排放标准的燃煤发电、煤炭深加工、煤层气（煤矿瓦斯）开发利用、智能电网、分布式能源、大容量储能、高效节能、新材料等重大技术研究。启动并抓好24项国家能源重大应用技术研究及工程示范专项，力争页岩油气、致密油气等非常规油气和深海油气、新一代核能等核心技术取得新突破。

2. 依托重大工程推动关键装备国产化。重点推动页岩气和煤层气勘探开发、海洋油气开发、天然气液化和接收、核电、抽水蓄能等重大装备国产化。推进大型燃气轮机自主研发，加快高温部件研制和验证平台建设。制订出台促进能源装备制造业健康发展的指导意见。加快能源企业及能源装备制造企业自主创新技术平台建设，推进能源装备国产化，提升能源装备自主化水平，形成有国际竞争力的能源装备工业体系，积极支持能源装备企业“走出去”。

3. 加强能源行业标准制订和管理。有序推进重点领域标准制修订。加强行业标准实施宣贯力度。成立海洋深水石油工程等新兴重点领域标准化技术委员会。

（七）深化能源国际合作，拓展我国能源发展空间

以建设丝绸之路经济带和 21 世纪海上丝绸之路为重大契机，统筹国际国内两个大局、两个市场、两种资源，围绕确保国家能源战略安全核心目标，按照“总体谋划、多元合作、分类施策、掌握主动”的方针，全面落实能源国际合作成果，巩固深化能源国际合作重大关系，推动能源企业“走出去”，增强全球能源治理的话语权和影响力，进一步提升能源国际合作水平。

（八）加快能源民生工程建设，提高能源普遍服务水平

以逐步推进城乡能源基本公共服务均等化为导向，以解决无电地区用电问题为重点，全面推进能源民生工程建设，满足人民群众日益增长的生产生活用能需要。

1. 加强无电地区电力建设。实施全面解决无电人口用电问题三年行动计划，确保年内全部建成无电地区光伏独立供电工程，基本完成电网延伸工程建设任务，解决 120 万无电人口的用电问题。

2. 深入推进人民群众用电满意工程。加大城市配网建设和农村电网改造力度，提高配网投资比重。加强电网安全运行和应急管理，提高电网供电可靠率和居民用户受电端电压合格率，促进电网企业提高供电服务水平，确保人民群众放心用电、可靠用电、满意用电。

3. 提高民用天然气供给普及率。加快天然气输配管网和储气设施建设，扩大天然气供应覆盖面，优先保障民生用气，确保居民生活等重点用气需求。2014 年，全国用气人口达到 2.5 亿。

4. 积极推进“新城镇、新能源、新生活”行动。结合新能源示范城市和绿色能源县建设，因地制宜、科学布局城镇天然气热电冷三联供、分布式光伏发电、地热能和生物质能供热，促进城乡用能清洁化，为推进新型城镇化建设、改善人民群众生活质量提供能源保障。

（九）推进体制机制改革，强化能源市场监管

全面贯彻党的十八届三中全会精神，研究拟订全面深化能源领域体制机制改革方案，推进能源领域体制机制创新，为能源科学发展提供保障。

1. 鼓励和引导民间资本进一步扩大能源领域投资。继续清理和修订有关能源领域民间投资的法规文件，建立健全相关配套政策，积极为民间资本进入能源领域创造制度条件。推出一批有利于激发民间投资活力的煤炭深加工、新能源、生物液体燃料等示范项目，积极探索民间资本参与配电网、购售电、油气勘探开采及进出口、天然气管网等业务的有效途径。

2. 进一步深化电力改革。推动尽快出台进一步深化电力体制改革的意见。积极支持在内蒙古、云南等省区开展电力体制改革综合试点。积极推进电能直接交易和售电侧改革。推动探索有利于能效管理和

分布式能源发展的灵活电价机制。推进输配电价改革，提出单独核定输配电价的实施方案。

3. 稳步推进石油天然气改革。认真研究油气管网投资体制改革方案，促进油气管网尤其是天然气管网设施公平接入和开放，推动完善油气价格机制，理顺天然气与可替代能源的比价关系。推动油气勘探、开发、进口等环节的市场化改革，建立规范有序、公平合理的市场准入机制。

4. 加快煤炭改革。以清费立税为主线，清理整顿涉煤收费基金，加快推进煤炭资源税从价计征改革。实施煤矿生产能力登记和公告制度，促进煤炭产业平稳运行。推进煤炭市场建设，探索创新煤炭市场监管机制，推动电煤运输市场化改革。

5. 加强能源市场监管。加强能源相关法律法规、规划、政策、标准、项目落实情况监管，确保行业规范有序发展。加强对电网、油气管网等垄断环节监管，确保准入公平、接网公平、交易公平、价格合理、结算及时。加强能源项目核准事后监管。加强电力普遍服务监管，提高用电服务质量。加强监管执法能力和制度建设，切实维护市场秩序。

6. 加强能源安全监管。按照“管行业必须管安全、管业务必须管安全”的要求，健全能源安全监管工作机制，落实能源企业安全生产主体责任。深入开展安全生产大检查，重点做好电网安全、油气管网运行安全、石油储备库安全、核电站并网和应急管理、电力建设施工安全、煤矿建设生产、煤矿瓦斯防治、能源企业网络与信息安全等监管和大检查工作。强化安全生产隐患排查治理和危险源管控，突出抓好重点地区、重点企业和重要部位隐患治理，有效防范和坚决遏制重特大事故发生。

（十）加强能源行业管理，转职能改作风抓大事解难题办实事建机制

转变政府职能，减少行政审批，创新能源管理方式，强化战略、规划、政策、监管与服务，切实提高能源管理效能。

1. 推进能源法制建设。推进《电力法》修订。推动出台海洋石油天然气管道保护条例、核电管理条例、国家石油储备管理条例。完善《可再生能源法》、《石油天然气管道保护法》配套办法。研究拟订能源监管条例，健全能源监管规章制度。推进能源执法体系和执法能力建设。

2. 强化战略规划政策引导。出台国家能源战略行动计划等重大能源战略规划，启动能源“十三五”规划前期研究工作，拟定实施能源发展年度计划，加强能源政策研究，完善重大能源产业政策。

3. 创新审批（核准）备案机制。创新能源项目管理方式，更多地通过规划、计划、政策和监管“四位一体”实施项目管理。继续取消和下放行政审批事项，凡是能下放的一律下放到地方，凡是能交给市场的一律交给市场。落实《政府核准的投资项目目录（2013年本）》，对于保留的审批、核准、备案事项，进一步优化行政审批程序，简化项目审批前置条件，建立网上公示和审批制度，加快推进阳光审批、限时办结，提高服务效率和透明度。

4. 做好服务能源大省和能源企业工

作。发挥对口服务联系能源资源大省工作机制和对口服务地方能源工作联络员机制的作用，及时了解和合理解决有关诉求，落实区域差别化能源政策，促进东、中、西部地区经济社会协调、可持续发展。发挥服务能源企业科学发展协调工作机制作用，及时帮助企业把握机遇，应对挑战、化解难题，在市场竞争中做强做大。

5. 加强能源统计监测和预警。加强能源行业统计能力建设，研究制订能源行业统计规范，完善能源统计监测预警机制，启动实施国家能源安全保障信息化工程，加快推进全国能源统计监测信息系统建设，为能源科学发展提供决策支撑。

关于印发能源行业加强大气污染防治工作方案的通知

发改能源 [2014]506 号

各省、自治区、直辖市发展改革委、能源局、环境保护厅（局）、有关能源企业：

为贯彻落实《大气污染防治行动计划》和《京津冀及周边地区落实大气污染防治行动计划实施细则》，促进能源行业与生态环境的协调和可持续发展，切实改善大气环境质量，特制定《能源行业加强大气污染防治工作方案》。现印送你们，请认真贯彻执行。

国家发展改革委
国家能源局
国家环境保护部
2014 年 3 月 24 日

能源行业加强大气污染防治工作方案

为贯彻落实《大气污染防治行动计划》和《京津冀及周边地区落实大气污染防治行动计划实施细则》（简称《大气十条》和《实施细则》），指导能源行业承担源头治理和清洁能源保障供应的责任，特制定《能源行业加强大气污染防治工作方案》。

一、能源行业大气污染防治工作总体要求

（一）指导思想

全面深入贯彻落实党的十八大和十八届二中、三中全会精神，以邓小平理论、“三个代表”重要思想、科学发展观为指导，按照“远近结合、标本兼治、综合施策、限期完成”的原则，加快重点污染源治理，加强能源消费总量控制，着力保障清洁能源供应，推动转变能源发展方式，显著降低能源生产和使用对大气环境的负面影响，促进能源行业与生态环境的协调可持续发展，为全国空气质量改善目标的实现提供坚强保障。

（二）总体目标

近期目标：2015 年，非化石能源消费比重提高到 11.4%，天然气（不包含煤制气）消费比重达到 7% 以上；京津冀、长三角、珠三角区域重点城市供应国 V 标准车用汽、柴油。

中期目标：2017 年，非化石能源消费比重提高到 13%，天然气（不包含煤制气）消费比重提高到 9% 以上，煤炭消费比重降至 65% 以下；全国范围内供应国 V 标准车用汽柴油。逐步提高京津冀、长三角、珠三角区域和山东省接受外输电比例，力争实现煤炭消费总量负增长。

远期目标：能源消费结构调整和总量控制取得明显成效，能源生产和利用方式转变不断深入，以较低的能源增速支撑全面建成小康社会的需要，能源开发利用与生态环境保护的矛盾得到有效缓解，形成

清洁、高效、多元的能源供应体系，实现绿色、低碳和可持续发展。

二、加快治理重点污染源

（三）加大火电、石化和燃煤锅炉污染治理力度

任务：采用先进高效除尘、脱硫、脱硝技术，实施在役机组综合升级改造；提高石化行业清洁生产水平，催化裂化装置安装脱硫设施，加强挥发性有机物排放控制和管理；加油站、储油库、油罐车、原油成品油码头进行油气回收治理，燃煤锅炉进行脱硫除尘改造，加强运行监管。

目标：确保按期达标排放，大气污染防治重点控制区火电、石化企业及燃煤锅炉项目按照相关要求执行大气污染物特别排放限值。

措施：继续完善“上大压小”措施。重点做好东北、华北地区小火电淘汰工作，争取2014年关停200万千瓦。

加强污染治理设施建设与改造。所有燃煤电厂全部安装脱硫设施，除循环流化床锅炉以外的燃煤机组均应安装脱硝设施，现有燃煤机组进行除尘升级改造，按照国家有关规定执行脱硫、脱硝、除尘电价；所有石化企业催化裂化装置安装脱硫设施，全面推行LDAR（泄漏检测与修复）技术改造，加强生产、储存和输送过程挥发性有机物泄漏的监测和监管；每小时20蒸吨及以上的燃煤锅炉要实施脱硫，燃煤锅炉现有除尘设施实施升级改造；火电、石化企业和燃煤锅炉要加强环保设施运行维护，确保环保设施正常运行；排放不达标的火电机组要进行限期整改，整改后仍不达标的，电网企业不得调度其发电。

2014年底，加油站、储油库、油罐车完成油气回收治理，2015年底，京津冀及周边地区、长三角、珠三角区域完成石化行业有机废气综合治理。2017年底前，北京市、天津市、河北省和山东省现有炼化企业的燃煤设施，基本完成天然气替代或由周边电厂供汽供电。在气源有保障的条件下，长三角城市群、珠三角区域基本完成炼化企业燃煤设施的天然气替代改造。京津冀、长三角、珠三角区域以及辽宁中部、山东、武汉及其周边、长株潭、成渝、海峡西岸、山西中北部、陕西关中、甘宁、乌鲁木齐城市群等“三区十群”范围内，除列入成品油质量升级行动计划的项目外，不再安排新的炼油项目。

（四）加强分散燃煤治理

任务：全面推进民用清洁燃煤供应和燃煤设施清洁改造，逐步减少京津冀地区民用散煤利用量。

目标：2017年底前，北京市、天津市和河北省基本建立以县（区）为单位的全密闭配煤中心、覆盖所有乡镇村的清洁煤供应网络，洁净煤使用率达到90%以上。

措施：建设区域煤炭优质化配送中心。根据区域煤炭资源特点和煤炭用户对煤炭的质量需求，合理规划建设全密闭煤炭优质化加工和配送中心，通过选煤、配煤、型煤、低阶煤提质等先进的煤炭优质化加工技术，提高、优化煤炭质量，逐步形成分区域优质化清洁化供应煤炭产品的布局。

制定严格的民用煤炭产品质量地方标准。加快制定优质散煤、低排放型煤等民用煤炭产品质量的地方标准，对硫分、灰分、挥发分、排放指标等进行更严格的限制，不符合标准的煤炭不允许销售和使用。推行优质洁净、低排放煤炭产品的替代机制，全面取消劣质散煤的销售和使用。

强化煤炭产品质量监管。煤炭经营企业必须根据相关标准进行产品质量标识，无标识的煤炭产品不能销售和使用。质量监督部门对煤炭产品进行定期检查和不定期抽查。达不到相关标准的煤炭不允许销售和使用。煤炭生产、加工、经营等企业必须生产和出售符合标准的煤炭产品。

加强对煤炭供应、储存、配送、使用等环节的环保监督。各种煤堆、料堆实现全密闭储存或建设防风抑尘设施。加快运煤列车及装卸设施的全封闭改造，减少运输过程中的原煤损耗和煤尘污染。在储存、装卸、运输过程中应采取有效防尘措施，控制扬尘污染。严查劣质煤销售和使用，加强对煤炭加工、存储地环保设施的执法检查。建立煤炭管理信息系统，对煤炭供应、储存、配送、使用等环节实现动态监管。

推广先进民用炉具。制定先进民用炉具标准，加大宣传力度，对先进炉具消费者实行补贴，调动购买和使用先进炉具的积极性，提高民用燃煤资源利用效率，减少污染排放。

三、加强能源消费总量控制

（五）控制能源消费过快增长

任务：适应稳增长、转方式、调结构的要求，在保障经济社会发展合理用能需求的前提下，控制能源消费过快增长，推行“一挂双控”（与经济增长挂钩，能源消费总量和单位国内生产总值能耗双控制）措施。做好能源统计与预测预警，加强能源需求侧管理，引导全社会科学用能。

目标：控制能源消费过快增长的政策措施、保障体系和社会氛围基本形成，重点行业单位产品能耗指标接近世界先进水平的比例大幅提高，能源资源开发、转化和利用效率明显提高。

措施：按照控制能源消费总量工作方案要求，做好各地区分解目标的落实工作，有序推进能源消费总量考核工作。组织开展全国能源统计普查，加快建设重点用能单位能耗在线监测系统，完善能源消费监测预警机制，跟踪监测并及时调控各地区和高耗能行业能源消费、煤炭消费和用电量等指标。总结推广电力需求侧管理经验，适时启动能源需求侧管理试点。

2015 年在京津冀、长三角和珠三角的 10 个地级市启动能源需求侧管理试点工作，2017 年京津冀、长三角和珠三角全部地级以上城市开展能源需求侧管理试点。

（六）逐步降低煤炭消费比重

任务：结合能源消费总量控制的要求，制定国家煤炭消费总量中长期控制目标，制定耗煤项目煤炭减量替代管理办法，实行目标责任管理。调整能源消费结构，压减无污染物治理设施的分散或直接燃煤，降低煤炭消费比重。

目标：到2017年，煤炭占一次能源消费总量的比重降低到65%以下，京津冀、长三角、珠三角等区域力争实现煤炭消费总量负增长；北京市、天津市、河北省和山东省净削减煤炭消费量分别为1300万吨、1000万吨、4000万吨和2000万吨。

措施：提高燃煤锅炉、窑炉污染物排放标准，全面整治无污染物治理设施和不能实现达标排放的燃煤锅炉、窑炉。加快推进集中供热、天然气分布式能源等工程建设，在供热供气管网不能覆盖的地区，改用电、新能源或洁净煤，推广应用高效节能环保型锅炉。在化工、造纸、印染、制革、制药等产业聚集区，通过集中建设热电联产和分布式能源逐步淘汰分散燃煤锅炉。到2017年，除必要保留的以外，地级及以上城市建成区基本淘汰每小时10蒸吨及以下的燃煤锅炉；天津市、河北省地级及以上城市建成区基本淘汰每小时35蒸吨及以下燃煤锅炉；北京市建成区取消所有燃煤锅炉。北京市、天津市、河北省、山西省和山东省地级及以上城市建成区原则上不得新建燃煤锅炉；其他地级及以上城市建成区禁止新建每小时20蒸吨以下的燃煤锅炉；其他地区原则上不再新建每小时10蒸吨以下的燃煤锅炉。

京津冀、长三角、珠三角等区域新建项目禁止配套建设自备燃煤电站。耗煤项目要实行煤炭减量替代。除热电联产外，禁止审批新建燃煤发电项目；现有多台燃煤机组装机容量合计达到30万千瓦以上的，可按照煤炭等量替代的原则建设为大容量燃煤机组。到2017年底，天津市燃煤机组装机容量控制在1400万千瓦以内，河北省全部淘汰10万千瓦以下非热电联产燃煤机组，启动淘汰20万千瓦以下的非热电联产燃煤机组。

四、保障清洁能源供应

（七）加大向重点区域送电规模

任务：在具备水资源、环境容量和生态承载力的煤炭富集地区建设大型煤电基地，加快重点输电通道建设，加大向重点区域送电规模，缓解人口稠密地区大气污染防治压力。

目标：到2015年底，向京津冀鲁地区新增送电规模200万千瓦。到2017年底，向京津冀鲁、长三角、珠三角等三区域新增送电规模6800万千瓦，其中京津冀鲁地区4100万千瓦，长三角地区2200万千瓦，珠三角地区500万千瓦。

措施：在新疆、内蒙古、山西、宁夏等煤炭资源富集地区，按照最先进的节能环保标准，建设大型燃煤电站（群）。在资源环境可承载的前提下，推进鄂尔多斯、锡盟、晋北、晋中、晋东、陕北、宁东、哈密、准东等9个以电力外送为主的千万千瓦级现代化大型煤电基地建设。

采用安全、高效、经济先进输电技术，推进鄂尔多斯盆地、山西、锡林郭勒盟能源基地向华北、华东地区以及西南能源基地向华东和广东省的输电通道建设，规划建设蒙西－天津南、锡盟－山东等12条电力外输通道，进一步扩大北电南送、西电东送规模。

华北电网部分，重点建设蒙西至天津南、内蒙古锡盟经北京、天津至山东、陕北榆横至山东、内蒙古上海庙至山东输电通道，加强华北地区500千伏电网网架，扩大山西、陕西送电京津唐能力，进行绥中电厂改接；华东电网部分，重点建设安徽淮南经江苏至上海、宁夏宁东至浙江、内蒙古锡盟至江苏泰州和山西晋东至江苏输电通道；南方电网部分，重点建设滇西北至广东输电通道。

（八）推进油品质量升级

任务：督促炼油企业升级改造，拓展煤制油、生物燃料等新的清洁油品来源，加快推进清洁油品供应，有效减少大气污染物排放。

目标：2015年底前，京津冀、长三角、珠三角等区域内重点城市供应符合国Ⅴ标准的车用汽、柴油；2017年底前，全国供应符合国Ⅴ标准的车用汽、柴油。

措施：制定出台成品油质量升级行动计划，大力推进国内已有炼厂升级改造，根据市场需求加快新项目建设，理顺成品油价格，确保按时供应国Ⅴ标准车用汽、柴油。加强相关部门间的配合，对成品油生产流通领域进行全过程监管，规范成品油市场秩序，严厉打击非法生产、销售不合格油品行为。

拓展新的成品油来源，发挥煤制油和生物燃料超低硫的优势，推进陕西榆林、内蒙古鄂尔多斯、山西长治等煤炭液化项目以及浙江舟山、江苏镇江、广东湛江等生物燃料项目建设，为京津冀及周边地区、长三角、珠三角等区域提供优于国Ⅴ标准的清洁油品。

2015年底前，燕山、天津、大港石化等炼厂完成升级改造，华北石化完成改扩建，向京津冀地区供应国Ⅴ标准汽柴油2300万吨以上；高桥、上海、大连、金陵石化完成升级改造，镇海、扬子等炼厂完成改扩建，向长三角地区供应国Ⅴ标准汽柴油4100万吨以上；广州、惠州、茂名等炼厂完成升级改造，同时加快湛江、揭阳以及惠州二期等炼油项目建设，向珠三角地区供应国Ⅴ标准汽柴油2200万吨以上。加快河北曹妃甸，洛阳石化、荆门石化以及克拉玛依石化改扩建等炼油项目建设，以满足清洁油品消费增长需要，2017年底，全国范围内供应国Ⅴ标准车用汽、柴油。

（九）增加天然气供应

任务：增加常规天然气生产，加快开发煤层气、页岩气等非常规天然气，推进煤制气产业科学有序发展；加快主干天然气管网等基础设施建设；加快储气和城市调峰设施建设；加强需求侧管理，优先保障民用气、供暖用气和民用、采暖的“煤改气”，有序推进替代工业、商业用途的燃煤锅炉、自备电站用煤。

目标：2015年，全国天然气供应能力达到2500亿立方米。2017年，全国天然气供应能力达到3300亿立方米。

措施：着力增强气源保障能力。提高塔里木、鄂尔多斯、四川盆地等主产区产量，加快开发海上天然气；突破煤层气、页岩气等非常规油气规模开采利用技术装备瓶颈，在坚持最严格的环保标准和水资源有保障的前提下，推进煤制气示范工程建设；加强国际能源合作，积极引进天然气资源。到2015年，国内常规气（含致密气）、页岩气、煤层气、煤制气和进口管道气供应能力分别达到1385亿、65亿、100亿、90亿和450亿立方米，长期LNG合同进口达到2500万吨；到2017年，国内常规气（含致密气）、页岩气、煤层气、煤制气和进口管道气供应能力分别达到1650亿、100亿、170亿、320亿和650亿立方米，长期LNG合同进口达到3400万吨。

加快配套管网建设。建设陕京四线、蒙西煤制气管道、永清-泰州联络线、青宁管道等干支线管网以及唐山、天津、青岛等3个LNG接收站。建成中亚C线、D线及西气东输三、四、五线等主干管道，将进口中亚天然气和新疆、青海等增产天然气输送至长三角和东南沿海地区；通过中缅天然气管道逐步扩大缅甸天然气进口，供应西南地区；建设新疆煤制气管道，将西部煤制气输往华中、长三角、珠三角等地区。“十二五”期间，全国新增干线管输能力1500亿立方米，覆盖京津冀、长三角、珠三角等区域。

完善京津冀鲁、东北等地区的现有储气库，新建适当规模的地下储气库。长三角、珠三角地区建设以LNG储罐为主，地下储气库和中小储罐为辅的调峰系统。充分调动和发挥地方和企业积极性，采用集中与分布相结合的方式，加快储气能力建设。

加强天然气需求侧管理，引导用户合理、高效用气。新增天然气优先保障民用，有序推进“煤改气”项目建设，优先加快实施保民生、保重点的民用煤改气项目。鼓励发展天然气分布式能源等高效利用项目，在气源落实的情况下，循序渐进替代分散燃煤。限制发展天然气化工项目。加强燃气发电项目管理，在气源落实的前提下，有序发展天然气调峰电站。

（十）安全高效推进核电建设

任务：贯彻落实核电安全规划和核电中长期发展规划，在确保安全的前提下，高效推进核电建设。

目标：2015年运行核电装机达到4000万千瓦、在建1800万千瓦，年发电量超过2000亿千瓦时；力争2017年底运行核电装机达到5000万千瓦、在建3000万千瓦，年发电量超过2800亿千瓦时。

措施：加强核电安全管理工作，按照最高安全要求建设核电项目。加大在建核电项目全过程管理，保障建设质量，在确保安全的前提下，尽早建成红沿河2-4号、宁德2-4号、福清1-4号、阳江1-4号、方家山1-2号、三门1-2号、海阳1-2号、台山1-2号、昌江1-2号、防城港1-2号等项目。新建项目从核电中长期发展规划中择优选取，近期重点安排在靠近珠三角、长三角、环渤海电力负荷中心的区域。

（十一）有效利用可再生能源

任务：在做好生态环境保护和移民安置的前提下，积极开发水电，有序发展风电，加快发展太阳能发电，积极推进生物质能、地热能和海洋能开发利用；提高机组利用效率，优先调度新能源电力，减少弃电。

目标：2015 年，全国水、风、光电装机容量分别达到2.9、1.0和0.35亿千瓦，生物质能利用规模5000万吨标煤；2017年，水、风、光电装机容量分别达到3.3、1.5和0.7亿千瓦，生物质能利用规模7000万吨标煤。

措施：建设金沙江、澜沧江、雅砻江、大渡河和雅鲁藏布江中游等重点流域水电基地，西部地区水电装机达到2亿千瓦，对中东部地区水能资源实施扩机增容和升级改造，装机容量达到9000万千瓦。

有序推进甘肃、内蒙古、新疆、冀北、吉林、黑龙江、山东、江苏等风电基地建设，同步推进配套电网建设，解决弃风限电问题，大力推动内陆分散式风电开发。促进内蒙古、山西、河北等地风电在京津唐电网的消纳，京津唐电网风电上网电量所占比重2015年提高到10%，2017年提高到15%。

积极扩大国内光伏发电应用，优先在京津冀、长三角、珠三角等经济发达、电力需求大、大气污染严重的地区建设分布式光伏发电；稳步推进青海、新疆、甘肃等太阳能资源丰富、荒漠化土地闲置的西部地区光伏电站建设。到2015年，分布式光伏发电装机达到2000万千瓦，光伏电站装机达到1500万千瓦。

促进生物质发电调整转型，重点推动生物质热电联产、醇电联产综合利用，加快生物质能供热应用，继续推动非粮燃料乙醇试点、生物柴油和航空涡轮生物燃料产业化示范。2017年，实现生物质发电装机1100万千瓦；生物液体燃料产能达到500万吨；生物沼气利用量达到220亿立方米；生物质固体成型燃料利用量超过1500万吨。

积极推广浅层地温能开发利用，重点在京津冀鲁等建筑利用条件优越、建筑用能需求旺盛的地区推广地温能供暖和制冷应用。鼓励开展中深层地热能的梯级利用，大力推广“政府主导、政企合作、技术进步、环境友好、造福百姓”的雄县模式，建立中深层地热能供暖与发电等多种形式的综合利用模式。到2015年，全国地热供暖面积达到5亿平方米，地热能年利用量达到2000万吨标准煤。

督促电网企业加快电力输送通道建设，按照有利于促进节能减排的原则，确保可再生能源发电的全额保障性收购，在更大范围内消化可再生能源。完善调峰调频备用补偿政策，推进大用户直供电，鼓励就地消纳清洁能源，缓解弃风、弃水突出矛盾，提高新能源利用效率。

五、转变能源发展方式

（十二）推动煤炭高效清洁转化

任务：加强煤炭质量管理，稳步推进煤炭深加工产业发展升级示范，加快先进发电技术装备攻关及产业化应用，促进煤炭资源高效清洁转化。

目标：2017年，原煤入选率达到70%以上，煤制气产量达到320亿立方米、煤制油产量达到1000万吨，煤炭深加工示范项目综合能效达到50%左右。

措施：鼓励在小型煤矿集中矿区建设群矿选煤厂，大中型煤矿配套建设选煤厂，提高煤炭洗选率。完善煤炭产品质量和利用技术装备标准，制定煤炭质量管理办法，限制高硫分高灰分煤炭的开采和异地利用，禁止进口高灰分、高硫分的劣质煤炭，限制高硫石油焦的进口，提高炼焦精煤、高炉喷吹用煤产品质量和利用效率。

在满足最严格的环保要求和保障水资源供应的前提下，稳步推进煤炭深加工产业高标准、高水平发展。坚持"示范先行"，进一步提升和完善自主技术，加强不同技术间的耦合集成，逐步实现"分质分级、能化结合、集成联产"的新型煤炭利用方式。坚持科学合理布局，重点建设鄂尔多斯盆地煤制清洁燃料基地、蒙东褐煤加工转化基地以及新疆煤制气基地，增强我国清洁燃料保障能力。

加快先进发电技术装备攻关及产业化应用，加强天津 IGCC 示范项目的运行管理，推进泰州百万千瓦超超临界二次再热高效燃煤发电示范项目建设，在试验示范基础上推广应用达到燃气机组排放标准的燃煤电厂大气污染物超低排放技术，加快700 度超超临界高效发电核心技术和关键材料的研发，2018 年前启动相关示范电站项目建设。天津市、河北省、山西省、内蒙古自治区、山东省和长三角、珠三角等区域要将煤炭更多地用于燃烧效率高且污染治理措施到位的燃煤电厂。

（十三）促进可再生能源就地消纳

任务：有序承接能源密集型、资源加工型产业转移，在条件适宜的地区推广可再生能源供暖，促进可再生能源的就地消纳。

目标：形成较为完善的促进可再生能源就地消纳的政策体系。2017 年底前，每年新增生物质能供热面积 350 万平方米，每年新增生物质能工业供热利用量150 万吨标煤。

措施：结合资源特点和区域用能需求，大力推广与建筑结合的光伏发电、太阳能热利用，提高分散利用规模；加快在工业区和中小城镇推广应用生物质能供热，就近生产和消费，替代燃煤锅炉；探索风电就地消纳的新模式，提高风电设备利用效率，压减燃煤消耗总量。优先在新能源示范城市、绿色能源示范县中推广生物质热电联产、生物质成型燃料、地热、太阳能热利用、热泵等新型供暖方式，建设 200个新能源供热城镇。

在符合主体功能定位的前提下，实施差别化的能源、价格和产业政策，在能源资源地形成成本洼地，科学有序承接电解铝、多晶硅、钢铁、冶金、建筑陶瓷等能源密集型、资源加工型产业转移，严格落实产能过剩行业宏观调控政策，防止落后产能异地迁建，促进可再生能源就地消纳并转化为经济优势。

结合新型城镇化建设，选择部分可再生能源资源丰富、城市生态环保要求高、经济条件相对较好的城市，采取统一规划、规范设计的方式，积极推动各类新能源和可再生能源技术在城市区域供电、供热、供气、交通和建筑中的应用，到 2015 年建成 100 个新能源示范城市，可再生能源占城市能源消费比例达到6%。

（十四）推广分布式供能方式

任务：以城市、工业园区等能源消费中心为重点，加快天然气分布式能源和分布式光伏发电建设，开展新能源微电网示范，以自主运行为主的方式解决特定区域用电需求。

目标：2015年，力争建成1000个天然气分布式能源项目、30个新能源微电网示范工程、分布式光伏发电装机达到2000万千瓦以上。2017年，天然气分布式能源达到3000万千瓦，分布式光伏发电装机达到3500万千瓦以上。

措施：出台分布式发电及余热余压余气发电并网指导意见，允许分布式能源企业作为独立电力（热力）供应商向区域内供电（热、冷），鼓励各类投资者建设分布式能源项目。2015年底前，重点在北京、天津、山东、河北、上海、江苏、浙江、广东等地区安排天然气分布式能源示范项目，2017年底前，全国推广使用天然气分布式能源系统。推进“新城镇、新能源、新生活”计划，在江苏、浙江、河北等地选择中小城镇开展以LNG为基础的分布式能源试点。

按照“自发自用、多余上网、电网平衡”原则，大力发展分布式光伏发电，积极开拓接入低压配电网的就地利用的分散式风电，完善调峰、调频、备用等系统辅助服务补偿机制，完善可再生能源分布式发电补贴政策。

（十五）加快储能技术研发应用

任务：以车用动力为重点，加快智能电网及先进储能关键技术、材料和装备的研究和系统集成，加速创新成果转化，改善风电、太阳能等间歇式能源出力特性。

目标：掌握大规模间歇式电源并网技术，突破10兆瓦级空气储能、兆瓦级超导储能等关键技术，2015年形成为50万辆电动汽车供电的配套充电设施，2017年为更大规模的电动汽车市场提供充电基础设施保障。

措施：研究制定储能技术和政策发展路线图，开展先进储能技术自主创新能力建设及示范试点，明确技术实现路径和阶段目标，从宏观政策、电价机制、技术标准、应用支持等方面保障和促进储能技术发展。以智能电网为应用方向，开展先进储能技术自主创新能力建设及示范试点。加快电动汽车供充电产业链相关技术标准的研究、制定和发布，加大充电设施等电动汽车基础设施建设力度。

六、健全协调管理机制

（十六）建立联防联控的长效机制

建立国家能源局、发展改革委、环境保护部、有关地方政府及重点能源企业共同参与的工作协调机制。北京、天津、河北、山东、山西、内蒙古、上海、江苏、浙江、广东十个省（区、市）能源主管部门以及重点能源企业要建立相应的组织机构，由相关领导同志担任负责人。

地方政府负责落实本行政区域内能源和煤炭消费总量控制、新建燃煤项目煤量替代、民用天然气供应安全、天然气城市调峰设施建设、天然气需求侧管理、“煤改气”、新能源供热、分布式能源发展、小火电淘汰以及本方案确定的其它任务，加强火电厂、石化企业、燃煤锅炉污染物排放及成品油质量等方面的监管，协助相关能源企业落实大气污染防治重大能源保障项目的用地、用水等配套条件。

中国石油、中国石化、中海油等企业负责落实油品质量升级、天然气保供增供、石化污染物治理等任务。华能、大唐、华电、国电、中电投、神华等企业负责落实小火电淘汰，火电污染物治理等任务，推进西部富煤地区外送电基地建设。中核、中广核、中电投等企业负责推进东部沿海地区核电项目建设。国网、南网等电网企业负责加快输电通道建设，全额保障性收购可再生能源电力，无歧视接入分布式能源，配合做好大用户直供、输配分开等改革试点工作。

（十七）制定分省区能源保障方案

北京、天津、河北、山东、山西、内蒙古、上海、江苏、浙江、广东省（区、市）能源主管部门应按照《大气十条》、《实施细则》以及本方案的要求，结合本地区大气污染防治工作的实际需要，于2014年5月底前编制完成本行政区域能源保障方案，与国家能源局衔接后，适时发布。

（十八）完善工作制度

国家能源局会同相关省区能源主管部门和重点能源企业于每年初制定年度工作计划并组织实施，年末对完成情况进行总结。相关省区能源主管部门和重点能源企业每月至少向国家能源局报送一次工作信息，及时反映最新进展、主要成果、重大问题、重要经验等内容。

国家能源局与相关能源企业就大气污染防治重大能源保障项目签订任务书，并实行目标管理。项目单位每季度至少向国家能源局报告一次进展情况，及时反映和解决存在的问题，确保项目按计划建成投产。

（十九）加强考核监督

加强对相关省区能源主管部门和重点能源企业的任务完成情况进行考核，并将结果公布。对于考核结果优良的地方和企业，在产业布局、资金支持、项目安排等方面给予优先考虑。对于考核中存在严重问题、重点项目推进不力的地方和企业，将严格问责。

七、完善相关配套措施

（二十）强化规划政策引导

结合国务院大气污染防治工作总体部署和要求，统筹推进调整能源结构、转变发展方式等各项工作，加强宏观规划指导，加快煤炭深加工、炼油、电网建设、生物质能供热等相关规划和政策的出台，严格依法做好规划环评工作，促进大气环境质量改善。抓紧制定并发布《能源消费总量控制考核办法》、《商品煤质量管理暂行办法》、《燃煤发电机组环保电价及环保设施运行监管办法》、《关于严格控制重点区域燃煤发电项目规划建设有关要求的通知》、《煤炭消费减量替代管理办法》、《关于稳步推进煤制天然气产业化示范的指导意见》、《成品油质量升级行动计划》、《加快电网建设落实大气污染防治行动计划实施方案》、《生物质能供热实施方案》等配套政策。

（二十一）加大能源科技投入

依托重大能源项目建设，加大煤炭清洁高效利用、先进发电、分布式能源、节能减排与污染控制等重点领域的创新投入，重点支持煤炭洗选加工、煤气化、合成燃料、整体煤气化联合循环（IGCC）、先进燃烧等大气污染防治关键技术的研发和产业化。

（二十二）明确总量控制责任

地方各级人民政府是本行政区域控制能源消费总量和煤炭消费总量工作的责任主体。将能源消费总量和煤炭消费总量纳入国民经济社会发展评价体系，建立各地区和高耗能行业监测预警体系。

（二十三）推进重点领域改革

以实施大用户直接购电和售电侧改革为突破口，稳步推进调度交易机制和电价形成机制改革，保障可再生能源和分布式能源优先并网，探索建立可再生能源电力配额及交易制度和新增水电跨省区交易机制。稳步推进天然气管网体制改革，促进管网公平接入和公平开放。明确政府与企业油气储备及应急义务和责任。完善煤炭与煤层气协调开发机制。推进页岩气投资主体多元化，加强对页岩气勘探开发活动的监督管理。

（二十四）进一步强化监管措施

开展电力企业大气污染防治专项监管，加大火电项目环保设施建设和运行监管力度，促进燃煤机组烟气在线监测准确、真实。环保设施未按规定投运或排放不达标的，依法不予颁发或吊销电力业务许可证。加大节能发电调度、可再生能源并网发电和全额保障性收购的监管力度，推进跨省区电能交易、发电权交易、大用户直供等灵活电能交易，减少弃风、弃水、弃光。开展油气管网设施公平开放监管，提高管网设施运营效率，促进油气市场有序发展。开展能源消费总量控制监管。加强能源价格监管。加强能源监管体系建设，建立能源监管统计、监测、预警及考核机制，畅通投诉举报渠道，依法受理投诉举报案件，依法查处违法违规行为。

（二十五）完善能源价格机制

建立健全反映资源紧缺程度、市场供需形势以及生态环境等外部成本的能源价格体系，推进并完善峰谷电价政策，在具备条件的地区实行季节电价、高可靠性电价、可中断负荷电价等电价政策，加大差别电价、惩罚性电价政策执行力度，逐步扩大以能耗为基础的阶梯电价制度实施范围。进一步建立和完善市场化价格机制，深化天然气价格改革，推行天然气季节差价、阶梯气价、可中断气价等差别性气价政策。

（二十六）研究财金支持政策

加大对可再生能源、分布式能源和非常规能源发展的财政税收金融支持力度，研究落实先进生物燃料、清洁供暖设施等补贴政策与标准。中央预算内投资重点对农村电网改造升级、无电地区电力建设、能源科技自主创新等领域给予必要支持。

国家能源局关于印发《发电机组并网安全性评价管理办法》的通知

国能安全〔2014〕62 号

各派出机构，国家电网公司，南方电网公司，华能、大唐、华电、国电、中电投集团公司，各有关电力企业：

为加强电力安全监督管理，进一步完善发电机组并网安全性评价工作，我局组织修订了《发电机组并网安全性评价管理办法》，现印发你们，请依照执行。

国家能源局

2014 年 2 月 8 日

发电机组并网安全性评价管理办法

第一条　为了加强电力安全监督管理，规范发电机组并网安全性评价（以下简称并网安评）行为，保障发电机组安全可靠并网运行，确保电力系统安全稳定，根据《电力监管条例》、《电网运行规则（试行）》等，制定本办法。

第二条　本办法中所称发电机组，是指包括火力发电机组、水力发电机组、核电机组（非核岛部分）、太阳能发电站和风力发电场等在内的所有发电设施。

第三条　本办法适用于由地（市）级及以上电力调度机构调度管理的发电机组的并网安评工作。地（市）级以下电力调度机构调度管理的发电机组（不包括分布式发电设施）的并网安评工作参照执行。

第四条　新建、改建或扩建发电机组在进入商业运营前应通过并网安评。

已运行发电机组涉及并网安全的主要设备或系统经过改造的，应按本办法进行并网安评。

第五条　并网安评主要内容应包括：

（一）安全生产管理体系及绩效；

（二）电气主接线系统及厂、站用电系统；

（三）发电机组励磁、调速系统；

（四）发电机组自动发电控制、自动电压控制、一次调频功能；

（五）继电保护、安全自动装置，电力通信、直流系统；

（六）二次系统安全防护；

（七）对电网安全、稳定运行有直接影响的电厂其它设备及系统。

并网安评具体评价内容按照国家标准《发电机组并网安全条件及评价》以及其它相关并网安评标准执行。

第六条　并网安评工作的主要程序如下：

（一）国家能源局派出机构（以下简称派出机构）编制辖区内并网安评工作计划；

（二）发电企业开展并网安评自查、自改工作；

（三）发电企业自主选择中介机构开展现场查评工作；

（四）中介机构选派人员进行现场查

评并形成并网安评报告；

（五）派出机构组织并网安评报告评审并下达审核意见。

第七条 国家能源局负责全国并网安评监督管理工作，制定完善并网安评有关管理办法和相关标准，指导、监督和检查派出机构并网安评工作，组织中介机构现场查评人员培训。

第八条 派出机构按照属地管理原则，组织辖区内并网安评工作，履行以下监督管理职责：

（一）制定本辖区并网安评实施细则、现场查评标准和中介机构并网安评工作监管办法，明确并网安评报告评审标准、评审程序和评审完成期限；

（二）负责中介机构并网安评工作管理，公布符合工作要求的中介机构名单；

（三）制定本辖区并网安评工作计划；

（四）指导、监督和检查发电企业并网安评工作及相关整改工作；

（五）指导、监督和检查中介机构现场查评工作，协调解决相关问题；

（六）组织并网安评报告评审并下达审核意见；

（七）组织发电企业相关人员并网安评培训。

派出机构在组织非本辖区电力调度机构调度发电机组的并网安评工作时，应邀请相关派出机构参加报告评审等工作。

第九条 发电企业是并网安评工作的责任主体，应按照以下要求开展工作：

（一）执行派出机构制定的并网安评工作计划；

（二）按照并网安评标准开展自查、自评工作；

（三）选择符合要求的中介机构开展并网安评工作；

（四）配合并监督中介机构现场查评工作；

（五）及时整改评价中发现的问题和隐患。

第十条 电力调度机构应积极配合并网安评工作，参加派出机构组织的并网安评活动，执行派出机构并网安评相关决定。

第十一条 中介机构应按照国家有关规定，取得相应的资质，按照“谁评价、谁负责”和“谁签字、谁负责”的原则，独立、公正、客观、真实、准确地开展并网安评工作，对并网安评报告承担相应责任。

中介机构应按照有关并网安评标准对并网安评项目逐一进行查评，不得采取抽项检查的方式进行评价。

第十二条 中介机构应根据发电企业实际情况，选派符合要求的人员开展现场查评工作。现场查评人员原则上不少于五人，且与被查评企业无直接利益关系。现场查评人员应具备以下条件：

（一）具备十年以上在电力调度机构、电网企业、发电企业、电力科研院所或安全评价机构从事相关专业工作的经历；

（二）一般应具有相关专业高级技术职称，并具备从事并网安评的知识和能力；

（三）身体健康，满足现场查评工作

要求。

中介机构及其现场查评人员应遵守发电企业现场安全管理规定，并保守企业秘密。

第十三条　任何单位和个人对并网安评中的违法、违规行为，可向国家能源局及其派出机构投诉或者举报。

第十四条　违反本办法规定的，国家能源局及其派出机构依据有关规定予以处理。

第十五条　派出机构应将本辖区并网安评实施细则、现场查评标准和中介机构并网安评工作监管办法等文件报国家能源局备案。

第十六条　本办法自发布之日起施行，原国家电力监管委员会于 2007 年 11 月 27 日发布的《发电机组并网安全性评价管理办法》（电监安全〔2007〕45 号）同时废止。

核安全导则 HAD701/02—2014

放射性物品运输核与辐射安全分析报告书格式和内容

(2014年6月9日国家核安全局 批准发布)

本导则自2014年6月9日起实施

本导则由国家核安全局负责解释

本导则是指导性文件。在实际工作中可以采用不同于本导则的方法和方案，但必须证明所采用的方法和方案至少具有与本导则相同的安全水平。

1 总论

1.1 概述

简要介绍项目概况，包括项目来源、目的、托运人单位情况等。给出拟运输的放射性物品名称、运输容器、货包类型、单次运输活动的最大放射性活度值及货包数量、年度最大运输次数、运输方式等，明确拟申请与运输有关的期限。

1.2 编制依据

列出编制《报告书》所依据的国家和地方发布的有关法规、标准和文件。

1.3 评价范围

放射性物品的运输方式包括道路、铁路、水路和航空，《报告书》仅评价放射性物品运输活动的核与辐射安全，在实际运输过程中还应满足道路、铁路、水路和航空等危险货物运输的相关规定。放射性物品的运输活动包括货包在运输工具上的装载、卸载以及运输过程(包括中途贮存)。对于特殊安排下的放射性物品运输活动，还应包括内容物的装、卸过程。

1.4 评价标准

1.4.1 剂量约束值

应给出工作人员、公众在正常运输条件下的剂量约束值。

1.4.2 剂量控制值

应给出工作人员、公众在事故条件下的剂量控制值。

1.5 职责和分工

明确托运人、承运人、收货人等各方承担的运输活动分工及安全责任。

2 货包和运输工具

2.1 货包

描述货包的组成，包括运输容器和内容物。给出货包外表面最大辐射水平、运输指数、货包分级和临界安全指数。给出拟运输放射性物品的数量（重量、批次、富集度、比活度和活度等）。

2.1.1 内容物

给出内容物的放射性核素，结构特性，物理特性，化学特性，是否为特殊形式，并说明其主要危害。

2.1.2 运输容器

2.1.2.1 运输容器基本参数

给出运输容器的设计批准号或使用批准号和制造编码，给出容器的基本参数(包括容器的外形尺寸、重量、放射性内容物的额定装载量）、容器结构示意图。

2.1.2.2 运输容器安全状况

简要说明最近一次的定期安全性能评

价的结果以及发现的问题和处理。

2.2 运输工具

2.2.1 运输工具基本性能参数

对于道路运输，概述运输工具基本参数包括牵引力、载重、爬坡能力、转弯半径等。

2.2.2 栓系

说明货包在运输工具上的栓系方案，对栓系方案的安全性进行分析评价。

2.2.3 运输稳定性分析

对运输车辆运行稳定性进行分析评价，包括重车的最大安全纵坡和横坡，重车在弯道上行驶车速的限制等方面。

2.2.4 运输指数和临界安全指数

给出单个运输工具上临界安全指数以及运输指数的总和。

2.3 货包装运前的检查

描述每次货包装运前应检查的项目，包括但不限于以下内容：

（1）确保可能被误用于提吊货包的附件已被拆除掉或使其不能用于提吊货包。

（2）货包满足设计批准证书中所规定的所有要求。

（3）货包在温度和压力达到平衡状态之前，货包不得发运，除非例外申请得到主管部门的批准。

（4）通过检查和（或）相应的测试来确保包容系统中所有可能泄漏放射性内容物的开孔和阀门均已严加密封、关闭。

（5）对于特殊形式放射性物质，应确保其批准证书和 GB11806 中规定的各项要求均已得到满足。

（6）对于易裂变材料的货包，应说明货包的密封能够被证明满足了相关安全标准的要求，并能有效防止水或其他液体进入货包。

（7）对于低弥散放射性物质，应确保其批准证书中和标准规定的各项要求均已得到满足。

2.4 特殊安排的运输

说明特殊安排的理由，明确货包不能满足相关要求的具体情况。

3 运输方案

3.1 运输路线

一般来说，放射性物品的运输活动应针对具体路线进行分析。对于密封放射源的运输可选取代表性路线进行分析，代表性路线应考虑线路的长度、年度运输次数、沿线人口密度、交通流量、道路等级、水域、航线等方面的因素。

3.1.1 运输线路图

概述运输路线，给出运输线路图。图中应标明运输的起点、中转、终点和运输线路上的主要城镇。水运应标明所经过的水域和停靠的码头。空运应标明起点、终点和转运的飞机场等。

3.1.2 运输线路的基本特征

概述运输线路的基本特征，给出运输线路的主要参数。对于陆地运输，如桥梁、隧道、服务区、道路等级、收费站等；对于水上运输，如航线、水域和码头等；对于空中运输，如航线、起抵站和中转站等。

3.1.3 运输路线上的交通流量

给出道路、铁路运输线路上各居民区（城区、郊区和农村）单一方向上的交通流量及其来源；给出运输线路上交通工具内承载旅客的平均人数及其数据来源。

3.1.4 运输沿线人口密度分布

说明获得沿途人口密度资料的方法和来源。给出运输沿途各居民区的平均人口密度。

3.1.5 必要时，对备用路线和超限运输进行分析和说明。

3.2 装卸操作

概述装卸的操作规程及步骤，吊装使用的工具或机械及其参数。概述货包装卸过程中的安全措施，特别要说明针对可能发生的事故和突发事件所采取的预防和应对措施。列表给出从事装卸工作的人数、离货包的距离、操作时间等。

3.3 行程安排

概述运输工具配置及编组情况。给出各类运输人员的人数、离货包的距离和受照时间等。描述运输时的行程计划。给出运输途中计划停靠站的地名，具体地点和停靠时间。说明中途停留时采取的隔离措施，以及控制人员接近的方法。概述各停靠站的概况，给出停靠站的位置图。给出以停靠站为中心半径 1 公里范围内居民的人口密度分布。

3.4 辐射防护措施

说明启运前对货包表面污染和辐射水平实施监测的计划。说明运输过程中货包辐射监测计划。描述运输过程中的辐射防护措施，一般包括对运输工作人员的剂量监测、屏蔽、隔离以及配备个人防护用品及器具等措施。

3.5 特殊安排运输的补充措施

详细说明为了弥补货包不能满足可适用要求而采取的特殊预措施，这些措施应能使运输的总体安全水平至少能达到《放射性物质安全运输规程》的要求，具体措施可包括：

(a) 专业人员护送。专业人员通常为辐射防护人员，并配备辐射测量装置以及必要的应急装置，熟悉应急程序。护送人员乘坐车辆与放射性物品运输车辆分开，必要时辅以公安、消防人员护送；

(b) 选择潜在危害小的线路，避开人口密集区域以及可能的危险路段等；

(c) 限定运输时间，避开交通高峰时段；

(d) 直达运输，途中不停留，不转运；

(e) 在不增加其他危害的前提下，应严格控制耐撞性较差货包的车速；

(f) 事先通知公安和消防等公共安全部门；

(g) 作为补充安全措施，可以考虑增加辅助保护装置，如冲击能量吸收系统等。

3.6 与其他货物一起运输

描述放射性物品与一起运输其他货物之间的可能相互影响，并说明针对这些可能影响所采取的措施。

3.7 承运人资质说明

说明承运人的资质情况。对于公路运输承运人资质应满足按照中华人民共和国交通运输部颁发的《放射性物品道路运输管理规定》。对于铁路、水上、航空承运人资质应满足铁道、交通运输、民航等主管部门的相关规定。

4 正常运输条件下的辐射影响的分析

对于放射性物品正常运输条件时的辐射影响分析，主要针对道路和铁路两种运输方式，正常运输条件下应对停靠站 1km 范围内的公众影响进行评价。

4.1 照射途径

根据货包的特性，概述运输过程中对运输工作人员和公众的照射途径。

4.2 剂量估算方法

给出各类人员（机组人员、运输工具检修人员、中转站的配合人员、装卸作业人员、警卫和押运人员、安全检测和检查人员、仓库工作人员、运输线周围居民和行人、运输线上旅行人员、停留期间周围居民等）剂量估算模式及参数。

4.3 剂量汇总及评价

给出运输工作人员和公众所受最大有效剂量和集体有效剂量，根据剂量估算结果对运输活动辐射影响进行评价。

5 事故辐射影响分析与应急准备

5.1 事故描述

根据运输线路的分析，选取可能发生的最危险意外事故，描述事故救援和处理的方案。

5.2 事故辐射影响分析

在考虑事故救援和处理方案以及进行事故辐射影响分析评价时，原则上应认为对于符合法规标准要求的放射性物品运输货包应能够保持基本的安全性能，保持对放射性物品的包容，并具备可操作性，但其屏蔽性能可能会有一定程度的减弱。应该以此原则为基础进行放射性物品运输事故辐射影响分析，给出事故后果估算的模式以及有关参数。估算工作人员和公众所受的个人有效剂量。

估算工作人员和公众所受的集体有效剂量。

根据事故剂量估算结果对运输活动辐射影响进行评价。

5.3. 应急准备

描述放射性物品运输的应急预案、应急组织、应急设施和应急设备以及应急能力。

针对所运输放射性物品以及可能发生的事故和突发事件，概述发生事故后应采取的应急措施和处理方案。

按照附录 1 的要求编制相应的《核与辐射运输事故应急响应指南》附在报告书的后面。

5.4. 安全保卫措施

概述放射性物品运输活动的安全保卫措施。

描述卫星定位系统对放射性物品运输工具在运输过程中的在线监控措施。

6 水路运输的相关情况

6.1 水路标准法规的符合情况

通过水路运输放射性物品的，应描述满足水路有关危险货物运输的法律、行政法规和规章的情况。

对于表面辐射水平超过 2 mSv/h 的货包，应详细描述采取的特殊预防措施，以满足《放射性物质安全运输规程》（GB11806—2004）中水路运输的附加要求。

对于货包的运输指数、辐射水平或临界安全指数超过《放射性物质安全运输规程》规定要求的，应使用专用船舶进行水路运输，并对以下三方面的满足情况进行详细描述：

（a）辐射防护大纲经国家核安全监管部门批准情况，必要时，还应描述各停靠港国家或地区相应主管部门批准情况；

（b）托运货物在整个航程（包括在停靠港装载）中，堆放的计划安排；

（c）在运输放射性物品的过程中，托运货物的装载、运载和卸载的监督人员资格情况。

7 航空运输的相关情况

7.1 航空运输相关标准法规的符合情况

通过航空运输放射性物品的，应描述满足航空有关危险货物运输的法律、行政法规和规章的情况，并对《放射性物质安全运输规程》（GB11806）关于空运的附加要求的满足情况进行说明。

8 质量保证

8.1 质量保证的组织机构及其职责

明确运输计划协调和运输实施指挥机关，并明确任务和责任。说明与有关单位的联系方式。

8.2 质保文件

列出运输活动的质量保证文件目录清单。

8.3 运输工作人员的培训

描述对运输工作人员（机组人员、装卸人员、押运人员、安全保卫人员、监测人员等）培训情况和考核结果。

8.4 质量记录

描述运输实施过程中检查、监测等数据的记录和管理。

9 结论和承诺

9.1 评价结论

根据放射性物品特性、运输容器的性能和货包的装运特点对运输活动的安全分析给出分析评价结论。

根据国家有关法规和标准，对放射性物品运输的环境影响作出评价和结论性意见。

将正常运输条件下对公众和工作人员所致的个人有效剂量与工作人员、公众在正常运输条件下的剂量约束值相比较。

将事故工况下对公众和工作人员所致的个人有效剂量与工作人员、公众在事故工况下的剂量控制值相比较。

9.2 承诺

根据评价，指出存在的主要问题，提出拟采取的相应措施。

附录 1

放射性物品运输事故应急响应指南

本附录给出了《核与辐射事故应急响应指南》（以下简称《指南》）的主要内容及基本要求，用于指导放射性物品运输的托运人编制《核与辐射事故应急响应指南》。《指南》是用来指导第一响应者(可以是承运人，也可以是承运人和押运人)处理放射性物品运输事故的文件。

表 1 给出了运输编号（联合国编号）、运输专用名称和应急响应指南编号的对应关系；表 2—表 7 分别针对不同应急响应指南编号，给出了编制《指南》的主要内容要求。《指南》应该包括：潜在危险、公众安全和应急响应等几方面内容。

《指南》的编制，首先应当根据所运输的放射性物品按照表 1 所列的对应关系确定运输编号（联合国编号）和指南编号。进而再按照指南编号从表 2—表 7 中找出所对应的应急响应指南编制要求，然后，按照该应急响应指南的要求开展编制工作。

《指南》的编制，要求应具有独立性和完整性，并要求文字精练、图示清晰、重点突出。

表 1 放射性物品应急响应指南对应关系

运输编号（联合国编号）	运输专用名称 / 说明	指南编号
2910	放射性物品例外货包—有限量的放射性物品	161
2911	放射性物品例外货包—含有放射性物质的仪器或制品	161
2909	放射性物品例外货包—天然铀或贫化铀或天然钍的制品	161
2908	放射性物品例外货包—运输放射性物品的空包装	161
2912	Ⅰ类低比活度放射性物品 (LSA - Ⅰ)，非易裂变的或例外易裂变的	162
3321	Ⅱ类低比活度放射性物品 (LSA - Ⅱ)，非易裂变的或例外易裂变的	162
3322	Ⅲ类低比活度放射性物品 (LSA - Ⅲ)，非易裂变的或例外易裂变的	162
2913	放射性表面污染物体 (SCO - Ⅰ或 SCO - Ⅱ)，非易裂变的或例外易裂变的	162
2915	放射性物品 A 型货包，非特殊形式的非易裂变的或非特殊形式的例外易裂变的	163
2916	放射性物品 B(U) 型货包，非易裂变的或例外易裂变的	163
2917	放射性物品 B(M) 型货包，非易裂变的或例外易裂变的	163
3323	放射性物品 C 型货包，非易裂变的或例外易裂变的	163
2919	特殊安排下运输的放射性物品，非易裂变的或例外易裂变的	163
3332	放射性物品 A 型货包，特殊形式的非易裂变的或特殊形式的例外易裂变的	164
3324	Ⅱ类低比活度放射性物品（LSA - Ⅱ），易裂变的	165
3325	Ⅲ类低比活度放射性物品（LSA - Ⅲ），易裂变的	165
3326	放射性表面污染物体（SCO - Ⅰ或 SCO - Ⅱ），易裂变的	165
3327	放射性物品 A 型货包，易裂变的，非特殊形式的	165
3333	放射性物品 A 型货包，特殊形式的，易裂变的	165
3328	放射性物品 B(U) 型货包，易裂变的	165
3329	放射性物品 B(M) 型货包，易裂变的	165
3330	放射性物品 C 型货包，易裂变的	165
3331	特殊安排下运输的放射性物品，易裂变的	165
2977	放射性物质六氟化铀，易裂变的	166
2978	放射性物质六氟化铀，非易裂变的或例外易裂变的	166

表 2 应急响应指南 161，放射性物品（低辐射水平）

潜在危险
健康 在发生运输事故时，对运输工作人员、应急响应人员以及公众造成最低限度放射性风险。包装容器的耐用性及坚固性随放射性内容物潜在的危险增加而增加。 低水平的放射性物品和货包外放射性水平低对人员的风险小。破损的货包可能导致放射性物品的释放，但是所引起的风险预期比较低。一些放射性物品可能用一般的仪器探测不到。 货包没有放射性 Ⅰ、Ⅱ、或 Ⅲ级的标志。一些可能只有“空”标志或者仅仅在货包上有“放射性”标志。 **火灾或爆炸** 部分物品可能会燃烧，但是大多数不易点燃。许多在货包外有硬纸板包装，内容物（大或小）可以有不同的物理形态。放射性不会改变物品的易燃性或者其他的特性。
公众安全
发生事故时，应该首先应该拨打置于运输文件中的应急响应电话号码。如果没有运输文件或者应急响应电话无应答，则拨叫列在后封页上的适当的电话号码。 救援、救生、急救、火灾控制和其他危险的优先级比测量放射性水平的优先级别高。 托运人或第一响应者应该将事故情况通报核安全监管部门。 立即隔离溢出或泄漏区域各个方向至少 25-50 米。 呆在上风方向。 禁止未授权人员进入。 隔离那些未受损伤但怀疑受到污染的人员或设备。不要马上去污和清洗，直到收到核安全监管部门的指令。 **防护服** 自给正压式空气呼吸器（SCBA）和消防队员防护服可以提供适当的防护。 **隔离区** （1）大量溢出 考虑到初始顺风撤离至少 100 米。 （2）火灾 当大量的放射性物品陷于火灾之中，考虑各个方向 300 米的初始撤离距离。
应急响应
火灾 放射性物品的存在不会影响火灾控制过程，不会影响技术方案的选择。 如果将容器移走没有风险的话，则把容器从火区移开。 不要移动破损货包；把未损坏的货包从火灾区域移开。 **小型火灾** 干粉、CO_2、喷水或者常规的泡沫。 **大型火灾** 喷水、烟雾（足够淹没量）。 **溢出或泄漏** 不要触摸破损的货包或溢出的物品。 用沙、土或非可燃吸收材料覆盖溢出的液体。 用塑料布或油布覆盖溢出的粉末，以使污染扩散最小化。 **急救** 医疗问题优先于放射性方面的考虑。 根据受伤的类型进行急救处理。 不要延误运送和救治受伤严重的伤者。 如果受害者停止了呼吸，实施人工呼吸。 如果呼吸困难，给予氧气。 如果接触了放射性物品，马上用流水清洗皮肤和眼睛至少 20 分钟。接触释放物品而污染的受伤者对于医护人员、设备或者设施不存在严重的威胁。 确保医护人员知道事故涉及放射性物品，采取预防措施以保护自己和防止污染扩散。

表 3 应急响应指南 162，放射性物品（低至中辐射水平）

潜在危险
健康 在发生运输事故时，对运输工作人员、应急响应人员以及公众造成最小放射性风险。包装容器的耐用性及坚固性随放射性内容物潜在的危险增加而增加。 未破损的货包是安全的。如果货包破损内容物释放，可能导致高的外照射或者同时造成外照射和内照射。 放射性物品位于容器内，辐射危害是很低的。如果放射性物品从货包或者集装箱内释放出来，那么危险度可能从低到中不等。危险水平取决于放射性物质的类型、数量以及内部或 / 和附在表面的材料的种类。 一些放射性物品可能在中等严重的事故期间会从货包中释放出来，但是对人员的风险并不大。 如果货包失效，释放的放射性物品或者污染物体通常是看得见的。 一些专用的大型和封装的放射性物品装运可能没有“放射性”标志。 标牌、标记和运输文件提供识别标记。 一些货包可能有“放射性”标志，而且还有第二个危险标志。第二危险通常大于辐射危害；所以遵循第二风险的指南就像遵循本响应指南一样。 一些放射性物品可能用通常所用的仪器不能探测到。 控制运输品火灾的流出物可能造成低水平的污染。 **火灾或爆炸** 部分物品可能会燃烧，但是大多数不易点燃。
公众安全
发生事故时，应该首先应该拨打置于运输文件中的应急响应电话号码。如果没有运输文件或者应急响应电话无应答，则拨叫列在后封页上的适当的电话号码。 救援、救生、急救、火灾控制和其他危险的优先级比测量放射性水平的优先级别高。 托运人或第一响应者应该将事故情况通报核安全监管部门。 立即隔离溢出或泄漏区域各个方向至少 25-50 米。 呆在上风方向。 禁止未授权人员进入。 隔离那些未受损伤但怀疑受到污染的人员或设备。不要马上去污和清洗，直到收到核安全监管部门的指令。 **防护服** 自给正压式空气呼吸器（SCBA）和消防队员防护服可以提供适当的防护。 **隔离区** （1）大量溢出 考虑到初始顺风撤离至少 100 米。 （2）火灾 当大量的放射性物品陷于火灾之中，考虑各个方向 300 米的初始撤离距离。
应急响应
火灾 放射性物品的存在不会影响火灾控制过程，不会影响技术方案的选择。 如果将容器移走没有风险的话，则把容器从火区移开。 不要移动破损货包；把未损坏的货包从火灾区域移开。 **小型火灾** 干粉、CO_2、喷水或者常规的泡沫。 **大型火灾** 喷水、烟雾（足够淹没的量）。 筑消防水堤以方便之后的处理。 **溢出或泄漏** 不要触摸破损的货包或溢出的物品。 用沙、土或非可燃吸收材料覆盖溢出的液体。 筑堤来收集大量的液体喷洒。 用塑料布或油布覆盖粉末溢出，以使污染扩散最小化。 **急救** 医疗问题优先于放射性方面的考虑。 根据受伤的类型进行急救处理。 不要延误运送和救治受伤严重的伤者。 如果受害者停止了呼吸，实施人工呼吸。 如果呼吸困难，给予氧气。 如果接触了放射性物品，马上用流水清洗皮肤和眼睛至少 20 分钟。 接触释放物品而污染的受伤者对于医护人员、设备或者设施不存在严重的威胁。 确保医护人员知道事故涉及放射性物品，采取预防措施以保护自己和防止污染扩散。

表 4 应急响应指南 163，放射性物品（低至高辐射水平）

潜在危险
健康 在发生运输事故时，对运输工作人员、应急响应人员以及公众造成最小放射性风险。包装容器的耐用性及坚固性随放射性内容物潜在的危险增加而增加。 未破损货包是安全的。破损货包的内容物在释放的情况下可能导致高的外照射或者同时造成外照射和内照射。 A 型货包（纸板箱，盒子，圆桶，物品，等等）通过在货包或运输文件上标记“A 型”来识别，容纳的量不会危害生命。在中等严重的事故条件下，A 型货包可能会部分泄漏。 B 型货包，以及很少有的 C 型货包，（大的或小的，通常是金属的）含有最危险的量。这些货包可以通过在货包标记或者运输文件加以识别。只有当内容物泄漏或者货包屏蔽失效才可能存在威胁生命的情形。由于货包经过严格的设计、评价和试验验证过程，使得只有在最极端的事故条件下上述情况才有可能发生。 “特殊安排”货运，可能属于 A 型，B 型或者 C 型货包。货包类型需要在货包上进行标记，详细资料列在运输文件上。 放射性 I 级（白）的标志表明单个的、被隔离的、未破损的货包的放射性水平很低（低于 0.005mSv/h）。 放射性Ⅱ级（黄）和Ⅲ级（黄）标志的货包放射性水平较高。标志上的运输指数（TI）确定以距离单个的、被隔离的、未破损货包 1m 处的 mSv/h 为单位的最大放射性水平。 一些放射性物品不能被通常所用的仪器检测出来。 用以控制火灾的水可能造成污染。 **火灾或爆炸** 部分的这些物品可能会燃烧，但是大多数不易点燃。 放射性不会改变材料的易燃性或者其他特性。 B 型货包经过设计和评价可以经受温度为 800℃火焰中持续 30 分钟的耐热试验的考验。
公众安全
发生事故时，应该首先应该拨打置于运输文件中的应急响应电话号码。如果没有运输文件或者应急响应电话无应答，则拨叫列在后封页上的适当的电话号码。 救援、救生、急救、火灾控制和其他危险的优先级比测量放射性水平的优先级别高。 托运人或第一响应者应该将事故情况通报核安全监管部门。 立即隔离溢出或者泄漏区域各个方向至少 25-50 米。 呆在上风方向。 禁止未授权人员进入。 隔离那些未受损伤但怀疑受到污染的人员或设备。不要马上去污和清洗，直到收到核安全监管部门的指令。 **防护服** 自给正压式空气呼吸器（SCBA）和消防队员防护服可以提供适当的内照射防护，但不能提供外照射防护。 **隔离区** (1) 大量溢出 考虑到初始顺风撤离至少 100 米。 (2) 火灾 当大量的放射性物品陷于火灾之中，考虑各个方向 300 米的初始撤离距离。
应急响应
火灾 放射性物品的存在不会影响火灾控制过程，不会影响技术方案的选择。 如果将容器移走没有风险的话，则把容器从火区移开。 不要移动破损货包；把未损坏的货包从火灾区域移开。 **小型火灾** 干粉、CO_2、喷水或者常规的泡沫。 **大型火灾** 喷水、烟雾（足够淹没的量）。 筑消防水堤以方便之后的处理。 **溢出或泄漏** 不要触摸破损的货包或者溢出的材料。 未破损或者轻微破损的货包潮湿的表面不是货包失效的标志。大部分内装液体的货包有内置容器和 / 或者吸收材料。 用沙、土或者非可燃吸收材料覆盖溢出的液体。 **急救** 医疗问题优先于放射性方面的考虑。 根据受伤的类型进行急救处理。 不要延误运送和救治受伤严重的伤者。 如果受害者停止了呼吸，实施人工呼吸。 如果呼吸困难，给予氧气。 如果接触了放射性物品，马上用流水清洗皮肤和眼睛至少 20 分钟。 接触释放物品而污染的受伤者对于医护人员、设备或者设施不存在严重的威胁。 确保医护人员知道事故涉及放射性物品，采取预防措施以保护自己和防止污染扩散。

表 5 应急响应指南 164，放射性物品（特殊形式 / 低至高水平外部辐射）

公众安全
发生事故时，应该首先应该拨打置于运输文件中的应急响应电话号码。如果没有运输文件或者应急响应电话无应答，则拨叫列在后封页上的适当的电话号码。 救援、救生、急救、火灾控制和其他危险的优先级比测量放射性水平的优先级别高。 托运人或第一响应者应该将事故情况通报核安全监管部门。 立即隔离溢出或者泄漏区域各个方向至少 25-50 米。 呆在上风方向。 禁止未授权人员进入。 隔离那些未受损伤但怀疑受到污染的人员或设备。在收到核安全监管部门的建议以前，不要马上去污和清洗。 **防护服** 自给正压式空气呼吸器（SCBA）和消防队员防护服可以提供适当的内照射防护，当不能提供外照射防护。 **隔离区** （1）大量溢出 考虑到初始顺风撤离至少 100 米。 （2）火灾 当大量的放射性物品陷于火灾之中，考虑各个方向 300 米的初始撤离距离。
应急响应
火灾 放射性物品的存在不会影响火灾控制过程，不会影响技术方案的选择。 如果将容器移走没有风险的话，则把容器火区移开。 不要移动破损货包；把未损坏的货包从火灾区域移开。 **小型火灾** 干粉、CO_2、喷水或者常规的泡沫。 **大型火灾** 喷水、烟雾（足够淹没的量）。 筑消防水堤以方便之后的处理。 **溢出或泄漏** 不要触摸破损的货包或者溢出的材料。 未破损或者轻微破损的货包潮湿的表面不是货包失效的标志。内容物通常不是液体的而是金属盒，如果从货包中泄漏出来很容易看出来。 如果内容物确认在货包外，那么不要触摸。远离并等候核安全监管部门的建议。 **急救** 医疗问题优先于放射性方面的考虑。 根据受伤的类型进行急救处理。 不要延误运送和救治受伤严重的伤者。 如果受害者停止了呼吸，实施人工呼吸。 如果呼吸困难，给予氧气。 如果接触了放射性物品，马上用流水清洗皮肤和眼睛至少 20 分钟。 接触释放物品而污染的受伤者对于医护人员、设备或者设施不存在严重的威胁。 确保医护人员知道事故涉及放射性物品，采取预防措施以保护自己和防止污染扩散。

表 6 应急响应指南 165，放射性物品（易裂变 / 低至高辐射水平）

潜在危险
健康 在发生运输事故时，对运输工作人员、应急响应人员以及公众造成最小放射性风险。包装容器的耐用性及坚固性随放射性内容物潜在的危险增加而增加。 未破损货包是安全的；破损货包的内容物可能导致高的外照射，如果内容物释放出来既有外照射又有内照射。 AF 型或者 IF 型货包，通过在货包上标记来识别，容纳的量不会危害生命。货包的外部辐射水平很低。在严重运输事故的情况下，通过货包设计、评价和试验来控制泄漏以及防止链式裂变反应。 B(U)F、B(M)F 型货包以及 CF 型货包（通过在货包上或者运输文件上标记来识别）含有可能威胁生命的量。货包的设计、评价和试验能够保证在发生事故情况下不会出现危及生命的放射性泄漏现象并能防止发生链式裂变反应，除非发生极端严重事故。 少数的“特殊安排”货运可以是 AF，BF 或者 CF 型货包。货包类型会在货包上进行标记，详细情况会写在运输文件上。 标志上或者货运单据上的运输指数（TI）不一定表明单个、独立、未破损货包的放射性水平；相反，它可能与运输期间由于材料的以裂变特性的控制需要有关。 一些放射性物品不能被通常的仪器检测出来。 用以控制火灾的水不造成污染。 **火灾或爆炸** 部分物品可能会燃烧，但是大多数不易点燃。 放射性不会改变材料的易燃性或者其他特性。 AF、IF、B(U)F、B(M)F 和 CF 型货包经过设计和评价可以承受环境温度 800℃、持续时间 30 分钟的耐热试验的考验。
公众安全
发生事故时，应该首先应该拨打置于运输文件中的应急响应电话号码。如果没有运输文件或者应急响应电话无应答，则拨叫列在后封页上的适当的电话号码。 救援、救生、急救、火灾控制和其他危险的优先级比测量放射性水平的优先级别高。 托运人或第一响应者应该将事故情况应通报核安全监管部门。 立即隔离溢出或者泄漏区域各个方向至少 25-50 米。 呆在上风方向。 禁止未授权人员进入。 隔离那些未受损伤但怀疑受到污染的人员或设备。不要马上去污和清洗，直到收到核安全监管部门的指令。 **防护服** 自给正压式空气呼吸器（SCBA）和消防队员防护服可以提供适当的内照射防护，但不能提供外照射防护。 **隔离区** （1）大量溢出 考虑到初始顺风撤离至少 100 米。 （2）火灾 当大量的放射性物品陷于火灾之中，考虑各个方向 300 米的初始撤离距离。
应急响应
火灾 放射性物品的存在不会影响火灾控制过程，不会影响技术方案的选择。 如果将容器移走没有风险的话，把容器从火区移开。 不要移动破损货包；把未损坏的货包从火灾区域移开。 **小型火灾** 干粉、CO_2、喷水或者常规的泡沫。 **大型火灾** 喷水、烟雾（足够淹没的量）。 筑消防水堤以方便之后的处理。 **溢出或泄漏** 不要触摸破损的货包或者溢出的材料。 未破损或者轻微破损的货包潮湿的表面不是货包失效的标志。大多数内装液体的货包都有内置容器和 / 或者吸收材料。 **液体洒出** 货包内容物很少是液体的。如果发现任何由于液体泄漏导致的放射性污染，很可能是低水平的。 **急救** 医疗问题优先于放射性方面的考虑。 根据受伤的类型进行急救处理。 不要延误运送和救治受伤严重的伤者。 如果受害者停止了呼吸，实施人工呼吸。 如果呼吸困难，给予氧气。 如果接触了放射性物品，马上用流水清洗皮肤和眼睛至少 20 分钟。 接触释放物品而污染的受伤者对于医护人员、设备或者设施不存在严重的威胁。 确保医护人员知道事故涉及放射性物品，采取预防措施以保护自己和防止污染扩散。

表 7 应急响应指南 166，六氟化铀 / 水敏感性放射性物品

潜在危险
健康 在发生运输事故时，对运输工作人员、应急响应人员以及公众造成最小放射性风险。包装容器的耐用性及坚固性随放射性内容物潜在的危险增加而增加。 化学危害远远超过辐射危害。 材料与水反应以及空气中的水蒸气反应产生有毒的、腐蚀性的氢氟化物气体和具有刺激性、腐蚀性、白色可溶于水的残渣。如果吸入，可能致命。 直接接触会灼烧皮肤、眼睛以及呼吸道。 低水平放射性材料；对人员的辐射危害很低。 控制火灾的流出物可能造成轻度的污染。 **火灾或爆炸** 材料不会燃烧。 包装容器（水平圆柱体有短腿用于栓系），在运输文件或者外包装上标上“AF” 或 “B(U)F”来识别。它们可以承受苛刻条件，包括完全吞没在高达 800℃的温度火焰中。 裸露充满的圆筒，以 UN2978 作为标志的一部分，当卷入火中可能会破裂；裸的空筒在火中不会破裂（不包括空筒中有残料的情况）。 材料可能与燃料产生猛烈的反应。 放射性不会改变材料的易燃性和其他性能。
公众安全
发生事故时，应该首先应该拨打置于运输文件中的应急响应电话号码。如果没有运输文件或者应急响应电话无应答，则拨叫列在后封页上的适当的电话号码。 救援、救生、急救、火灾控制和其他危险的优先级比测量放射性水平的优先级别高。 托运人或第一响应者应该将事故情况通报核安全监管部门。 立即隔离溢出或者泄漏区域各个方向至少 25-50 米。 呆在上风方向。 禁止未授权人员进入。 隔离那些未受损伤但怀疑受到污染的人员或设备。不要马上去污和清洗，直到收到核安全监管部门的指令。 **防护服** 穿自给正压式空气呼吸器（SCBA）。 穿化学防护服，尤其是制造厂商推荐的。但是化学防护服可以提供很少或者不能提供热防护。 消防员防护服仅在有火的情况下提供有限的保护；在放射性物品溢出的情况下不能够提供保护作用。 **隔离区** （1）大量溢出 考虑到初始顺风撤离至少 100 米。 （2）火灾 当大量的放射性物品陷于火灾之中，考虑各个方向 300 米的初始撤离距离。
应急响应
火灾 不要用水或者泡沫直接往材料上喷。 如果将容器移走没有风险的话，把容器从火区移开。 **小型火灾** 干粉、CO_2。 **大型火灾** 喷水、烟雾或常规的泡沫。 用大量的水冷却容器直到火熄灭。 如果不能这么做的话，退出该区域，让火烧。 远离卷入火中的罐子。 **溢出或泄漏** 不要触摸破损的货包或者溢出的材料。 如果没有火或者烟，泄漏很容易看出来，通过在泄漏点看得见刺激性水汽以及残渣。 使用良好的水喷淋来减少水汽；不要直接把水喷到容器的泄漏点。 残渣累积可以自密封小的泄漏。 在溢出之前筑堤坝来收集流出之水。 **急救** 医疗问题优先于放射性方面的考虑。 根据受伤的类型进行急救处理。 不要延误运送和救治受伤严重的伤者。 如果受害者停止了呼吸，实施人工呼吸。 如果呼吸困难，给予氧气。 如果接触了放射性物品，马上用流水清洗皮肤和眼睛至少 20 分钟。 接触释放物品而污染的受伤者对于医护人员、设备或者设施不存在严重的威胁。 确保医护人员知道事故涉及放射性物品，采取预防措施保护自己和防止污染扩散。

国家能源局综合司
关于改进加强核电重大专项
立项管理工作的通知

国能综核电 [2014]475 号

各有关单位：

为贯彻落实《国务院关于改进加强中央财政科研项目和资金管理的若干意见》（国发 [2014]11 号）要求，进一步改进加强核电重大专项立项管理工作，使科研项目和资金配置更加聚焦核电发展战略需求，突出解决制约核电自主化发展的瓶颈问题，发挥重大专项对核电技术发展的支撑引领作用，现将有关事项通知如下：

一、改进立项申报机制

（一）拓宽立项申报渠道，保障申报需求。对于核电重大专项总体实施方案和阶段实施计划已明确的科研攻关需求，进一步扩大知晓范围（涉密及法律法规另有规定的除外），鼓励企业、科研院所、高等院校等单位结合专项的总体目标和本单位的科研能力，提出申报方案，报相关分项牵头实施单位并抄送能源局核电司。为充分调动科研单位申报的积极性，保障立项申报需求，项目申报可于全年进行，不再限定申报时限。

（二）突出问题导向，健全课题指南制订和发布机制。各分项总体组要进一步发挥技术责任主体的职责，紧紧围绕制约核电自主化及示范工程的突出问题，加强顶层设计，定期梳理重大科研需求，确定攻关重点和课题目标、任务、考核指标，提出专项年度申报指南建议方案。能源局核电司组织专家对指南建议方案进行论证，充分征求企业、科研单位、行业协会等有关方面意见后，确定并发布年度课题申报指南。

（三）加强已立项课题的后评估，做好查缺补遗。对于已部署的科研课题，能源局核电司会同牵头实施单位，在调研、检查、验收、后评估等过程中，及时查找自主化和国产化项目中的漏项、缺项，组织专家论证后列入专项申报指南。

二、完善立项选评制度

（一）为改进项目受理方式，进一步保证立项评审公平公正，提高立项质量和效率，建立项目清单。符合条件的申报项目列入项目清单，并对其进行分类管理。清单中的内容主要体现研究价值，对具体承担单位和预算暂不作要求。

（二）项目清单的选评标准由能源局核电司会同牵头实施单位制订，根据立项的必要性、迫切性、可行性、创新性等要求，设置合理的分值权重。由评审专家对申报课题进行打分，满足一定分值要求的可列入项目清单，并根据类别和分值进行排序。评审时要加强课题查重，避免一题多报或重复资助，杜绝项目打包。

（三）列入年度实施计划的课题，原则上应从项目清单中按照分值排序依次选取。能源局核电司对选取的课题再次组织评审，课题通过评审后正式列入重大专项年度实施计划。

（四）立项评审以会议评审形式为主，并适当采取函审、盲审等形式。参与课题评审的专家以同行专家为主，专家中一线科研人员的比例应当达到75%，严格实行评审专家回避制度。

（五）及时向课题申请单位反馈评审意见，从受理课题申请到反馈立项结果原则上不超过120个工作日。

三、完善课题承担单位遴选机制

（一）针对不同类别课题，按照公开、透明的原则采取公开择优、定向择优、联合组团等方式遴选优势单位承担课题。

1. 对于基础类、共性技术类课题，主要采取定向择优方式，选择国内优势明显的单位承担课题。

2. 对于具有明确产品目标和产业化目标的市场导向类课题，引入竞争机制，采用公开择优的方式确定课题承担单位。

3. 鼓励产学研协同攻关和联合组团申报。

（二）课题牵头单位应当是项目的第一研发责任主体，原则上在课题中不承担主要科研任务的参与方（包括课题任务的需求方）不作为课题牵头单位。对于前期承担重大专项任务存在严重延误且尚未结题，或在课题执行过程中存在严重违规行为的单位，不再受理立项申请。课题牵头单位应具有完整的质保体系或核电行业合格供应商资质。

四、强化合同责任制度

（一）通过立项评审的课题承担单位，应严格按照任务与预算的对等原则，认真编制项目预算，科学界定与项目研究直接相关的支出范围，建立健全间接费用的内部管理办法，明确责任单位、联合单位和外协单位等课题各参与方的责任关系，做到分工明确、责权对等。

（二）各分项牵头实施单位应加强对任务合同书和预算书的审查，设定明确的项目目标和关键节点目标，细化考核指标，加强合同执行全过程的管理和节点目标考核，探索实行项目专员制和监理制。

（三）能源局核电司将针对项目申请、合同编制、预算执行等环节建立科研信用记录制度。按有关规定委托专业机构对课题承担单位和科研人员、评估评审专家、中介机构等参与主体进行信用评级，将严重不良信用记录者记入“黑名单”，阶段性或永久性取消其申请核电重大专项或参与项目管理的资格。

特此通知

国家能源局综合司

2014年6月12日

战略与规划

国务院办公厅关于印发能源发展战略行动计划（2014—2020年）的通知

国办发〔2014〕31号

各省、自治区、直辖市人民政府，国务院各部委、各直属机构：

《能源发展战略行动计划（2014—2020年）》已经国务院同意，现印发给你们，请认真贯彻落实。

国务院办公厅

2014年6月7日

（本文有删减，个别表述有调整）

能源发展战略行动计划（2014—2020年）

能源是现代化的基础和动力。能源供应和安全事关我国现代化建设全局。新世纪以来，我国能源发展成就显著，供应能力稳步增长，能源结构不断优化，节能减排取得成效，科技进步迈出新步伐，国际合作取得新突破，建成世界最大的能源供应体系，有效保障了经济社会持续发展。

当前，世界政治、经济格局深刻调整，能源供求关系深刻变化。我国能源资源约束日益加剧，生态环境问题突出，调整结构、提高能效和保障能源安全的压力进一步加大，能源发展面临一系列新问题新挑战。同时，我国可再生能源、非常规油气和深海油气资源开发潜力很大，能源科技创新取得新突破，能源国际合作不断深化，能源发展面临着难得的机遇。

从现在到2020年，是我国全面建成小康社会的关键时期，是能源发展转型的重要战略机遇期。为贯彻落实党的十八大精神，推动能源生产和消费革命，打造中国能源升级版，必须加强全局谋划，明确今后一段时期我国能源发展的总体方略和行动纲领，推动能源创新发展、安全发展、科学发展，特制定本行动计划。

一、总体战略

（一）指导思想。

高举中国特色社会主义伟大旗帜，以邓小平理论、“三个代表”重要思想、科学发展观为指导，深入贯彻党的十八大和十八届二中、三中全会精神，全面落实党中央、国务院的各项决策部署，以开源、节流、减排为重点，确保能源安全供应，转变能源发展方式，调整优化能源结构，创新能源体制机制，着力提高能源效率，严格控制能源消费过快增长，着力发展清洁能源，推进能源绿色发展，着力推动科技进步，切实提高能源产业核心竞争力，打造中国能源升级版，为实现中华民族伟大复兴的中国梦提供安全可靠的能源保障。

（二）战略方针与目标。

坚持“节约、清洁、安全”的战略方针，加快构建清洁、高效、安全、可持续的现代能源体系。重点实施四大战略：

1. 节约优先战略。把节约优先贯穿于经济社会及能源发展的全过程，集约高效开发能源，科学合理使用能源，大力提高能源效率，加快调整和优化经济结构，推进重点领域和关键环节节能，合理控制能源消费总量，以较少的能源消费支撑经济社会较快发展。

到 2020 年，一次能源消费总量控制在 48 亿吨标准煤左右，煤炭消费总量控制在 42 亿吨左右。

2. 立足国内战略。坚持立足国内，将国内供应作为保障能源安全的主渠道，牢牢掌握能源安全主动权。发挥国内资源、技术、装备和人才优势，加强国内能源资源勘探开发，完善能源替代和储备应急体系，着力增强能源供应能力。加强国际合作，提高优质能源保障水平，加快推进油气战略进口通道建设，在开放格局中维护能源安全。

到 2020 年，基本形成比较完善的能源安全保障体系。国内一次能源生产总量达到 42 亿吨标准煤，能源自给能力保持在 85% 左右，石油储采比提高到 14—15，能源储备应急体系基本建成。

3. 绿色低碳战略。着力优化能源结构，把发展清洁低碳能源作为调整能源结构的主攻方向。坚持发展非化石能源与化石能源高效清洁利用并举，逐步降低煤炭消费比重，提高天然气消费比重，大幅增加风电、太阳能、地热能等可再生能源和核电消费比重，形成与我国国情相适应、科学合理的能源消费结构，大幅减少能源消费排放，促进生态文明建设。

到 2020 年，非化石能源占一次能源消费比重达到 15%，天然气比重达到 10% 以上，煤炭消费比重控制在 62% 以内。

4. 创新驱动战略。深化能源体制改革，加快重点领域和关键环节改革步伐，完善能源科学发展体制机制，充分发挥市场在能源资源配置中的决定性作用。树立科技决定能源未来、科技创造未来能源的理念，坚持追赶与跨越并重，加强能源科技创新体系建设，依托重大工程推进科技自主创新，建设能源科技强国，能源科技总体接近世界先进水平。

到 2020 年，基本形成统一开放竞争有序的现代能源市场体系。

二、主要任务

（一）增强能源自主保障能力。

立足国内，加强能源供应能力建设，不断提高自主控制能源对外依存度的能力。

1. 推进煤炭清洁高效开发利用。

按照安全、绿色、集约、高效的原则，加快发展煤炭清洁开发利用技术，不断提高煤炭清洁高效开发利用水平。

清洁高效发展煤电。转变煤炭使用方式，着力提高煤炭集中高效发电比例。提高煤电机组准入标准，新建燃煤发电机组供电煤耗低于每千瓦时300克标准煤，污染物排放接近燃气机组排放水平。

推进煤电大基地大通道建设。依据区域水资源分布特点和生态环境承载能力，严格煤矿环保和安全准入标准，推广充填、保水等绿色开采技术，重点建设晋北、晋中、晋东、神东、陕北、黄陇、宁东、鲁西、两淮、云贵、冀中、河南、内蒙古东部、新疆等14个亿吨级大型煤炭基地。到2020年，基地产量占全国的95%。采用最先进节能节水环保发电技术，重点建设锡林郭勒、鄂尔多斯、晋北、晋中、晋东、陕北、哈密、准东、宁东等9个千万千瓦级大型煤电基地。发展远距离大容量输电技术，扩大西电东送规模，实施北电南送工程。加强煤炭铁路运输通道建设，重点建设内蒙古西部至华中地区的铁路煤运通道，完善西煤东运通道。到2020年，全国煤炭铁路运输能力达到30亿吨。

提高煤炭清洁利用水平。制定和实施煤炭清洁高效利用规划，积极推进煤炭分级分质梯级利用，加大煤炭洗选比重，鼓励煤矸石等低热值煤和劣质煤就地清洁转化利用。建立健全煤炭质量管理体系，加强对煤炭开发、加工转化和使用过程的监督管理。加强进口煤炭质量监管。大幅减少煤炭分散直接燃烧，鼓励农村地区使用洁净煤和型煤。

2. 稳步提高国内石油产量。

坚持陆上和海上并重，巩固老油田，开发新油田，突破海上油田，大力支持低品位资源开发，建设大庆、辽河、新疆、塔里木、胜利、长庆、渤海、南海、延长等9个千万吨级大油田。

稳定东部老油田产量。以松辽盆地、渤海湾盆地为重点，深化精细勘探开发，积极发展先进采油技术，努力增储挖潜，提高原油采收率，保持产量基本稳定。

实现西部增储上产。以塔里木盆地、鄂尔多斯盆地、准噶尔盆地、柴达木盆地为重点，加大油气资源勘探开发力度，推广应用先进技术，努力探明更多优质储量，提高石油产量。加大羌塘盆地等新区油气地质调查研究和勘探开发技术攻关力度，拓展新的储量和产量增长区域。

加快海洋石油开发。按照以近养远、远近结合，自主开发与对外合作并举的方针，加强渤海、东海和南海等海域近海油气勘探开发，加强南海深水油气勘探开发形势跟踪分析，积极推进深海对外招标和合作，尽快突破深海采油技术和装备自主制造能力，大力提升海洋油气产量。

大力支持低品位资源开发。开展低品位资源开发示范工程建设，鼓励难动用储量和濒临枯竭油田的开发及市场化转让，支持采用技术服务、工程总承包等方式开发低品位资源。

3. 大力发展天然气。

按照陆地与海域并举、常规与非常规并重的原则，加快常规天然气增储上产，尽快突破非常规天然气发展瓶颈，促进天然气储量产量快速增长。

加快常规天然气勘探开发。以四川盆地、鄂尔多斯盆地、塔里木盆地和南海为重点，加强西部低品位、东部深层、海域深水三大领域科技攻关，加大勘探开发力度，力争获得大突破、大发现，努力建设8个年产量百亿立方米级以上的大型天然气生产基地。到2020年，累计新增常规天然气探明地质储量5.5万亿立方米，年产常规天然气1850亿立方米。

重点突破页岩气和煤层气开发。加强页岩气地质调查研究，加快“工厂化”、“成套化”技术研发和应用，探索形成先进适用的页岩气勘探开发技术模式和商业模式，培育自主创新和装备制造能力。着力提高四川长宁—威远、重庆涪陵、云南昭通、陕西延安等国家级示范区储量和产量规模，同时争取在湘鄂、云贵和苏皖等地区实现突破。到2020年，页岩气产量力争超过300亿立方米。以沁水盆地、鄂尔多斯盆地东缘为重点，加大支持力度，加快煤层气勘探开采步伐。到2020年，煤层气产量力争达到300亿立方米。

积极推进天然气水合物资源勘查与评价。加大天然气水合物勘探开发技术攻关力度，培育具有自主知识产权的核心技术，积极推进试采工程。

4. 积极发展能源替代。

坚持煤基替代、生物质替代和交通替代并举的方针，科学发展石油替代。到2020年，形成石油替代能力4000万吨以上。

稳妥实施煤制油、煤制气示范工程。按照清洁高效、量水而行、科学布局、突出示范、自主创新的原则，以新疆、内蒙古、陕西、山西等地为重点，稳妥推进煤制油、煤制气技术研发和产业化升级示范工程，掌握核心技术，严格控制能耗、水耗和污染物排放，形成适度规模的煤基燃料替代能力。

积极发展交通燃油替代。加强先进生物质能技术攻关和示范，重点发展新一代非粮燃料乙醇和生物柴油，超前部署微藻制油技术研发和示范。加快发展纯电动汽车、混合动力汽车和船舶、天然气汽车和船舶，扩大交通燃油替代规模。

5. 加强储备应急能力建设。

完善能源储备制度，建立国家储备与企业储备相结合、战略储备与生产运行储备并举的储备体系，建立健全国家能源应急保障体系，提高能源安全保障能力。

扩大石油储备规模。建成国家石油储备二期工程，启动三期工程，鼓励民间资本参与储备建设，建立企业义务储备，鼓励发展商业储备。

提高天然气储备能力。加快天然气储气库建设，鼓励发展企业商业储备，支持天然气生产企业参与调峰，提高储气规模和应急调峰能力。

建立煤炭稀缺品种资源储备。鼓励优质、稀缺煤炭资源进口，支持企业在缺煤地区和煤炭集散地建设中转储运设施，完善煤炭应急储备体系。

完善能源应急体系。加强能源安全信息化保障和决策支持能力建设，逐步建立重点能源品种和能源通道应急指挥和综合管理系统，提升预测预警和防范应对水平。

（二）推进能源消费革命。

调整优化经济结构，转变能源消费理念，强化工业、交通、建筑节能和需求侧管理，重视生活节能，严格控制能源消费总量过快增长，切实扭转粗放用能方式，不断提高能源使用效率。

1. 严格控制能源消费过快增长。

按照差别化原则，结合区域和行业用能特点，严格控制能源消费过快增长，切实转变能源开发和利用方式。

推行“一挂双控”措施。将能源消费与经济增长挂钩，对高耗能产业和产能过剩行业实行能源消费总量控制强约束，其他产业按先进能效标准实行强约束，现有产能能效要限期达标，新增产能必须符合国内先进能效标准。

推行区域差别化能源政策。在能源资源丰富的西部地区，根据水资源和生态环境承载能力，在节水节能环保、技术先进的前提下，合理加大能源开发力度，增强跨区调出能力。合理控制中部地区能源开发强度。大力优化东部地区能源结构，鼓励发展有竞争力的新能源和可再生能源。

控制煤炭消费总量。制定国家煤炭消费总量中长期控制目标，实施煤炭消费减量替代，降低煤炭消费比重。

2. 着力实施能效提升计划。

坚持节能优先，以工业、建筑和交通领域为重点，创新发展方式，形成节能型生产和消费模式。

实施煤电升级改造行动计划。实施老旧煤电机组节能减排升级改造工程，现役60万千瓦（风冷机组除外）及以上机组力争5年内供电煤耗降至每千瓦时300克标准煤左右。

实施工业节能行动计划。严格限制高耗能产业和过剩产业扩张，加快淘汰落后产能，实施十大重点节能工程，深入开展万家企业节能低碳行动。实施电机、内燃机、锅炉等重点用能设备能效提升计划，推进工业企业余热余压利用。深入推进工业领域需求侧管理，积极发展高效锅炉和高效电机，推进终端用能产品能效提升和重点用能行业能效水平对标达标。认真开展新建项目环境影响评价和节能评估审查。

实施绿色建筑行动计划。加强建筑用能规划，实施建筑能效提升工程，尽快推行75%的居住建筑节能设计标准，加快绿色建筑建设和既有建筑改造，推行公共建筑能耗限额和绿色建筑评级与标识制度，大力推广节能电器和绿色照明，积极推进新能源城市建设。大力发展低碳生态城市和绿色生态城区，到2020年，城镇绿色建筑占新建建筑的比例达到50%。加快推进供热计量改革，新建建筑和经供热计量改造的既有建筑实行供热计量收费。

实行绿色交通行动计划。完善综合交通运输体系规划，加快推进综合交通运输体系建设。积极推进清洁能源汽车和船舶产业化步伐，提高车用燃油经济性标准和环保标准。加快发展轨道交通和水运等资源节约型、环境友好型运输方式，推进主要城市群内城际铁路建设。大力发展城市公共交通，加强城市步行和自行车交通系统建设，提高公共出行和非机动出行比例。

3. 推动城乡用能方式变革。

按照城乡发展一体化和新型城镇化的总体要求，坚持集中与分散供能相结合，因地制宜建设城乡供能设施，推进城乡用能方式转变，提高城乡用能水平和效率。

实施新城镇、新能源、新生活行动计划。科学编制城镇规划，优化城镇空间布局，推动信息化、低碳化与城镇化的深度融合，建设低碳智能城镇。制定城镇综合能源规划，大力发展分布式能源，科学发展热电联产，鼓励有条件的地区发展热电冷联供，发展风能、太阳能、生物质能、地热能供暖。

加快农村用能方式变革。抓紧研究制定长效政策措施，推进绿色能源县、乡、村建设，大力发展农村小水电，加强水电新农村电气化县和小水电代燃料生态保护工程建设，因地制宜发展农村可再生能源，推动非商品能源的清洁高效利用，加强农村节能工作。

开展全民节能行动。实施全民节能行动计划，加强宣传教育，普及节能知识，推广节能新技术、新产品，大力提倡绿色生活方式，引导居民科学合理用能，使节约用能成为全社会的自觉行动。

（三）优化能源结构。

积极发展天然气、核电、可再生能源等清洁能源，降低煤炭消费比重，推动能源结构持续优化。

1. 降低煤炭消费比重。

加快清洁能源供应，控制重点地区、重点领域煤炭消费总量，推进减量替代，压减煤炭消费，到 2020 年，全国煤炭消费比重降至 62% 以内。

削减京津冀鲁、长三角和珠三角等区域煤炭消费总量。加大高耗能产业落后产能淘汰力度，扩大外来电、天然气及非化石能源供应规模，耗煤项目实现煤炭减量替代。到 2020 年，京津冀鲁四省市煤炭消费比 2012 年净削减 1 亿吨，长三角和珠三角地区煤炭消费总量负增长。

控制重点用煤领域煤炭消费。以经济发达地区和大中城市为重点，有序推进重点用煤领域“煤改气”工程，加强余热、余压利用，加快淘汰分散燃煤小锅炉，到 2017 年，基本完成重点地区燃煤锅炉、工业窑炉等天然气替代改造任务。结合城中村、城乡结合部、棚户区改造，扩大城市无煤区范围，逐步由城市建成区扩展到近郊，大幅减少城市煤炭分散使用。

2. 提高天然气消费比重。

坚持增加供应与提高能效相结合，加强供气设施建设，扩大天然气进口，有序拓展天然气城镇燃气应用。到 2020 年，天然气在一次能源消费中的比重提高到 10% 以上。

实施气化城市民生工程。新增天然气应优先保障居民生活和替代分散燃煤，组织实施城镇居民用能清洁化计划，到 2020 年，城镇居民基本用上天然气。

稳步发展天然气交通运输。结合国家天然气发展规划布局，制定天然气交通发展中长期规划，加快天然气加气站设施建设，以城市出租车、公交车为重点，积极有序发展液化天然气汽车和压缩天然气汽车，稳妥发展天然气家庭轿车、城际客车、重型卡车和轮船。

适度发展天然气发电。在京津冀鲁、长三角、珠三角等大气污染重点防控区，有序发展天然气调峰电站，结合热负荷需求适度发展燃气—蒸汽联合循环热电联产。

加快天然气管网和储气设施建设。按照西气东输、北气南下、海气登陆的供气格局，加快天然气管道及储气设施建设，形成进口通道、主要生产区和消费区相连接的全国天然气主干管网。到2020年，天然气主干管道里程达到12万公里以上。

扩大天然气进口规模。加大液化天然气和管道天然气进口力度。

3. 安全发展核电。

在采用国际最高安全标准、确保安全的前提下，适时在东部沿海地区启动新的核电项目建设，研究论证内陆核电建设。坚持引进消化吸收再创新，重点推进AP1000、CAP1400、高温气冷堆、快堆及后处理技术攻关。加快国内自主技术工程验证，重点建设大型先进压水堆、高温气冷堆重大专项示范工程。积极推进核电基础理论研究、核安全技术研究开发设计和工程建设，完善核燃料循环体系。积极推进核电“走出去”。加强核电科普和核安全知识宣传。到2020年，核电装机容量达到5800万千瓦，在建容量达到3000万千瓦以上。

4. 大力发展可再生能源。

按照输出与就地消纳利用并重、集中式与分布式发展并举的原则，加快发展可再生能源。到2020年，非化石能源占一次能源消费比重达到15%。

积极开发水电。在做好生态环境保护和移民安置的前提下，以西南地区金沙江、雅砻江、大渡河、澜沧江等河流为重点，积极有序推进大型水电基地建设。因地制宜发展中小型电站，开展抽水蓄能电站规划和建设，加强水资源综合利用。到2020年，力争常规水电装机达到3.5亿千瓦左右。

大力发展风电。重点规划建设酒泉、内蒙古西部、内蒙古东部、冀北、吉林、黑龙江、山东、哈密、江苏等9个大型现代风电基地以及配套送出工程。以南方和中东部地区为重点，大力发展分散式风电，稳步发展海上风电。到2020年，风电装机达到2亿千瓦，风电与煤电上网电价相当。

加快发展太阳能发电。有序推进光伏基地建设，同步做好就地消纳利用和集中送出通道建设。加快建设分布式光伏发电应用示范区，稳步实施太阳能热发电示范工程。加强太阳能发电并网服务。鼓励大型公共建筑及公用设施、工业园区等建设屋顶分布式光伏发电。到2020年，光伏装机达到1亿千瓦左右，光伏发电与电网销售电价相当。

积极发展地热能、生物质能和海洋能。坚持统筹兼顾、因地制宜、多元发展的方针，有序开展地热能、海洋能资源普查，制定生物质能和地热能开发利用规划，积极推动地热能、生物质和海洋能清洁高效利用，推广生物质能和地热供热，开展地热发电和海洋能发电示范工程。到2020年，地热能利用规模达到5000万吨标准煤。

提高可再生能源利用水平。加强电源与电网统筹规划，科学安排调峰、调频、储能配套能力，切实解决弃风、弃水、弃光问题。

（四）拓展能源国际合作。

统筹利用国内国际两种资源、两个市场，坚持投资与贸易并举、陆海通道并举，加快制定利用海外能源资源中长期规划，着力拓展进口通道，着力建设丝绸之路经济带、21世纪海上丝绸之路、孟中印缅经济走廊和中巴经济走廊，积极支持能源技术、装备和工程队伍“走出去”。

加强俄罗斯中亚、中东、非洲、美洲和亚太五大重点能源合作区域建设，深化国际能源双边多边合作，建立区域性能源交易市场。积极参与全球能源治理。加强统筹协调，支持企业“走出去”。

（五）推进能源科技创新。

按照创新机制、夯实基础、超前部署、重点跨越的原则，加强科技自主创新，鼓励引进消化吸收再创新，打造能源科技创新升级版，建设能源科技强国。

1. 明确能源科技创新战略方向和重点。

抓住能源绿色、低碳、智能发展的战略方向，围绕保障安全、优化结构和节能减排等长期目标，确立非常规油气及深海油气勘探开发、煤炭清洁高效利用、分布式能源、智能电网、新一代核电、先进可再生能源、节能节水、储能、基础材料等9个重点创新领域，明确页岩气、煤层气、页岩油、深海油气、煤炭深加工、高参数节能环保燃煤发电、整体煤气化联合循环发电、燃气轮机、现代电网、先进核电、光伏、太阳能热发电、风电、生物燃料、地热能利用、海洋能发电、天然气水合物、大容量储能、氢能与燃料电池、能源基础材料等20个重点创新方向，相应开展页岩气、煤层气、深水油气开发等重大示范工程。

2. 抓好科技重大专项。

加快实施大型油气田及煤层气开发国家科技重大专项。加强大型先进压水堆及高温气冷堆核电站国家科技重大专项。加强技术攻关，力争页岩气、深海油气、天然气水合物、新一代核电等核心技术取得重大突破。

3. 依托重大工程带动自主创新。

依托海洋油气和非常规油气勘探开发、煤炭高效清洁利用、先进核电、可再生能源开发、智能电网等重大能源工程，加快科技成果转化，加快能源装备制造创新平台建设，支持先进能源技术装备“走出去”，形成有国际竞争力的能源装备工业体系。

4. 加快能源科技创新体系建设。

制定国家能源科技创新及能源装备发展战略。建立以企业为主体、市场为导向、政产学研用相结合的创新体系。鼓励建立多元化的能源科技风险投资基金。加强能源人才队伍建设，鼓励引进高端人才，培育一批能源科技领军人才。

三、保障措施

（一）深化能源体制改革。

坚持社会主义市场经济改革方向，使

市场在资源配置中起决定性作用和更好发挥政府作用，深化能源体制改革，为建立现代能源体系、保障国家能源安全营造良好的制度环境。

完善现代能源市场体系。建立统一开放、竞争有序的现代能源市场体系。深入推进政企分开，分离自然垄断业务和竞争性业务，放开竞争性领域和环节。实行统一的市场准入制度，在制定负面清单基础上，鼓励和引导各类市场主体依法平等进入负面清单以外的领域，推动能源投资主体多元化。深化国有能源企业改革，完善激励和考核机制，提高企业竞争力。鼓励利用期货市场套期保值，推进原油期货市场建设。

推进能源价格改革。推进石油、天然气、电力等领域价格改革，有序放开竞争性环节价格，天然气井口价格及销售价格、上网电价和销售电价由市场形成，输配电价和油气管输价格由政府定价。

深化重点领域和关键环节改革。重点推进电网、油气管网建设运营体制改革，明确电网和油气管网功能定位，逐步建立公平接入、供需导向、可靠灵活的电力和油气输送网络。加快电力体制改革步伐，推动供求双方直接交易，构建竞争性电力交易市场。

健全能源法律法规。加快推动能源法制定和电力法、煤炭法修订工作。积极推进海洋石油天然气管道保护、核电管理、能源储备等行政法规制定或修订工作。

进一步转变政府职能，健全能源监管体系。加强能源发展战略、规划、政策、标准等制定和实施，加快简政放权，继续取消和下放行政审批事项。强化能源监管，健全监管组织体系和法规体系，创新监管方式，提高监管效能，维护公平公正的市场秩序，为能源产业健康发展创造良好环境。

（二）健全和完善能源政策。

完善能源税费政策。加快资源税费改革，积极推进清费立税，逐步扩大资源税从价计征范围。研究调整能源消费税征税环节和税率，将部分高耗能、高污染产品纳入征收范围。完善节能减排税收政策，建立和完善生态补偿机制，加快推进环境保护税立法工作,探索建立绿色税收体系。

完善能源投资和产业政策。在充分发挥市场作用的基础上，扩大地质勘探基金规模，重点支持和引导非常规油气及深海油气资源开发和国际合作，完善政府对基础性、战略性、前沿性科学研究和共性技术研究及重大装备的支持机制。完善调峰调频备用补偿政策，实施可再生能源电力配额制和全额保障性收购政策及配套措施。鼓励银行业金融机构按照风险可控、商业可持续的原则，加大对节能提效、能源资源综合利用和清洁能源项目的支持。研究制定推动绿色信贷发展的激励政策。

完善能源消费政策。实行差别化能源价格政策。加强能源需求侧管理，推行合同能源管理，培育节能服务机构和能源服务公司，实施能源审计制度。健全固定资产投资项目节能评估审查制度，落实能效“领跑者”制度。

（三）做好组织实施。

加强组织领导。充分发挥国家能源委员会的领导作用，加强对能源重大战略问题的研究和审议，指导推动本行动计划的实施。能源局要切实履行国家能源委员会办公室职责，组织协调各部门制定实施细则。

细化任务落实。国务院有关部门、各省（区、市）和重点能源企业要将贯彻落实本行动计划列入本部门、本地区、本企业的重要议事日程，做好各类规划计划与本行动计划的衔接。国家能源委员会办公室要制定实施方案，分解落实目标任务，明确进度安排和协调机制，精心组织实施。

加强督促检查。国家能源委员会办公室要密切跟踪工作进展，掌握目标任务完成情况，督促各项措施落到实处、见到实效。在实施过程中，要定期组织开展评估检查和考核评价，重大情况及时报告国务院。

政策声明

国家核安全局 国家能源局 国家国防科工局关于发布《核安全文化政策声明》的通知

国核安发 [2014]286 号

各相关单位：

为贯彻落实中国核安全观和国家安全战略，倡导和推动核安全文化的培育和发展，促进国家核安全水平的整体提升，保障核能与核技术利用事业安全、健康、可持续发展，在全面总结中国三十年核安全文化建设良好实践和经验的基础上，国家核安全局会同国家能源局、国家国防科技工业局编制完成了《核安全文化政策声明》，现予以发布。

请各有关单位参照《核安全文化政策声明》，结合国家核安全局组织开展的核安全文化宣贯推进专项行动，积极宣传贯彻，切实加强核安全文化建设，并将相关情况反馈国家核安全局。

国家核安全局

国家能源局

国家国防科工局

2014 年 12 月 19 日

核安全文化政策声明

核能与核技术利用是人类社会现代科技文明发展的成果，给人类带来福祉的同时也伴随着风险。核安全是核能与核技术利用事业发展的生命线，是国家安全的重要组成部分。中国始终坚持在确保安全的前提下发展核能与核技术。

为贯彻国家安全战略，落实“理性、协调、并进”的中国核安全观，履行国家核安全责任和国际核安全义务，大力培育和发展核安全文化以提升核安全水平，保障核能与核技术利用事业安全、健康、可持续发展，特发布核安全文化政策声明。

政策声明旨在阐明对核安全文化的基本态度，培育和实践核安全文化的原则要求。国家核安全监管部门和相关部门、各核能与核技术利用单位、工程和服务单位及利益相关单位应共同遵守和践行本政策声明中的态度、立场和原则，强化法治意识、责任意识、风险意识和诚信意识，营造重视核安全、守护核安全、珍惜核安全的文化氛围。

中国重视核安全文化建设，并在各个管理环节不断践行核安全文化的理念和原则，坚持以现行的国家核安全法规和最新核安全标准，以及国际最高安全要求对核能与核技术利用活动实施监管。面对当前中国核电发展不断加快与公众安全诉求不断增长的形势，中国将更加积极地倡导、培育和传播全社会核安全文化，持续提高核安全文化素养。

一、核安全与核安全文化

核安全是指对核设施、核活动、核材料和放射性物质采取必要和充分的监控、保护、预防和缓解等安全措施，防止由于任何技术原因、人为原因或自然灾害造成事故，并最大限度地减少事故情况下的放射性后果，从而保护工作人员、公众和环境免受不当的辐射危害。

核安全文化是指各有关组织和个人以“安全第一”为根本方针，以维护公众健康和环境安全为最终目标，达成共识并付诸实践的价值观、行为准则和特性的总和。

中国奉行“理性、协调、并进”的核安全观，其内涵核心为“四个并重”，即“发展和安全并重、权利和义务并重、自主和协作并重、治标和治本并重”，它是现阶段中国倡导的核安全文化的核心价值观，是国际社会和中国核安全发展经验的总结。

二、核安全文化的培育与实践

核安全文化需要内化于心，外化于形，让安全高于一切的核安全理念成为全社会的自觉行动；建立一套以安全和质量保证为核心的管理体系，健全规章制度并认真贯彻落实；加强队伍建设，完善人才培养和激励机制，形成安全意识良好、工作作风严谨、技术能力过硬的人才队伍。

（一）决策层的安全观和承诺。决策层要树立正确的核安全观念。在确立发展目标、制定发展规划、构建管理体系、建立监管机制、落实安全责任等决策过程中始终坚持“安全第一”的根本方针，并就确保安全目标做出承诺。

（二）管理层的态度和表率。管理层要以身作则，充分发挥表率和示范作用，提升管理层自身安全文化素养，建立并严格执行安全管理制度，落实安全责任，授予安全岗位足够的权力，给予安全措施充分的资源保障，以审慎保守的态度处理安全相关问题。

（三）全员的参与和责任意识。全员正确理解和认识各自的核安全责任，做出安全承诺，严格执行各项安全规定，形成人人都是安全的创造者和维护者的工作氛围。

（四）培育学习型组织。各组织要制定系统的学习计划，积极开展培训、评估和改进行动，激励学习、提升员工综合技能，形成继承发扬、持续完善、戒骄戒躁、不断创新、追求卓越、自我超越的学习气氛。

（五）构建全面有效的管理体系。政府应建立健全科学合理的管理体制和严格的监管机制；营运单位应建立科学合理的管理制度。确保在制定政策、设置机构、分配资源、制订计划、安排进度、控制成本等方面的任何考虑不能凌驾于安全之上。

（六）营造适宜的工作环境。设置适当的工作时间和劳动强度，提供便利的基础设施和硬件条件，建立公开公正的激励和员工晋升机制；加强沟通交流，客观公正地解决冲突矛盾，营造相互尊重、高度信任、团结协作的工作氛围。

（七）建立对安全问题的质疑、报告和经验反馈机制。倡导对安全问题严谨质疑的态度；建立机制鼓励全体员工自由报告安全相关问题并且保证不会受到歧视和报复；管理者应及时回应并合理解决员工报告的潜在问题和安全隐患；建立有效的经验反馈体系，结合案例教育，预防人因失误。

（八）创建和谐的公共关系。通过信息公开、公众参与、科普宣传等公众沟通形式，确保公众的知情权、参与权和监督权；决策层和管理层应以开放的心态多渠道倾听各种不同意见，并妥善对待和处理利益相关者的各项诉求。

三、核安全文化的持续推进

核安全文化的培育是一个长期过程，应持续不断推进。

从业人员要对自身严格要求，养成一丝不苟的良好工作习惯和质疑的工作态度，避免任何自满情绪，树立知责任、负责任的责任意识，形成学法、知法、守法的法治观念，持续提升个人的核安全文化素养。

核能与核技术利用单位要做出承诺，构建企业自身的核安全保障机构，将良好核安全文化融入生产和管理的各个环节，做到凡事有章可循，凡事有据可查，凡事有人负责，凡事有人监督；加大培育核安全文化的资源投入力度，定期对本单位的核安全文化培育状况、工作进展及安全绩效进行自评估，保证核安全文化建设在本单位得到有效落实。

核安全监管部门和政府相关部门要加强政策引导、制定鼓励核安全文化培育的相关政策，加大贯彻实施力度；继续秉持“独立、公开、法治、理性、有效”的监管理念和严慎细实的工作作风；坚持科学立法、依法行政，确保政府监管的独立、权威和有效。

推行同行评估，鼓励开展核安全文化培育和实践的第三方评估活动，学习借鉴成功经验，及时识别弱项和问题，积极纠正和改进。同时倡导提升核安全文化的良好实践，开展全行业核安全文化经验交流，推广良好实践案例和成功经验，让核安全文化成为所有从业人员的职业信仰。

核安全文化是核能与核技术利用实践经验的总结，是核安全大厦的基石，是社会先进文化的组成部分，必将随着核事业与核安全事业的不断发展进一步得到弘扬、创新和发展，为确保核安全，保障公众健康和环境安全发挥作用。

中国政府将继续深化与世界各国、国际组织在核能包括核安全领域的交流和合作，切实履行已签署的各项核能公约义务，践行核安全多边、双边承诺，与国际社会一道共同预防和化解核安全风险，为提升全球核安全水平作出积极贡献。

核能行业发展

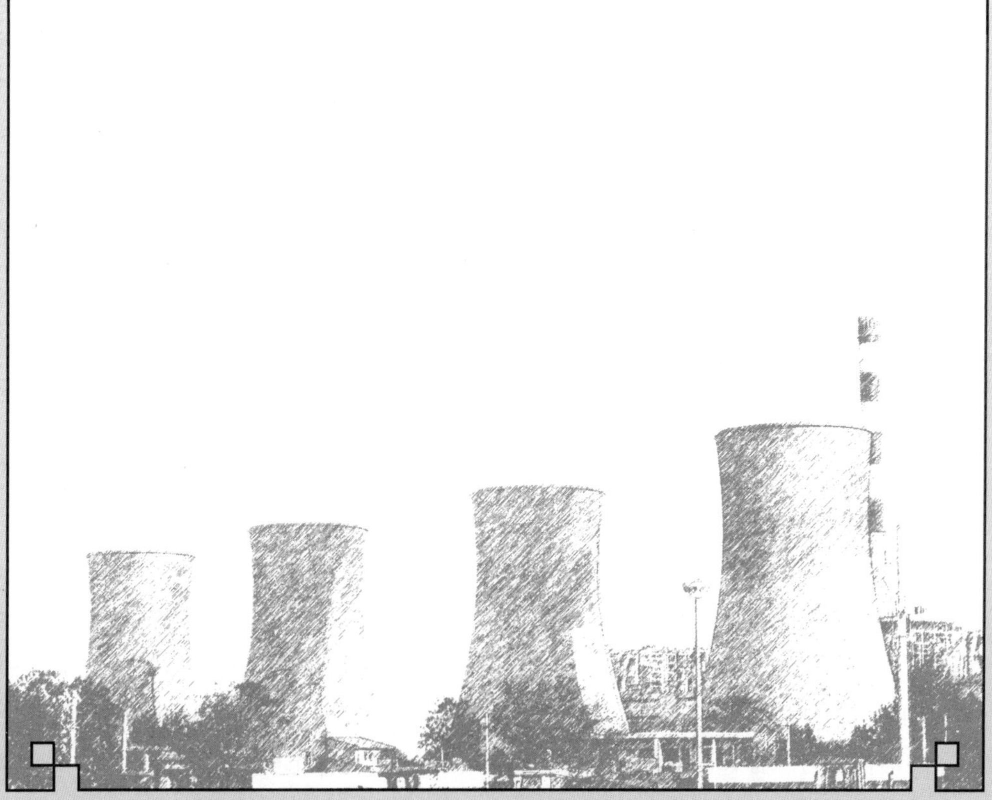

综　述

党中央、国务院高度重视核能事业的发展

2014年3月24日，国家主席习近平在海牙核安全峰会上发表讲话，首次提出以“发展和安全并重、权利和义务并重、自主和协作并重、治标和治本并重”为主要内容的中国核安全观。

在习近平总书记主持召开的中央财经领导小组第6次会议、李克强总理主持召开的新一届国家能源委员会首次会议上，都明确提出了适时重启沿海地区新的核电项目建设的要求。

在我国核工业创建60周年之际，习近平总书记作出重要批示：“60年来，几代核工业人艰苦创业、开拓创新，推动我国核工业从无到有、从小到大，取得了世人瞩目的成就，为国家安全和经济建设作出了突出贡献。核工业是高科技战略产业，是国家安全重要基石。要坚持安全发展、创新发展，坚持和平利用核能，全面提升核工业的核心竞争力，续写我国核工业新的辉煌篇章。”李克强总理批示指出：“希望弘扬传统，聚焦前沿，全面提升核工业竞争优势，推动核电装备‘走出去’，确保核安全万无一失，为把我国建成核工业强国而继续奋斗。”

在役核电装机容量突破2000万千瓦

2014年，广东阳江1号、福建宁德2号、辽宁红沿河2号、福建福清1号、浙江秦山核电站扩建工程——方家山1号等5台机组先后投入商业运行。截至2014年底，投运核电总装机容量突破2000万千瓦，达到2030.6万千瓦，占全国电力总装机容量的1.49%；全年累计核发电量为1305.8亿千瓦时，同比增加了18.89%，占全国电力总发电量的2.39%。各运行核电厂坚持“安全第一、质量第一”的方针，确保了机组安全稳定运行，全年没有发生国际核事件分级表界定的1级和1级以上运行事件，人员个人剂量和集体剂量均保持较低水平，核电厂放射性流出物排放指标远低于国家标准限值，环境空气吸收剂量率控制在当地本底辐射水平涨落范围之内。2014年22台机组核电设备平均利用小时数为7561.42，核电设备平均利用率为86.32 %。与世界核电运营者协会（WANO）规定的性能指标对照，在全球400余台运行机组中，我国在役核电机组总体处于中等偏上水平，部分机组和安全指标达到世界先进水平。

在建核电规模继续保持世界第一

至2014年底我国在建核电机组共26台，总装机容量为2861万千瓦，在建规模继续保持世界第一。2014年共完成核电工程建设投资569亿元，同比下降6.6%。其中，核电自主化依托项目——世界首批4台AP1000核电机组，在不断克服各种挑战中积极推进，首台机组——三门1号已进入系统移交和调试阶段。EPR项目台山1号机组调试工作正全面展开，2号机

组开始主管道焊接。为适应核电发展的新形势，各核电工程公司积极推进专业化管理，多项目、多机组工程建设管理水平不断提升，工程总承包能力进一步增强。核电工程建设企业不断推进科技创新和管理创新，增强核电工程建设核心竞争力，确保了在建核电工程项目安全质量得到较好控制。

核电装备国产化取得积极进展

在政府推动和工程建设的带动下，核电装备制造企业积极应对市场变化，加大技改和研发力度，努力完善核安全文化和质量保障体系，核电装备自主化水平和产品质量不断提高，较好地满足了在建核电工程建设的需要。AP1000 设备国产化和高温气冷堆、CAP1400 设备自主化研制工作取得重要进展，“华龙一号”设备自主研制也相继展开。

核燃料保障能力持续提升

铀矿山大基地建设取得重要进展，采用国际领先水平的三代铀矿开采技术的蒙其古尔铀矿山项目一期工程提前一年竣工，成为建设新型铀矿山的样板和示范工程。中核建中 400 吨核燃料元件生产线扩建技改工程正式投料批量生产，实现了产能从 400 吨到 800 吨的大幅提升，跻身世界前列。中核北方 AP1000 和高温气冷堆燃料元件生产线建设取得重要进展。铀资源、核燃料保障能力的持续提升，为我国核电安全高效发展提供了重要支撑。

核能科技创新取得新突破

国家重大科技专项“大型先进压水堆和高温气冷堆核电站”研发和示范工程建设进展良好。大型先进压水堆 CAP1400 的初步设计通过国家审查，已具备核准开工的条件；高温气冷堆核电站示范工程项目——山东石岛湾核电站建设已全面转入核岛主体结构施工阶段。

由中核集团与中广核集团联合研发的具有自主知识产权的“华龙一号”，正式落地福建福清和广西防城港。除此以外，中国实验快堆首次实现 72 小时满功率稳定运行；国产先进核燃料元件 CF3 进入随堆运行考验阶段；二氧化碳加氧气地浸提铀技术取得突破；我国首套自主核安全级 DCS 产品通过德国独立第三方权威认证，完成了工程样机的制造和鉴定。

核电“走出去”取得实质性进展

在中央领导的亲自推动下，核电“走出去”取得实质性进展。2014 年，与巴基斯坦签署了再建三台 ACP1000 核电机组的合作框架协议；与罗马尼亚、阿根廷分别签订政府间核能合作协议，重水堆核电项目基本敲定，双方正在就商务合同进行谈判；签署了中英政府间民用核能合作联合声明，积极推进欣克利角及后续核电项目；与南非、土耳其、捷克、沙特等国家核电合作也在务实推进。

在海外铀资源开发方面，与纳米比亚、哈萨克斯坦、乌兹别克斯坦、尼日尔、澳大利亚等国的合作稳步推进。

核行业管理进一步加强

一年来，有关政府部门大力加强核能行业管理和核安全监管工作。根据党中央、国务院的部署，转职能，改作风，切实提高履职尽责的能力和水平。贯彻依法治国方略，积极推进《原子能法》《核安全法》和《核电管理条例》等的立法工作。发布了《能源发展战略行动计划（2014—2020年）》《能源行业加强大气污染防治工作方案》《核安全文化政策声明》等，为核能行业安全、健康、可持续发展保驾护航，将核电行业管理、核工业行业管理和核安全监管工作提高到一个新的水平。

推进能源生产和消费革命，提高非化石能源占一次能源消费中的比重，都离不开核电的贡献。2030年前，将是我国核电发展的一个重要战略机遇期。

在发展节奏上，未来10年我国核电必须保持较快的发展速度，才能保证《能源发展战略行动计划(2014—2020年)》关于核电发展目标的实现，才能为优化能源结构、减少温室气体排放作出应有的贡献。在项目推进上，AP1000核电自主化依托项目需要尽快解决首台机组建设中遇到的问题，重启沿海地区新的核电项目建设的要求需要抓紧落实，内陆核电建设需要加快研究论证，只有这样才能为“十三五”期间核电稳步发展提供有力支撑。在落实创新驱动战略上，突破核电技术瓶颈，提高核电技术自主创新能力，实现三代核电机型的国产化、自主化，为核电“走出去”、实现由核电大国向核电强国的转变奠定坚实基础。在核电产业链的协调发展上，核电装备制造企业既存在生产能力过剩、开工不足的问题，也面临核电装备制造能力和水平的持续提升的问题。在加强公众宣传与沟通方面，政府、企业和社会团体仍需付出更大的努力，进一步为核电发展营造良好的社会舆论环境。在体制机制创新上，核电产业体制还存在一些突出问题，需要通过深化改革进一步完善。

核电

发展现状

2014年，我国核电厂的安全运行业绩良好，运行水平不断提高；未发生国际核事件分级表（INES）界定的1级及1级以上的运行事件；工作人员所受到的辐照剂量、放射性流出物排放总量及个人剂量水平均低于国家限值，没有发生影响环境与公众健康的事件。

截至2014年底，中国大陆有22台商业运行核电机组，装机容量为2030.6万千瓦，核电年发电量为1305.80亿千瓦时，同比增长18.89%；上网电量为1226.87亿千瓦时，同比增长18.80%；核电约占全国发电装机总容量的1.49%，占全国总发电量的2.39%。2014年，核能发电对节能减排贡献显著。与燃煤发电相比，核能发电相当于少燃烧标准煤约4152.44万吨，减少排放二氧化碳约10879.40万吨、二氧化硫约35.30万吨、氮氧化物约30.73万吨。

截至2014年底，中国在建核电机组26台，装机容量为2861.3万千瓦。世界在建核电机组共70台，总装机容量为7437.3万千瓦；我国在建核电机组数量占世界37.14%，在建核电装机容量占世界38.47%，是在建核电规模最大的国家。

（说明：本文中所指的中国核电情况均未含我国台湾地区）

一、2014年全国发电量统计

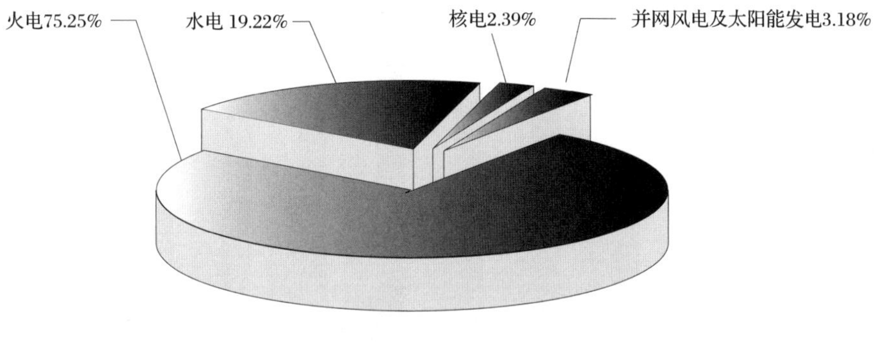

（说明：数据源自中国电力企业联合会2015年2月2日发布的《2014全国电力工业运行简况》）

二、2005—2014 年中国核电机组数量统计

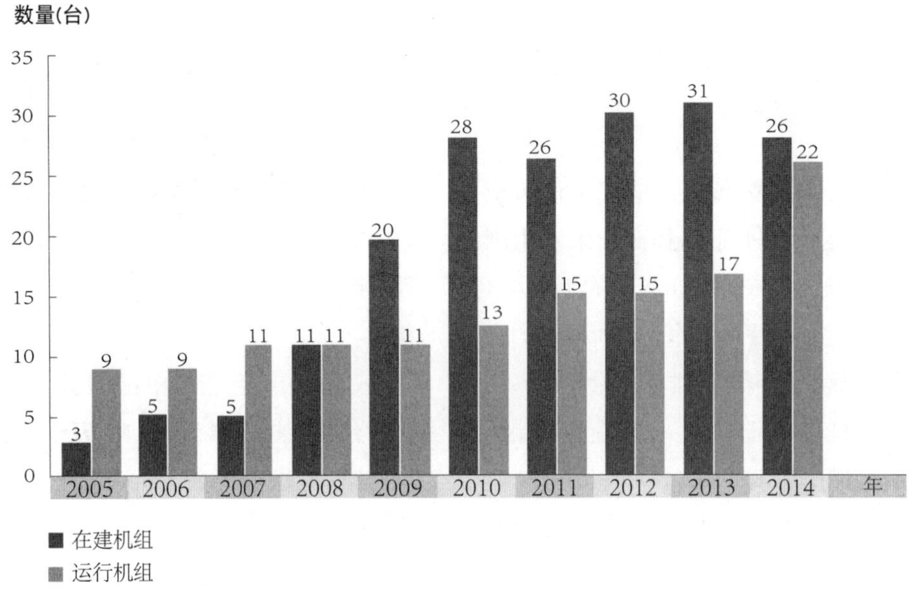

三、2005—2014 年中国核电装机容量统计

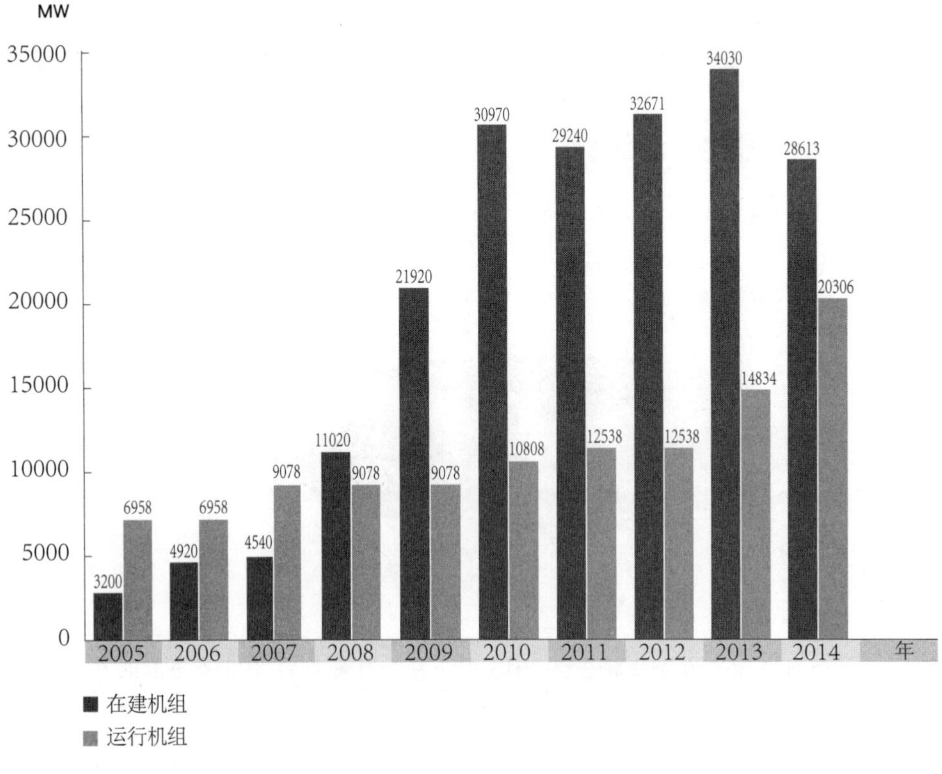

四、2005—2014 年中国核电发电量和上网电量统计

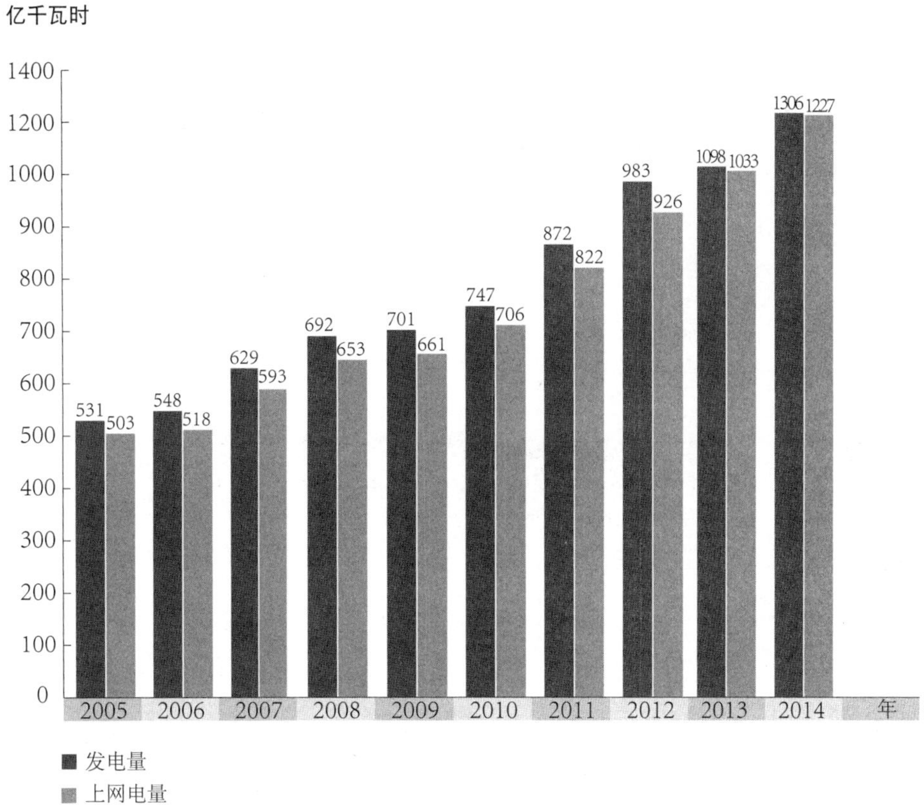

五、2014年中国运行、在建核电厂分布图

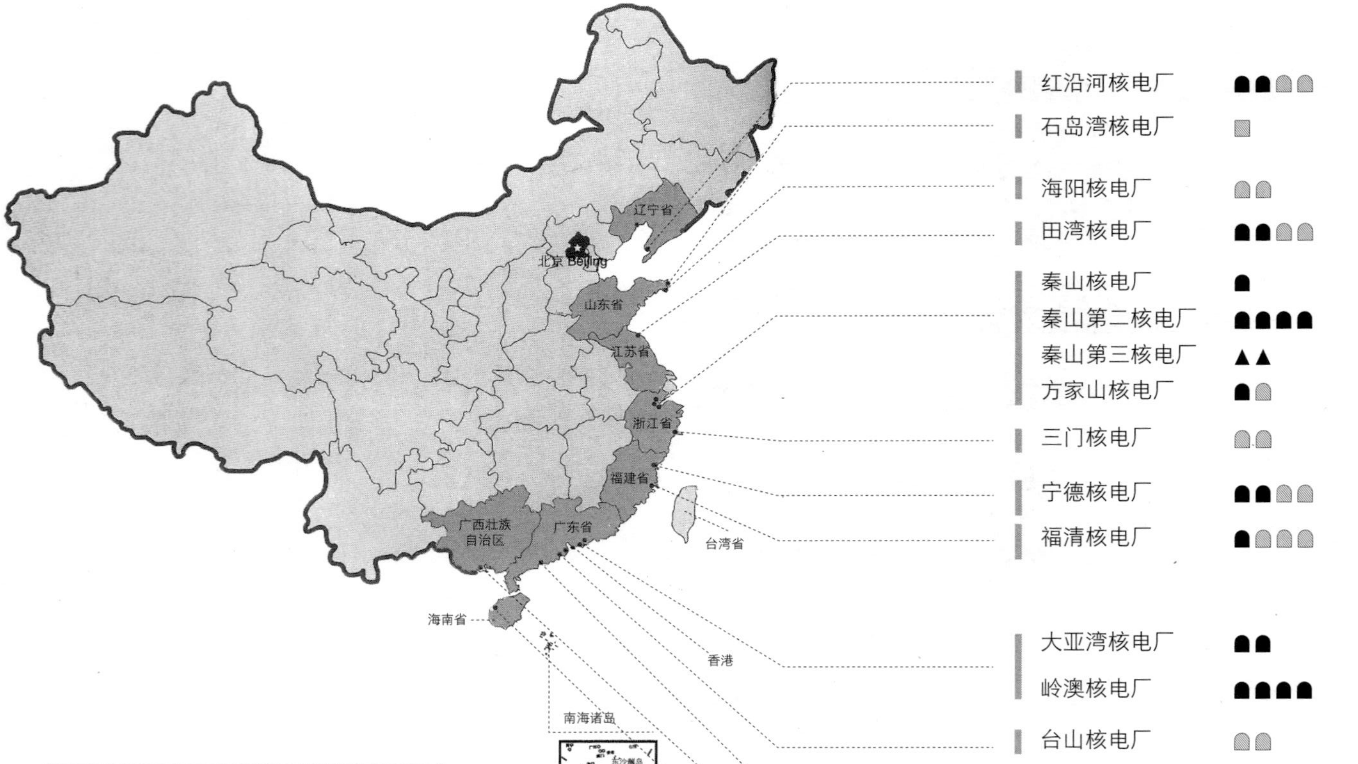

堆型	商业运行中	建设中
压水堆	●	◍
重水堆	▲	△
高温气冷堆	■	▨

六、2014年中国核电厂名录

状态	核电厂名称		机组号	堆型	额定电功率（MW）	开工日期	首次并网日期	商业运行日期
运行中	秦山核电厂		CN—01	压水堆	310	1985.03.20	1991.12.15	1994.04.01
	大亚湾核电厂	1号机组 2号机组	CN—02 CN—03	压水堆	2×984	1987.08.07 1988.04.07	1993.08.31 1994.02.07	1994.02.01 1994.05.06
	秦山第二核电厂	1号机组 2号机组	CN—04 CN—05	压水堆	2×650	1996.06.02 1997.04.01	2002.02.06 2004.03.11	2002.04.15 2004.05.03
		3号机组 4号机组	CN—14 CN—15	压水堆	2×660	2006.04.28 2007.01.28	2010.08.01 2011.11.25	2010.10.05 2011.12.30
	岭澳核电厂	1号机组 2号机组	CN—06 CN—07	压水堆	2×990	1997.05.15 1997.11.28	2002.02.26 2002.09.14	2002.05.28 2003.01.08
		3号机组 4号机组	CN—12 CN—13	压水堆	2×1086	2005.12.15 2006.06.15	2010.07.15 2011.05.03	2010.09.15 2011.08.07
	秦山第三核电厂	1号机组 2号机组	CN—08 CN—09	重水堆	2×728	1998.06.08 1998.09.25	2002.11.19 2003.06.12	2002.12.31 2003.07.24
	田湾核电厂	1号机组 2号机组	CN—10 CN—11	压水堆	2×1060	1999.10.20 2000.09.20	2006.05.12 2007.05.14	2007.05.17 2007.08.16
	红沿河核电厂	1号机组 2号机组	CN—16 CN—17	压水堆	2×1118.79	2007.08.18 2008.03.28	2013.02.17 2013.12.23	2013.06.06 2014.05.13
	宁德核电厂	1号机组 2号机组	CN—18 CN—19	压水堆	2×1089	2008.02.18 2008.11.12	2012.12.28 2014.01.04	2013.04.15 2014.05.04
	阳江核电厂	1号机组	CN—22	压水堆	1086	2008.12.16	2013.12.31	2014.03.25
	福清核电厂	1号机组	CN—20	压水堆	1089	2008.11.21	2014.08.20	2014.11.22
	方家山核电厂	1号机组	CN—24	压水堆	1089	2008.12.26	2014.11.04	2014.12.15
合计		22台			20305.58			
建设中	红沿河核电厂	3号机组 4号机组	CN—26 CN—27	压水堆	2×1118.79	2009.03.07 2009.08.15		
	宁德核电厂	3号机组 4号机组	CN—34 CN—35	压水堆	2×1089	2010.01.08 2010.09.29		
	福清核电厂	2号机组 3号机组 4号机组	CN—21 CN—42 CN—43	压水堆	3×1089	2009.06.17 2010.12.31 2012.11.17		
	阳江核电厂	2号机组 3号机组 4号机组 5号机组 6号机组	CN—23 CN—40 CN—41 CN—47 CN—48	压水堆	5×1086	2009.06.04 2010.11.15 2012.11.17 2013.09.18 2013.12.23		
	秦山核电厂扩建项目（方家山核电工程）	2号机组	CN—25	压水堆	1×1089	2009.07.17		
	三门核电厂	1号机组 2号机组	CN—28 CN—29	压水堆	2×1250	2009.04.19 2009.12.15		
	海阳核电厂	1号机组 2号机组	CN—30 CN—31	压水堆	2×1250	2009.09.24 2010.06.20		
	台山核电厂	1号机组 2号机组	CN—32 CN—33	压水堆	2×1750	2009.11.18 2010.04.15		
	昌江核电厂	1号机组 2号机组	CN—36 CN—37	压水堆	2×650	2010.04.25 2010.11.21		
	防城港红沙核电厂	1号机组 2号机组	CN—38 CN—39	压水堆	2×1080	2010.07.30 2010.12.23		

（续表）

状态	核电厂名称		机组号	堆型	额定电功率（MW）	开工日期	首次并网日期	商业运行日期
建设中	石岛湾核电厂	高温气冷堆核电站示范工程	CN—44	模块式球床型高温气冷堆	211	2012.12.09		
	田湾核电厂	3号机组 4号机组	CN—45 CN—46	压水堆	2×1120	2012.12.27 2013.09.27		
合计		26台			28612.58			
已开展前期工作项目	海阳核电厂	3号机组 4号机组						
	田湾核电厂	5号机组 6号机组						
	辽宁徐大堡核电厂	1号机组 2号机组						
	广东陆丰核电厂	1号机组 2号机组						
	红沿河核电厂	5号机组 6号机组						
	福清核电厂	5号机组 6号机组						
	三门核电厂	3号机组 4号机组						
	CAP1400示范项目	1号机组 2号机组						
	防城港红沙核电厂	3号机组 4号机组						
合计		18台						

七、2014 年世界在建核电信息

（一）2014 年世界在建核电厂一览表

国家（地区）	机组数（台）	装机容量（万千瓦）
中　国	26	2861.3
俄罗斯	9	796.6
印　度	6	430.0
韩　国	5	660.0
美　国	5	621.8
阿联酋	3	420.0
日　本	2	275.6
中国台北	2	270.0
乌克兰	2	200.0
斯洛伐克	2	94.2
巴基斯坦	2	68.0
白俄罗斯	2	238.8
芬　兰	1	172.0
法　国	1	165.0
巴　西	1	135.0
阿根廷	1	29.0
合　计	70	7437.3

表中数据源自国际原子能机构核动力信息系统数据库（IAEA PRIS），装机容量为毛装机容量（Gross capacity）。

（二）2014 年中国在建核电装机容量占世界比率

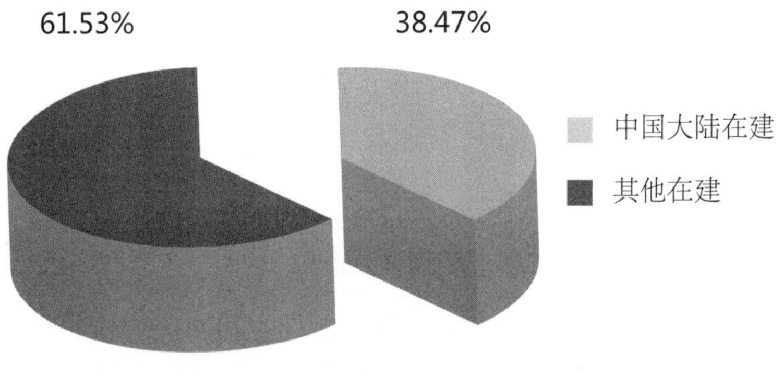

在役核电厂运行情况

2014年，我国运行核电机组继续保持良好的安全运行记录，未发生国际核事件分级表（INES）中1级及1级以上的运行事件。核电厂运行期间，职业照射剂量水平、放射性流出物的排放均远低于国家限值；环境监测表明，核电厂的运行没有对周围环境造成不良影响。

一、发电量和上网电量

2014年，中国核电22台运行机组全年发电量为1305.80亿千瓦时，上网电量为1226.87亿千瓦时，较2013年发电量增加18.89%，上网电量增加18.80%。

1. 2005—2014年核发电量和上网电量

核电厂名称 / 年度	项目（单位）	发电量（亿千瓦时）	上网电量（亿千瓦时）
秦山核电厂	2005	23.55	21.95
	2006	24.83	23.10
	2007	22.17	20.63
	2008	26.24	24.31
	2009	23.62	21.95
	2010	23.24	21.69
	2011	24.98	23.33
	2012	28.44	26.59
	2013	23.03	21.59
	2014	26.23	24.41
大亚湾核电厂	2005	154.51	148.47
	2006	155.15	148.58
	2007	154.41	147.75
	2008	160.81	154.30
	2009	163.74	156.62
	2010	157.04	150.15
	2011	160.18	153.36
	2012	159.30	152.51
	2013	148.95	142.41
	2014	151.40	144.97
秦山第二核电厂	2005	101.32	94.66
	2006	82.85	77.29
	2007	89.05	83.20
	2008	99.58	93.13

（续表）

核电厂名称/年度 项目(单位)		发电量（亿千瓦时）	上网电量（亿千瓦时）
秦山第二核电厂	2009	99.41	92.86
	2010	119.41	112.36
	2011	146.03	136.81
	2012	201.62	188.96
	2013	203.70	191.12
	2014	202.34	189.78
岭澳核电厂	2005	150.25	144.37
	2006	156.99	150.62
	2007	147.40	141.23
	2008	152.44	146.20
	2009	154.67	148.25
	2010	176.59	169.55
	2011	265.09	251.53
	2012	315.13	298.63
	2013	315.48	299.15
	2014	325.53	308.85
秦山第三核电厂	2005	101.24	93.87
	2006	114.58	106.16
	2007	115.41	106.96
	2008	112.38	104.12
	2009	117.23	108.53
	2010	114.12	105.57
	2011	115.01	106.53
	2012	116.27	107.55
	2013	119.17	110.31
	2014	116.88	108.18
田湾核电厂	2006	14.06	12.34
	2007	100.18	92.85
	2008	140.75	131.19
	2009	142.67	132.81
	2010	157.02	146.71
	2011	160.72	150.16
	2012	162.41	151.9
	2013	166.86	156.10
	2014	167.67	156.92
红沿河核电厂	2013	53.93	49.79
	2014	112.54	104.24
宁德核电厂	2013	67.20	62.20
	2014	116.24	108.02
阳江核电厂	2014	72.44	67.93
福清核电厂	2014	10.33	9.61
方家山核电厂	2014	4.20	3.96

说明：2014年阳江核电厂、福清核电厂、方家山核电厂的发电量及上网电量数据均为其1号机组商运后数据。

2. 2005—2014年核发电量和上网电量趋势图

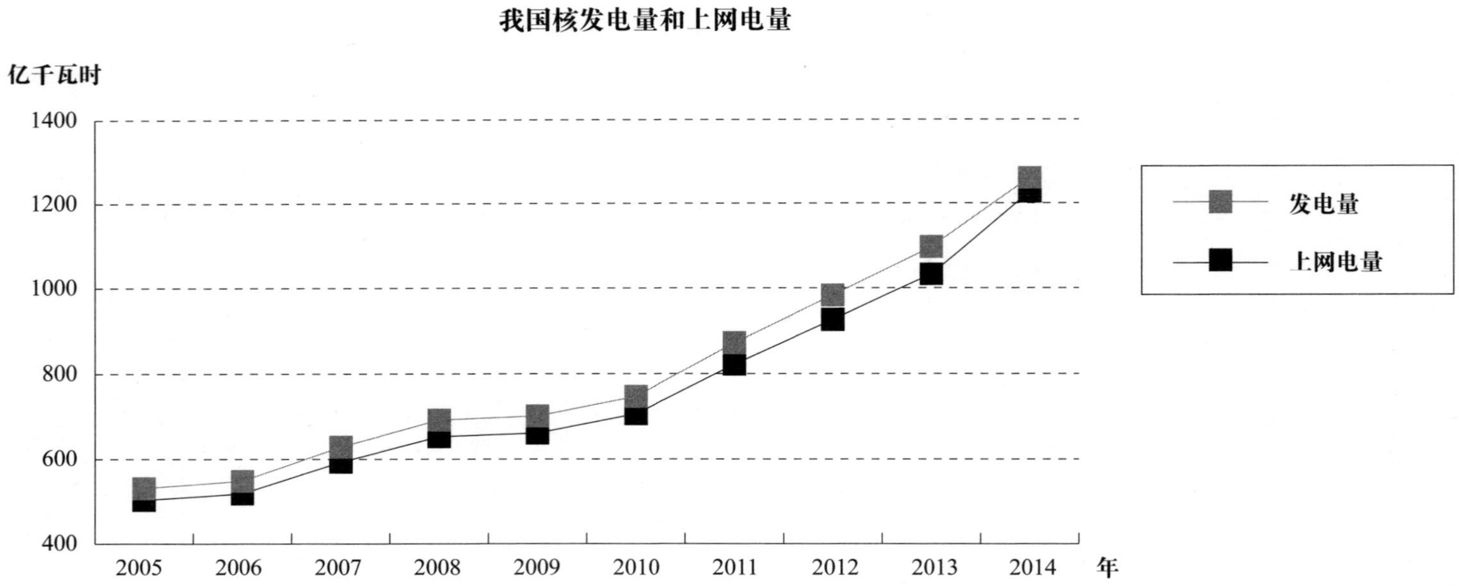

二、机组能力因子和负荷因子

2005—2014 年机组能力因子和负荷因子

项目 / 年份 核电厂名称		机组能力因子（%）										机组负荷因子（%）									
		2005	2006	2007	2008	2009	2010	2011	2012	2013	2014	2005	2006	2007	2008	2009	2010	2011	2012	2013	2014
秦山核电厂		87.02	91.84	82.22	95.55	87.43	83.35	88.04	99.94	81.61	92.69	86.72	91.44	81.62	96.36	86.98	83.99	89.11	101.19	82.17	96.58
大亚湾核电厂	1 号机组	99.95	80.32	91.20	99.79	91.23	89.08	99.98	83.64	86.83	99.66	99.80	80.31	90.85	99.61	90.20	88.90	99.67	83.86	86.76	100.02
	2 号机组	79.76	99.88	88.80	86.25	99.99	92.80	86.56	99.97	85.93	75.58	79.44	99.68	88.29	86.44	99.76	93.29	86.17	100.45	86.04	75.62
秦山第二核电厂	1 号机组	90.57	55.24	64.12	85.35	82.66	91.70	73.71	85.24	85.79	83.53	92.76	55.20	65.69	87.41	84.46	93.45	75.17	84.66	86.80	85.60
	2 号机组	82.82	88.78	88.30	85.21	88.21	86.64	90.95	79.68	88.74	85.01	85.19	90.30	90.70	87.00	90.12	88.71	93.27	81.05	90.02	86.59
	3 号机组	/	/	/	/	/	/	81.60	90.10	93.50	92.00	/	/	/	/	/	/	83.12	90.65	94.63	91.14
	4 号机组	/	/	/	/	/	/	/	95.81	84.28	89.77	/	/	/	/	/	/	/	96.77	84.56	89.27
岭澳核电厂	1 号机组	83.10	90.08	83.16	92.11	90.38	93.71	91.39	93.59	82.94	90.44	82.69	89.16	82.65	90.72	89.05	92.93	91.05	91.87	82.38	88.59
	2 号机组	91.22	92.44	87.73	85.24	91.09	91.12	94.05	91.25	88.58	94.55	90.56	91.86	87.31	84.57	89.30	90.52	93.12	89.70	87.28	93.46
	3 号机组	/	/	/	/	/	98.60	72.06	88.45	90.11	89.42	/	/	/	/	/	98.75	71.14	86.30	88.78	87.88
	4 号机组	/	/	/	/	/	/	99.58	80.60	88.95	90.31	/	/	/	/	/	/	98.78	78.52	88.18	88.35
秦山第三核电厂	1 号机组	82.34	96.34	86.42	91.21	91.93	89.73	92.53	96.26	89.91	96.16	84.05	98.18	88.35	93.52	93.88	91.92	94.87	97.43	88.64	94.79
	2 号机组	79.61	86.73	97.55	87.32	95.37	92.07	91.02	90.46	99.86	90.14	81.05	88.68	99.87	89.43	97.30	94.19	92.69	91.67	98.23	88.48
田湾核电厂	1 号机组	/	/	/	70.97	74.12	87.02	86.55	86.78	90.70	89.83	/	/	/	74.76	77.84	86.92	86.16	86.72	90.60	89.64
	2 号机组	/	/	/	81.20	80.70	82.28	87.05	87.77	89.14	91.11	/	/	/	85.47	85.02	82.18	86.92	87.71	89.10	90.94
红沿河核电厂	1 号机组	/	/	/	/	/	/	/	/	99.90	70.04	/	/	/	/	/	/	/	/	96.33	67.13
	2 号机组	/	/	/	/	/	/	/	/	/	75.69	/	/	/	/	/	/	/	/	/	74.80
宁德核电厂	1 号机组	/	/	/	/	/	/	/	/	99.95	57.31	/	/	/	/	/	/	/	/	98.51	56.70
	2 号机组	/	/	/	/	/	/	/	/	/	99.83	/	/	/	/	/	/	/	/	/	98.66
阳江核电厂	1 号机组	/	/	/	/	/	/	/	/	/	99.93	/	/	/	/	/	/	/	/	/	98.78

说明：1）“/”为机组当年未投入商业运行或无统计数据。

2）2014 年，福清核电厂 1 号机组及方家山核电厂 1 号机组投入商业运行的时间较晚，未统计机组能力因子及负荷因子。

三、非计划自动紧急停堆情况

2005—2014 年商业运行核电机组非计划自动紧急停堆次数统计

核电厂名称 \ 年度		2005	2006	2007	2008	2009	2010	2011	2012	2013	2014
秦山核电厂		2	0	0	1	1	1	0	0	1	0
大亚湾核电厂	1 号机组	0	0	0	0	0	0	0	0	0	1
	2 号机组	0	0	2	1	0	0	0	0	0	0
秦山第二核电厂	1 号机组	0	1	0	0	0	0	1	0	0	0
	2 号机组	0	0	0	1	0	1	0	0	1	1
	3 号机组	/	/	/	/	/	0	0	2	1	0
	4 号机组	/	/	/	/	/	/	0	0	0	0
岭澳核电厂	1 号机组	1	0	0	0	0	0	0	0	0	0
	2 号机组	1	1	1	0	0	0	0	0	0	1
	3 号机组	/	/	/	/	/	0	0	0	0	0
	4 号机组	/	/	/	/	/	/	0	0	0	0
秦山第三核电厂	1 号机组	0	0	0	0	0	0	0	0	0	0
	2 号机组	1	0	0	0	0	0	0	0	0	0
田湾核电厂	1 号机组	/	/	1	1	2	0	0	0	0	0
	2 号机组	/	/	1	0	0	0	0	0	0	0
红沿河核电厂	1 号机组	/	/	/	/	/	/	/	/	0	1
	2 号机组	/	/	/	/	/	/	/	/	/	1
宁德核电厂	1 号机组	/	/	/	/	/	/	/	/	0	0
	2 号机组	/	/	/	/	/	/	/	/	/	0
阳江核电厂	1 号机组	/	/	/	/	/	/	/	/	/	0
福清核电厂	1 号机组	/	/	/	/	/	/	/	/	/	0
方家山核电厂	1 号机组	/	/	/	/	/	/	/	/	/	0
合计		5	2	5	4	3	2	1	2	3	5

说明：1）2014 年 7 月 1 日，岭澳核电厂 2 号机组因超温ΔT 保护误动导致非计划自动停堆。
2）2014 年 7 月 21 日至 26 日，红沿河核电厂 1 号机组因大量水母等海生物涌入取水口，堵塞滤网，导致非计划自动停堆。
3）2014 年 7 月 21 日至 31 日，红沿河核电厂 2 号机组因大量水母等海生物涌入取水口，堵塞滤网，导致非计划自动停堆。
4）2014 年 9 月 12 日，秦山第二核电厂 2 号机组因凝汽器泄漏导致真空急剧恶化而非计划自动停机停堆。
5）2014 年 12 月 16 日，大亚湾核电厂 1 号机组因 3 号主泵（D1RCP003PO）一号轴封泄漏流量高，延时继电器失效，导致误跳闸，进而导致非计划自动停堆。

四、职业照射

国家标准《电离辐射防护与辐射源安全基本标准》(GB 18871—2002) 中规定了工作人员职业照射的剂量限值：连续 5 年的年平均有效剂量不超过 20 mSv；任何一年中的有效剂量不超过 50 mSv。2005 年至 2014 年，我国已投入商业运行核电厂工作人员所受到的照射剂量均远低于国家标准规定的限值。

2005—2014 年核电厂工作人员职业照射情况

项目（单位）/核电厂名称	年份	年人均有效剂量（mSv）	年度最大个人剂量（mSv）	年度集体有效剂量（人·Sv）	归一化集体有效剂量（人·mSv/GWh）
秦山核电厂	2005	0.694	10.300	0.932	0.396
	2006	0.400	8.050	0.538	0.217
	2007	0.650	8.450	0.997	0.450
	2008	0.153	3.577	0.149	0.057
	2009	0.336	4.257	0.453	0.192
	2010	0.265	4.814	0.401	0.172
	2011	0.282	5.106	0.421	0.169
	2012	0.041	3.681	0.038	0.013
	2013	0.281	6.073	0.495	0.215
	2014	0.143	4.035	0.253	0.096
大亚湾核电厂	2005	0.486	8.146	1.307	0.085
	2006	0.436	5.921	1.205	0.078
	2007	0.378	9.476	1.053	0.068
	2008	0.305	5.988	0.826	0.051
	2009	0.283	5.194	0.715	0.044
	2010	0.343	10.843	0.946	0.060
	2011	0.327	8.434	0.993	0.062
	2012	0.413	8.116	1.235	0.078
	2013	0.549	13.345	1.769	0.119
	2014	0.462	6.906	1.512	0.100
秦山第二核电厂	2005	0.362	7.210	0.738	0.073
	2006	0.335	6.318	0.713	0.086
	2007	0.347	8.164	0.785	0.088
	2008	0.300	4.881	0.588	0.059
	2009	0.345	7.899	0.710	0.071
	2010	0.218	4.940	0.440	0.042
	2011	0.330	11.707	1.217	0.083
	2012	0.428	9.389	1.229	0.061
	2013	0.385	8.726	1.177	0.058
	2014	0.262	8.948	1.111	0.055

（续表）

项目（单位） 核电厂名称	年份	年人均有效剂量（mSv）	年度最大个人剂量（mSv）	年度集体有效剂量（人·Sv）	归一化集体有效剂量（人·mSv/GWh）
岭澳核电厂 1、2 号机组	2005	0.433	8.910	1.088	0.072
	2006	0.284	7.155	0.722	0.046
	2007	0.456	8.533	1.231	0.083
	2008	0.599	12.169	1.772	0.116
	2009	0.495	10.586	1.531	0.099
	2010	0.346	10.490	0.957	0.076
	2011	0.419	8.326	1.392	0.087
	2012	0.297	6.059	0.947	0.060
	2013	0.887	13.696	3.238	0.220
	2014	0.300	7.731	0.858	0.054
岭澳核电厂 3、4 号机组	2011	0.208	5.665	0.747	0.071
	2012	0.286	6.644	0.929	0.059
	2013	0.188	5.660	0.577	0.034
	2014	0.185	4.098	0.624	0.037
秦山第三核电厂	2005	0.594	9.350	1.368	0.135
	2006	0.272	5.990	0.519	0.045
	2007	0.277	5.900	0.572	0.050
	2008	0.364	9.102	0.788	0.070
	2009	0.327	6.415	0.748	0.064
	2010	0.329	5.430	0.727	0.064
	2011	0.361	14.637	0.832	0.072
	2012	0.316	8.661	0.689	0.059
	2013	0.324	6.362	0.630	0.053
	2014	0.342	7.192	0.721	0.062
田湾核电厂	2007	0.136	2.693	0.327	0.033
	2008	0.209	3.460	0.557	0.040
	2009	0.244	3.200	0.548	0.038
	2010	0.174	2.16	0.426	0.027
	2011	0.224	3.788	0.604	0.038
	2012	0.345	4.232	1.014	0.062
	2013	0.177	2.615	0.467	0.028
	2014	0.180	2.994	0.497	0.030
红沿河核电厂	2013	0.016	1.112	0.033	0.006
	2014	0.329	8.076	1.002	0.089
宁德核电厂	2013	0.012	1.272	0.026	0.004
	2014	0.311	6.064	0.786	0.068
阳江核电厂	2014	0.008	1.023	0.017	0.002
福清核电厂	2014	0.016	3.323	0.028	0.017
方家山核电厂	2014	0.012	2.528	0.016	/

五、放射性流出物的排放和环境监测

按照国家环境保护法规和环境辐射监测标准，依据管理部门批准的排放限值，我国核电厂对放射性流出物的排放进行了严格控制，对核电厂周围环境进行了有效监测。2014 年环境监测结果表明，各商业运行核电厂运行期间放射性流出物的排放量均远低于国家标准限值。

2014 年商业运行核电厂放射性流出物排放情况

核电厂名称		放射性废物种类	气态流出物（Bq）					液态流出物（Bq）		
			氚	碳 -14	惰性气体	卤素	气溶胶	氚	碳 -14	其余核素
秦山核电厂		年累计排放量	2.79E+12	7.22E+10	6.17E+11	1.77E+06	6.95E+05	5.86E+12	2.40E+08	2.50E+08
		国家标准规定排放年限值	5.00E+12	2.80E+11	6.16E+13	6.67E+09	1.06E+08	6.66E+12	2.99E+09	1.04E+10
		占国家批准年限值的比例	55.800%	25.786%	1.002%	0.027%	0.656%	87.988%	8.027%	2.404%
大亚湾核电厂		年累计排放量	2.11E+12	3.50E+11	9.29E+11	8.35E+06	3.41E+06	3.91E+13	2.04E+10	1.83E+08
		国家标准规定排放年限值	2.40E+13	2.20E+12	7.00E+14	2.50E+10	3.80E+09	2.25E+14	3.00E+11	1.30E+11
		占国家批准年限值的比例	8.792%	15.909%	0.133%	0.033%	0.090%	17.378%	6.800%	0.141%
秦山第二核电厂		年累计排放量	8.10E+11	3.31E+11	6.70E+11	1.62E+07	7.74E+06	6.44E+13	1.20E+10	1.90E+09
		国家标准规定排放年限值	1.10E+13	1.00E+12	2.90E+14	1.80E+09	4.32E+09	1.10E+14	1.60E+11	5.64E+10
		占国家批准年限值的比例	7.364%	33.090%	0.231%	0.897%	0.179%	58.545%	7.519%	3.376%
岭澳核电厂	1、2 号机组	年累计排放量	4.16E+12	5.40E+11	9.31E+11	5.14E+06	4.56E+06	5.12E+13	1.49E+10	1.65E+08
		国家标准规定排放年限值	2.40E+13	2.20E+12	7.00E+14	2.50E+10	3.80E+09	2.25E+14	3.00E+11	1.30E+11
		占国家批准年限值的比例	17.333%	24.545%	0.133%	0.021%	0.120%	22.756%	4.967%	0.127%
	3、4 号机组	年累计排放量	1.16E+12	4.06E+11	8.53E+11	6.48E+06	3.58E+06	4.30E+13	1.46E+10	2.11E+08
		国家标准规定排放年限值	2.40E+13	2.20E+12	7.00E+14	2.50E+10	3.80E+09	2.25E+14	3.00E+11	1.30E+11
		占国家批准年限值的比例	4.833%	18.455%	0.122%	0.026%	0.094%	19.111%	4.867%	0.162%

（续表）

核电厂名称	放射性废物种类	气态流出物（Bq）					液态流出物（Bq）		
		氚	碳 -14	惰性气体	卤素	气溶胶	氚	碳 -14	其余核素
秦山第三核电厂	年累计排放量	8.12E+13	2.68E+11	2.08E+12	1.12E+06	2.82E+06	6.72E+13	1.88E+09	
	国家标准规定排放年限值	6.16E+14	2.00E+12	1.48E+14	5.28E+08	4.86E+09	5.04E+14	6.00E+10	
	占国家批准年限值的比例	13.182%	13.400%	1.402%	0.213%	0.058%	13.333%	3.137%	
田湾核电厂	年累计排放量	8.44E+11	5.07E+10	3.83E+12	1.45E+07	1.31E+06	2.99E+13	1.00E+10	1.06E+09
	国家标准规定排放年限值	6.40E+12	6.00E+11	1.80E+13	3.70E+08	1.20E+08	6.60E+13	3.00E+10	7.40E+09
	占国家批准年限值的比例	13.188%	8.450%	21.278%	3.919%	1.092%	45.303%	33.333%	14.324%
红沿河核电厂	年累计排放量	2.14E+11	1.27E+11	1.20E+12	2.20E+07	3.51E+06	2.44E+13	4.12E+09	3.81E+08
	国家标准规定排放年限值	1.40E+13	1.48E+12	7.06E+14	1.01E+10	6.12E+09	1.26E+14	2.00E+11	8.00E+10
	占国家批准年限值的比例	1.529%	8.581%	0.170%	0.218%	0.057%	19.365%	2.060%	0.476%
宁德核电厂	年累计排放量	1.79E+11	2.09E+11	3.85E+12	1.52E+07	3.32E+06	2.15E+13	3.94E+09	3.18E+08
	国家标准规定排放年限值	9.70E+12	7.40E+11	7.29E+14	5.90E+09	3.10E+09	8.73E+13	1.00E+11	5.91E+10
	占国家批准年限值的比例	1.845%	28.243%	0.528%	0.258%	0.107%	24.628%	3.940%	0.538%
阳江核电厂	年累计排放量	8.00E+10	2.44E+10	9.23E+11	6.85E+06	6.40E+06	9.87E+12	2.00E+09	8.68E+07
	国家标准规定排放年限值	9.70E+12	7.40E+11	7.29E+14	5.90E+09	3.10E+09	8.73E+13	1.00E+11	5.91E+10
	占国家批准年限值的比例	0.825%	3.297%	0.127%	0.116%	0.206%	11.306%	2.000%	0.147%
福清核电厂	年累计排放量	4.09E+09	1.90E+09	1.38E+11	8.04E+05	8.47E+05	7.30E+11	1.25E+08	5.34E+08
	国家标准规定排放年限值	5.67E+12	7.65E+11	9.09E+13	6.45E+08	7.16E+07	6.30E+13	5.58E+10	4.50E+10
	占国家批准年限值的比例	0.072%	0.248%	0.152%	0.125%	1.183%	1.159%	0.224%	1.187%
方家山核电厂	年累计排放量	2.19E+08	1.77E+08	6.35E+11	7.39E+06	3.19E+06	1.01E+12	1.85E+08	2.49E+08
	国家标准规定排放年限值	6.30E+12	8.65E+11	9.09E+13	6.45E+08	7.16E+07	6.30E+13	6.20E+10	5.05E+10
	占国家批准年限值的比例	0.003%	0.020%	0.699%	1.146%	4.455%	1.603%	0.298%	0.493%

六、运行事件

2014 年，我国已投入商业运行的核电厂共计发生了 13 起国际核事件分级 0 级运行事件，没有发生 1 级及 1 级以上的运行事件。

2005—2014 年核电机组运行事件数量统计

核电厂名称 \ INES 级别		0 级运行事件										1 级运行事件									
		2005	2006	2007	2008	2009	2010	2011	2012	2013	2014	2005	2006	2007	2008	2009	2010	2011	2012	2013	2014
秦山核电厂		5	2	3	3	1	3	0	0	1	0	0	0	1	0	0	0	0	0	0	0
大亚湾核电厂	1 号机组	2	1	0	0	2	1	0	1	0	1	0	1	1	0	0	1	0	0	0	0
	2 号机组	1	0	1	1	0	1	0	0	0	0	1	0	2	0	0	0	0	0	0	0
秦山第二核电厂	1 号机组	0	1	0	2	1	0	1	0	1	0	0	0	0	0	0	0	0	0	0	0
	2 号机组	0	0	0	3	0	1	0	0	1	1	0	0	0	0	0	0	0	0	0	0
	3 号机组	/	/	/	/	/	6	2	3	1	0	/	/	/	/	/	1	0	0	0	0
	4 号机组	/	/	/	/	/	/	3	0	1	0	/	/	/	/	/	/	0	0	0	0
岭澳核电厂	1 号机组	3	0	2	1	1	0	1	0	0	0	1	0	0	0	0	0	0	0	0	0
	2 号机组	1	1	3	1	0	1	0	1	0	1	0	1	1	0	0	0	0	0	0	0
	3 号机组	/	/	/	/	/	15	2	2	1	1	/	/	/	/	/	0	0	0	0	0
	4 号机组	/	/	/	/	/	/	7	2	0	1	/	/	/	/	/	/	0	0	0	0
秦山第三核电厂	1 号机组	4	1	2	1	0	1	2	1	0	0	0	0	0	0	0	0	0	0	0	0
	2 号机组	4	1	0	3	0	1	2	1	0	0	1	1	0	0	0	1	0	0	0	0
田湾核电厂	1 号机组	2	7	4	1	3	1	1	1	1	0	/	/	1	0	0	0	0	0	0	0
	2 号机组	/	/	1	1	1	1	0	1	0	0	/	/	0	0	0	0	0	0	0	0
红沿河核电厂	1 号机组	/	/	/	/	/	/	/	/	0	0	/	/	/	/	/	/	/	/	0	0
	2 号机组	/	/	/	/	/	/	/	/	/	2	/	/	/	/	/	/	/	/	/	0
宁德核电厂	1 号机组	/	/	/	/	/	/	/	/	5	4	/	/	/	/	/	/	/	/	0	0
	2 号机组	/	/	/	/	/	/	/	/	/	1	/	/	/	/	/	/	/	/	/	0
阳江核电厂	1 号机组	/	/	/	/	/	/	/	/	/	0	/	/	/	/	/	/	/	/	/	0
福清核电厂	1 号机组	/	/	/	/	/	/	/	/	/	1	/	/	/	/	/	/	/	/	/	0
方家山核电厂	1 号机组	/	/	/	/	/	/	/	/	/	0	/	/	/	/	/	/	/	/	/	0
合计		22	14	16	17	9	32	21	13	12	13	3	3	6	0	0	3	0	0	0	0

七、机组大修

2014 年，我国已投入商业运行的核电机组按计划共进行了 17 次大修。

2014 年商业运行核电机组大修情况

核电厂名称	机组号	大修轮次	工期	
秦山核电厂		15	2014.06.06—2014.06.24	18.12 天
大亚湾核电厂	1 号机组	未安排大修		
	2 号机组	17	2014.10.04—2015.01.03	91.38 天
秦山第二核电厂	1 号机组	11	2014.04.08—2014.06.03	56.21 天
	2 号机组	10	2014.06.11—2014.07.26	45.80 天
	3 号机组	4	2014.10.28—2014.11.25	28.80 天
	4 号机组	2	2014.02.05—2014.03.08	31.50 天
岭澳核电厂	1 号机组	12	2014.05.23—2014.06.23	31.78 天
	2 号机组	11	2013.11.22—2014.01.17	56.29 天
	3 号机组	4	2014.03.21—2014.04.19	28.98 天
		5	2014.12.25—2015.01.31	37.64 天
	4 号机组	3	2014.01.15—2014.02.17	32.88 天
秦山第三核电厂	1 号机组	未安排大修		
	2 号机组	7	2014.04.15—2014.05.20	35.13 天
田湾核电厂	1 号机组	7	2014.01.10—2014.02.15	36.32 天
	2 号机组	7	2014.03.24—2014.04.24	31.75 天
红沿河核电厂	1 号机组	1	2014.03.20—2014.06.08	80.79 天
	2 号机组	卸料检修	2014.12.04—2015.03.16	101.70 天
宁德核电厂	1 号机组	1	2014.1.28—2014.04.29	91.03 天
	2 号机组	未安排大修		
阳江核电厂	1 号机组	未安排大修		
福清核电厂	1 号机组	未安排大修		
方家山核电厂	1 号机组	未安排大修		

2005—2014年商业运行核电机组大修工期统计

年份 核电厂名称		工期（天）									
		2005	2006	2007	2008	2009	2010	2011	2012	2013	2014
秦山核电厂		43.4	28.30	75.83	/	37.23	56.29	40.83	/	68.30	18.12
大亚湾核电厂	1号机组	/	65.06	28.59	/	29.36	36.91	/	55.53	44.93	/
	2号机组	70.15	/	34.78	30.46	/	23.46	46.29	/	48.13	91.38
秦山第二核电厂	1号机组	32.4	32.8	51.83	55.33	88.58	/	65.67	51.71	47.33	56.21
	2号机组	55.8	39.1	40.38	47.25	39.08	41.58	31.08	39.71	35.29	45.80
	3号机组	/	/	/	/	/	/	63.92	32.67	21.33	28.80
	4号机组	/	/	/	/	/	/	/	/	55.50	31.50
岭澳核电厂	1号机组	54.8	33.1	58.98	25.92	29.92	19.70	28.65	20.79	59.17	31.78
	2号机组	33.8	35.8	33.05	27.49	33.49	22.94	29.56	18.38	39.83	16.46
	3号机组	/	/	/	/	/	/	79.03	35.93	30.99	35.85
	4号机组	/	/	/	/	/	/	/	68.13	36.68	32.88
秦山第三核电厂	1号机组	59.37	/	40.79	37.47	/	32.36	31.58	/	24.70	/
	2号机组	61.91	45.33	/	42.98	37.96	/	31.73	29.40	/	35.13
田湾核电厂	1号机组	/	/	/	108	55.37	46.55	48.04	47.90	33.39	36.32
	2号机组	/	/	/	66.3	50.17	44.09	39.2	44.24	29.10	31.75
红沿河核电厂	1号机组	/	/	/	/	/	/	/	/	/	80.79
	2号机组	/	/	/	/	/	/	/	/	/	27.29
宁德核电厂	1号机组	/	/	/	/	/	/	/	/	/	91.03
	2号机组	/	/	/	/	/	/	/	/	/	/
阳江核电厂	1号机组	/	/	/	/	/	/	/	/	/	/
福清核电厂	1号机组	/	/	/	/	/	/	/	/	/	/
方家山核电厂	1号机组	/	/	/	/	/	/	/	/	/	/

说明："/"表示该年机组未投入运行或未安排大修。

八、WANO 业绩指标

2014 年运行核电机组 WANO 业绩指标达标情况

机组	达到先进值水平指标数量	介于先进值、中值水平之间指标数量	未达到中值指标数量（名称）
秦山核电厂 1 号机组	6	5	3（UCLF、FLR、CPI）
大亚湾核电厂 1 号机组	9	2	3（UA7、US7、CISA）
大亚湾核电厂 2 号机组	11	0	3（UCF、CRE、CISA）
秦山第二核电厂 1 号机组	11	1	2（UCF、CRE）
秦山第二核电厂 2 号机组	8	1	5（UCF、UCLF、FLR、UA7、US7）
秦山第二核电厂 3 号机组	11	2	1（CISA）
秦山第二核电厂 4 号机组	8	4	2（FLR、CISA）
岭澳核电厂 1 号机组	9	1	4（UCLF、GRLF、CRE、CISA）
岭澳核电厂 2 号机组	7	3	4（GRLF、UA7、US7、CISA）
岭澳核电厂 3 号机组	11	2	1（GRLF）
岭澳核电厂 4 号机组	11	2	1（GRLF）
秦山第三核电厂 1 号机组	10	1	3（UCLF、FLR、SP1）
秦山第三核电厂 2 号机组	11	2	1（CRE）
田湾核电厂 1 号机组	8	3	3（FR、ISA、CISA）
田湾核电厂 2 号机组	11	1	2（ISA、CISA）
红沿河核电厂 1 号机组	6	0	8（UCF、UCLF、FLR、UA7、US7、SP2、CPI、CRE）
红沿河核电厂 2 号机组	7	1	6（UCF、UCLF、FLR、UA7、US7、CPI）
宁德核电厂 1 号机组	6	1	7（UCF、UCLF、FLR、US7、SP5、CPI、CRE）
宁德核电厂 2 号机组	12	0	2（SP1）
阳江核电厂 1 号机组	13	0	1（CPI）

说明：UCF，机组能力因子；UCLF，非计划能力损失因子；FLR，强迫损失率；GRLF，电网相关损失因子；UA7，临界 7000 小时非计划自动停堆次数；US7，临界 7000 小时自动停堆次数；SP1，高压安注系统性能；SP2，辅助给水系统系能；SP5，应急交流电系统性能；FR，燃料可靠性；CPI，化学指标；CRE，集体辐照剂量；ISA，工业安全事故率；CISA，承包商工业安全事故率。

2014 年运行核电机组单项 WANO 业绩指标统计

核电厂	机组号	机组能力因子（%）	非计划能力损失因子（%）	强迫损失率（%）	电网相关损失因子（%）	临界 7000 小时非计划自动停堆次数	临界 7000 小时非计划停堆次数	安全系统性能：高压安注系统	安全系统性能：辅助给水系统	安全系统性能：应急交流电系统	燃料可靠性（Bq/g）	化学指标	集体辐照剂量（人·mSv）	工业安全事故率	承包商工业安全事故率
秦山核电厂	1 号机组	92.69	2.03	2.15	0.00	0.00	0.00	0.0001	0.0001	0.0001	0.037	1.02	0.253	0.00	0.00
大亚湾核电厂	1 号机组	99.66	0.32	0.32	0.00	0.80	0.80	0.0000	0.0000	0.0000	0.037	1.00	0.052	0.00	0.09
	2 号机组	75.58	0.03	0.04	0.00	0.00	0.00	0.0000	0.0000		0.037	1.00	1.460		
秦山第二核电厂	1 号机组	83.53	0.00	0.00	0.00	0.00	0.00	0.0000	0.0002	0.0000	0.037	1.00	0.455	0.00	0.00
	2 号机组	85.01	1.84	2.12	0.00	0.92	0.92	0.0000	0.0000		0.037	1.00	0.450		
	3 号机组	92.00	0.00	0.00	0.00	0.00	0.00	0.0000	0.0000	0.0006	0.037	1.00	0.123	0.00	0.12
	4 号机组	89.77	1.11	1.22	0.00	0.00	0.00	0.0000	0.0001		0.037	1.00	0.082		
岭澳核电厂	1 号机组	90.44	2.71	0.03	0.60	0.00	0.00	0.0000	0.0000	0.0000	0.037	1.00	0.612	0.00	0.11
	2 号机组	94.55	0.20	0.21	0.05	0.83	0.83	0.0000	0.0000		0.037	1.00	0.246		
	3 号机组	89.42	0.05	0.05	0.16	0.00	0.00	0.0000	0.0000	0.0000	0.037	1.00	0.302	0.00	0.00
	4 号机组	90.31	0.00	0.00	0.12	0.00	0.00	0.0000	0.0000		0.037	1.00	0.322		
秦山第三核电厂	1 号机组	96.16	3.80	3.80	0.00	0.00	0.00	0.0010	0.0000	0.0006	0.037	1.00	0.143	0.00	0.00
	2 号机组	90.14	0.03	0.03	0.00	0.00	0.00	0.0000	0.0000		0.037	1.00	0.578		
田湾核电厂	1 号机组	89.83	0.44	0.09	0.00	0.00	0.00	0.0000	0.0000	0.0000	17.035	1.00	0.316	0.06	0.05
	2 号机组	91.11	0.00	0.00	0.00	0.00	0.00	0.0000	0.0000		0.037	1.00	0.181		
红沿河核电厂	1 号机组	70.04	7.25	9.17	0.00	1.06	1.06	0.0000	0.0005	0.0000	0.037	1.12	0.745	0.00	0.00
	2 号机组	75.69	9.37	11.01	0.00	2.01	2.01	0.0000	0.0000		0.037	1.14	0.250		
宁德核电厂	1 号机组	57.31	20.46	22.77	0.00	0.00	1.26	0.0003	0.0000	0.0009	0.037	1.01	0.763	0.00	0.00
	2 号机组	99.83	0.01	0.01	0.00	0.00	0.00	0.0004	0.0000		0.037	1.00	0.008		
阳江核电厂	1 号机组	99.93	0.04	0.04	0.00	0.00	0.00	0.0000	0.0000	0.0000	0.037	1.01	0.008	0.00	0.00
WANO 中值		87.47	1.67	0.89	0.00	0.00	0.00	0.0003	0.0004	0.0006	0.209	1.00	0.454	0.02	0.00
WANO 先进值		93.00	0.18	0.09	0.00	0.00	0.00	0.0000	0.0000	0.0000	0.037	1.00	0.191	0.00	0.00

说明：□表示该指标没有达到 WANO 中值，▒表示该指标介于 WANO 中值、先进值之间，■表示该指标达到 WANO 先进值。

单项指标中值、先进值，为 2014 年值，根据 Mintal 方法计算，基础数据来源自 WANO 文件“2014Q4_AllLocations-Results”（2015 年 3 月 9 日）。

2005—2014 年运行核电机组 WANO 指标综合指数统计

核电厂 / 机组	年度	2005	2006	2007	2008	2009	2010	2011	2012	2013	2014
秦山核电厂		95.16	90.24	90.99	96.11	94.52	86.67	92.14	100	98.49	92.84
大亚湾核电厂	1 号机组	96.66	90.03	100.00	100.00	98.70	100.00	100.00	93.45	98.77	98.68
	2 号机组	83.82	89.5	96.6	83.23	93.48	100	96.67	98.17	98.24	83.14
秦山第二核电厂	1 号机组	85.52	70.89	68.28	85.00	90.01	93.97	87.50	84.25	91.90	90.82
	2 号机组	78.83	90.14	95.41	93.45	93.39	94.29	96.00	83.09	80.32	88.18
	3 号机组	/	/	/	/	/	/	79.92	87.96	91.85	100.00
	4 号机组	/	/	/	/	/	/	/	N/A	93.88	93.65
岭澳核电厂	1 号机组	87.94	93.24	93.28	92.04	94.46	98.47	98.52	98.95	85.93	83.36
	2 号机组	91.88	96.29	91.88	80.81	92.26	98.89	100.00	100.00	91.93	95.94
	3 号机组	/	/	/	/	/	/	N/A	75.70	96.60	97.21
	4 号机组	/	/	/	/	/	/	/	N/A	88.59	97.04
秦山第三核电厂	1 号机组	79.87	95.74	98.17	96.02	99.46	98.54	98.87	99.70	100.00	96.47
	2 号机组	85.3	88.96	99.47	99.47	99.17	100.00	99.42	98.42	100.00	100.00
田湾核电厂	1 号机组	/	/	/	62.04	72.26	80.97	93.45	93.34	95.92	97.84
	2 号机组	/	/	/	80.71	86.19	86.87	90.94	93.95	95.57	97.65
红沿河核电厂	1 号机组	/	/	/	/	/	/	/	/	N/A	68.90
	2 号机组	/	/	/	/	/	/	/	/	/	N/A
宁德核电厂	1 号机组	/	/	/	/	/	/	/	/	N/A	70.00
	2 号机组	/	/	/	/	/	/	/	/	/	N/A
阳江核电厂	1 号机组	/	/	/	/	/	/	/	/	/	N/A
福清核电厂	1 号机组	/	/	/	/	/	/	/	/	/	N/A
方家山核电厂	1 号机组	/	/	/	/	/	/	/	/	/	N/A

说明：综合指数使用 WANO 推荐的综合指数第四种方法计算，2010 年起计算中考虑了大亚湾核电机组 18 个月换料期。N/A 表示不满足方法四的要求。

在建核电项目进展情况

至2014年底，我国在建的核电机组包括：红沿河核电厂3、4号机组，宁德核电厂3、4号机组，福清核电厂2-4号机组，阳江核电厂2-6号机组，秦山核电厂扩建项目2号机组，三门核电厂1、2号机组，海阳核电厂1、2号机组，台山核电厂1、2号机组，昌江核电厂1、2号机组，防城港红沙核电厂1、2号机组，石岛湾核电厂高温气冷堆核电站示范工程，田湾核电厂3、4号机组等，共26台机组。

一、红沿河核电厂2-4号机组

一、基本情况	
业主单位	辽宁红沿河核电有限公司
主要股东	中广核核电投资有限公司、中电投核电有限公司、大连市建设投资集团有限公司
厂址	辽宁省瓦房店市红沿河镇东岗村
机组堆型	CPR1000
设计电功率	1080MW
开工日期	2号机组：2008年03月28日 3号机组：2009年03月07日 4号机组：2009年08月15日
计划完工日期	2号机组：2014年05月13日（实际完工日期） 3号机组：2015年06月30日 4号机组：2015年11月30日
二、建设亮点	
2014年，红沿河核电厂2号机组顺利完成各项功能试验，并于5月13日投入商业运行。3号机组按计划完成热态功能试验，先后实现了首次装料、首次达临界和汽轮机组冲转等重要节点，为后续机组的并网和带负荷调试做好了准备。4号机组按计划完成了冷态功能试验，进入全面调试阶段，各调试节点工作按照监管要求有序开展。	

红沿河核电厂 2-4 号机组里程碑完成情况

序号	里程碑	完成时间（2 号机组）	完成时间（3 号机组）	完成时间（4 号机组）
1	取得建造许可证	2007	2009	2009
2	核岛第一罐混凝土	2008	2009	2009
3	常规岛第一罐混凝土	2008	2009	2009
4	泵站第一罐混凝土	2008	2009	2009
5	BOP 安装开始	2008	2010	2010
6	核岛安装开始	2010	2010	2011
7	穹顶吊装	2010	2011	2011
8	反应堆厂房环吊可用	2010	2011	2012
9	常规岛安装开始	2010	2011	2012
10	反应堆压力容器到货	2011	2012	2013
11	汽轮机首台低压缸到货	2011	2011	2012
12	发电机到货	2011	2012	2012
13	泵站进水	2011	2012	2014
14	500kV 可用	2011	2013	2014
15	冷试开始	2013	2013	2014
16	热试开始	2013	2014	
17	核燃料组件运到现场	2013	2014	
18	取得装料许可证	2013	2014	
19	装料开始	2013	2014	
20	首次临界	2013	2014	
21	汽轮机冲转	2013	2014	
22	首次并网	2013		
23	具备商运条件	2014		

二、宁德核电厂 2-4 号机组

一、基本情况	
业主单位	福建宁德核电有限公司
主要股东	中国广核电力股份有限公司、大唐国际发电股份有限公司、福建省能源集团有限责任公司
厂址	福建省宁德市辖福鼎市太姥山镇备湾村
机组堆型	CPR1000
设计电功率	1080MW
开工日期	2 号机组：2008 年 11 月 12 日 3 号机组：2010 年 01 月 08 日 4 号机组：2010 年 09 月 29 日
计划完工日期	2 号机组：2014 年 05 月 04 日（实际完工日期） 3 号机组：2015 年 06 月 30 日 4 号机组：2016 年 06 月 30 日
二、建设亮点	

2014 年，宁德核电工程 3 台机组同步按序稳步推进，2 号机组顺利完成各项功能试验，并于 5 月 4 日投入商业运行；3 号机组完成热试并具备装料主要条件，截至年底已完成工程总量的 98.15%；4 号机组进入设备制造及安装关键阶段，截至年底已完成工程总量的 83.31%。3、4 号机组的一级里程碑完成情况良好，计划于 2015 年至 2016 年相继投入商运。

作为我国《核电中长期发展规划（2005—2020 年）》颁布后建设的第一个核电项目，宁德核电担负着承上启下，进一步推动我国核电自主化体系建设的重任，是目前我国百万千瓦级核电机组中自主化、国产化程度最高的核电厂之一。以宁德核电项目建设为依托，一批重要设备制造和关键技术实现了自主化突破。宁德核电一期工程实施了包括首炉 18 个月换料在内的 16 项重大技术改进，同时也是国内首次采用国产全范围模拟机和首个应用主管道窄间隙自动焊技术的核电厂。

宁德核电厂 2-4 号机组里程碑完成情况

序号	里程碑	完成时间（2 号机组）	完成时间（3 号机组）	完成时间（4 号机组）
1	核岛主设备供应合同或协议签订	2007	2009	2009
2	TG 供应合同或协议签订	2007	2008	2008
3	DCS 供应合同或协议签订	2007	2009	2009
4	颁发建造许可证	2008	2010	2010
5	核岛第一罐混凝土	2008	2010	2010
6	常规岛第一罐混凝土	2009	2010	2011
7	泵房第一罐混凝土	2008	2010	2010
8	BOP 安装开始	2009	2010	2010
9	核岛安装开始	×	2011	×
10	核岛穹顶吊装	2011	2011	2012
11	常规岛安装开始	×	2012	×
12	核岛环吊可用	2010	2012	2012
13	首个单系统调试开始	×	×	×
14	反应堆压力容器到货	2011	2013	2013
15	常规岛首台低压缸到货	2011	2012	2013
16	常规岛发电机到货	2011	2012	2014
17	泵站进水	2011	2013	2014
18	500kV 可用	×	2013	×
19	冷试开始	2013	2014	
20	热试开始	2013	2014	
21	核燃料组件到货	2013	2014	
22	颁发装料许可证	2013	2014	
23	装料开始	2013		
24	首次并网	2014		
25	具备商业运行条件	2014		

说明：× 为该机组没有此项里程碑。

三、福清核电厂1-4号机组

一、基本情况	
业主单位	福建福清核电有限公司
主要股东	中国核能电力股份有限公司、华电福新能源股份有限公司、福建省投资开发集团有限责任公司
厂址	福建省福州市福清市三山镇前薛村
机组堆型	M310改进型
设计电功率	1080MW
开工日期	1号机组：2008年11月21日 2号机组：2009年06月17日 3号机组：2010年12月31日 4号机组：2012年11月17日
计划完工日期	1号机组：2014年11月22日（实际完工日期） 2号机组：2015年01月15日 3号机组：2015年08月31日 4号机组：2017年03月16日
二、建设亮点	
2014年，福清核电工程整体进展稳健、有序，工程安全、质量处于受控状态，至2014年底连续38个月未发生重伤及以上工业安全事件，公司规范化、精益化管理不断加强，工程建设管理水平持续提升，各机组均取得了重要阶段性进展。1号机组于11月22日顺利投入商业运行；2号机组处于调试阶段，8月1日完成冷试，12月25日达到热态功能试验热停堆平台；3号机组处于安装高峰阶段，5月31日实现泵房进水，7月1日主管道焊接完成，11月29日汽轮机扣缸完成；4号机组步入安装阶段，6月24日穹顶吊装完成，11月12日环吊可用，11月29日常规岛主行车可用。5、6号机组于11月3日获得国家能源局正式批复（《关于福建福清5、6号机组工程调整为“华龙一号”技术方案的函》），福清核电5、6号机组采用“华龙一号”获得国家正式认可。	

福清核电厂 1-4 号机组里程碑完成情况

序号	里程碑	完成时间（1 号机组）	完成时间（2 号机组）	完成时间（3 号机组）	完成时间（4 号机组）
1	核岛主设备采购招投标启动	2007	×	2009	×
2	项目核准	2008	×	2010	×
3	可研报告上报	2008	×	×	×
4	PSAR 上报	2008	×	×	×
5	总承包合同签订	2008	×	×	×
6	初步设计完成	2008	×	×	×
7	建造许可证颁发	2008	×	2010	×
8	核岛第一罐混凝土	2008	2009	2010	2012
9	常规岛第一罐混凝土	2009	2009	2011	2013
10	泵房第一罐混凝土	2009	×	2011	×
11	BOP 安装开始	2010	×	×	×
12	核岛安装开始	2010	2011	2012	2014
13	穹顶吊装	2010	2011	2012	2014
14	常规岛安装开始	2011	2012	×	×
15	70T 龙门吊可用	2011	2012	×	×
16	环吊可用	2011	2012	2013	2014
17	380T 龙门吊可用	2011	2012	×	×
18	常规岛主行车可用	×	×	2013	2014
19	反应堆厂房压力容器安装开始	2011	2012	2013	
20	主管道开始焊接	2011	2012	×	×
21	1 号蒸汽发生器就位	2011	2012	×	×
22	220kV 倒送电	2011	×	2013	×
23	发电机定子就位	2011	2012	×	×
24	FSAR 上报	2011	×	×	×
25	1 号主泵泵壳就位	2011	2013	×	×
26	汽轮机安装开始	2012	2013	2013	
27	主管道焊接完成	2012	×	2014	
28	泵房进水	2012	2013	2014	×
29	主控室可用	2012	2013	2014	
30	500kV 主变可用	2013	2014		
31	冷试开始	2013	2014		
32	安全壳试验开始	2013	2014	×	×
33	热试开始	2013	2014		
34	核燃料进现场	2013	2014		
35	装料许可证颁发	2014			
36	开始装料	2014			
37	临界许可	2014		×	×
38	首次临界	2014			
39	汽机冲转	2014		×	×
40	首次并网	2014			
41	临时验收	2014			
42	商业运行	×	×	×	×

说明：× 为该机组没有此项里程碑

四、阳江核电厂 1-6 号机组

一、基本情况	
业主单位	阳江核电有限公司
主要股东	中国广核电力股份有限公司、广东核电投资有限公司、广东省粤电集团有限公司、中广核一期投资基金有限公司
厂址	广东省阳江市东平镇沙环村
机组堆型	CPR1000
设计电功率	1080MW
开工日期	1 号机组：2008 年 12 月 16 日 2 号机组：2009 年 06 月 04 日 3 号机组：2010 年 11 月 15 日 4 号机组：2012 年 11 月 17 日 5 号机组：2013 年 09 月 18 日 6 号机组：2013 年 12 月 23 日
计划完工日期	1 号机组：2014 年 03 月 25 日（实际完工日期） 2 号机组：2015 年 03 月 15 日 3 号机组：2016 年 02 月 15 日 4 号机组：2017 年 07 月 15 日 5 号机组：2018 年 11 月 15 日 6 号机组：2019 年 07 月 15 日
二、建设亮点	
阳江核电工程是国家“十一五”重点能源建设项目，一次核准建设 6 台百万千瓦级的压水堆核电机组，是我国一次性核准机组数量最多、在建规模最大的核电项目。采用具有我国自主品牌 CPR1000 技术，关键设备国产化率超过 85%，6 台机组平均国产化率为 83%，是我国核电规模化、系列化、标准化发展的重要标志。 2014 年，阳江核电厂 1 号机组投入商业运行，至此，阳江核电基地成为我国第六个发电的核电基地。各在建机组分别处于联合调试、安装施工、土建施工等多个建设状态，2 号机组完成热态功能试验，3 号机组完成冷态功能试验，4 号机组实现穹顶吊装，5、6 号机组全面并连续施工的目标。	

阳江核电厂 1-6 号机组里程碑完成情况

序号	里程碑	完成时间（1 号机组）	完成时间（2 号机组）	完成时间（3 号机组）	完成时间（4 号机组）	完成时间（5 号机组）	完成时间（6号机组）
1	核岛第一罐混凝土	2008	2009	2010	2012	2013	2013
2	常规岛第一罐混凝土	2009	2009	2010	2011	2013	2014
3	核岛安装开始	2010	2011	2012			
4	核岛穹顶吊装	2010	2011	2012	2014		
5	常规岛安装开始	2011	2011	2012	2013		
6	核岛环吊可用	2011	2011	2012	2014		
7	汽轮机首台低压缸模块到货	2011	2012	2013	2014		
8	发电机到货	2011	2012	2013	2014		
9	泵站进水	2011	2012	2013	2014		
10	反应堆压力容器与 SG 全部到货	2011	2012				
11	核岛主回路冷试开始	2013	2013	2014			
12	核岛主回路热试开始	2013	2014				
13	开始装载核燃料	2013					
14	首次核临界	2013					
15	首次并网	2013					
16	具备商业运行条件	2014					

五、秦山核电厂扩建项目（方家山核电工程）1、2号机组

一、基本情况	
业主单位	秦山核电有限公司
主要股东	中国核能电力股份有限公司、浙江浙能电力股份有限公司
厂址	浙江海盐秦山
机组堆型	M310改进型
设计电功率	1080MW
开工日期	1号机组：2008年12月26日 2号机组：2009年07月17日
计划完工日期	1号机组：2014年12月15日（实际完工日期） 2号机组：2015年2月12日
二、建设亮点	
2014年，是方家山工程1、2号机组安装、调试的高峰年。在面对DCS供货严重滞后的困难下，圆满实现了2014年度工程节点。工程安全、质量、进度、投资等方面均得到了有效控制。1号机组于2014年底通过100小时满功率试运行试验，投入商业运行。2号机组于12月5日完成首次装料工作，12月25日首次达到临界状态，正式进入带功率运行状态。	

秦山核电厂扩建项目（方家山核电工程）1、2 号机组里程碑完成情况

序号	里程碑	完成时间（1 号机组）	完成时间（2 号机组）
1	“四通一平”开始	2007	2007
2	提交建造许可证申请（包括 PSAR 等）	2008	2008
3	核岛负挖开始	2008	2008
4	项目核准	2008	2008
5	核岛防水层施工开始	2008	2009
6	建造许可证取得	2008	2008
7	核岛第一罐混凝土	2008	2009
8	常规岛第一罐混凝土	2009	2010
9	泵房第一罐混凝土	2009	2009
10	安全壳穹顶吊装	2010	2011
11	汽机厂房吊车可用	2011	2012
12	反应堆压力容器到货	2012	2012
13	凝汽器到货	2011	2012
14	发电机到货	2012	2012
15	反应堆厂房环吊可用	2011	2012
16	压力容器安装	2012	2013
17	辅助电源可用	2011	2013
18	提交首次装料申请	2012	2013
19	500kV 主变可用	2013	2013
20	冷态试验开始	2013	2014
21	首次装料批准书取得	2014	2014
22	首次装料	2014	2014
23	首次核临界	2014	2014
24	首次并网	2014	
25	商业运行	2014	

六、三门核电厂 1、2 号机组

一、基本情况	
业主单位	三门核电有限公司
主要股东	中国核能电力股份有限公司、浙江浙能电力股份有限公司、中电投核电有限公司、中国华电集团公司、中核投资有限公司
厂址	浙江省三门县
机组堆型	AP1000
设计电功率	1250MW
开工日期	1 号机组：2009 年 04 月 19 日 2 号机组：2009 年 12 月 15 日
计划完工日期	1 号机组：2017 年 02 月 28 日 2 号机组：2017 年 12 月 31 日
二、建设亮点	
2014 年三门核电继续坚持和深化总承包模式下发挥业主主导作用的工作模式，工程建设取得了阶段性成果。实现 1 号机组主控室可用、仪用压缩空气可用、屏蔽厂房结构完工、500kV 倒送电完成、泵房进水、核岛送冷风、新燃料接收、二回路冲洗完成、蒸汽发生二次侧水压试验完成等目标，核岛大宗材料安装完成 91%、系统移交 68%。2 号机组稳压器和压力容器就位，主管道安装开始，蒸汽发生器到货，汽轮机 TCCS 复测完成。2014 年，随着核岛设计固化不断推进、14 英寸爆破阀到货，工程建设形势更为明朗，更加接近 AP1000 首堆发电的目标。	

三门核电厂 1、2 号机组里程碑完成情况

序号	里程碑	完成时间（1 号机组）	完成时间（2 号机组）
1	框架性合同签订	2007	2007
2	钢衬建造合同授权	2008	2008
3	主合同签订	2007	2007
4	主合同生效	2007	2007
5	授权开工日	2007	2007
6	初步安全分析报告提交给业主	2008	2008
7	核岛开始负挖	2008	2008
8	模块预制厂	2008	2008
9	建造许可证	2009	2009
10	大吊车可用	2009	2009
11	第一罐混凝土	2009	2009
12	CA20 模块就位	2009	2010
13	CV 底封头就位	2009	2010
14	常规岛第一罐混凝土	2009	2010
15	CA01 模块就位	2010	2010
16	CV1 # 环就位	2010	2010
17	CV2 # 环就位	2010	2011
18	CV3 # 环就位	2010	2011
19	汽轮机厂房吊车可用	2011	2012
20	反应堆压力容器到货	2011	
21	汽轮机区域开始安装	2011	2012
22	凝汽器到货	2011	2013
23	发电机到货	2011	2013
24	蒸汽发生器到货	2012	
25	汽轮机到货	2012	2013
26	CV 顶封头就位	2013	
27	厂用电母线送电	2012	
28	核岛环吊可用	2013	
29	除盐水可用	2012	2012
30	仪控用压缩空气可用	2014	
31	最终安全分析报告	2012	
32	反应堆冷却泵到货		
33	操作员模拟机可用	2012	2012
34	反应堆冷却系统移交		
35	反应堆穹顶完工	2014	
36	主控室可用	2014	
37	冷态试验		
38	凝汽器抽真空		
39	汽轮机准备冲转		
40	热态试验		

七、海阳核电厂 1、2 号机组

一、基本情况	
业主单位	山东核电有限公司
主要股东	中电投核电有限公司、山东省国际信托有限公司、烟台蓝天投资控股有限公司、中国国电集团公司、中国核能电力股份有限公司、华能核电开发有限公司
厂址	山东省海阳市大辛家
机组堆型	AP1000
设计电功率	1250 MW
开工日期	1 号机组：2009 年 09 月 24 日 2 号机组：2010 年 06 月 20 日
计划完工日期	1 号机组：2014 年 05 月 31 日（合同时间） 2 号机组：2015 年 03 月 31 日（合同时间）
二、建设亮点	
2014 年，海阳核电项目准确把握形势，及时组织开展了“保安全，保质量，推动工程进展”的专项活动，集中力量强化管理、突破难点，为后续深入推进工程创造了有利条件。提高了现场管理效率，解决了一批制约项目进展的关键问题。大力推动 2 号机组压力容器、堆内构件、蒸汽发生器制造进展，PMS 补充测试有序开展，西屋公司设计完工计划基本完成。主泵设计改进方案确定实施，爆破阀浸没试验取得成功。实现了全年预定目标，1 号机组土建基本完工，大宗材料安装完成 90%，常规岛汽轮机扣缸，369 个移交包已有 218 个移交调试；2 号机组完成核岛屏蔽厂房第 18 层施工，常规岛汽轮发电机穿转子；厂用电倒送电。全年安全生产局面稳定，工程质量总体可控。	

海阳核电厂 1、2 号机组里程碑完成情况

序号	里程碑	完成时间（1 号机组）	完成时间（2 号机组）
1	ATP 授权开工	2007	2007
2	获得建造许可证	2009	2009
3	最终安全分析报告提交	2012	2012
4	开始核岛负挖	2008	2008
5	核岛第一罐混凝土	2009	2010
6	常规岛第一罐混凝土	2010	2010
7	CA20 模块就位	2010	2010
8	安全壳底封头就位	2010	2010
9	压力容器交付至现场	2011	2014
10	安全壳顶封头就位	2013	
11	电站设施母线受电	2012	2014
12	主控室可用		
13	开始冷试		
14	汽轮机具备受汽条件		
15	开始热试		
16	装料许可发布		
17	开始装料		
18	首次临界		
19	首次并网		
20	性能试验结束		

八、台山核电厂1、2号机组

一、基本情况	
业主单位	台山核电合营有限公司
主要股东	中国广核集团有限公司、法国电力公司、广东省粤电集团有限公司
厂址	广东省台山市赤溪镇
机组堆型	EPR
设计电功率	1750MW
开工日期	1号机组：2009年11月18日 2号机组：2010年04月15日
计划完工日期	1号机组：2015年11月30日 2号机组：2016年09月30日
二、建设亮点	
2014年，台山核电工程关键路径取得突破，核岛设计固化相关安排落地，核岛安装创造纪录，1号核岛安装单月完成点数最高达到40万点，2台机组核岛安装单月完成点数最高达到45万点。重要厂用水系统启动调试。10项年度重要工程里程碑均提前或按期完成（1号机组核岛设备发货率不低于95%；1号机组汽轮发电机安装完成；2号机组核岛设备发货率不低于90%；现场BOP具备核燃料进场条件；2号机组核岛首批系统调试开始；2号机组汽轮机四缸扣盖开始；500kV可用；2号机组核岛厂房结构全部封顶；全厂BOP子项全部可用；2号机组核岛完成安装总量的50%）。此外，台山核电完成了模拟机投运以及首批操纵员取照考试。	

台山核电厂 1、2 号机组里程碑完成情况

序号	里程碑C	完成时间 （1 号机组）	完成时间 （2 号机组）
1	核岛设计采购合同签订	2007	2007
2	TG 供应合同签订	2008	2008
3	颁发建造许可证	2009	2009
4	核岛第一罐混凝土	2009	2010
5	常规岛第一罐混凝土	2009	2010
6	泵房第一罐混凝土	2009	2009
7	汽轮机基座开始施工	2010	2010
8	核岛安装开始（HL* 管道）	2010	2011
9	穹顶吊装	2011	2012
10	除盐水生产系统调试开始	2011	2011
11	主行车可用	2011	2012
12	环吊可用	2012	2013
13	汽轮机 LP1 模块到货	2011	2013
14	反应堆压力容器到货	2011	2014
15	发电机定子到货	2012	2014
16	海底隧道完工	2012	2014
17	泵站进水	2013	
18	500kV 可用	2014	
19	安全壳试验		
20	NCC 开始	2013	
21	冷试开始		
22	热试开始		
23	燃料组件到货		
24	颁发装料许可证		
25	装料开始		
26	首次核临界		
27	首次并网		
28	具备商业运行条件		

九、昌江核电厂 1、2 号机组

一、基本情况	
业主单位	海南核电有限公司
主要股东	中国核能电力股份有限公司、华能核电开发有限公司、华能国际电力股份有限公司
厂址	海南省昌江县海尾镇塘兴村
机组堆型	CNP600
设计电功率	650MW
开工日期	1 号机组：2010 年 04 月 25 日 2 号机组：2010 年 11 月 21 日
计划完工日期	1 号机组：2015 年 12 月 25 日 2 号机组：2016 年 08 月 20 日
二、建设亮点	
2014 年，昌江核电工程 1 号机组主要设备除 TES 外已全部到场，完成一回路水压试验，正式进入全面调试阶段；2 号机组除 DCS 和主泵部分设备外，其余主要设备全部到货，海水泵房进水、220kV 主电源倒送电节点完成。公司创新提出总包模式下“四个深入”理念，派出 200 余人进入总包单位联合办公，有力扭转了进度滞后的局面。长期降负荷运行重大技术难题通过评审，琼中抽水蓄能、跨海联网二回等配套项目拉开序幕。	

昌江核电厂 1、2 号机组里程碑完成情况

序号	里程碑	完成时间（1 号机组）	完成时间（2 号机组）
1	核岛第一罐混凝土	2010	2010
2	常规岛第一罐混凝土	2010	2011
3	泵房第一罐混凝土	2010	×
4	核岛开始安装	2011	2012
5	穹顶吊装	2011	2012
6	环吊可用	2012	2013
7	常规岛安装开始	2012	2013
8	反应堆压力容器就位	2013	2014
9	汽轮机安装开始	2013	2014
10	备用电源倒送电	2013	2014
11	泵房进水	2013	2014
12	主电源倒送电	2014	2014
13	冷试开始	2014	
14	冷试结束	2014	
15	热试开始		
16	燃料到场		
17	装料许可证颁发		
18	首次装料		
19	首次临界		
20	首次并网		
21	商业运行		

说明：× 为该机组没有此项里程碑。

十、防城港红沙核电厂 1、2 号机组

一、基本情况	
业主单位	广西防城港核电有限公司
主要股东	中国广核集团有限公司、广西投资集团有限公司
厂址	广西壮族自治区防城港市光坡镇红沙澫
机组堆型	CPR1000
设计电功率	1080MW
开工日期	1 号机组：2010 年 07 月 30 日 2 号机组：2010 年 12 月 23 日
计划完工日期	1 号机组：2015 年 06 月 30 日 2 号机组：2016 年 02 月 28 日
二、建设亮点	
2014 年是防城港核电一期工程的安装高峰年，全体员工围绕“1 号机组冷试、热试”的目标，在国家核安全局、华南核与辐射安全监督站等监管部门的监督指导下，全面推进一期工程建设和生产准备，成功抵御了“威马逊”“海鸥”两个超强台风，工程建设、生产准备和项目申请等各项工作均取得了良好业绩。安全质量环境标准化及国际标杆评价总等级首次达到 7 级（质量 7 级，安全 7 级）。一期工程两台机组总量完成 88.86%，五个一级里程碑全部完成，成功实现了冷试、热试。	

防城港红沙核电厂 1、2 号机组里程碑完成情况

序号	里程碑	完成时间（1 号机组）	完成时间（2 号机组）
1	场平工程开工	2009 年 01 月 19 日	×
2	核岛负挖工程开工	2009 年 04 月 28 日	×
3	反应堆压力容器、SG 合同签订	2009 年 06 月 08 日	×
4	常规岛第一罐混凝土	2010 年 06 月 29 日	2011 年 01 月 07 日
5	核岛第一罐混凝土	2010 年 07 月 24 日	2010 年 12 月 23 日
6	DCS 合同签订	2010 年 11 月 08 日	×
7	泵站第一罐混凝土	2011 年 01 月 13 日	×
8	BOP 安装开始	2011 年 07 月 22 日	×
9	核岛安装开始	2012 年 01 月 11 日	×
10	安全壳穹顶吊装	2012 年 04 月 13 日	2012 年 12 月 26 日
11	常规岛安装开始	2012 年 05 月 09 日	×
12	首个单系统调试开始	2012 年 08 月 07 日	×
13	反应堆厂房环吊可用	2012 年 08 月 28 日	2013 年 05 月 16 日
14	汽轮机首个 LP 模块到货	2012 年 07 月 23 日	2013 年 10 月 15 日
15	发电机定子到货	2013 年 02 月 28 日	2013 年 12 月 30 日
16	反应堆压力容器和 SG 全部到货	2013 年 12 月 31 日	2014 年 06 月 29 日
17	泵站进水	2013 年 09 月 13 日	2014 年 09 月 12 日
18	500kV 可用	2014 年 12 月 18 日	×
19	冷试开始	2014 年 07 月 26 日	
20	热试开始	2014 年 12 月 30 日	
21	装料		
22	首次临界		
23	首次并网		
24	具备商业运行条件		

说明：× 为该机组没有此项里程碑。

十一、石岛湾核电厂高温气冷堆核电站示范工程

一、基本情况	
业主单位	华能山东石岛湾核电有限公司
主要股东	中国华能集团公司、中国核工业建设集团公司、清华控股有限公司
厂址	山东省荣成市石岛管理区宁津街道办事处辖区
机组堆型	高温气冷堆
设计电功率	211MW
开工日期	2012 年 12 月 09 日
计划完工日期	2017 年 11 月 09 日
二、建设亮点	
2014 年，工程现场施工安全质量处于受控状态，未发生安全、质量事件，设计进度满足现场施工和设备采购需要，设备采购和制造全面有序推进。 9 月 7 日，常规岛第一罐混凝土浇筑，常规岛主体工程正式开工。12 月 26 日，反应堆主厂房 20.45m 楼板浇筑完成。 12 月 29 日，1 号、2 号反应堆舱室屏蔽冷却水系统 D 模块完成吊装，屏蔽冷却水模块全部吊装完成。 通过采取整合多方资源、加强施工准备，优化施工工序等措施，克服设计变更多、施工技术难度大、建安交叉多等不利影响，有效保证了示范工程 2014 年度目标的实现。	

石岛湾核电厂高温气冷堆核电站示范工程里程碑完成情况

序号	里程碑	完成时间
1	核岛第一罐混凝土	2012 年 12 月 09 日
2	反应堆厂房 ±0.00m 板施工完成	2014 年 03 月 28 日
3	常规岛第一罐混凝土	2014 年 09 月 07 日
4	大件运输码头可用	
5	反应堆厂房 +28.05m 板施工完成	

十二、田湾核电厂 3、4 号机组

一、基本情况	
业主单位	江苏核电有限公司
主要股东	中国核能电力股份有限公司、上海禾曦能源投资有限公司、江苏省国信资产管理集团有限公司
厂址	江苏省连云港市连云区田湾
机组堆型	VVER
设计电功率	1120MW
开工日期	3 号机组：2012 年 12 月 27 日 4 号机组：2013 年 09 月 27 日
计划完工日期	3 号机组：2018 年 02 月 27 日 4 号机组：2018 年 12 月 27 日
二、建设亮点	

田湾核电厂 3、4 号机组是中俄两国在加深政治互信、发展经济贸易、加强战略协作的方针推动下，在核能领域又一重大能源合作项目，也是日本福岛核事故后，国家核准开工建设的第一个新建核电项目。

3、4 号机组是在一期工程基础上，采用“翻版加改进”方式建设的两台百万千瓦级压水堆核电机组。核岛继续采用俄罗斯设计制造的 VVER-1000/428 型反应堆装置，常规岛采用国内设计和制造、额定功率为 1126MW 的半速汽轮发电机组。在安全方面，设计上采用了反应堆安全壳双层结构，安全仪控在四通道设置的基础上，又增加了 MASS 的安全仪控功能。安全分析结果表明，电厂设计寿命≥ 40 年，堆芯熔化概率 $< 1\times10^{-5}$/ 堆年，严重事故放射性物质向环境释放概率$\leq 1\times10^{-7}$/ 堆年，符合三代机组安全标准。

2014 年，3、4 号机组现场施工主体为土建，其中 3 号机组主线工作进度正常，4 号机组按照整体提前一个月目标要求管控，涉及各机组厂房重要节点全部提前或按期完成。

田湾核电厂 3、4 号机组里程碑完成情况

序号	里程碑	完成时间（3 号机组）	完成时间（4 号机组）
1	建造许可证颁发	2012 年 12 月 26 日	2012 年 12 月 26 日
2	核岛第一罐混凝土	2012 年 12 月 27 日	2013 年 09 月 27 日
3	常规岛第一罐混凝土	2013 年 04 月 21 日	2014 年 02 月 21 日
4	UJA 厂房内部结构至 34m 板完成	2014 年 11 月 11 日	
5	反应堆厂房穹顶焊接完成	2014 年 12 月 29 日	

核燃料循环

发展现状

铀矿山大基地建设取得重要进展。采用国际三代铀矿开采技术的蒙其古尔铀矿山项目一期工程提前一年竣工，成为建设新型铀矿山的样板和示范工程。中核建中400吨核燃料元件生产线扩建技改工程正式投料批量生产，实现了产能从400吨到800吨的大幅提升，跻身世界前列。中核北方AP1000和高温气冷堆燃料元件生产线建设取得重要进展。铀资源、核燃料保障能力的持续提升，为我国核电安全高效发展提供了重要支撑。

铀矿勘查与采冶

一、中国核工业集团公司

（一）抓改革创新，推行新项目新机制

中核集团地矿事业部按照做强增量、调整存量、搞活机制的总体思路，着力以构建统一开放的战略合作平台为牵引，区域合作和项目合作为补充的多层次、多维度的大联合格局，积极推进中国铀业股份公司的组建工作。坚持以市场为导向，以“管得住、放得活”为准则，以权责、成本、考核为切入点，健全市场化经营机制，梳理出了16个类别60项二级管理子目，明确了各层的管理权限、工作接口以及重要经营事项对下授权的权限。

在优化JYK挂钩办法的基础上进一步出台了市场开拓奖等专项考核办法。以成本倒逼为核心，严格核定和控制各单位成本标准。以矿山标准化改革和队伍结构调整为抓手，启动南方老矿山改革。加强对在役矿山和在建项目从经营成本、安全环保、资源储量等关键要素的论证。积极探索混合所有制改革，相继启动了风险抵押承包改革试点，对地矿延伸小微业务进行多元化改造，对重要项目积极吸引战略投资者。

坚持技术先进、成本领先、绿色安全、劳动生产率高和自动化、工厂化、集约化、规模化的硬标准，以建设与国际先进水平接轨的新型铀矿山为目标，加强探采协同、产研联动，打造了一批共性突出、便于复制的示范工程，如采用国际先进水平的三代铀矿开采技术的铀矿山——蒙其古尔项目一期工程提前一年竣工，成为新型铀矿山的样板和示范工程；巴彦乌拉、钱家店II块扩产及纳岭沟项目有序推进。

南方重点工程创新建设模式，落实项目经理、管理人员、劳务队伍、主要装备等“五锁定”，居隆庵项目最高月进尺达到207米，创出铀矿冶历史最高掘进记录；许家项目现场扩大试验全线贯通，实现稳定运行。

（二）抓资源落实，地质找矿实现新突破

2014年，中核集团地矿事业部全年

施工钻孔 1247 个，发现工业孔 347 个，在伊犁盆地南缘、巴音戈壁、二连、鄂尔多斯、吐哈等区域勘查成果突出，超额完成了年度目标任务。

以重点产能项目资源落实为重点，聚焦“十二五”重点工程实施详查和勘探，加强探采紧密协同，纳岭沟矿床、巴彦乌拉矿床首采区及外围资源量明显扩大，为扩大产能创造了条件。

立足中长期可持续发展，加强新区探索，圈定铀矿远景区 42 片，预测并优选铀矿找矿靶区 20 余片，经钻探查证揭露发现工业铀矿化，为后续勘查奠定了基础。此外，接替资源勘查成果突出，新增铀资源量大幅增加。

铀矿数字勘查进展顺利，完成原始数据采集、地质图件编绘等设计软件的十大功能模块的开发，建成了为铀矿地质找矿“量身打造”的数字铀矿勘查系统，走在了国内固体矿产勘查领域的前列。

(三)抓科技引领，研发攻关积极推进

地矿事业部全面梳理技术短板，突出“探、采、冶”协同攻关，“龙灿”示范工程和核心技术提升两个整装科技项目进入全面实施阶段。完成“铀矿大基地探采一体数字化矿山示范工程”建议书的编报。

第三代铀矿冶技术实现系统化、工程化应用。我国已成为继美国之后第二个掌握 CO_2+O_2 地浸技术的国家，突破了大埋深、多层矿、低品位砂岩的高效浸出技术，以及相关的设备、设施研制，实现了我国天然铀产业发展中的一次技术革命，开辟了绿色低碳、经济高效发展的新路子。蒙其古尔、钱家店等成为新技术应用的典范。同时，在纳岭沟等北方其他地区的应用取得新进展。“CO_2+O_2 原地浸出采铀工艺技术研究和工程应用”获得国家科技进步二等奖，“全国铀矿资源潜力评价技术体系与总量预测”获得中核集团科技进步一等奖和国防科技进步二等奖。全年申报发明专利 43 项，获发明专利授权 19 项。

二、中国广核集团有限公司

2014 年 2 月 24 日，纳米比亚湖山项目正式开始 爆破孔钻孔工作（矿山生产首钻）。首采区块位于 Z1 矿坑第 1 期开采区段，首采区范围长 70m、宽 50m，共设计钻孔 140 个，钻孔设计平均孔深为 8.55m，设计孔径 165mm，总穿孔计划进尺为 1196.6m。“穿孔—爆破—铲装—运输”是露天矿生产的四大关键工序，穿孔工作则是首道工序。因此，穿孔工作的启动，也标志着湖山项目采矿生产进入第一阶段。

3 月 12 日，湖山项目采矿生产首次爆破圆满成功。矿山生产爆破的顺利实施是采矿生产开始的重要里程碑节点。第一爆为采矿生产提供了第一批可供剥离的岩石量，随后将按照露天矿采矿生产工艺流程对爆破岩石进行铲装和运输作业，从而打通采矿生产的全流程。

5 月 8 日，湖山项目采矿生产正式开工。纳米比亚总统波汉巴、中国国家原子能机构副主任王毅韧、中国驻纳米比亚大使忻顺康、中广核董事长贺禹等出席了在湖山铀矿现场举办的开工仪式，并见证了重型采矿设备首次启动运行，标志着湖山铀矿正式进入采矿生产阶段。

7 月 15 日，湖山项目水冶厂现场安装工程正式开工。水冶厂浸出区 12 号及 13 号槽基础由中国水利水电第十一工程局有限公司顺利移交至由中广核工程有限公司和中国核工业二三建设有限公司组成的联合体。

8 月 31 日，湖山项目资源总量提升至 29.29 万吨 U_3O_8。斯科公司根据最新的独立第三方资源评估报告，湖山项目资源总量（包括探明、控制、推断级别）由此前公布的 28.60 万吨 U_3O_8 更新为 29.29 万吨 U_3O_8，增加了 6900 吨 U_3O_8，增幅达 2.4%。此外，该矿床邻近 Deep Yellow 公司的 Ongolo 等铀矿床，在未来存在联合开发、提升项目经济性的可能。

10 月 28 日，湖山项目首台浓密机桥架完成吊装。由中国核工业二三建设有限公司和中广核工程公司共同组建的联合体经过精心准备，顺利完成了湖山项目逆流洗涤区 2 号浓密机桥架吊装，比原计划提前 22 天。该里程碑标志着湖山项目首台浓密机主体结构安装完成。

桥架为浓密机耙架及其动力装置的承载结构，并提供安装和检修作业面，长约 40 米，重约 42 吨，采用 500 吨吊车进行吊装。桥架吊装前，需完成钢结构支撑、中心筒、径向梁、浓密机扇形板、筒体板等的安装。桥架吊装完成后，后续还要进行电机、耙架轴及布料系统等的安装。

11 月 18 日，湖山项目水冶厂首批 2 台淋洗塔完成吊装。水冶厂离子交换系统由吸附塔和淋洗塔构成，共有 9 个系列，每个系列由 1 台吸附塔和 1 台淋洗塔组成。淋洗塔直径约 3.3 米，高约 25 米，通过淋洗塔可以将饱和树脂中负载的铀转移到淋洗液中。后续将按项目整体进度计划，完成剩余 7 台淋洗塔的安装。

11 月 29 日，湖山项目破碎机首件设备吊装完成。破碎机位于初碎站 18.6 米楼面，高约 9.3 米，总重约 451 吨，由 5 个主要部件组成，每个组件重量超过 70 吨。破碎机的吊装就位，标志着初碎站正式由土建转入安装，对顺利推进湖山项目的建设具有重要的意义。

12 月 22 日，湖山铀矿提前完成 2014 年全年采矿生产任务。湖山项目 1 号坑首采段已负挖至 30 米，累计剥离废石约 615 万吨，提前完成年度剥离生产任务（613 万吨）。对实现“2015 年水冶厂热试前准备 100 万吨矿石”的采矿生产目标具有重要意义。

核燃料生产

一、中国核工业集团公司

（一）中国核燃料有限公司

中国核燃料有限公司坚持抓住主线，突出重点，全面完成 JYK 考核任务；坚持强化管理，深化改革，全面提升自主发展能力；坚持科学统筹，扎实推进，全面保障规划实施；坚持加强党建，建设队伍，全面推进改革发展。圆满完成了年度任务，取得了良好的经营发展业绩。

核燃料公司通过十大举措助力产业发展：分解落实指标，将全年的工作和经济指标分解到每一个人；多措并举，降低成本；全系统全年净减约800人，人员结构进一步优化；坚定不移做活做大市场；主动加压，力保增长；完善科技体系，加强技术研发，全年共获得国防科技进步奖13项、集团公司科技奖29项；完善制度，进一步规范管理；夯实基础，突出安全质量管理；适应发展，深化调整改革；落实规划，引领科学发展，编制完成《核燃料加工产能布局及建设规划（2016—2030年）》；强化党建和反腐倡廉工作。

核燃料公司积极落实2020年前国内新增的组件需求合同。完成国核示范核燃料长期采购供应框架协议谈判，签署钍基熔岩堆一体化销售合同商谈，完成三门核电除价格外其他合同条款的商谈；开展华能石岛湾高温气冷堆组件价格谈判和陆丰核电、海阳核电核燃料供应长期框架协议谈判。

成立核燃料公司科技工程中心，作为独立的非法人机构实体化运作。突出重点项目攻关，自主投入近5000万元开展专项研究。加快西部新锆能力建设，开展N36工业化加工制造研究，支撑元件国产化和核电“走出去”战略。

（二）中核建中核燃料元件有限公司

中核建中核燃料元件有限公司400吨核燃料元件扩建技改工程生产线于6月底正式投料批量生产，核燃料元件产能达到800吨金属铀，跻身世界前6名，可满足30个百万千瓦级压水堆核电机组换料要求。从技术上和产能上实现了新跨越。

公司坚持“安全第一、质量第一”原则和“三严格、三确保”工作方针，保质保量按期完成专项生产任务，核产品再创历史新高，全年生产燃料组件1400组，累计产量突破9000组大关。

公司参与了前沿技术和新型燃料元件研发，开展了集团公司重点科技CF系列专项研发工作，4组CF3先导组件研制成功，于7月10日顺利入堆考验；参与了“燃料元件不锈钢及镍基合金材料自主化”项目研究；获得了俄罗斯TVS-2M长周期高燃耗燃料组件的制造许可；实现了核燃料元件重要部件M5包壳管本土化生产。

（三）中核北方核燃料元件有限公司

中核北方核燃料元件有限公司按时保质保量完成了CANDU-6型重水堆核电燃料元件、AFA3G压水堆核电燃料组件、钴调节棒组件等10项核品生产任务，产品出厂合格率达100%。

公司承担了9项建设任务。我国首条AP1000核电燃料元件生产线，设备合格性鉴定和工艺开发扎实推进，完成了2套模拟组件的制造任务，取得了材料许可证。全球首条工业规模高温气冷堆核电燃料元件生产线建成。400吨（铀）化工干法转化生产线建成，填补了公司此项生产技术的空白。完成重水堆核电燃料元件生产线内外部环境改造，生产线面貌焕然一新。

公司承担了CAP1400核电燃料元件研制、AP1000核电燃料组件格架条带研究等涉及探索项目、集团公司“龙腾2020”等30余项科研课题的研究工作,7个课题通过年度验收。国家科技重大专项——AP1000核燃料制造技术通过国家验收。全年获得科技进步奖15项，其中获国防科技进步奖、内蒙古自治区科技进步奖、中国核能行业协会科技进步奖等省部级以上9项，集团公司级6项。申请技术专利35项。自主完成了重水堆核电燃料元件生产线的4套主要设备自动化改造，提升了设备自动化水平，节约了成本，锻炼了技术队伍。

二、中国广核集团有限公司

8月16日，2014年批次哈萨克斯坦核燃料芯块跨境铁路运输、进出口报关、车站换装等一系列工作顺利完成，并从中方边境起运至中核建中核燃料元件有限公司。此次哈芯块实施工作流程和模式新颖，进出口报关手续十分复杂。经过精心策划和严密组织，本次跨境铁路运输工作取得了圆满成功。这将有利于公司巩固和拓展在哈萨克斯坦的业务，对中哈两国企业进一步开展核燃料领域的合作具有重要意义。

12月14日，在中国国务院总理李克强、哈萨克斯坦总理马西莫夫的共同见证下，集团公司总经理张善明与哈萨克斯坦国家原子能工业公司董事长努尔兰·卡帕罗夫签署了关于扩大和深化核能领域互利合作的协议。

根据协议，双方将在铀资源开发、核燃料生产、和平利用原子能及通过中国和哈萨克斯坦领土过境运输铀产品方面开展战略合作。另外，根据协议，双方计划在哈萨克斯坦建立合资企业生产燃料组件，为中国核电事业的可持续发展及“走出去”提供燃料保障。

核能科研

国家重大科技专项

一、大型先进压水堆核电站

重大专项管理体系日趋完善并发挥重要作用。经过多年管理体系建设，到2014年底，压水堆专项管理办法和21个实施细则全部发布，管理体系在实践中形成并逐渐完善。规范的重大专项管理体系，在课题立项、实施和验收过程中发挥了重要作用。

重大专项实施进程过半，总体进展顺利。压水堆专项总体实施方案中确定课题95个，根据实施情况课题调整为110个，截至2014年底，已立项课题92个。

总体实施方案确定的实施时间为2008年到2020年，现已过去7年。对于重大专项来讲，时间过半，经费过半，任务过半。截至2014年底，应结题课题35个，实际结题27个，组织完成23个课题的预验收。在已完成预验收的课题中，16个课题通过了国家能源局组织的正式验收。

消化吸收课题已全部立项，消化吸收工作基本完成，除屏蔽主泵课题有延误外，其他课题进展顺利。在全部19个课题中，16个课题通过了预验收，其中10个课题通过了正式验收。

共性技术大部分课题已立项，并取得阶段性成果。在全部38个课题中，7个课题通过预验收，其中6个课题通过了正式验收。

CAP1400型号初步设计和初步安全分析报告通过国家审查，CAP1400示范工程具备正式开工建设的技术条件。

CAP1400试验验证研究完成，充分证实了CAP1400设计的先进性，有力地支持了CAP1400型号研发和安全审评。

二、高温气冷堆核电站示范项目

在国家有关部门的指导下，以工程建设为中心，安全规范、持续改进、科学高效推进高温气冷堆核电站重大专项，科研攻关和技术研发基本完成，设备制造取得突破，示范工程建设稳步推进，圆满完成了年度目标。

(一)科研攻关和技术研发基本完成

以华能集团为主的项目团队开展的科研攻关和技术研发工作主要有：主氦风机工程样机完成研制，已完成500小时高温运转考核试验；直流蒸汽发生器盘管组件完成装配，实验本体和换热单元试验台架完成搭建，实现蒸汽发生器制造工艺的重要突破；控制棒驱动机构完成热态试验验证，燃料装卸系统关键设备完成单体试验，验证了设计可行性和运行可靠性；燃料元件已完成长周期辐照试验，辐照指标达到世界领先水平；低压开关成套设备样机完成制造，基本性能试验、样机电磁兼容试验、样机抗震试验及最终性能试验完成；

运行燃料管理完成过程模拟和堆芯燃料管理分析方法研究。

中国核建高温气冷堆重大专项按计划顺利推进，完成两项科研项目的预验收。自主开发的三维协同设计平台已成为示范工程综合布置设计的重要工具；完成了典型系统的模块化设计方案，保障了示范工程顺利实施。目前，围绕高温气冷堆重大专项共计申请各类知识产权 47 项，其中专利 23 项、软件著作权 9 项、省部级工法 1 项。

(二) 关键设备获得重大突破

核岛、常规岛主设备制造合同及科研攻关合同全部签订，核岛主设备制造工作取得阶段性重要成果。其中，反应堆压力容器大锻件已全部制造完成，所有筒体卷制工作已完成，正在全面进行各组件之间的加工组焊工作；金属堆内构件各筒体已完成卷制工作，石墨堆内构件胚料全部制造完成；分布式控制系统 (DCS) 已完成机柜装配、集成，进入工厂测试阶段；保护系统工程样机通过质量鉴定和专家评审，基本完成板卡、机柜制造；全范围模拟机完成详细设计；燃料元件生产线完成设备安装和单体调试；设备和系统制造质量和进度总体受控。

(三) 土建安装按期推进

核岛、常规岛厂房土建施工图均已全部提交，核岛安装施工图已提交 67%，常规岛安装图基本提交，满足示范工程现场施工进度要求。

9 月 7 日，示范工程常规岛第一罐混凝土浇筑，并提前完成 0 米以下主体结构施工；12 月 26 日，示范工程反应堆主厂房 20.45m 楼板浇筑完成；12 月 29 日，示范工程核岛 1 号、2 号反应堆舱室屏蔽冷却水系统 D 模块完成吊装，屏蔽冷却水模块全部吊装完成。核岛、常规岛年度主要工程节点均按期完成，满足 2014 年年度工程目标计划和二级进度计划的要求。

核能科研开发成果

一、中国核工业集团公司

（一）“龙腾计划”顺利推进，成果丰硕

中核集团加强科技创新顶层设计，全面落实创新驱动发展战略，以“龙腾2020”科技创新计划为牵引，大力提升自主创新能力，取得了一系列科技成果。

1. “华龙一号”完成研究、设计和验证，通过了国家能源局和国家核安全局组织的评审以及国际原子能机构反应堆通用设计审查。“华龙一号”顺利完成初步设计，并取得了落户福清 5、6 号机组的“路条”。主体研发任务和试验验证完成，正式转入应用阶段，其国内示范工程正全力推进。核电工程设计软件自主化，核电厂 DCS 安全级平台样机开发取得了重要进展。

2. “龙原”工程示范快堆方案和主工艺设计完成。中国实验快堆实现连续满功率稳定运行 72 小时，主要工艺参数和安全性能指标达到设计要求，标志着我国全面掌握了快堆设计建造、调试运行的核心

技术，为后续快堆技术的发展、快堆的产业化应用以及基于快堆的核燃料循环技术发展打下坚实基础。

3. 先进核燃料元件 CF3 完成主要研制工作，进入随堆运行考验阶段。这是我国核燃料技术自主研发进程中的一个重要里程碑节点。CF3 具备优良的性能，可用于长周期换料。MOX 燃料芯块制备首次热试成功。

4. 第三代铀矿冶技术实现系统化、工程化应用，我国已成为继美国之后第二个掌握 CO_2+O_2 地浸技术的国家。突破了大埋深、多层矿、低品位砂岩的高效浸出技术，以及相关的设备、设施研制，实现了我国天然铀产业发展中一次深刻的技术革命，开辟了绿色低碳、经济高效发展的新路子。蒙其古尔、钱家店等成为新技术应用的典范。同时，在纳岭沟等北方其他地区的应用也取得了新进展。

5. 世界先进的 100MeV 质子回旋加速器首次调试出束，标志着国家重点工程——HI-13 串列加速器升级工程的关键试验设施正式建成。此次建成的 HI-13 串列加速器，是国际上最大的紧凑型强流质子回旋加速器。其研制成功，表明我国掌握了特大型超精密磁工艺、大功率高稳定度高频等一批核心技术，取得了一系列创新性成果。

6. 聚变研究持续推进，在加料技术、带状流物理研究等方面获得世界领先的成果。大功率辅助加热聚变工程关键技术研究开发和系统建造，取得阶段性成果。

7. 以超临界水冷堆、熔盐堆、铅铋合金冷却反应堆、新型核燃料元件为代表的中国核动力技术升级版，有关科研院所正协同配合，积极开展研究。2014 年 5 月由中国核动力研究设计院牵头，组织国内相关单位代表中国参加 GIF 超临界水冷堆系统指导委员会取得了实质性进展；10 月，核动力院和中科院上海应用物理研究所签订了 10MW 固体燃料钍基熔盐实验堆主体工程设计合同。

8. 2014 年，集团公司获国家科技进步二等奖 1 项、国防科技一等奖 1 项。中核集团公布的2014年度获奖单位及项目，共有 130 个项目获奖，其中，1 项获科学技术奖特等奖，“百万千瓦级核电站自主设计与技术创新”等 9 个项目获一等奖，“百万千瓦级核电站棒控棒位系统设备”等 40 个项目获二等奖，“核电站堆内构件振动监测系统研制”等 80 个项目获三等奖。中核集团获中国专利优秀奖 1 项，申请专利 1348 件，获专利授权 797 项。

（二）推进互联互通，信息化水平再登高

2014 年，中核集团完善信息化顶层设计，启动集团互联互通及商网建设，持续推动各单位信息化水平提高，完成集团 ERP 顶层设计，积极推动 ERP 试点，组织完成信息化三期及 JYK 等系统建设，在各方面取得了重要进展。

1. 完成了信息化顶层设计，明确了方向。瞄准“做优做强、国际一流”目标，坚决贯彻管理提升活动要求，完成了信息化改进提升总体建设方案。引进先进经验，“走出去”“请进来”，组织各成员单位主要领导参观先进单位，提高认识，交流经验。

2. 提升了整体水平，实现了年度登高目标。贯彻“两化深度融合”要求，完善信息化水平评价指标，开展成员单位信息化水平评价。结果显示，各单位信息化水平整体得到提高，实现了年度登高目标。

3. 完成了重点项目，推进互联互通。全面完成信息化建设三期工程。支持JYK、人力资源、科研项目、质量经验反馈等业务管理的信息化建设，提高了管理效率。启动了以集团公司商网建设和ERP及财务核算一体化建设为代表的集团公司互联互通相关工作。

4. 采取有效措施，确保了网络安全。制订集团信息安全管理规定，发布信息安全通报管理制度，建立和完善信息安全通报机制。完成商网信息安全总体设计，发布商网信息安全及国产化技术要求。与国家信息安全专业机构签订战略合作协议，加强协作。

贯彻两化融合，启动“十三五规划”。依据国家“两化深度融合”战略，立足集团公司现状和发展要求，以集团信息化水平进入央企先进行列为目标，组织开展协同设计、数字反应堆、数字矿山、智能化核燃料制造等为重点问题研究，对标先进，提出发展路径和思路，形成集团公司“十三五”信息化规划。

二、中国核工业建设集团公司

2014年，中国核建承担的压水堆核电站重大专项“AP1000核岛建造技术研究”课题顺利通过国家能源局组织的预验收，取得了新产品、新工艺60项，研究报告104项，获国内专利74项（其中发明专利31项）、计算机软件著作权8项。其中，“AP1000核电大型模块整体吊运技术”“AP1000反应堆冷却剂管道安装与焊接技术”“SC结构自密实混凝土浇筑技术”“AP1000核电站叠合式钢穹顶先进施工技术”等4项关键技术成果已申报国家科技部重大专项成果和产业化应用的典型案例。

2014年，中国核建获中国核能行业协会科学技术奖5项，中核华兴完成的“EPR核电站双层安全壳建造技术”获得一等奖，中国核建连续3年获得中国核能行业协会一等奖；中核二四和中核二二共同完成的“AP1000核电站屏蔽厂房穹顶及主体结构先进施工技术应用与研究”和中核二四申报的“高温气冷堆核电站示范工程筏板基础冬期施工工艺与应用”项目分获二等奖。此外，组织成员单位向中国电力企业联合会申报的电力行业企业管理创新成果，中核华兴获得一等奖1项、二等奖1项；4项管理创新成果入选“中电联电力行业企业管理创新经典案例库”，获得经典案例一等奖1项、三等奖3项。

同时，中国核建进一步完善科研和知识产权的激励机制，涌现了一批国内领先、行业影响重大的先进科技成果。2014年共申请专利199项，其中发明专利35项；获得专利授权159项，其中发明专利21项。申请计算机软件著作权登记81项，获得登记证书69项，数量和质量上都有了显著提升。

三、中国广核集团有限公司

2014年，中广核科研投入总额达23.5亿元，同比增长5.21%。科研投入总额占主营业务收入比重高于国家对企业要求的2.5%（国资委发布的中央企业“十二五”科技创新战略实施纲要）。

（一）核能科研进展及成果

1. 核电自主化方面

2014年，ACPR1000+与中核集团ACP1000技术进行融合，形成了具有自主知识产权的“华龙一号”，8月22日，“华龙一号”总体技术方案通过国家能源局和国家核安全局联合组织的专家评审，标志着该技术得到国家的正式认可，也标志着中广核自主三代百万千瓦级型号研发工作取得重大成就。12月9日，国家能源局批复同意防城港二期3、4号机组采用“华龙一号”技术开展厂址保护及相关论证工作。“华龙一号”成为中广核未来发展的重要技术品牌支撑。

自主研发的核安全级数字化控制保护系统（FirmSys，中文名“和睦系统”），是国内首个面向核电站的数字化和安全级控制系统平台，填补了国内核电数字化仪控行业的空白。其V&V体系通过权威机构德国TÜV Rheinland的评估评价，平台通过TÜV SUD功能安全SIL认证。该系统适用于CPR1000、ACPR1000、华龙一号、EPR和AP1000、HTR等各种堆型的核电站。

2014年，中广核对6项自主创新产品的转化进行了奖励，分别为百万千瓦级压水堆核电站棒控棒位系统、水泥固化线关键设备——双螺旋搅拌装置和自动取封盖装置、核电厂环境辐射在线监测系统、核事故应急辅助决策系统、控制设备可靠性及老化检测技术平台、人因工具卡和防人因失误系列课程。

2. 国家重大科技计划项目承接

中广核参与承担国家核电重大专项课题，国家能源局工程示范项目、产业化项目，科技部“973”计划、“863”计划、科技支撑计划，财政部重大技术创新与产业化项目等60余项，新增8项，争取国拨经费新增2亿元，在核电工程建设、运营维修，以及DCS等关键设备研制方面取得了重大成果，实现工程应用，进入工程样机测试与考验阶段。

3. 标准化建设

自2009年到2014年，中广核共承担了658项国家行业核电标准的制（修）订工作和研究课题，其中主编357项，当前正在进行的共326项，其中主编163项；2014年新争取97项标准制订工作，其中77项制（修）订标准、20项研究项目；与ASME开展标准合作，成立了第11卷中国国际用户组；与AFCEN开展RCC标准合作，成立了中国用户组。

4. 知识产权

2014年，中国广核集团“一种核电机组的事故监控系统及其监控方法”专利获得中国专利金奖，“核反应堆压力容器接管安全端焊缝检测设备”专利获得中国专利优秀奖。2014年全年，中国广核集团新申请专利519项（其中发明专利311项），累计申请专利1935项（其中发明专利1111项），当年新增专利授权323项（其中发明专利63项）；累计专利授权983项（其中发明专利287项）。

5. 科技成果奖励

2014年度，中广核共获得省(部)级科学技术奖励23项，其中，中国电力科技奖2项、中国核能行业协会科技奖16项，中国机械工业科学技术奖5项。中广核内部评选出集团科技进步奖24项、集团技术改进奖25项。

(二)政产学研合作

2014年,积极推动中广核与政府机构、科研机构、高等院校及相关企业开展科技合作与交流，领域更加广泛，内容更加深入，层次进一步提高。集团与中科院、中国工程物理研究院、中国电力科学研究院、清华大学、厦门大学、华北电力大学、上海交通大学、浙江大学、中山大学、沈鼓集团、上海电气、东方电气、四川瑞迪等科研院所及企业在新能源、材料、电力传输等技术研究，在联合实验室建设和核级设备研发等方面开展了深入的合作，取得了丰硕的成果。

（三）国际科技合作

2014年，中广核在核电站安全运行领域、核电站设计建设、反应堆工程研究、燃料及放射性废物研究、新堆型、核技术应用等领域积极开展了众多的国际交流与合作。主要合作单位包括国际原子能机构（IAEA）、世界经合组织（OECD）、法国原子能委员会（CEA）、世界核电运营者协会（WANO）、美国电力研究院（EPRI）、法国材料老化研究院（MAI）、美国机械工程师学会（ASME）、法国核电规范标准协会（AFCEN）等。

（四）国家能源研发中心

2014年中国广核集团继续打造国家级、集团级、成员公司三级研发平台体系，截至2014年底，已形成8个国家级研发中心和3个集团级研发中心，其中4个国家级研发中心已完成验收，分别为国家核电厂安全及可靠性工程技术研究中心、国家能源核电站核级设备研发中心（一期）、国家能源核电站数字化仪控系统研发中心（一期）和国家能源核电站寿命评价与管理研发中心（寿命管理部分）。

1. 国家能源核电工程建设技术研发(实验)中心

国家能源核电工程建设技术研发中心于2010年开始建设，截至2014年底，研发中心累计已完成投资6.57亿元，投资完成率102%。一期工程建设地址位于深圳市龙岗区大亚湾核电站基地LA办公区内，项目总建筑面积为15800平方米，到2013年底建设工作基本完成。研发中心下设6个专业实验室的建设已按计划进行，包括人因工程实验室、调试技术研究实验室、自动焊实验室、金属实验室、数字化仪控综合验证实验室、数字化核电工程虚拟仿真实验室与协作平台。基础设施二期工程位于深圳市龙岗区天安数码城，已于2013年底投入使用；6个主要实验

室平台总体建设已完成

2. 国家能源先进核燃料元件研发（实验）中心

国家能源先进核燃料元件研发（实验）中心于2010年开始建设，截至2014年底，累计已完成投资3.1亿元，投资完成率91%，已完成研发团队建设（94人）。完成了计算机软硬件建设、试验厂房及设施建设等研发中心一期建设任务。基本完成研发中心二期建设任务，包括燃料组件水力学实验装置、燃料组件整体水力学实验装置及相容性实验装置、燃料组件大型热工实验装置、燃料组件流场可视化实验装置部分、低温低压子通道实验装置；正在开展大型反力墙实验系统和地震模拟实验台建设。研发中心已建成的堆外性能试验平台，建有国际一流的试验设备和测量仪表，具备开展复杂的大型燃料组件堆外性能试验能力，可以为燃料组件堆外性能评价、核心软件研发等提供真实可靠的试验数据，同时也是国家开放实验研究平台，可以作为国内第三代、第四代核电站先进燃料组件研发实验平台，为自主核燃料研发提供坚实的条件保障。

3. 国家能源核电运营及寿命管理技术研发中心

已经建成电站金属材料寿命评估、在役检查、仪控板件老化、核电站结构安全分析、核岛主设备设计分析、辐射环境、电气绝缘老化和电站设备制造工艺评定等8个研发平台。采购实验设备100余台（套）。新增/改造实验室面积大于21000平方米，投入建设经费4.2亿元。目前，为了推动我国核电运营和寿命管理技术进步，国家能源局同意国家能源核电运营及寿命管理技术研发中心依托中广核核电运营有限公司和苏州热工研究院有限公司分别开展运营管理和寿命管理相关工作，其中中广核核电运营有限公司负责研发中心的总体管理，并承担与外部单位的接口工作。

4. 国家能源核电站核级设备研发中心

国家能源核电站核级设备研发中心于2009年开始建设。截至2014年底，研发中心建设累计已完成投资11.6亿元，投资完成率58%。核级设备湿热试验和杂质试验台项目已经完成LOCA鉴定试验室、杂质鉴定试验室的建设工作；核电站安全壳内不可接近设备研发和试验中心（一期）已完成建设并投入使用，已通过国家能源局验收；核电站安全壳内不可接近设备研发和试验中心二期正在建设中，预计2015年底完成建设。

5. 国家能源核电站数字化仪控系统研发中心

国家能源核电站数字化仪控系统研发中心于2009年开始建设，一期项目主要包括基础设施和4个核电站数字化仪控系统研发、验证平台。截至2014年底，累计投入1.5亿元，投资完成率为100%，已于2014年底通过国家能源局验收，并投入使用。研发中心已建设完成核安全级数字化仪控系统研发、验证平台，核电站数字化仪控系统研发、验证平台和电站计算机系统研发、验证平台。二期项目正在建设中。

6. 国家核电厂安全及可靠性工程技术研究中心

国家核电厂安全级可靠性工程技术研究中心建设已完成投资2500万元，完成焊接实验室、流体加速腐蚀（FAC）试验平台等所有实验室、检测平台的建设工作。2014年已通过科技部委托的第三方评估机构现场验收评估和科技部验收委员会综合评议验收并被正式命名，已全面完成了各项建设任务并实现了预期目标。近三年累计承担国家级、省部级等研发项目76项，承接横向项目268项，技术成果转化40项，产业化应用7项，示范工程6项，获批颁布的国家和行业标准102项，培训各类人员4732人次。新建和扩建实验室4个，新建实验台架2个，建设中试基地1个。依托中心自主研发的核电厂辐射环境监督性监测系统、蒸汽发生器（SG）水冲洗设备、核电厂换料设计独立验证等装备或技术已应用到集团多个基地核电厂。

7. 中广核综合热工水力与安全实验平台

中国广核集团以新能源研发（产业）基地为依托，以中国广核集团核电型号研发为牵引，积极开展“综合热工水力与安全实验平台”建设。中国广核集团综合实验室是中广核先进核能研发体系的重要组成部分，是中广核自主核电站、核燃料开发设计的实验研究平台，也是国家自主核电站开发的主要专门核电工程实验室之一，是中国广核集团开展核电研发技术合作的开放性平台和我国核电工程实验研究领域高级人才的培养和发展平台。该实验室计划投资6.12亿元，建设三大类16个实验装置项目，包括9个分离效应试验装置、4个整体效应试验装置和3个力学试验装置，预计2015年全部建成。截至2014年底，已完成投资4.8亿元，建成9个实验装置（大型水力学试验装置、整体水力学试验装置、堆芯捕集器试验装置、大型热工水力综合试验装置、堆芯熔融物堆内滞留(IVR)实验装置、二次侧非能动安全实验装置、低压自然循环实验装置、先进安注箱实验装置和非能动安全壳实验装置）；正在建设1个试验装置（大型力学实验装置），工程经费约0.4亿元。

四、中国电力投资集团公司

按照集团公司科技信息化规划的总体部署，紧密围绕核电项目建设和生产准备各项工作，开展核电专业科技研发工作。在核电科技研发工作中始终贯彻并坚持以下原则：一是坚持创新驱动、服务集团核电发展；二是坚持核电项目主体、协同创新；三是坚持对集团核电自主科技创新能力的培育和政策支持；四是统筹协调、坚持合作共赢。

2014年，集团核电板块科技项目共35个，包括小型堆开发可行性研究、核电经验反馈体系的建立及应用、核电培训与人员资格管理体系研究、AP1000防人因失误培训实验室开发与建设、海阳核电AP1000工程施工质量监督及验收标准、核电社会风险稳定评估关键问题研究、

AP1000核事故应急决策支持研究及应用等一批重点项目，科技活动经费支出总计2543万元。其中，AP1000施工管理标准化、小型堆法规标准适用性研究获得中国核能行业协会2014年度科学技术奖。

参与编制了《核电集团公司核电厂核事故应急场内快速救援队伍建设技术要求》《核电厂设备老化机理分析技术要求》《核电厂钢制安全壳老化管理指南》《汽轮机叶片用钢技术条件》等国家行业标准。积极参与审查相关国家/行业标准审查工作，参与包括《压水堆核电厂机械模块安装及验收技术规程》等20余项国家/行业标准审查并反馈意见。

坚持“统筹规划、依托项目、积极借鉴、逐步完善”的原则开展标准化工作。根据标准化工作计划，编制了核电板块标准化规划，对标准化工作进行了顶层设计；完成了60%的工程建设标准化产品编制工作，修订完善生产运行标准化产品体系表及产品清单，首批30份生产准备标准化产品已编制完成，产品内容和深度基本满足总体要求，对后续AP1000核电项目工程建设及生产准备具有一定的借鉴和指导作用；出版《核电前期技术要点》，内容涵盖了专题开展、成果编写、项目申报及现场工程实施等多个领域，涉及了技术、工程、经济、合同、国家审批制度等多个层次，为我国核电项目前期开发提供切实可行的参考依据，具有较高的指导性和创造性；完成国家核安全局《核电厂可行性研究阶段厂址安全分析技术规范》的审核，并提出具体修改意见和建议。

群众性科技活动广泛开展。集团公司举办了首批青年价值工作项目评选活动，山东核电公司推荐的“吕瑞飞AP1000设备分级管理法”被评选为集团公司首批青年价值工作项目。山东核电共有4项技术创新成果获得集团公司首届优秀职工技术创新成果评选活动的表彰。积极组织员工申报中国能源化学工会全国委员会及中国电力企业联合会的“全国电力职工技术成果奖”奖项，“提高蒸汽发生器传热管检查效率的改进措施”项目获得一等奖。在环保部举办的“核电大家谈”征文活动中，吉林核电公司报送的《发达国家内陆核电建设的启示》一文被评为三等奖。

五、国家核电技术有限公司

（一）核能科研开发

数字化反应堆保护系统NuPAC平台在美国完成了所有研发和摸底鉴定任务，完成了美国核管会核安全评审的技术对话，进入颁发安全评估报告的收尾阶段。

数字化核电站控制系统NuCON平台研制工作已进入收尾阶段，主要硬件卡件和系统级软件模块的开发工作均已完成。基于核岛18个系统、常规岛2个系统的标准化样机已于2014年8月份完成制造、组装和测试，并投入运行。

开展COSINE软件包内部测试版验证工作，经过一年时间的测试，本阶段的验证工作基本完成。COSINE软件包已经具备了实际工程计算能力，计算模型正确，计算结果保守、合理，工程验证版的开发工作基本完成。

AP1000 核级锆材课题通过国家能源局的正式验收。突破了铵盐废水蒸发结晶、挤压等 46 项核心技术，全面掌握了核级海绵锆、合金熔炼、坯料、带材、棒材、管材制造和返回料回收等技术，建立了完整的核级锆材制造生产体系，形成了我国核级锆材创新研发和制造技术平台。

（二）国家能源研发（实验）中心

1. 国家能源核电软件重点实验室

2014 年，重大专项核电软件课题进展情况良好，发布了 COSINE 软件工程验证版，核电软件自主化工作取得里程碑式进展。目前共申请专利 20 项，已获软著登记、技术秘密等研发成果共计 200 余项。通过召开学术年会，与 10 余家行业内企业、院所及高校广泛交流合作。同时注重国际合作，参与 OECD/NEA 国际合作项目，与 GRS 等国际企业及知名专家建立合作关系，逐步成为对标国际一流的核电软件研发、应用、人才培养和学术交流的创新平台。

2. 国家能源核级锆材研发中心

2014 年，核级锆材研发中心共申请发明专利 10 项，其中已授权 7 项；申请使用新型专利 11 项，已全部获得授权。实现 AP1000 核级锆材制造的国产化，具备了向三门、海阳依托工程提供国产锆材的能力，建立完整的核级锆材研发、生产、检测、质保体系，为后续新锆合金的开发奠定了基础。实现 E110 核级锆材的国产化，具备了向田湾核电站提供 VVER 燃料组件用 E110 国产化锆合金的能力。实现 PC 项目全流程的 Zr-4 合金材料国产化研制，并已持续稳定供货 50 吨。

核电工程设计、建造与管理

发展现状

截至2014年底，我国在建核电机组共26台，总装机容量为2861万千瓦，在建规模继续保持世界第一。2014年共完成核电工程建设投资569亿元，同比下降6.6%。其中，核电自主化依托项目——世界首批4台AP1000核电机组，在不断克服各种挑战中推进，首台机组——三门1号已进入系统移交和调试阶段。EPR项目——台山1号机组调试工作全面展开，2号机组开始主管道焊接。为适应核电发展的新形势，各核电工程公司积极推进专业化管理，多项目、多机组工程建设管理水平不断提升，工程总承包能力进一步增强。核电工程建设企业不断推进科技创新和管理创新，增强核电工程建设核心竞争力，确保了在建核电工程项目的安全与质量得到较好控制。

核电工程设计与管理

一、中国核工业集团公司

（一）“华龙一号”落地福清，型谱化核电产品基本成型

“华龙一号”先后顺利通过国家权威评审和国际原子能机构反应堆通用设计审查，于2014年11月3日取得了落户福清5、6号机组的“路条”。“华龙一号”主体研发任务和试验验证完成，正式转入应用阶段，其国内示范工程、海外首堆工程正全力向目标节点推进，研发队伍入选国防科技工业十大创新人物（团队）。模块化设计小堆ACP100完成初步设计，PSAR报告及PCS试验台架等主要试验验证。先进小堆ACP100+纳入集团“龙腾”计划，总体方案设计进展良好。ACP600完成概念设计并启动型号开发。ACP100S、ACP25S两型浮动核能供应装置总体技术方案获国家好评。至此，集团型谱化三代核电产品基本成型。

核电工程公司、核动力院还顺利通过了国家核安全局AP1000设计能力评估，掌握了AP1000设计手段和关键技术，具备开展AP1000项目自主化工程设计的能力。目标工程自主化设计进展总体良好。

（二）落实“四大控制”，首批总包项目陆续投产

以能力建设为重点，对标持续完善项目管理的体系机制，较好地落实进度、质量、成本、安全四大控制，保证了国内外项目建设按计划有序推进。国内首批总包的福清1号机组，方家山1、2号机组陆续并网发电。福清2号机组开始热试，3号机组完成核回路联合冲洗，4号机组完成穹顶吊装及常规岛汽水分离再热器吊装，5号机组设计、采购满足FCD要求。

海南1号机组启动热试，2号机组完成220kV主电源倒送电。田湾3号机组完成穹顶吊装和常规岛汽轮机运转层平台浇筑，4号机组完成支撑桁架下部埋件吊装。徐大堡1号机组具备FCD条件。启动漳州核电厂1—4号机组工程总承包工程前期工作。海外在建核电项目提前合同约定完成重要节点。ACP1000海外首堆项目合同生效，落实了项目管理的顶层设计，进度总体受控。

(三)抓体系，守底线，深入开展安全质量管理

以确保设施安全和工程安全为重点，扎实推进安全生产责任落实，努力完善安全质量监督管理体系，保证了安全质量工作受控。6家成员单位顺利通过安全生产标准化现场评审，核工程建设HSE工作经验交流和《核电工程建设HSE图册》推广有序开展，组织成员单位积极导入卓越绩效管理模式，保证了安全质量的平稳态势。

扎实推进与阿海珐集团反应堆及服务事业部在经营业绩、战略规划、组织机构、运行管理、人力资源管理、科研管理、核电项目管理、核电技术服务及核电设备制造与供货等领域的管理对标。逐步建立健全相关经营管理制度体系，具体工作取得了积极成效。

二、中国广核集团有限公司

（一）CPR1000技术路线

CPR1000是中广核在大亚湾核电工程建设的基础上，经过全面消化吸收而形成的比较成熟的二代加技术路线，已在广东岭澳核电站1—4号机组、辽宁红沿河核电站1—4号机组、福建宁德核电站1—4号机组、广东阳江核电站1—4号机组、广西防城港核电站1—2号机组上得到广泛应用。日本福岛核事故后，为满足在建电站安全改进要求，中广核结合福岛核事故经验反馈及NNSA要求，对所有在建CPR1000核电站提出了多项改进行动，重点加强了超设计基准事故的预防和缓解措施，进一步提高了在建机组的安全性。

（二）“华龙一号”技术路线

2014年8月，“华龙一号”总体技术方案正式通过权威评审并获得国家认可。

“华龙一号”凝聚了我国三代核电人的智慧和心血，实现了安全性和经济性的均衡、成熟性和先进性的统一，很好地继承和发扬了国内业已形成的工业基础、工程优势和运营经验，能够有效发挥我国现有高端装备制造的产能优势，批量化后设备国产化率能够达到90％以上，造价可与当前最具竞争力的俄罗斯AES系列媲美，与其他主流三代技术相比有明显优势。安全性方面，能够满足我国“十三五”及以后新建核电机组“从设计上实际消除大量放射性物质释放的可能性”的2020年远景目标。先进性方面，“华龙一号”按照世界最高安全要求和最新的技术标准进行设计，满足IAEA核动力厂设计的安全要求；参照并满足美国先进轻水堆核电厂用户要求文件（URD）和轻水堆核电厂欧

洲用户要求文件（EUR）的适用要求，充分考虑了福岛核事故后国内外经验反馈；采用能动与非能动相结合的安全设计理念，达到了三代核电技术的世界先进水平。“华龙一号”成功研发，使我国具备了在国内外市场竞争的技术和产品基础，成为打造新一轮发展优势的“核心动力引擎”。通过研发，获得376项专利和91项软件著作权，形成了完整的核电型号研发体系，打造了一支富有创新力的研发队伍，为可持续发展夯实了基础。

中广核计划在防城港二期、宁德二期中使用“华龙一号”技术建设核电站，施工设计正在有序开展，预计示范工程防城港二期项目2015年下半年开工。

（三）EPR技术路线

EPR技术路线作为中广核引进的三代核电技术，已经落地广东台山核电站一期项目，共建设两台单机容量为175万千瓦的核电机组。机组由中法联合设计、共同建造。截至2014年底，核岛土建、常规岛及BOP详细设计和供货基本完成，1号机组核岛主设备制造及安装基本完成。

在台山一期项目引进、消化、吸收EPR技术基础上，中广核以自主设计建造为原则推进台山二期项目工作。SDM1和D0图设计工作基本完成，设备设计完成约30%。

（四）AP1000技术路线

中广核原计划在咸宁核电工程采取一次规划、分期建设的方式建设4台百万千瓦级压水堆机组，工程拟采用AP1000技术方案。福岛事故后，咸宁项目暂停，陆丰项目一期工程成为福岛事故后中广核首个AP1000项目。陆丰项目已在全面实施过程中。中广核工程有限公司负责陆丰核电一期工程常规岛及BOP范围的工程总承包、参与核岛分包设计，并为业主工程管理提供相关支持。后续，中广核将在惠州、苍南按照AP1000技术建设核电站。

同时，中广核内部正在全面引进、消化、吸收AP1000各项技转资料，通过开展标准设计，并结合外部支持和咨询，争取全面形成AP1000的自主设计能力。

三、中国电力投资集团公司

2014年山东海阳核电一期工程84个里程碑节点已完成50个。1号CB20模块就位、核岛屏蔽厂房完工，辅助厂房封顶，波动管焊接完成，大宗材料安装完成约85%；1号常规岛完成汽轮机扣缸；1号机组367个移交包，已有212个移交调试。2号核岛压力容器吊装就位，屏蔽墙施工至18层，附属厂房、柴油发电机厂房封顶，压力容器顶盖到场；2号常规岛发电机穿转子完成，220kV倒送电完成；2号机组291个移交包，已有20个移交调试。SRTF厂房40个移交包，已有31个移交调试。

红沿河核电一期工程继续稳步推进，2号机组完成168小时示范运行，于2014年5月13日投入商业运行；3号机组完成热试、装料、首次临界、汽轮机首次冲转等重大里程碑；4号机组完成冷试。

彭泽核电项目主要进行厂址保护工

作，持续开展 AP1000 核电工程建设标准化管理体系建设。

四、国家核电技术有限公司

2014 年，国家核电技术有限公司认真贯彻国家三代核电自主化战略部署，三条工作主线取得重要进展，依托项目建设持续攻坚克难稳步推进，CAP1400 施工设计和示范工程前期工作有序开展，技术引进与国产化工作成效明显。

AP1000 依托项目建设总体可控，至 2014 年 9 月底，影响现场施工的工程设计基本完成，设计基本固化，除主泵和爆破阀外，依托项目两个 1 号机组主设备基本安装就位，核岛土建主体机构完成，大宗材料安装分别完成 90% 和 82% 以上，实现了三门 1 号穹顶完成、主控室可用，海阳 1 号穹顶完成，三门 2 号压力容器到场，海阳 2 号压力容器到场、倒送电完成等 6 个关键里程碑节点。三门 1 号机组和海阳 1 号机组核岛大宗材料现场正处于安装和移交包移交的高峰期，即将进入冷试前的攻坚阶段。依托项目工程建设已不存在大的制约性因素，总体可控。首台机组计划于 2015 年冷试和 2016 年第四季度并网发电。

由国家核电所属的上海核工程研究设计院和国核工程有限公司组成的国核联队承担，CAP1400 示范工程、三门二期、海阳二期和陆丰一期核电项目的总承包工作继续深入开展。

国家核电在已完成的国产化 AP1000 标准设计工作的基础上，积极开展国内外 AP1000 建设的经验反馈工作，持续优化设计方案，及时总结项目建设、施工数据和管理经验。

大型压水堆重大专项 CAP1400 示范工程初步安全分析报告和可行性研究报告，分别通过国家核安全局和国家能源局组织的审评。其中，初步安全分析报告的审评工作历时 17 个月，是我国核电发展史上范围最广和程度最深的一次。直接参与审评的专家学者超过 260 多人，经 30 多次的对话，共计提出 5300 余个问题。审评结果认为 CAP1400 满足国际国内最新安全标准，满足我国“十三五”新建核电厂的安全要求。

示范工程前期准备工作有序开展，核岛施工设计工作完成率超过 70%，常规岛的施工设计工作完成率超过 60%，可以满足开工后连续施工的需求；“五通一平”已经完成；1 号核岛完成了钢筋绑扎和保护；1 号常规岛完成了负挖；过渡跨完成了钢筋绑扎和模板支护；2 号核岛、常规岛、循环水泵房等区域开始负挖；CR10、CVBH、CV1 环、CA20 等大型模块的现场拼装工作均已开始；国内首次研发的 3600 吨大型履带吊车完成组装；综合管廊、循环水管道、排洪暗涵等地下管网的施工按计划推进。

核电工程的建筑安装与管理

中国核建成立了集团公司核电工程标准化委员会，全年编制的核电标准中共有

113 份标准通过专家审查。集团公司级工程技术体系和信息技术应用标准体系搭建取得阶段性进展。

中国核建内部专业化整合步伐不断加快。整合核电检修业务和吊装运输业务，形成中核检修、中核机械等专业化公司。通过专业化整合，集中优势资源，进一步推动了集团公司产业链关键环节的能力提升。

核电工程平稳推进。2014 年所有在建核电工程，包括国内 26 台核电机组和巴基斯坦 2 台核电机组安全质量均处于受控状态。4 台核电机组实现穹顶吊装，7 台核电机组实现冷试，6 台核电机组实现热试，5 台核电机组顺利并网。

核设备制造

发展概况

在政府推动和工程建设的带动下，核电装备制造企业积极应对市场变化，加大技改和研发力度，努力完善核安全文化和质量保障体系，核电装备自主化水平和产品质量不断提高，较好地满足了在建核电工程建设的需要。AP1000设备国产化和高温气冷堆、CAP1400设备自主化研制工作取得重要进展，“华龙一号”设备自主研制也相继展开。

设备自主化研制生产

一、哈尔滨电气集团公司

（一）主要核电设备生产情况

哈电集团2004年开始核电装备的大规模建设，装备制造能力建设投资40.5亿元，建成秦皇岛的核岛主设备生产、哈南新城的泵阀生产、哈尔滨三大动力的常规岛主设备生产及佳木斯的K类电机生产等四大基地；具备蒸汽发生器、稳压器、核主泵及电机、主氦风机、非能动余排、堆芯补水箱、安注箱、K类电机等核岛主设备及常规岛主设备供货能力。

1. 三门3号蒸汽发生器于2014年5月制造完成。哈电集团通过三门3号项目蒸汽发生器的制造，已经完全掌握了AP1000蒸汽发生器的制造技术，通过工艺固化保证了产品质量。同时通过承制核电产品生产实践过程中所积累的丰富经验，形成了一套较为成熟的项目管理经验，从而为按期交货提供了保证。C4蒸汽发生器于2014年6月28日完成制造。此项目是对哈电集团制造能力的验证与展示，为K2、K3项目蒸汽发生器的顺利完工奠定了坚实的基础。阳江5号三台蒸汽发生器均已进入总装阶段，整体制造进展顺利，是哈电重装公司承制的首台ACPR1000技术蒸汽发生器。

2. 三门1、2号，海阳1、2号，昌江1、2号项目汽轮发电机组完成交货，进入现场安装调试阶段。哈电集团通过对AP1000技术进行消化吸收再创新，已经掌握了大型半速核电汽轮机组的设计、制造技术，具备了设计大型核电汽轮机组的能力，摆脱了对国外技术的依赖。

3.C3、C4核主泵已进入全流量试验阶段，此项目是国内首台自主设计、自主制造的核主泵泵组，哈电集团也是目前国内唯一具备300MW机组核主泵设计、制造能力的企业。福清5、6号及K2、K3核主泵已签订泵壳、泵盖分包合同。此项目是哈电集团与奥地利安德里茨公司合作，引进轴封式核主泵设计、制造技术，以福清1-4号，方家山1、2号项目为依托，通过对主泵技术的消化、吸收、再创新，实现了1000MW等级轴封式核主泵100%国产化。轴封式核主泵技术为完全非受限技术，为核电装备走出去提供了保证。AP1000核主泵项目的定子铁芯已完成浸漆，转子已完成初装配，飞轮模拟件制造完成，通过与美国EMD公司合作，目前已基本掌握了屏蔽电机的全套技术，具备了自行设计、制造屏蔽电机的能力。哈电集团还参与国家重大专项示范工程CAP1400核主泵屏蔽电机的研制工作，关键材料已全部实现国产化，已完成定子、转子铁芯装配，正在执行飞轮原材料采购合同，样机制造取得阶段性进展。

（二）核设备技术提升情况

哈电集团以三代核电项目为依托，通过技术引进并进行消化吸收再创新，在三代核电核岛及常规岛主设备的设计、制造方面取得了一定的业绩，技术水平上了一个新的台阶。

针对三门3号机组蒸汽发生器，哈电集团开展公司级科研和试验共计126项，并完成3项国家科技重大专项科研和3项省市级科研项目，取得29项实用新型专利证书，13项发明专利获得受理并进入实质性审查阶段。通过工艺开发，公司先后攻克了管板堆焊、管板深孔加工、U型换热管管端焊、安全端焊接和换热管Ding的预防等重大关键技术。课题研究和技术攻关均走在国产化的最前端。

哈电集团正在承担AP1000屏蔽泵电机的制造任务，通过与美国EMD公司的合作，目前已基本掌握AP1000屏蔽泵电机的全套技术，具备了自行设计、制造屏蔽式核主泵电机的能力，并可自行研究处理技术问题。哈电集团还参与国家重大科技专项CAP1400屏蔽式主泵电机研制工作，在原有AP1000技术的基础上自主研发新型屏蔽泵电机，目前关键材料已全部实现国产化，样机制造取得阶段性进展。

哈电集团与日本三菱公司联合中标三门1、2号，海阳1、2号机组的汽轮发电机组。以项目为依托，通过对引进技术进行消化、吸收、再创新，目前已经掌握了大型半速核电汽轮机组的设计、制造技术，具备了设计大型核电汽轮机组的能力，摆脱了对国外技术的依赖。同时以田湾3、4号项目为依托，在AP1000技术的基础上进行汽轮发电机组的国产化工作，设计自主化率和制造国产化率达到100%。哈电集团积极参与CAP1400汽轮发电机组的研制工作，已完成CAP1400汽轮发电机组的方案设计及1800mm长叶片的研制并通过专家评审，具有完全自主知识产权。

二、中国东方电气集团公司

（一）主要核设备制造企业概况

1. 东方汽轮机有限公司（简称东方汽轮机）

东方汽轮机是我国从事电站动力设备和新能源领域开发与制造的国有大型骨干企业之一，主要制造核岛控制棒驱动机构及常规岛汽轮机。

2. 东方电机有限公司（简称东方电机）

东方电机是国内发电设备制造大型骨干企业之一，主要从事水轮发电机组、热能发电机（燃煤、燃气、核能）、风力发电机（组）、交（直）流电机、电站控制系统及军工产品的研发、设计、制造和服务，主要制造常规岛发电机及核电主泵电机等。

3. 东方电气（广州）重型机器有限公司（简称东方重机）

东方重机是我国大型核承压设备国产化的专业制造基地之一，主要生产核电反应堆压力容器、蒸汽发生器、汽水分离再热器、非能动余热排出热交换器、稳压器等核电站核岛及常规岛主设备。

4. 东方锅炉股份有限公司(简称东方锅炉)

东方锅炉是我国大型发电设备制造和出口基地之一,主要制造核电核岛稳压器、硼注箱、安注箱、重型支撑、堆顶结构等设备。

5. 东方阿海珐核泵有限责任公司(简称东方阿海珐)

东方阿海珐是东方电气股份有限公司与法国阿海珐集团（AREVA GROUP）下属的热蒙股份有限公司（JSPM）共同出资组建的合资公司，主要从事核电站反应堆冷却剂泵及其驱动电机的设计、制造、检测、试验、销售及售后服务业务，并向核电站提供备品、备件。

6. 东方电气（武汉）核设备有限公司(简称东方武核)

东方武核是民用核电堆内构件设备制造商，主要制造核电站等各种用途反应堆堆内构件、各种容器设备等。

2014 年，东方电气产出 1 台压力容器、3 台蒸汽发生器、4 台稳压器、1 套堆内构件、1 台汽轮机、2 台发电机、4 台汽水分离再热器等核电设备，已成为批量化生产二代加和三代核电机组成套设备的企业。

（二）核设备制造能力、业绩

设备制造能力表

	设备名称	年产能（台）
核岛设备	反应堆压力容器 RPV	4-6
	蒸汽发生器 SG	12-18
	堆内构件 RVI	4
	控制棒驱动机构 CRDM	4-6
	一回路主泵 RCP	12-18
	稳压器 PRZ	6-8
	余排 PRHR	6-8
常规岛设备	汽轮发电机组 TG Package	6-8

东方电气核电业绩表

堆型	出力范围	投运机组	东方电气供货
二代加	1000MW	岭澳二期 2台	• 核岛主设备：2号机组蒸汽发生器、反应堆压力容器、反应堆主冷却剂泵；1号、2号机组稳压器、安注箱、硼注箱、重型支撑等。 • 常规岛：1号、2号机组汽轮发电机组。
		红沿河一期 3台	• 核岛主设备：2号、3号机组蒸汽发生器、反应堆压力容器；1号、2号、3号机组反应堆主冷却剂泵、重型支撑；1号、2号机组稳压器、安注箱、硼注箱等。 • 常规岛：1号、2号、3号机组汽轮发电机组。
		宁德一期 3台	• 核岛主设备：1号机组蒸汽发生器、反应堆压力容器；1号、2号机组稳压器；1号、2号、3号机组反应堆主冷却剂泵、安注箱、硼注箱、重型支撑等。 • 常规岛：1号、2号、3号机组汽轮发电机组。
		阳江2台	• 核岛主设备：1号机组蒸汽发生器、反应堆主冷却剂泵；1号、2号机组主泵、稳压器、安注箱、硼注箱、重型支撑等。
		福清一期 1台	• 核岛主设备：1号机组蒸汽发生器、重型支撑等。 • 常规岛：1号机组汽轮发电机组。
		方家山2台	• 常规岛：1号、2号机组汽轮发电机组。
共计		13台	11台汽轮发电机组和11台套核岛主设备由东方电气供货。

（三）核能科研项目进展情况

东方电气承担的国家重大科技专项大型先进压水堆的各项研发工作按计划稳步推进。

1. 核岛部分

2014年，东方电气签订了“CAP1400蒸汽发生器研制”“CAP1400控制棒驱动机构制造技术研究”“CAP1400堆内构件制造技术研究”等专题合同，研究工作按照合同计划进度有序推进。

2. 常规岛部分

2014年，东方电气完成了国家重大科技专项CAP+核电站大型半速饱和蒸汽汽轮机技术方案及关键共性技术研究子课题预验收工作；完成了大型汽轮发电机、MSR、高低加等专题的预验收工作；共性技术研究课题通过了国家核电技术有限公司组织的验收。CAP1400常规岛关键设备自主设计和制造课题子课题一“CAP1400半速饱和蒸汽汽轮机研制”、子课题二“CAP1400半速汽轮发电机研制”等20个专题的研究按合同计划有序推进。国家核电对课题进行了中期检查评估。

东方电气承担的CAP1400和福清5号、6号（“华龙一号”）汽轮发电机组的自主设计、制造工作，以及CAP1400和福清5号、6号蒸汽发生器的制造工作进展顺利。由东方电气自主制造的首台堆内构件（防城港一期）于12月8日发运，这标志着东方电气核岛设备制造能力全面形成。

三、上海电气（集团）总公司

（一）核设备制造能力及业绩

上海电气核电产业涵盖核岛的压力容器、蒸汽发生器、稳压器、堆内构件、控制棒驱动机构、主泵到核二三级容器和装卸料机，常规岛的汽轮机、汽轮发电机等关键设备以及大型铸锻件、仪控仪表和主要辅机等设备制造与供货。

上海电气的核电产品几乎覆盖了国内的所有核电站。在已投运的核电站中，包括秦山一期、二期、二期扩建，巴基斯坦恰希玛1、2号，大亚湾，岭澳一、二期，宁德，红沿河，阳江，方家山，福清等。在在建的核电工程中，包括巴基斯坦恰希玛三、四号，昌江，防城港等二代加核电项目；三门，海阳等三代AP1000项目和台山三代EPR项目；以及高温气冷堆示范工程等。

上海电气建有临港和闵行两大核电制造专业化基地。临港基地是新建的特大、特重、超限的装备制造基地，聚焦核岛和常规岛组主设备的制造，一期工程于2008年投产，二期扩能工程于2011年完工。这使上海电气的核电关键设备的制造满足年产10套堆内构件和控制棒驱动机构、6套压力容器和蒸汽发生器、8台核电主泵、50台（套）核二三级泵、6套常规岛半速汽轮发电机机组的能力。

闵行基地以满足超大、超重、高技术发展的大型铸锻件需求为主，能提供最大铸锻件钢锭600吨、最大铸件450吨、最大锻件350吨，实现年产1000MW级核岛容器类重型设备（压力容器、蒸发器、稳压器和主管道）的配套锻件6套和1000MW反应堆堆内构件锻件10套的目标。

适用于整个组织和所有雇员的核电质量保证体系在上海电气涉核企业中被严格实施，以确保所有活动符合相关的和具体的质量保证监管要求。上海电器通过持续改进质量管理体系的有效性，致力于核电产业发展目标的实现。

（二）核设备研发情况

通过科研攻关和产品开发，上海电气的核电制造技术能力在近几年的批量供货的成功实践中得到了初步验证。AP1000核岛关键设备制造技术已全面掌握，包括压力容器、蒸汽发生器、堆内构件、控制棒驱动机构、稳压器，以及安注箱、装卸料机等主设备或关键设备均已实现了产品制造，为AP1000依托项目的早日竣工提供了支持。

为了能适应未来市场需求，上海电气

又聚焦大型先进压水堆科技和高温气冷堆技术，同时又积极参与快堆和钍基融盐堆等堆型的前期研发。以国家重大科技专项及先进核能系统研发项目为抓手，以项目为导向（高温气冷堆项目的压力容器、堆内构件、控制棒驱动系统、主氦风机、汽轮机、仪表及主控盘台等；CAP1400 项目的蒸汽发生器、堆内构件、控制棒驱动机构、主泵和稳压器等），以技术瓶颈为突破口，设置了7个科研课题共58个子项，加大加快新技术的开发。2014 年，重大专项部分课题通过了相应部委的验收。

在常规岛方面，通过专项攻关，已拥有三种转子（整体转子、焊接转子和红套转子）制造技术，其中焊接转子和 1710 毫米长的叶片技术已在出口项目（巴基斯坦卡拉奇 K2、K3）中应用。1905 毫米长叶片技术也在开发中。

四、中国第二重型机械集团公司

（一）设备制造能力及产出

中国二重是我国最先成功研制核电用钢的企业，国内第一支 1100MW 核电半速转子、第一套核电汽缸均出自中国二重。核电铸锻件是中国二重重点发展的长线主导产品。随着时间的推移，市场占有份额不断提高，主要涉及核岛设备铸锻件、常规岛设备铸锻件两大类，包括反应堆压力容器、稳压器、蒸汽发生器大型核级铸锻件，以及主管道、堆芯补水箱、RPV 重型支撑设备等。同时，作为最早成功研制 AP1000 主管道并投入商业应用的企业，中国二重 2014 年核电产品业绩不俗，先后完成了东方 CAP1400 1 号机组稳压器锻件，上核三门 3 号、4 号 RPV 主锻件，西核福清 6 号稳压器锻件，东方福清 5 号蒸汽发生器锻件，海阳 3 号主管道和波动管等核电铸锻件和设备。

国内首支 CAP1400 核电常规岛半速转子、上核三门 AP1000 蒸汽发生器整锻工艺水室封头的成功研制标志着中国二重核电产品研制再次取得突破性进展，对解决国家重大技术装备急需、提升核岛关键设备国产化率具有重要意义。

（二）产品科研开发情况

为持续提升高端、极限装备制造能力，中国二重实施了国际一流铸锻钢基地及大型铸锻件国产化技术改造。通过三门、海阳、徐大堡、咸宁核电站等项目和 CAP1400 示范工程、“华龙一号”等国家重点核电项目的设备和大型铸锻件供货，从冶炼、锻造、热处理、机加工、理化检验、无损检测等方面完成了大量的评定、试验和研制工作，取得了突破性的进展，形成了二重自主知识产权和专有技术，具备关键锻件批量化、稳定化制造能力，制造技术水平处于国内同行业领先水平。

1. 通过超纯净钢冶炼和浇注技术研究，中国二重已掌握超纯净钢冶炼技术，有效改善大型钢锭凝固偏析铸锭技术，并成功应用于核电锻件的制造，为核电优质锻件的制造创造了良好条件。

2. 针对核电大锻件形状复杂的特点，有针对性地开展了整锻一体化接管段、顶盖、水室封头、椭圆封头、带直边锥形筒体、多接管稳压器封头等异型锻件成形技术研究。

3. 在国际上率先掌握了大型超低碳控氮 316 LN 不锈钢冶炼、锻造、弯曲成形、机械加工等 AP1000 主管道制造技术。

4. 完成 650 吨级超大型钢锭的冶炼和浇注技术研究课题。

此外，围绕国家产业战略，紧扣产品调整方向，中国二重立足于自主创新，加大科研投入，为核电产品、新市场的开发提供强有力的支撑。2014 年，二重实施了“AP1000 反应堆压力容器及稳压器设计研究”“CAP1400 堆芯补水箱”“CAP1400 主管道热锻研制”等科研课题 12 项，承担“中国先进核电标准体系研究—核岛设备专题子专题 2”“核电大型复杂管件关键制造工艺及应用研究”“蒸汽发生器长直段锥形筒体研制”等 3 项国家课题，承担四川省战略性新兴产品计划项目“百万千瓦级核电大型成套铸锻件研发及产业化”等科研项目。

核安全监管和核事故应急

核安全监管

2014年，我国民用核设施的运行安全和建造质量均处于良好状态，运行核电厂、研究堆、核燃料循环设施、放射性废物贮存和处理处置设施以及放射性物品运输活动均未发生国际核事件分级表（INES）2级及2级以上的安全事件或事故，核设施的运行事件和建造事件得到了妥善处理。

2014年，全国辐射环境质量总体良好。环境电离辐射水平处于本底涨落范围内，核设施、核技术利用项目周围环境电离辐射水平总体无明显变化。

一、能力建设

国家核与辐射安全监管技术研发基地建设取得阶段性重要成果。基地整体项目建议书获得国家发展和改革委员会批准，批复总建筑面积为92957m^2，基本建设投资为74886万元；土地使用权获得北京市国土局批准，一次性整体获得3块建设用地共218亩。

加强监测能力建设工作，开展国控网自动站建设，完善运行维护与监测质量管理，完成全国辐射环境监测数据汇总及发布系统最终验收；统筹推进核电厂监督性监测系统建设，完成审批与验收；提升监测队伍能力，组织开展各省监测质量考核与应急监测项目技能比武，并加强持证上岗考核。

推动核电集团核电厂核事故应急支援队伍和力量建设，落实五大核电集团间相互支援合作机制和各邻近核电厂就近相互支援机制，指导中核集团依托浙江秦山核电基地组建核应急支援队，指导中广核集团依托广东大亚湾核电基地组建核应急支援队；提高省级辐射事故应急能力，创新机制指导陕西等6个省级环境保护部门举行辐射事故应急演习，强化应急经验交流。

二、强化监管

不断改进监管方式和手段，强化日常监管，推动监管工作标准化、规范化；及时发现和妥善处理核与辐射安全问题，高效应对江苏省南京市丢失Ⅱ类放射源重大辐射事故，圆满完成亚太经济合作组织（APEC）会议期间核与辐射安全应急安保备勤任务，推动了我国核与辐射安全水平的进一步提高。

针对2013年核与辐射安全大检查发现的问题倒排时间表，落实责任；督促全面落实福岛后安全改进要求，形成福岛改进行动落实情况报告；推动核电厂经验反馈体系取得重大进展，进一步提升了我国核电厂经验反馈能力；创新设计核电厂调试监管模式，做好AP1000、EPR等核电厂的调试监管准备；加强自主化设计核电厂的审评工作，探索核电厂标准审评模式；加强政策研究，不断完善监管技术文件体系。

协调解决四〇四厂能动断层问题，研究核燃料循环设施分类原则和基本安全要求；推动历史遗留放射性废物的处理处置，促进“两厂三院”核设施退役与放射性废物治理总体规划落实；强化全国核基地与核设施辐射环境现状调查与评价项目管理，重点项目取得重要成果；完成放射源安全专项检查，提升移动 γ 射线探伤装置安全水平，推动废旧放射源再利用；开展矿产资源开发利用辐射环境安全调研；规范输变电工程环评管理。

依法从严核安全设备监管，完善法律法规，从严许可审批，严肃处理违法违规事件，开展核电工程公司采购、监造活动专项检查以及核安全设备安装单位专项检查。

积极探索优化人员资质管理机制，提出新建核动力厂可以通过挂职方式委托运行核动力厂培养操纵人员，以及核技术利用单位注册核安全工程师执业资格关键岗位和最少在岗人数要求。

探索建立核与辐射安全公众沟通体系，推动建立健全科普宣传、信息公开、公众参与、舆情应对“四位一体”的公众沟通工作机制；总结推广徐大堡核电厂公众沟通经验，组织各拟建核电项目积极开展公众沟通工作，保障公众的知情权、参与权和监督权，稳妥推进拟建核电项目的审批工作。

三、核安全文化建设

落实习近平主席“理性、协调、并进”的中国核安全观，组织行业内专家充分研究论证，与国际研究成果接轨，充分考虑我国实践，编制了我国的《核安全文化政策声明》，并与国家能源局、国家国防科技工业局联合发布，表明了我国政府积极倡导核安全文化的态度，为全行业培育和发展核安全文化提供了指南。这是我国政府关于核安全文化的首个政策声明，也使我国成为了世界第二个发布核安全文化政策声明的国家。

组织开展核安全文化宣贯推进专项行动。以全体持证单位和所有骨干人员“两个全覆盖”、隐瞒虚报和违规操作行为“两个零容忍”的目标组织实施，提高从业人员的忧患意识、诚信意识、责任意识、敬畏意识、守法意识。核安全文化宣贯推进专项行动于 2014 年 8 月启动，将持续至 2015 年 8 月。

组织开展中国核与辐射安全监管三十年系列活动，出版《中国核与辐射安全监管三十年（1984—2014）》，编制《中国核与辐射安全监管三十年征文集》，制作核与辐射安全监管主题宣传片，组织中国核与辐射安全监管三十年经验座谈会，并开展一系列技术交流研讨活动。活动全面总结了 30 年来核与辐射安全监管取得的成绩、作出的贡献和形成的经验，增进了社会公众、国际同行对我国核与辐射安全监管工作的了解，彰显了核大国核安全监管机构的积极形象。

四、政策与法规

2014年，环境保护部（国家核安全局）加快推进《核安全法》立法，开展了立法专题研究和草案编制，立法进度取得突破性进展；大力推进核与辐射安全监管体制改革，调整、下放、整合了一批行政许可，优化加强了核与辐射安全监管行政审批事项；全面总结了30年核安全监管的基本经验，形成一批理论创新成果；深入开展《核安全与放射性污染防治“十二五”规划及2020年远景目标》中期评估，推动规划落实；强化沟通协调，做好核安全科研顶层设计；初步形成核与辐射安全标准体系，首个核电行业标准通过核安全认可，按进度推进法规标准制修订。

（一）核安全立法

积极协助全国人大开展《核安全法》立法调研，组织赴国际原子能机构和法国开展立法交流，邀请国际原子能机构专家来华进行专题研讨；加快《核安全法》立法进程，提请审议时间提前至2016年；提出涉核领域由3部法律共同组成的法规体系顶层设计方案；理顺核安全监管职能；编制立法辅助材料《核安全立法知识读本》。

（二）体制改革

研究形成并提交了《核安全监管体制改革研究报告》，有力推动生态文明体制与生态环保管理体制改革；理顺核安全监管职能，提出核安全监管存在的问题及解决建议；按照国务院统一部署，调整、下放、整合了一批行政许可，优化加强了核与辐射安全监管行政审批事项，无损检验人员资格许可和研究堆操纵人员资格审核调整为由环境保护部（国家核安全局）统一实施。

（三）核安全规划

联合国家发展和改革委、财政部、国家能源局、国家国防科技工业局对《核安全与放射性污染防治“十二五”规划及2020年远景目标》开展中期评估，编写完成中期评估报告。开展《核安全与放射性污染防治“十三五”规划》前期研究，针对“十三五”内陆核电厂核安全要求、核与辐射事故第三方责任险、核安全监管体制等12个方面组织开展专题研究，对“十三五”规划总体思路进行研究，还对核电厂、研究堆、核燃料循环设施等10个方面开展了分领域思路研究。

组织开展了核安全政策体系研究。

（四）核安全科研

开展核与辐射安全科研专项顶层设计，完成《核与辐射安全科研重大专项总体实施方案（初稿）》；研究建设核与辐射安全重点实验室与工程技术中心的方案；组织开展环保科技“十三五”规划核与辐射安全科技领域的专题研究。

（五）法规标准制修订

出版了《核与辐射安全法规汇编》，启动编制《核安全法规制修订五年规划（2015—2020）》；按计划召开4次核与辐射安全法规标准审查专家委员会会议，审议17项法规、标准、导则、技术文件，并开展2次标准认可；发布了核安全导则《放射性物品运输核与辐射安全分析报告书标准格式和内容》；建立了法规状态报告制度，按季度发布《法规状态报告》。

核与辐射安全标准体系初步形成，明确了标准与法规的关系，提出了标准体系的框架并形成了标准体系表。环境保护部（国家核安全局）对《实验室放射源使用和操作安全标准》《辐射环境监测技术规范》两项标准组织开题论证；对标准《电子直线加速器工业 CT 辐射安全技术规范》组织开展征求意见；对《低、中水平放射性固体废物近地表处置要求》和《铀地勘矿冶放射性废物安全管理技术要求》两项标准开展报批；开展能源行业核电标准认可工作，能源行业核电标准《压水堆核电厂工况分类》通过发文认可，陆续开展了《压水堆核电厂重要流体系统单一故障准则》等 10 项能源行业核电标准认可工作，对《核电厂运行辐射防护规定》等 19 项拟制修订的能源行业核电标准认可形成初步确认意见。

五、核材料管制和核设施实物保护

2014 年，环境保护部（国家核安全局）依据《中华人民共和国放射性污染防治法》《民用核设施安全监督管理条例》《核材料管制条例》等相关法律法规，履行对我国核设施核材料管制和实物保护的监督管理、技术审评、核材料许可证核准等工作职责。

（一）核材料许可证核准

对中核包头核燃料元件有限公司、海南核电有限公司、山东海阳核电有限公司和广西防城港核电有限公司的核材料许可证申请文件，以及国家原子能机构核材料管制办公室的评审意见进行了技术审核和现场检查，完成了核准程序。

（二）核设施实物保护审评和监督情况

组织开展了对广东大亚湾核电基地、田湾核电厂、中核建中核燃料元件有限公司和中国核动力研究设计院核材料管制和实物保护系统的监督检查工作；完成了三门核电厂 3、4 号机组，海阳核电厂 3、4 号机组，陆丰核电厂一期工程，红沿河核电厂 5、6 号机组和徐大堡核电厂 1、2 号机组的 PSAR 阶段实物保护审评；完成了海阳核电厂 1、2 号机组，防城港核电厂 1、2 号机组，宁德核电厂一期工程，红沿河核电厂 3、4 号机组和昌江核电厂 1、2 号机组的 FSAR 实物保护审评；完成了中核建中核燃料元件有限公司核燃料生产线扩建技改工程 FSAR 实物保护审评和红华二期工程 FSAR 实物保护审评；组织开展了阳江核电厂和红沿河核电厂实物保护系统升级改造审评；编制了核安全导则《核设施实物保护（征求意见稿）》。

六、民用核安全设备监管

（一）行政审批

2014 年，全年受理并立项审查的民用核安全设备许可证申请单位共 22 家，未受理或审查不合格的许可证申请单位 5 家。审查批准了 58 家单位的许可证申请，其中新取证单位 9 家、扩证单位 16 家、换证单位 33 家。同时完成了持证单位活动厂所和技术能力等方面变更申请的技术审查。截至2014年底，国内持有民用核安全设备设计、制造、安装和无损检验许可证的单位共计194家(其中有单位持有多证)，包括核安全机械设备持证单位139家、核安全电气设备持证单位48家、无损检验单位4家、安装单位13家。

2014年，全年受理并立项审查的进口民用核安全设备注册登记申请单位共55家，审查批准了90家单位的注册登记申请，无未受理或暂停审查的注册登记申请单位。截至2014年底，持有民用核安全设备设计、制造和无损检验注册登记确认书的单位共计255家（其中有单位持有多证），包括综合类注册登记单位6家、机械设备注册登记单位178家、电气设备注册登记单位67家、无损检验注册登记单位5家。

（二）进口设备安全检验

2014年，依法开展了进口民用核安全设备的安全检验工作。口岸报检方面，共审查了627批次进口设备口岸报检文件，其中机械401批次、电气226批次，审查放行583批次，退回44批次；开箱文件审查方面，共收到开箱报检文件594批次，其中机械394批次、电气200批次，审查放行569批次，退回25批次；参加开箱见证120批次。

（三）监督检查

2014年，依据监督检查大纲和工作计划，共对国内单位实施了41次综合性检查，对境外单位实施了2次综合性检查，对国内单位进行了26次专项检查。目前在国内和美国、俄罗斯共建立了9个驻厂监督办公室，长期派驻监督人员实施日常监督。通过监督检查，对发现的问题及时提出整改要求，对影响核安全的重大不符合项组织专家进行了审评和专项检查。总体上，2014年度民用核安全设备的设计、制造、安装和无损检验活动的质量基本处于受控状态。

（四）重要会议

2014年11月5日在北京组织召开全国民用核安全设备经验反馈大会暨核安全文化宣贯推进专项行动动员会。会议对未来核安全设备监管工作提出了“把握规律、坚持法治、准确定位、深化改革”的新要求，明确了进一步强化核安全设备监管工作的指导思想和工作思路。

七、辐射环境监测及管理

（一）辐射环境监测

大力推进全国辐射环境监测能力建设项目的实施，建立了国家、省和地市三级辐射环境监测队伍，初步建成了全国辐射环境监测网络体系，完成了全国辐射环境监测数据汇总及发布系统最终验收，并编制数据发布方案；统筹推进核电厂监督性监测系统的建设，完善相应建设规范，加强验收指导，使核电厂监督性监测系统的建设工作有序完成审批与验收；建立健全全国辐射环境监测工作绩效考核和辐射环境监测机构能力评估机制，组织全国省级辐射监测机构开展质量考核与技能比武；推动辐射环境监测管理规范化，进一步完善国控网运行维护与监测质量管理制度；

针对当前辐射监测工作的难点和弱点，编制了《关于进一步加强辐射监测工作的意见》，进一步指导省级环境保护部门做好辐射事故监测与应急工作。

联合国家发展和改革委员会等8个部门共同制订印发《关于开展饮用水放射性监测与应急处置工作的通知》；以浙江省为试点开展调查工作，并编制了《饮用水水源放射性水平试点调查方案》。

大力推动辐射环境监测系列培训教材的编制工作；完成了2014年全国辐射环境监测培训任务，实施综合培训和操作技能培训共35期，实际培训700人次。

（二）环境电离辐射

全国环境电离辐射水平处于本底涨落范围内。辐射环境自动监测站实时连续γ辐射空气吸收剂量率处于当地天然本底涨落范围内。气溶胶和沉降物中放射性核素活度浓度、空气中氚活度浓度与历年相比无明显变化。长江、黄河、珠江、松花江、淮河、海河、辽河、浙闽片河流、西南诸河、西北诸河、重点湖泊（水库）中天然放射性核素活度浓度与1983-1990年全国环境天然放射性水平调查结果处于同一水平；人工放射性核素活度浓度与历年相比无明显变化。监测的地下饮用水以及省会城市集中式饮用水源地水中的总α和总β活度浓度与历年相比无明显变化，低于《生活饮用水卫生标准》（GB 5749—2006）规定的放射性指标指导值。近岸海域海水中人工放射性核素锶-90和铯-137活度浓度与历年相比无明显变化，低于《海水水质标准》（GB 3097—1997）规定的限值；海洋生物中人工放射性核素锶-90和铯-137活度浓度与历年相比无明显变化。土壤中天然放射性核素活度浓度与1983—1990年全国环境天然放射性水平调查结果处于同一水平；人工放射性核素活度浓度与历年相比无明显变化。

1. 运行核电厂周围环境电离辐射：浙江秦山核电基地各核电厂、大亚湾（岭澳）核电厂、阳江核电厂、田湾核电厂、红沿河核电厂以及宁德核电厂周围各辐射环境自动监测站实时连续γ辐射空气吸收剂量率（未扣除宇宙射线响应值）处于当地天然本底涨落范围内，年均值分别为100.6nGy/h、124.0nGy/h、118.6nGy/h、98.0nGy/h、76.4nGy/h和98.1nGy/h。浙江秦山核电基地周围环境空气、降水、地表水、井水、部分海水及生物样品中氚活度浓度，以及大亚湾（岭澳）核电厂和田湾核电站排放口附近海域海水中氚活度浓度与核电厂运行前本底水平相比略有升高，但评估结果表明，对公众造成的辐射剂量远低于国家批准的相应限值；阳江核电厂、红沿河核电厂和宁德核电厂周围环境介质中氚活度浓度与核电厂运行前本底水平相比无明显变化；核电厂周围环境介质中除氚外的其他放射性核素活度浓度与历年相比无明显变化。

2. 民用研究堆周围环境电离辐射：清华大学核能与新能源技术研究院和深圳大学微堆等研究设施周围环境γ辐射空气吸收剂量率，以及气溶胶、沉降物、地表水、地下水和土壤中放射性核素活度浓度与历年相比无明显变化。中国原子能科学研究院和中国核动力研究设计院周围部分环境介质样品中检出微量的碘-131等人工放射性核素，但评估结果表明，对公众造成的辐射剂量远低于国家规定的相应限值。

3. 核燃料循环设施和废物处置设施周围环境电离辐射：中核兰州铀浓缩有限公司、中核陕西铀浓缩有限公司、中核北方核燃料元件有限公司、中核建中核燃料元件有限公司和中核四〇四有限公司等核燃料循环设施，以及西北低中放废物处置场、广东北龙低中放废物处置场和青海国营二二一厂放射性污染物填埋坑周围环境γ辐射空气吸收剂量率处于当地天然本底涨落范围内，环境介质中与上述企业活动相关的放射性核素活度浓度与历年相比无明显变化。

4. 铀矿冶设施周围环境电离辐射：铀矿冶设施周围辐射环境质量总体稳定。周围环境γ辐射空气吸收剂量率、空气中氡活度浓度、气溶胶总α活度浓度、地表水及矿周围饮用井水中总铀和镭-226浓度与历年处于同一水平。

八、核与辐射安全相关人员资质管理

（一）核与辐射安全监管人员资质管理

环境保护部（国家核安全局）根据《核与辐射安全监督检查人员证件管理办法》（中华人民共和国环境保护部令第24号），完成了省级辐射安全监督检查人员相关情况调查，开展了核与辐射安全监督检查人员证件颁发工作。

截至2014年底，共举办7期核安全初任业务培训班，共405人参加培训并取得结业证书，其中中央本级398人参训；共举办8期核电培训班（核与辐射安全中级培训），共257人参加培训并取得结业证书，其中中央本级251人参训。

为提高核与辐射安全监管人员知识水平和管理水平，提升人才队伍素质，自2005年起在清华大学组织举办核能与核技术工程领域辐射防护与环境保护方向工程硕士研究生班，截至2014年12月，已举办5期，学员共计107人，其中中央本级17人；按计划开展第六期工程硕士研究生班招生工作。

在2013年成功举办第一届核与辐射安全监管大讨论活动的基础上，筹备第二届核与辐射安全监管大讨论活动，确定活动主题为“深化改革、依法治国、加强核安全文化建设”，形成了132篇理论研究成果，汇编成《第二届核与辐射安全监管大讨论活动论文集》。

（二）民用核安全设备焊工焊接操作工和无损检验人员资质管理

委托相关单位进行民用核安全设备焊工焊接操作工考核工作，对考核工作进行监督并根据法规要求颁发资格证书。2014年，14家焊工考核单位共举行项目考试260次，3146名焊工焊接操作工取得了资格证书，共计6171项合格项目。

为进一步完善民用核安全设备焊工焊接操作工资格管理，2014年5月1日，启动了人员资质管理信息系统（焊工管理模块），实现了焊工考试从考试报名、考试计划、考试监督到考试评定、评价报告、考试合格项目及证书生成全过程信息化管理。

从2014年下半年开始，民用核安全设备无损检验人员资格管理调整为由环境保护部（国家核安全局）统一实施。环境保护部（国家核安全局）委托相关单位进行考核工作，对考核工作进行监督并根据法规要求颁发资格证书。2014年，5家无损检验考核单位共举行考试100次，合格项目共计2486项，包括射线、超声、磁粉、渗透、目视、泄漏和涡流等7个方法。

（三）民用核设施核反应堆操纵人员资质管理

对民用核设施核反应堆操纵人员考试进行监督，对执照申请材料进行审查，并根据法规要求颁发民用核设施核反应堆操纵人员执照。2014年，召开4次民用核设施核反应堆操纵人员资格核准委员会会议，审议核准685人的取照申请和396人的换发执照申请，并颁发执照。截至2014年底，共计1734人持有核动力厂操纵人员执照，其中717人持有高级操纵员执照，1017人持有操纵员执照；共计454人持有研究堆操纵人员执照、其中210人持有高级操纵员执照、244人持有操纵员执照。为了发挥集团公司多核电基地在培养操纵人员方面的优势，环境保护部（国家核安全局）明确，新建核动力厂可以通过挂职方式委托运行核动力厂培养操纵人员。

（四）注册核安全工程师资质管理

2014年，2692人报名参加注册核安全工程师执业资格全国统一考试，1663人实际参考，347人取得注册核安全工程师执业资格。截至2014年底，全国共计3476人持有注册核安全工程师执业资格证书，2107名注册核安全工程师在286家单位执业。

2014年共办理961人的注册事宜，其中注册申请和延续注册申请957人、注册领域变更4人。全年共举办7期注册核安全工程师继续教育培训班，共计940人参加培训并取得结业证书，其中3期“核质量保证与核安全文化”培训班共培训572人，4期“辐射防护”培训班共培训368人。

（本部分材料由国家核安全局提供）

核与辐射事故应急

2014年，全国核应急工作扎实推进、成果丰硕。各级核应急组织以党的十八大和十八届三中、四中全会精神为指导，牢记使命、锐意进取、奋发有为，以保障我国核能和平利用事业高效安全发展、促进我国经济社会发展为出发点，按照国务院关于应急管理工作的统一部署和《2014年国家核应急工作要点》的要求，加快核应急工作法制化、标准化、科学化进程，进一步夯实铸牢核应急工作基础；加强统筹协调，稳步推进核应急救援力量建设；按照实战要求，扎实开展各级各类核应急演习演练；坚持以人为本，不断创新核应急公众沟通机制；积极拓展国际交流与合作，全面展示了负责任大国的良好形象。

一、重要事件与活动

1.《中国的核应急工作》白皮书编纂

4月18日，国家核应急办在京召开《中国的核应急工作》白皮书编纂研究讨论会，讨论关于《中国的核应急工作》白皮书的内容及下一步工作安排。国家核应急协调委专家委员会主任潘自强院士、国家核应急协调委专家委员会副主任毛用泽院士、国家核应急协调委专家委员会副主任陈竹舟研究员，国家核应急协调委主任、副主任委员单位及有关成员单位司级联络员和处级联络员，中核集团、中广核集团、国家核电技术有限公司、中国电力投资集团公司等相关部门负责人参加会议。

2. 全国核应急宣传周活动

5月10日至16日，国家核事故应急协调委员会结合第六个全国防灾减灾日（2014年5月12日），组织开展了相关核应急宣传活动，活动的主题为“自然灾害可能引发的核事故与应急响应”。国家核应急办开展了三个方面的活动：一是国家核应急协调委专家委员会专家、中国原子能科学研究院副院长刘森林在国家减灾委组织的第五届国家综合防灾减灾与可持续发展论坛作《自然灾害可能引发的核事故与应急响应》主题发言。二是国家核应急办副主任、国防科工局核应急安全司司长姚斌和环保部核与辐射安全中心副总工常向东、国家气象中心首席预报员马学款等专家在中央人民广播电台《政务直通》栏目录制访谈节目，重点介绍在地震等自然灾害可能引发的核事故情况下公众应采取的自我防护和自救措施，介绍国家核安全应急能力建设情况等内容。三是在国家原子能机构网站、国防科工局网站开设“核能是清洁可靠的能源”“自然灾害与核事故”“核能安全与应急准备”“核应急准备与响应”等专栏，向公众介绍自然灾害可能引发的核事故与应急响应方面的综合情况、科普知识。此次核应急宣传活动涉及范围广、社会反响好、公众收获大，为进一步增强全社会对实现持久核安全的信心、对核能事业造福人类的信心，为我国核能事业健康发展营造更加良好的社会氛围。

3. 国家核应急办组织召开核电安全发展研讨会，向香港宣介国家核能政策和核

电安全发展及应急准备情况

6月5日，由国家核应急办主办、广东省核管办协办、中国广核集团有限公司承办的核电安全发展研讨会在深圳召开。这次会议的指导思想和主题是：以习近平主席提出的中国核安全观为根本指导，积极作为，传正能量，宣介国家核能发展政策，特别是核电发展政策、核电安全政策、核应急政策及核应急能力、在粤核电建设和安全运营情况，向香港各方代表提供权威、准确、全面的信息和材料，为维护香港繁荣稳定和促进国家核能发展营造良好环境。27名内地代表和23名香港代表出席会议。

研讨会取得了良好的社会反响。人民日报、新华社、中新社等中央媒体，南方日报、广州日报、深圳特区报等地方媒体，文汇报、大公报、香港商报等香港媒体，全程采访了会议。据不完全统计，先后有12家内地和香港媒体首发了会议报道，有近百家新闻网站转载了会议内容，集中向社会公众传递了国家高度重视核能事业，国家常备不懈保障安全应急并具有充分的能力，在粤核电安全运行业绩良好，粤港两地同心相向合作交流前景广阔，包括香港在内的全社会对实现持久核安全、发展核能事业造福人类充满信心的正面信息。

4. 积极应对放射源丢失事件

2014年5月7日，天津宏迪工程检测发展有限公司在南京市从事辐射探伤作业期间，严重违反操作规程，非法雇用无资质人员进行 γ 射线探伤作业，导致一枚Ⅱ类放射源丢失，致使他人受到超剂量辐射照射，引发急性放射病，发生重大辐射事故。环境保护部（国家核安全局）依据有关法规和预案迅速启动、统筹协调；国家核应急办高度重视，要求江苏省核应急办积极做好相关协调工作，要求工作人员加强值班，实时和省环保厅、省卫生厅等单位保持联系，掌握事件进展和受照人员医治情况。5月10日，专业人员在现场锁定放射源所在区域，将放射源连同周围的土壤一同挖出，并成功放入铅罐回收。江苏省核应急办于5月10日和5月15日将事件处置情况，省卫生厅、核工业总医院对作业单位和应急处置人员医学检查情况和放射性损伤病人救治情况报告国家核应急办。

5.《新闻大求真——探秘核电站》节目获好评

国家核应急响应技术支持中心与湖南广播电视台、大亚湾核电站联合拍摄的《新闻大求真——探秘核电站》节目在2014年12月25日湖南卫视播出后，获湖南省委宣传部、湖南省广播电视台等单位好评。中共湖南省委宣传部《阅评简报》以《“核电站不可怕”很有说服力》为标题，肯定了这期核电专题节目的社会意义。文章称，节目证实了核电站周围及核心部位并无外泄核辐射，消除了群众对建核电站的种种误解和疑虑，为发展核电这一清洁能源提供了舆论支持。

二、规划

按照国务院关于应急管理工作的统一部署，国家核事故应急办公室制订完成的《2014年国家核应急工作要点》提出，2014年国家核应急工作的总要求是：深入贯彻党中央、国务院决策部署，按照国家关于应急管理工作的指示要求，坚持核应急工作的基本方针和原则，坚持以深入贯彻落实《国家核应急预案》为主线，坚持以继续实施《国家核应急工作“十二五”规划》为重点，牢固树立底线思维，围绕建体系、强能力、重实战的思路，着眼改革创新，抓好顶层设计，加强统筹协调，推进任务落实，共同把各级各单位核应急管理工作提高到一个新水平。

三、核设施应急准备工作监督管理

环境保护部（国家核安全局）完成福建福清核电厂1号机组、方家山核电厂1号机组首次装料前场内核事故应急专项检查和综合应急演习监督评估，并印发检查报告；完成辽宁红沿河核电厂、福建宁德核电厂、江苏田湾核电厂、浙江秦山核电基地、广东大亚湾核电基地的核事故综合应急演习监督评估，并印发了检查报告。

四、应急计划批复

环境保护部（国家核安全局）完成福建福清核电厂首次装料前场内应急计划审批；完成辽宁红沿河核电厂一期工程、福建宁德核电厂一期工程、浙江秦山核电基地、中核兰州铀浓缩有限公司民用核设施核事故应急计划的审评，并进行批复。

五、预案

1月20日，中国电力投资集团公司在京召开《中国电力投资集团公司核事故应急预案》编制专家咨询会。

3月，《福建省核应急预案》修订版获国家批复。8月21日，福建省人民政府办公厅正式发布该预案。

5月9日，广西防城港核电厂场外核应急预案通过国家评审。

7月10日，大型先进压水堆重大专项CAP1400示范工程核电厂址区域核应急方案通过国家评审。

10月21日，《湖北省核应急预案》修订版通过国家评审。

六、组织机构

6月26日，山东核电有限公司、华能石岛湾核电有限公司、国核示范电站有限责任公司共同建立山东核电技术交流与合作委员会，签署《核电技术交流和相互支援三方框架协议》。该委员会的建立和协议的签署旨在加强三方在核电机组工程建设、生产及运行管理等方面的交流与合作，为确保机组安全稳定运行提供技术支持。同时在核事故应急情况下互相提供支援，为实施有效响应、减轻事故后果提供保障。

七、能力建设

2014年，中核集团、中广核集团分别依托浙江秦山核电基地和广东大亚湾核电基地挂牌组建了核电集团层面的核事故应急支援队伍；中国核工业集团公司、中国广核集团公司、中国电力投资集团公司、国家核电技术有限公司、中国华能集团公司等5家涉核集团公司共同签署了《核电集团公司间核事故应急相互救援合作框架协议》，初步实现了全国范围内核电厂核事故应急能力共建和应急资源共享。

5月5日，《核电集团公司间核事故应急相互救援合作框架协议》签署仪式暨中国广核集团核电厂核事故应急救援队组建成立挂牌仪式在深圳举行。

5月19日，中国核工业集团公司核电厂核事故应急场内救援队成立仪式在秦山核电基地举行。应急救援队由应急抢修、辐射防护、技术支持、运行维护等专业技术人员组成，分为应急救援总队和小分队。其中总队60人，依托中核核电运行管理有限公司建立，承担应急情况下现场救援的主要任务；小分队130余人，依托江苏田湾核电站、浙江三门核电站和海南昌江核电站建立，应急情况下作为现场支援的辅助力量参与应急响应行动。

江苏省核应急办建成核应急装备物资库。按照国家核应急办“建体系、强能力、重实战”的要求，江苏省核应急办在连云港市建成核应急装备物资库，购置个人剂量报警仪、辐射测试仪、表面污染测量仪、防护服、呼吸器、通信设备等专业设备物资，可同时满足50名应急救援人员的辐射防护需求。

八、应急响应能力有效维持

持续做好核与辐射事故应急响应工作，实行24小时应急值班制度，确保核与辐射应急响应体系有效运转、通讯渠道畅通；整合核与辐射事故应急决策支持与指挥调度系统和应急监测调度平台；升级环境保护部（国家核安全局）应急指挥室视频显示终端和视频会议功能；开展环境保护部核与辐射安全监管系统应急培训，实施联动综合应急演习。

九、培训演习

2月28日，宁德核电基地联合核电武警中队、边防警务室、警卫中队等部门组织开展基地反恐应急演习。演习以恐怖分子劫持员工，携带爆炸物欲对机组实施破坏为模拟场景。基地按照《反恐安保专项处置预案》的要求快速作出响应，根据模拟事发现场地形特征及人质情况制订应对方案，迅速展开营救，果断出击，快速有效地处置了此次事件。

3月6日，大亚湾核电基地联合大亚湾公安分局、武警突击队组织开展了反恐应急演习。通过演习，检验了核电基地反恐应急预案的有效性，锻炼了应急队伍，进一步提升了基地反恐意识及突发事件应急响应与综合处置能力。

3月17日，福建省核应急委组织了代号为“融安—2014”的核事故应急联合演习。本次演习全面检验了福建省预案和应急体系协调联动机制，进一步提升了核应急队伍综合应急响应能力，有效改进了2011年首次核应急联合演习的不足，取得了良好效果。

6月17日，中核核电运行管理公司在秦山核电基地举行场内多机组核事故综合应急演习。此次演习是国内首次场内多机组核事故综合应急演习，首次启用福岛核事故后国内率先投运的应急控制中心及其配套的软硬件平台。演习达到“检验预案、磨合机制、锻炼队伍、完善准备”的预期目标。

7月29日，大亚湾核电运营管理有限责任公司举行基地核事故场内综合核应急演习，较为全面地检验了大亚湾核电基地的应急准备情况和应急响应能力，达到了预期目的。

8月8日，浙江省组织了代号为“秦山—2014”的核应急场内外联合演习。本次演习有针对性地检验了各级核应急组织开展工程抢险、辐射防护、辐射监测、医疗救护、去污洗消、信息沟通等多方面应急能力，同时积极向当地干部群众宣传普及了国家核应急方针政策和相关知识，为我国核电发展营造了良好社会环境。

9月，总后卫生部在二炮某基地组织了核事故应急医学救援现场处置观摩培训活动。此次活动紧扣实际、紧贴实战，以训促备、以演促建，检验二炮基地核应急处置和核医学救援方案，规范核医学救援流程，展示核医学救援能力，为二炮部队和其他涉核部队提供示范。

9月24日，湖北省核应急办在深圳举办第四期省核应急委联络员培训班，省核应急委各成员单位联络员参加培训。

10月9日至10日，田湾核电站2014年场内综合应急演习成功举行。重点演练了应急状态分级、海上环境监测、移动泵安装与补水、向集团公司申请应急支援、秦山应急电源赴田湾支援、舆情应对及召开新闻发布会、田湾应急救援分队的响应等30余项响应行动。

10月27日至29日，核工业总医院举办了《核与辐射损伤医学应急临床处理》培训班及核应急医学论坛，这也是核工业总医院连续第十年举办国家级核事故医学应急相关继续教育培训。

10月27日至31日，在国家核应急办的指导下，国家核应急响应技术支持中心与国家行政学院应急管理培训中心在北京联合举办第一期涉核突发事件应急管理领导干部研修班。研修活动以涉核事件公众沟通为主题，重点围绕如何进一步提升涉核地区政府和企业领导有效应对涉核公众事件能力展开教学和讨论。已成立核应急组织省份的省政府应急办、省核应急办，已建、在建、拟建核设施所在地级市政府，有关核电集团公司核电管理部门以及核电营运单位相关领导共94人参加此次研修班。

12月4日，大亚湾核电运营管理有限责任公司举行了2014年度第二次核事故场内综合应急演习。演习全面检验场内应急组织的事故响应能力的同时还插入了部分临时情景，进一步检验了应急组织的自主响应能力。

12 月 10 日，福建省核应急办与驻闽某部队在福州联合开展核应急军地联合演练。演练进一步检验和完善了福建省核应急军地联动机制，提升了部队支援地方核事故救援的能力，使核应急工作常备不懈。

十、国际合作

1 月 14 日至 15 日，国家核事故应急办公室与美国能源部核应急署在北京联合举办了中美核应急后果评价技术研讨班。本次研讨班是中美和平利用核技术协定联合协调委员会核应急工作组的又一次成功合作，实现了中美双方在核应急后果评价技术方面交流先进经验的预期目标，进一步夯实了双方在核应急工作中合作的基础。

6 月 30 日至 7 月 4 日，由国际原子能机构（IAEA）主办、中国国家原子能机构（CAEA）承办、福建省核应急办等单位协办的“严重事故条件下核应急准备与响应地区培训班”在福州举办。IAEA 和 CAEA 推荐的专家分别从严重核事故的进程分析及管理方法、核应急防护行动、核辐射医学应急救援、公众和媒体应对等方面进行了系统的讲授。

10 月 15 日，国务院副总理马凯会见了来华参加中国加入 IAEA 30 周年系列活动的 IAEA 总干事天野之弥，双方就核能发展、核技术应用、核安全等领域交换了意见。10 月 15 日下午，国防科工局局长、国家原子能机构主任、国家核应急协调委副主任委员许达哲在钓鱼台会见了天野之弥，就中国核能发展、核安保、核安全、核应急、国际实物保护咨询服务等问题深入交换了意见。会谈后，双方还共同签署了 CAEA 与 IAEA《关于合作向核科学和应用司核技术应用提供支持的实际安排》的协议。

11 月 10 日至 13 日，国家核应急办副主任、核应急安全司司长姚斌率团对巴基斯坦进行了访问，就中巴双方核应急领域相关合作内容进行了洽谈协商。巴方提出了中巴双方尽快形成核应急双边协议，形成合作机制，推动核应急领域长期、持续、全方位开展合作的殷切期盼。姚斌表示同意巴方提出的中巴合作应该长期持续开展、全方位、不少于每年一次的核应急领域合作及交流，就九个方面的问题进行了原则性回应，并表态将积极支持帮助巴方做好核应急有关工作，同时也学习巴方经验，共同推动中巴核能事业健康发展，为中巴友谊作出贡献。

（本部分材料由国家核安全局和国家核应急响应技术支持中心提供）

核专业人才培养和职工培训

中国核工业集团公司

2014年，中核集团发挥战略引领作用，加强顶层规划设计，以高端人才队伍建设、完善培训体系为重点，进一步提升人才保障能力，各项工作取得新进展。

一是加强高层次领军人才的推荐、评选、引进，使其更好地发挥作用。经集团公司推荐，雷增光同志当选中组部、人社部每五年评选一次的“全国杰出人才”；4人入选中央第十批“千人计划”人选，向国资委、外专局推荐5名第十一批中央“千人计划”人选；1人通过国资委“青年拔尖人才”专家评审，4人通过国防科技领域“青年拔尖人才”专家评审；给人社部推选了10名“百千万人才”国家级人选，其中2人获选，并获得国家级突出贡献中青年专家称号；遴选推荐53名国务院特贴人选。帮助工程公司引进20名紧缺核电项目管理人才。

二是首次开展全集团新入职员工集中培训工作。全集团1918名新入职员工，分7个训练营，调动全集团的力量协同作战，于2014年8月份圆满完成集中培训，效果很好。另外，还组织了几次大的培训，如举办了两期共310名处级干部学习习近平系列讲话培训班；结合市场化、国际化发展需要，有针对性地开展境外培训，组织15名核心骨干人员赴阿海珐公司全产业链对标学习，组织32名经营管理人才赴台参加精益管理培训，都取得了良好成效。

三是技能人才培养取得新进展。集团组织完成第十二届中华技能大奖、全国技术能手推荐选拔工作，报人社部批准，新增中华技能大奖1人、全国技术能手5人，陕铀公司获先进单位，兰铀公司副总经理李卫东获先进个人。经严格评审，新增18名集团公司技术能手。3个核特有职业示范题库正式投入运行，获得人社部鉴定中心肯定；4个核特有职业培训教材通过终审并出版。组织开展集团公司第二届职工5个领域职业技能大赛。

四是高度重视安全生产教育和培训工作。8月份，集团公司在新入职人员集中培训期间，特别安排了安全培训环节，以提高新入职人员的安全意识。2014年，集团公司继续委托南华大学举办安全工程领域工程硕士班，对17家成员单位的36名安全生产骨干进行脱产安全教育，推进基层单位安全管理水平的提高。

中国核工业建设集团公司

2014年，中国核建以强化干部监督为抓手，规范党组管理干部的任职条件、任期、职数、选拔任用、考核评价、薪酬奖惩、退出要求等，全面优化干部管理体系。更加注重人才培养和干部队伍建设，坚持干部队伍、专业技术人才队伍、技能人才队伍一起抓，统筹推进各类人才队伍建设，积极探索推进专业技术人才实施工程。建立专业技术人才和技能人才职业发展通道，畅通各类人才成长通道，进一步激发了干部队伍、专业技术人才队伍和技能人才队伍的活力。

中国广核集团有限公司

2014 年，中广核工程培训中心全年面授课程开课 6829 期，累计培训 109529 人次，共 394535 人时；全年网络课程学习累计 29156 人次，共 67917 人时；课堂教学与网络教学累计 462452 人时，占总工时比为 3.9%。

2014 年，中广核所属各核电厂组织实施培训课程 5744 门、17826 期、共计 2707073 人时；全年网络课程学习累计 708 门，共 69831 人时。课堂教学与网络教学累计 2776904 人时。

1. 核电工程产业链培训

2014 年是 AE 培训联盟深入开展工作的第一年，紧密围绕产业链单位，工程培训中心积极组织安全和质量管理学习研讨会；针对施工单位，组织安全管理学习研讨会，向杜邦公司学习安全管理的先进理念；针对设备供应商，开展了质量管理学习研讨，对标 ABB 公司学习质量管理的模式。

2014 年公司的高级教员分赴陆丰、防城港、红沿河、上海等地，为产业链培养了 97 名合格的安全质量教员。另外，依据上海第一机床、山东电建三公司、泰国电力公司的需求，提供了专项的培训支持。

2. 岗位授权培训

2014 年，中广核继续坚持“培训—考核—授权—上岗”制度，根据各工作岗位的岗位培训大纲推动开展在岗培训，工程、运营领域培训覆盖到 100% 的专业技术岗位。

3. 运行人员培养

2014 年，中广核各电厂共计培养 169 名反应堆操纵员、160 名高级操纵员。

基于多电厂运行经验反馈，开展一系列运行人员专项知识、技能强化培训；通过引进 INPO 等国际经验，开展值长 / 安工等运行高岗位系列培训，并完善相应课程，逐步发展成为运行高岗位授权培训的标准化环节之一；依托业已建成的国内首台严重事故全范围模拟机，开发配套课程，为高级运行人员等提供严重事故分析和应对培训，进一步强化了运行人员严重事故应对能力和机组安全操控水平。

4. 维修人员培养

2014 年，中广核运营培训中心共实施了 1320 期技能培训，计 9497 人次参加。在完成日常维修人员培训工作的同时，着重强化维修类老员工“一专多能”培训，采用“基础技能培训 + 现场实习 + 技能强化培训”的模式开展维修类新员工的培养，同时进一步完善并实施工作负责人系列课程，开展维修实景式培训及考核，帮助维修人员技能水平的拓展与提升；基于核燃料换料操作试验与训练平台（PMC）开展核燃料接收人员、换料操作员及换料主管等系列化培训课程建设，并实施相应培训认证工作，形成集团乃至国内唯一的核燃料从业人员自主培训与认证体系。此外，依托核级不可接近设备试验平台开展相应课程体系建设（已完成9门课程开发）及培训实施，以进一步强化核电站维修人员核级设备运行维修技能。

5. 管理者培养

2014年，工程培训中心持续开展针对新任与在任管理者的系列培训，开展高级主管转型培养项目8期，第一期的干部年轻化第二阶段培训3期，第二期干部年轻化培养项目5期。

此外为贯彻集团公司建设“敢抓、敢管、能抓、会管”的安全质量监督队伍要求，2014年，工程培训中心完成了安全质量专职管理人员能力提升培训项目。安全质量专职管理人员已完成培训1747人。

2014年干部管理培训聚焦于干部带队伍能力提升、干部安全管理能力提升、干部项目管理能力提升以及干部业务知识拓展。在原有的“白鹭计划”、新任干部行政管理知识培训等通用管理技能培训的基础上，组织实施中法核电高级经理研修班（中法共12人参与），实施了两期以“横向沟通与协调”为主题的管理干部封闭式培训，开发并推广实施“项目管理”“管理巡视”“管理者自我评估”以及“总经理谈质量”“总经理谈安全”等多个专项管理者安全文化与专项技能拓展培训。

6. 新员工入职培训

2014年，工程培训中心共完成430人的新员工培训，运营培训中心年内共计完成订单+联合培养（2014届及2015届学员共计459名）、外部岗前培训（248名）、直接报到新员工及高技能联合培养人员（615名）岗前培训的组织实施。

7. 核电工程国际化人才培养

为配合集团国际化发展战略，满足各部门国际化业务开展的需求，工程培训中心于2014年8月完成7位国际化储备人才赴海外TR、TN公司进行实践培养；制订专项培养方案，明确以项目需求为导向的国际化人才选拔和培养机制；完成1106人的英语状况摸底和分析；完成各部门员工海外工作经历数据的收集和统计，为后续国际化人才的培养和选派提供了重要参考。

8. 三代核电技术人才培养

2014年，依托非能动三代验证平台，工程培训中心策划了5门AP1000课程；积极开展与采购相关的AP1000的设备专项培训，并组织开展12期AP1000专项培训，共培训了573人，同时初步搭建了AP1000标准课程体系；以提升能力为中心，组织开展15期AP1000施工专业系类课程培训，并依托“培训—考核—授权—上岗”，制订开发AP1000课程体系的建设。

9. 员工安全文化及行为规范培训

在持续提升员工安全技能，强化行为规范的同时，2014年进一步强调了管理层率先垂范的作用以及多基地经验反馈的实际应用。在继续开展安全质量及防人因初（复）训的基础上，首次结合各电厂安全生产事件及经验反馈，组织开展安全文化巡回宣讲和全员安全文化震撼教育活动，员工参与率达 98% 以上。此外，还启动了防人因软屏障、硬屏障研发工作，并实现了部分硬屏障（人机界面优化方案）在防城港核电 1 号机组的实际落地应用。

10. 为新核电基地培养关键岗位人才

截至 2014 年底，中广核集团事业部培训中心已陆续为红沿河、宁德、阳江、防城港、台山等新核电基地累计培养运行、维修等领域关键技术岗位人才 3309 名。

中国电力投资集团公司

核电专业化能力进一步提升。集团公司扎实推进山东海阳 AP1000 机组示范项目建设，认真总结 AP1000 建设经验教训，依托在建工程培养了一支初具规模的核电建设队伍，建立专业化的技术支持平台和较为完备的核电管理体系，积极推进形成项目前期、工程建设、生产准备和标准化运行、信息化产品的整套经验，努力实现工程经验快速复制，已具备多基地同时建设的能力。

专业人才队伍得到充分锻炼。经过十余年来发展，以核电建设与运营为核心，着力培养专业化人才队伍，建立起工程承包、采购、环保、维修、技术支持和培训等具有一定技术和管理水平的专业化支持体系，初步形成核电建设、运行、维修能力。以中电投工程公司为核心培育核岛工程总承包能力，以中国电能成套设备有限公司为核心培育核电设备招标采购、设备配套、设备咨询、设备监理等能力，以远达环保为核心培育核电废物处理处置能力，以中电华元为核心培育核电站核岛、常规岛维修能力，以核电技术中心为主体培育运行优化、技术服务、经验反馈、技术改进等技术服务和支持能力，以高培中心、烟台培训基地、上海技能培训基地等三大培训基地为核心培育集团自主化核电人才培养能力。

在参与海阳项目常规岛工程建设中，中电投所属工程公司和物资装备分公司的能力和经验不断提升，并积极介入各项目前期准备工作。远达环保组织完成了山东海阳核电场址废物处置设施（SRTF）项目设计与供货工作，并与业主一起参与了主要系统与设备的调试。目前，SRTF 系统调试已完成，具备试运行条件。中电华元已形成 100 多人的核岛维修队伍，全面参与海阳项目维修准备工作。高培中心积极开展核电专业化培训，相继开发了一些专题培训项目，如核电质量管理培训班（第二期）、集团公司 PSA 技术及电站系统可靠性管理知识培训班、核电项目前期工作管理培训班（含小型反应堆专题和核电风险评估专题）、集团公司国际能源企业管理模式培训班（第二期），为集团核电专业培训提供了有力支撑，全年完成核电专业培训 10865 人天。高培中心经过市场开发，完成计划外培训班 11 个，共培训 738 人次。其中，国核工程公司新员工培训班连续 8 年在高培中心举办；与核能行业协会继续执行联合办班模式，先后成功承办 AP1000 技术强化培训班（第三期）、核电工程项目管理经理人培训班（第七期)、AP1000仪控电气培训班(第二期),受到核能行业内各单位学员的一致认可。中电投烟台培训基地的投入使用,进一步强化了集团的技能培训能力。集团公司核电板块人才结构不断优化,人才队伍不断壮大,核电从业人员已超过2700人。

以操纵人员培养为重点,加强在建项目人员培训。2014年,山东核电公司完成生产人员脱产培训约649人月,其他培训量约62649人时。自2013年10月开始,陆续开展了首批操纵人员模拟机培训、核电基础理论强化培训、模拟机复训及取照考试准备。2014年12月8日开始山东核电首批操纵员取照考试,考试历时41天,共104位考生参加考试。在总结2013年已开展的生产、调试领域人员人因培训经验基础上,2014年继续开展工程、行政领域人员人因培训,全年共开展26期培训,共计465人参加。已累计培训公司员工和承包商骨干人员1501人,为提升公司人因绩效打下了坚实基础。此外,还进行了基本安全授权、教员授课技能、管理人员安全、中高层管理人员领导力、管理技能等培训项目,为促进海阳核电工程建设和生产准备工作的顺利进行产生了积极作用。

国家核电技术有限公司

2014年,累计培训86997人次,网络培训8587人;组织实施重点培训班121期,培训达6781人次,重点培训班评估得94.5分;全员培训达标率98.58%。持续提高领导干部素质,重点加强了对科技创新人才和国际化人才的专项培养;聘任内部讲师72人;开发系列内部培训课程130门,出版教材4本,制作电子课程50门。

组织各单位分别选拔、调整科技人才重点培养对象,确定科技领军人才32人、高级人才131人、骨干人才141人,完成科技力骨干和青年人才4个班次的培训,共计培训170人次。举办重大专项科研管理培训班2期,共培训50人。

首次实现全员制订个人发展计划(IDP)。2014年,国核大学首次为全体员工制订个人发展计划(IDP),计划执行率达92%。通过规划、设计、实施与员工职业发展相结合的人才发展项目,持续提升员工和组织的核心能力与工作绩效。在公司“学习、实践、反思”人才发展模型指导下,为每位员工配备了导师,实现集中培训、行动学习和岗位实践的系统培养。

持续开展关键人才队伍能力建设。2014年,针对关键人才队伍与领导力开展学习习近平总书记系列讲话暨十八届三中全会精神的培训,加强领导干部理想信念教育和中央国有企业改革精神的学习,共591名干部参加;着重培养科研创新能力,170名科研人才参加;突出国际化人才市场开发和商务能力的培养,48人参加。其他重点项目与专题培训则聚焦公司业务问题,实现绩效改进。

进一步加强人才培养能力建设。2014年,公司E-learning平台实现了从培训到学习发展的转变，成为融合教育培训、学习发展和知识管理的人才发展平台；重新评聘内部讲师97人，能上能下，优化结构；持续沉淀技术与工程实践的经验与智慧，开发130门内部课程。开展南非民用核能培训项目的准备工作，培训讲师59人，开发课程33门，逐步形成国际民用核能人才培养能力。

持续开展国际化人才培养。按照公司《国际化专业管理人才培养规划》的安排，组织各单位动态选拔国际化专业管理人才培养对象，确定商务人才36人、市场人才37人、其他人才10人，通过制订3—5年的个人发展计划，辅以在岗实践、导师辅导、项目锻炼和集中培训等多种学习发展方式，系统、分阶段地提升学员的综合素质和专业能力，完成国际商务人才和市场开发人才48人次培训。

中国华能集团公司

规范化培训稳步推进。石岛湾公司完善了岗位培训大纲思路和培训大纲编制标准，梳理了工作监督标准，提高培训有效性；组织专职教员全程参加田湾核电厂操纵人员考前辅导培训，针对性开发高温堆人员执照考核复习题库。

在岗培训多层次开展。除选派员工参加核电工程项目经理人培训，安监人员上岗培训，质量保证监察员、主监察员培训等外，核电事业部还举办了第二期核电专业知识培训班，在集团公司范围内普及核电文化及理念。

核电事业部组织了第二期核电专业人员赴台培训，与台湾电力公司进行了学习交流，针对运行、维修、设备、生产、风险、质保、培训等进行了专业切磋，充分学习利用台湾电力公司良好运行业绩及管理经验，提高管理人员的专业能力。

哈尔滨电气集团公司

2014年，哈电股份公司核电设计院派4名设计人员参加了容标委主办的压力容器再教育培训；派7人参加了容标委主办的应力分析设计人员的培训及考试；派1人参加了容标委主办的压力容器审核员的培训及考试；派2名设计人员参加ASME标准培训；派3名设计人员参加管道审核员的培训与考试；派1名设计人员参加了由核工业标准化研究所主办的《压水堆核电厂工况分类》等6项核电标准宣贯的培训。

中国东方电气集团公司

2014年，东方电气加大人才发展投入，优化人员结构，强化员工培训，努力建设一支思想硬、作风正、懂业务、会管理的人才队伍，进一步促进自主创新能力的提升，走人才引领、创新驱动、内在增长的发展道路。

2014年，员工培训紧紧围绕“完善

机制、加强管理，提高素质”为中心开展工作，通过完善培训机制，优化培训流程，改进培训效果评估方法，重点在核安全文化、技术技能、核质保体系、核电 ASME 规范、核电纠正措施等方面开展培训。

中国第二重型机械集团公司

2014年，中国二重优化人力资源配置，依据人力资源配置需求计划，分阶段、有计划、有步骤地做好人力资源管理工作。为适应劳动组织调整，优化人员结构，减少一般管理、后勤辅助人员，为企业生产效率及制造技术水平的提升，提供了有力的人力资源保障。

对应到核电产品的制造，为提高员工队伍核文化素质，实现管理科学化、规范化，全年共组织各类职工培训 58 项，培训人数达 544 人次。培训人员涉及核电生产一线班组长、操作人员、质量管理人员、专业技术人员、新员工和取（续）证人员等多个层面。

同时组织技术骨干参加四川省国资委举办的焊工技能比赛、焊工晋级实做考试和德阳市高技能人才培训。完成 ASME 焊工资质考评共计 14 人 34 项的考试取证工作；ASME 核电持证焊工全年业绩维护共计 21 人 72 项。这些培训为集团公司核电产品生产提供了资质支撑。

国际合作与两岸交流

政府方面

一、习近平出席核安全峰会 阐述中国核安全观

第三届核安全峰会3月24日在荷兰海牙举行，国家主席习近平出席会议并发表重要讲话。习近平介绍了中国核安全措施和成就，强调了坚持理性、协调、并进的核安全观，把核安全进程纳入健康持续发展轨道。阐述了中国关于发展和安全并重、权利和义务并重、自主和协作并重、治标和治本并重的核安全观，呼吁国际社会携手合作，实现核能持久安全和发展。

二、《核安全公约》履约

3月24日至4月4日，环境保护部核安全总工程师、国家核安全局副局长刘华率团出席《核安全公约》第六次审议会议。刘华介绍了中国国家报告并现场接受审议。会议期间，刘华会见了国际原子能机构总干事、副总干事及美国、法国、英国、巴基斯坦、俄罗斯等国的代表，就人员交流、能力建设和加强双边合作以及进一步加强公约履约等议题与有关国家和机构进行了交流。代表团还就有关修约提案与美、俄、法、日、英、印、巴、瑞等不同立场的国家以及公约秘书处进行了协调沟通。成立了修约国内工作组，就外交大会各次磋商会提出指导意见，为2015年2月的外交大会做好充分准备。

三、《乏燃料管理安全和放射性废物管理安全联合公约》履约

出席《乏燃料管理安全和放射性废物管理安全联合公约》(简称《联合公约》)第二次特别会议暨第五次审议会议组织会议，参与公约指导文件修订和第五次审议会议相关议题的讨论，参与选举了第五次审议会议官员，成功推荐了中国辐射防护研究院专家担任国家组副主席；组织召开四次国家报告编审委员会议，完成国家报告编写并提交公约秘书处。

四、多边领域

（一）与国际原子能机构合作

4月15日，国家原子能机构主任许达哲会见了国际原子能机构副总干事兼核科学与技术司司长道得·默哈迈德，就加强中国与机构核技术应用领域的合作交换了意见。

5月31日－6月9日，国家原子能机构副主任王毅韧率团访问奥地利、芬兰和瑞典。其间，王毅韧在奥地利出席了国际原子能机构六月理事会，参观了芬兰ONKALO地下科研设施、瑞典ASPO地下实验室，推动双边核领域合作及高放废物处理领域国际合作。

9月8－17日，国家原子能机构副主任王毅韧率团访问奥地利、比利时、德国。其间，王毅韧在奥地利出席国际原子能机构九月理事会，与比利时投资部部长马克·凡加斯特、德国弗朗霍金集中系统及器件技术所所长罗萨·菲里举行会谈。

9月22－23日，国家原子能机构主任许达哲率中国代表团出席国际原子能机构第58届大会并作发言。大会期间，许达哲先后与法国原委会主席毕戈、韩国未来创造科技部部长崔阳熙、美国能源部部长莫尼兹、巴基斯坦原委会主席帕瓦兹、哈萨克斯坦能源部部长什科里尼克、阿根廷联邦计划部部长德维多等举行了会谈，探讨和平利用核能合作问题，就进一步加强在后处理、核安保、核科技、核安全、铀资源、核电等领域合作深入交换了意见。

10月15日，国务院副总理马凯在中南海紫光阁会见了国际原子能机构总干事天野之弥，双方就中国与机构合作、中国核能事业发展、核不扩散与核安保、竞争机构高级职员等问题深入交换了意见。工业和信息化部部长苗圩、工业和信息化部副部长兼国家原子能机构主任许达哲、国家原子能机构副主任王毅韧、中国常驻维也纳代表团大使成竞业会见时在座。

10月15日，国家原子能机构主任许达哲在钓鱼台会见到访的国际原子能机构总干事天野之弥，双方就中国与机构在核能、核技术、核安保等领域合作深入交换意见。10月16日，双方又共同出席中国与国际原子能机构合作30周年研讨会，并参观了中国与国际原子能机构合作30周年成就展。

10月28日，国家原子能机构副主任王毅韧会见国际原子能机构副总干事兼核安全与核安保司司长丹尼斯·弗洛里，双方就中国与机构在核安保、核应急、核安全方面的合作深入交换意见。

10月27－31日，成功承办国际原子能机构（IAEA）第三届技术与科学支持机构在加强核安全和核安保方面面临挑战会议（以下简称“TSO会议”）。会议重点围绕福岛核事故开展相关主题的讨论和交流，包括IAEA核安全行动计划的进展、福岛核事故总结、TSO在日本福岛核事故中的作用、应急准备和响应、TSO能力建设等，并就TSO的发展前景及相互间合作进行研讨。环境保护部副部长、国家核安全局局长李干杰和IAEA副总干事丹尼斯·弗洛里出席开幕式并致辞。来自50个国家及国际组织的230名外方代表及近百名中方代表参会。此次会议是福岛核事故后国际核安全领域的一次重大活动，为各国核安全监管当局及技术支持机构提供了信息共享和经验交流的良好平台；国家核安全局通过承办本次会议向国际社会展示了中国核安全监管三十年成就以及福岛后的改进成果。

（二）与经合组织核能署合作

我国与经合组织核能署（OECD—NEA）签署了在核与辐射安全监管领域的合作备忘录，明确了合作的重点领域和方式，扩大了中方参与核能署合作机制的途径。出席“多国设计评价计划”（MDEP）双年会、政策组会议和指委会会议，与国际同行就新建核电厂的核安全监管经验进行了交流；积极开展MDEP框架下各专业组的活动，为国内运行核电站的安全监管以及在建核电站提供经验反馈，提升了该机制对我国核安全监管的借鉴支持作用，同时宣传良好实践。

（三）中日韩核安全监管高官会

6 月 27 日，我国派员出席在日本召开的高官会协调员会，协商高官会框架下各项合作的具体方案，就事件通报、应急演练、信息交流等合作安排与日韩达成共识，为人员能力建设建立合作框架，为高官会的召开做好准备。

9 月 2 日，我国派员出席在日本举办的第七次中日韩核安全监管高官会，进一步落实三国核安全合作行动项目实施方案，并通过了在线信息共享工作组和人力资源开发工作组的工作大纲。会上，国家核安全局介绍了落实核安全观的有关实践、核安全立法以及核与辐射安全技术研发基地的建设进展，并参观了日本福岛第一核电站现场，为深入了解福岛核事故后的实地情况提供参考。积极参与了高官会机制下的各项活动；参加高官会第一次专题研讨会，与美、俄、法、加等国专家共享我国在福岛核事故后的安全改进工作实践；赴韩国参加核电厂应急演习观摩活动。

（四）其他多边合作

11 月 16 – 20 日，国家原子能机构副主任王毅韧率团参加在澳大利亚召开的亚洲核合作论坛第十五届部长级会议。会议期间，王毅韧作了关于中国核能发展的国家报告，就多用途研究堆应用合作等议题发表了意见，并与有关国家代表就加强核领域合作进行了沟通。

12 月，国务院总理李克强出席第三次中国—中东欧国家领导人会晤，与会各方发表《中国—中东欧国家合作贝尔格莱德纲要》。根据纲要，中国同罗马尼亚、捷克分别签署和平利用核能合作文件，并与匈牙利就核能领域合作达成共识。

五、双边合作

（一）中美合作

3 月 24 日，工业和信息化部部长苗圩、国家原子能机构副主任王毅韧参加荷兰核安全峰会期间，与美国能源部部长莫尼兹举行会谈。双方就中美和平利用核能合作、核安保示范中心建设、微堆低浓化改造等领域深入交换意见，达成广泛共识。

4 月 16 日，环境保护部副部长、国家核安全局局长李干杰在京会见美国核管会（NRC）副主席斯温尼基，就 AP1000 项目、福岛后安全改进工作和加强公众宣传等议题进行了交流。出席第 26 届核管制合作大会（RIC）和 2014 年度中美核安全合作指导委员会会议。续签中美核反应堆安全研究合作等协议；赴美出席 AP1000 项目研讨会；接收 NRC 一名技术人员来华进行为期 2 个月的工作交流；继续深化双方在 AP1000 和 CAP1400 等核电项目的技术交流。

在中美和平利用核技术协议下，放射源安保工作组召开 2014 年度工作会议，回顾双方在放射源设施实物安保升级、放射源收贮和运输安全及安保培训等领域的合作，协商 2014 年度合作计划，在以往示范项目的基础上，为中方标准制订、人员能力建设等提供支持，填补我技术空白。

5 月 8 日，国家原子能机构主任许达哲会见了来访的美国核废物技术审查委员会主席尤因一行。双方就两国放射性废物管理、高放废物地质处置、乏燃料后处理等方面的政策和实践进行了深入探讨。

7月10日，国家原子能机构主任许达哲与美国能源部部长莫尼兹举行会谈，就核安保示范中心建设、微堆低浓化改造、AP1000项目进展以及核责任等问题广泛交换了意见，并督促美方简化核技术出口审查，提高合作效率。

9月1日，国家原子能机构副主任王毅韧会见了来访的美国能源部副部长波纳曼先生一行。双方就AP1000依托项目进展、中美核安保示范中心建设、加入核损害赔偿相关国际公约等交换了意见，并讨论了合作中涉及的核技术出口管制以及简化审批程序等有关问题。

（二）中俄合作

5月20日，在国家主席习近平与俄罗斯总统普京共同见证下，国家原子能机构主任许达哲与俄罗斯国家原子能集团公司总经理基里延科在上海签署了《中国国家原子能机构与俄罗斯国家原子能集团公司关于合作建造浮动堆的谅解备忘录》。

6月18－19日，中俄核安全监管工作会议在京召开。环境保护部副部长、国家核安全局局长李干杰出席会议，与俄罗斯联邦环境、工业和核安全监督局局长阿里克谢·阿雷辛就重新签署双边合作协议、建立每两年一次的联合协调会议机制及近期合作事项达成原则共识。双方同意在快堆、浮动堆、核事故应急、放射性物品运输、放射源监管和核设备管理等方面开展合作。会议进一步提升了中俄双方在核与辐射安全领域的合作层次，拓宽了合作领域，深化了合作内容，为未来开展务实高效合作奠定了基础。

9月2日，中俄总理定期会晤委员会核问题分委会第十八次会议在京举行。中国国家原子能机构主任、分委会中方主席许达哲与俄罗斯国家原子能集团公司总经理、分委会俄方主席基里延科共同主持会议。中国国家原子能机构副主任、分委会中方副主席王毅韧出席会议。会议，将监管部门合作成果列为双方核领域合作的重要内容。

(三)中英合作

6月14－18日，国家原子能机构主任许达哲率团访问英国。在国务院总理李克强和英国首相卡梅伦见证下，许达哲与英国能源与气候变化部大臣爱德华·戴维在伦敦签署《关于加强核工业燃料循环全产业链合作的谅解备忘录》。

7月23日，国家原子能机构副主任王毅韧与英国能源与气候变化部国务大臣爱德华·戴维举行会谈，双方高度评价自中英核燃料循环全产业链合作谅解备忘录签署以来在核设施退役、放射性废物处理、核燃料运输等领域开展的富有成果的合作，并表示将继续积极推动两国企业深化全方位合作。

10月27日，环境保护部副部长、国家核安全局局长李干杰在出席TSO大会期间会见了英国核监管机构首席执行官约翰·詹金斯先生，并共同签署了中英《关于在和平利用核能领域开展安全监管合作及信息交流的安排》，建立了与英国监管机构的合作平台。

（四）中巴合作

5月26－27日，第七次中巴核安全合作指导委员会会议在京召开。环境保护部副部长、国家核安全局局长李干杰率团出席会议，与巴核安全局局长哈比布就核设备许可、无损检验、放射性物品运输、放射性货包设计等议题进行深入交流，确定了安排巴方人员来访、核安全审评交流、应急等众多领域的合作。会后共同续签了《中国国家核安全局与巴基斯坦核管局关于核安全合作议定书》并签署会议纪要。安排巴方人员来访，向巴方提供无损检验设备进口以及放射性废物管理等方面的信息。

（五）中欧合作

继续推进中欧“加强中国国家核监管机构及其技术支持机构能力”发展合作项目，加强国家核监管机构及其技术支持机构的能力。2014年2月底，项目启动会在京召开，讨论确定7个分项的年度工作计划、工作方式和成果验收等；分别于6月、11月召开两次项目进展会议，总结项目执行情况、讨论确定下一阶段项目具体安排。在核安全独立审评验证、核安全文化和安全管理、核电厂运行经验反馈以及核电厂防洪风险评估等专业领域在华举办6次研讨班或培训班，邀请两批欧方专家来华提供专家咨询服务。11月底，邀请欧方专家来华就申报中欧合作新项目进行讨论，双方在核电厂应急响应、放射性废物管理和运输安全以及核安全监管技术研发基地能力建设等方面进一步开展合作。

（六）其他双边合作

2月11日，国家原子能机构副主任王毅韧会见到访的国际原子能机构法国理事茹尔内斯一行，就中法核领域合作中双方关心的问题深入交换意见。

5月5日，国家原子能机构副主任王毅韧会见了伊朗原子能机构副主席卡玛凡迪，双方就伊核问题、中伊民用核领域合作等议题交换了意见。

5月15日，国家原子能机构主任许达哲会见了来访的印尼国家原子能机构主席威斯努布罗托一行。双方就两国间核能合作深入交换了意见，并表示将在核能和核技术应用等领域加强合作，分享经验，造福于两国人民。

6月17日，国家原子能机构副主任王毅韧会见了来访的阿联酋迪拜核能委员会主席塔耶尔一行。双方就两国核能发展状况、未来规划以及双边合作交换了意见，并重点探讨了高温气冷堆合作。

10月29日，环境保护部副部长、国家核安全局局长李干杰在出席TSO大会期间会见了法国核安全局副局长菲利普·嘉美，并互换了续签的中法《关于核安全和辐射防护的合作协定》及《关于欧洲压水堆核电站(EPR)的合作安排》文本。

国家核安全局推荐核与辐射安全中心为中韩核能合作联委会核安全工作组组长单位，并出席5月召开的第十一次联委会会议；支持科技部牵头的“青年科技人才访问计划”，接收印度尼西亚核能监管局人员来华进行为期1年的核电厂热工水利计算领域的交流学习，服务核电“走出去”工作。

10月30日，国家原子能机构主任许

达哲会见纳米比亚矿业和能源部部长卡塔利，双方就核领域合作进行了友好会谈。许达哲介绍了国家原子能机构和中国核能发展情况，建议双方进一步加强在核技术应用、人才培养、铀资源开发等领域合作，推进双方合作不断取得新成果。卡塔利介绍了中纳铀矿合作项目的良好进展，并对中方建议给予了积极回应。

11 月 4 日，国家原子能机构主任许达哲会见哈萨克斯坦原子能工业公司董事长卡帕洛夫，双方就两国铀资源开发和贸易、核燃料加工等领域合作交换了意见。12 月 14 日至 15 日，在国务院总理李克强对哈萨克斯坦进行正式访问，举行中哈总理第二次定期会晤，并出席上海合作组织成员国政府首脑理事会第十三次会议。会议期间，中国国家原子能机构与哈萨克斯坦能源部签订了有关合作备忘录。

11 月 20 日，国家原子能机构主任许达哲会见阿尔及利亚原子能署署长德都尔，就加强比林核研究中心项目，核电建设，核安全、核安保、核应急以及核领域人才培养等方面的合作深入交换意见。

六、两岸核安全交流与合作

9 月 22 日—24 日，《海峡两岸核电安全合作协议》第三次业务交流会和海峡两岸福岛核事故后核电厂安全改进专题研讨会、环境样品放射性活度比对专题研讨会在上海和杭州召开，主要针对核电厂安全运行绩效和经验反馈、核安全研究进展、核应急演习、辐射防护等议题深入交流，并针对核电厂安全改进、放射性活度比对两个专题进行了研讨。会议的召开巩固了两岸核电安全合作机制，促进了两岸信息与人员交流。

（本部分材料由国家国防科工局、国家能源局、国家核安全局提供）

部分企业集团

一、中国核工业集团公司

中核集团加强海外市场开发能力与体制机制建设， 积极探索以中原公司为平台，相关骨干单位共同参与的“责任清晰、接口明确、统一协调、联动考核、形成合力”的运作机制。海外市场开发由点对点开发转向点面结合开发，由随机开发转向系统开发，由关注相对垄断市场开发转向完全竞争性市场开发，由专注核电开发转向核电为主联合开发。一批项目在年内取得了新突破。

与巴基斯坦、阿根廷合作逐步深入。中巴高层协调机制谅解备忘录完成签署，为后续合作打下了坚实基础。与阿根廷签订建设重水堆核电项目实施协议及框架合同。2014 年 7 月 18 日，在国家主席习近平访问阿根廷期间，在两国领导人的共同见证下，国家能源局与阿根廷联邦计划、公共投资与服务部签署了《中华人民共和国政府和阿根廷共和国政府关于在阿根廷合作建设压力管重水堆核电站的协议》，中国核工业集团公司、中国工商银行与阿根廷核电公司签署了《关于建设阿根廷重水堆核电项目的实施协议》。9 月 3 日，中核集团与阿根廷核电公司进一步签署了

《阿根廷第四座重水堆核电站项目框架合同》。

与英国、俄罗斯、法国等国家积极重点推进全面合作、全球合作和全产业链出海。在HPC核电项目推进的同时，与英国开启核电技术、后处理、退役治理等领域合作。牵头英国项目技术研究组工作，并积极跟进相关亚洲、非洲、拉美、欧洲国家核电市场开发。对巴基斯坦、阿尔及利亚、南非市场开发取得阶段性成果。与法国、英国等多国合作伙伴签署合作协议或谅解备忘录。积极参与多边国际平台活动和展会，国际认知度和影响力不断提升。

中美行波堆合作稳步推进，行波堆技术公司筹备组成立，联合技术评估拉开序幕。中国和加拿大组建公司将共同研发和推广先进燃料重水堆，联合开拓国内国际核能市场。11月8日，在北京APEC会议期间，在中国国务院总理李克强与加拿大总理哈珀的共同见证下，中核集团与加拿大坎杜能源公司签署了两国公司组建合资公司的框架协议。

二、中国核工业建设集团公司

中国核建是国内较早“走出去”，承担国际工程承包业务的中央企业之一，从上世纪80年代以来，中国核建所属单位根据国家经济发展和对外政策的需要，先后在阿尔及利亚、约旦、苏丹、东帝汶等国家承担工程建设任务。承担了中国出口海外4台核电机组的整体施工及材料供应工作。在建工程分布在亚洲、非洲、中东、欧洲等11个国家，业务领域包括机电设备成套出口与安装、房屋建筑工程建设、石油化工工程、市政工程、电厂成套出口与建设等。中国核建在新加坡、马来西亚、巴基斯坦、澳门等地均设有分公司或办事处。

中国核建在长期国际工程建设中形成了完善的项目管理体系与风险管控体系，具备了符合国际市场运行要求的人员、装备、资金等资源。2014年，中国核建整合国际业务资源打造和建设国际海外业务平台；打造中核建材集中采购平台；筹建财务公司，形成集团公司内部的融资平台。产业链布局专业化、资源配置平台化和市场深耕区域化的发展格局初步形成。

2014年，中国核建加大海外市场的资源投入与市场开发力度，充分利用中国核建长期积累的大型核电工程项目的精细化、信息化、专业化、集约化的管理经验与大型核电工程建设的技术优势，结合上海自贸区的政策优势，开展集约化经营，在国际市场业务发展中迈上新的台阶。

三、中国广核集团有限公司

中广核有序开拓国际核电市场，搭建海外资本市场运作平台，加强海外重点目标市场开发，广泛参与国际交流与合作，提升我国核电在世界的影响力，逐渐形成了规模和业绩、技术和人才、体系和机制以及产业链配套的四大优势，实现了从“引进来”到“走出去”的华丽转变。

2014年3月26日，与法国电力公司签署关于英国新建核电项目工业合作协议和关于签署核能领域研发、设计、采购及运维合作协议的联合声明，中法核能合作进一步深化。6月18日，中国广核集团英国办事处在伦敦揭牌成立，中广核牵头会同中国其他企业，与法国电力公司等一起共同开发英国欣克利角C核电项目以及其他市场合作。

4月9日，在国务院总理李克强、纳米比亚总理根格布的共同见证下，中国广核集团有限公司董事长贺禹与纳米比亚国家水务公司首席执行官希胡迪、纳米比亚金属业工人工会秘书长贾斯蒂娜在海南省三亚市签署了湖山铀矿项目供水供电协议和劳工协议。

6月11日，与意大利国有核电公司签署合作备忘录，推动核电“走出去”战略再次迈步。10月14日，成为罗马尼亚Cernavoda核电站3、4号机组项目的“最终投资者”，核电“走出去”战略又迈出新的坚实步伐。

9月25日，在国务院总理李克强、西班牙王国首相马里亚诺·拉霍伊的见证下，中广核集团公司董事长贺禹与西班牙ENUSA公司总裁Jose Luis Gonzalez先生在北京签署设备采购合同。

12月14日，在中国国务院总理李克强、哈萨克斯坦总理马西莫夫的共同见证下，集团公司总经理张善明与哈萨克斯坦国家原子能工业公司董事长努尔兰·卡帕罗夫签署了关于扩大和深化核能领域互利合作的协议。根据协议，双方将在铀资源开发、核燃料生产、和平利用原子能及通过中国和哈萨克斯坦领土过境运输铀产品方面开展战略合作。另外，与中核集团一起，三方同意共同在哈萨克斯坦建立合资企业生产核燃料组件，合作开发在哈萨克斯坦的铀矿，为中国核电事业的可持续发展及“走出去”提供燃料保障。

四、中国电力投资集团公司

积极参加IAEA、WANO、INPO等组织举办的各类交流和培训活动。2014年6月，成功承办“核电厂风险管理、风险监测系统开发及风险指引应用研讨会”。来自IAEA、国家环保部、中国核能行业协会、中核集团、中广核集团、国家核电、华能集团、清华大学、哈尔滨工程大学的领导和专家共计40余人受邀参加了研讨会。本次研讨会的成功举办，有效促进了我国核电监管机构、核电业主、设计单位及高等院校与国际同行在核电厂风险管理和风险监测系统开发应用领域的技术交流。

以集团公司名义申报的2014—2015周期IAEA技术合作（TC）项目“AP1000严重事故源项、废水处理技术及跨区域应急研究支持项目（CPR9044）”获得IAEA正式批准。组织有关项目承担单位研究并制订了该项目2014—2015年度活动的实施计划，具体包括：3次科访、5次进修、3次培训和1次专家服务。

先后组织召开核电工程建设经验交流研讨会、辐射防护和应急准备研讨班、严重事件报告和运行经验研讨班等3次交流研讨活动。活动共邀请近30名WANO专家和国外核电企业专业技术人员参加，同时还组织集团公司、有关项目公司和专业化公司等近100人次参会。

7月，组织邀请11名WANO专家在山东海阳核电站成功开展了1号机组装料前同行评估准备技术支持活动。作为

WANO首次对AP1000机组开展此类活动，评估范围覆盖了与电站生产准备工作相关的所有重要领域，如运行、维修、技术和培训、组织与管理、应急准备、电厂状态和控制、工作管理、设备绩效和状况、人员行为观察、安全文化等。WANO专家在对标各领域国际先进水平的基础上，识别差距，提出改进建议，为海阳核电站顺利通过正式同行评估奠定了基础。

6月，核电技术中心派员赴加拿大Bruce B核电厂成功执行技术支持领域同行评估任务。通过本次活动，了解了加拿大核电厂的先进管理经验，学习了WANO核电厂运行绩效评估方法，为集团公司核电项目在未来实现安全可靠运行积累了宝贵经验。

6月，向美国核电运行研究所（“INPO”）正式提交成为其国际会员的书面申请函，并于7月获得INPO董事会批准。充分利用INPO在核电运行管理领域的资源优势，进一步促进集团公司核电板块与国际核电同行之间的信息共享和经验交流。

4月，经过多轮友好磋商，与西班牙核企联盟签署了关于核电领域合作的谅解备忘录，与西班牙泰纳通公司签署了战略合作框架协议。

高度关注核行业发展趋势，积极参与核电前沿领域研究，努力提升集团核电科研开发和技术涵养能力。继续推进模块化小型反应堆（SMR）的国际合作，探讨研究合作模式与开发应用。

五、国家核电技术有限公司

（一）重点国际合作项目进展情况

1. 南非市场开发项目深入推进

大力推动两国政府层面核能合作。完成双方政府间核电合作框架协议签署工作。积极开展高层公关，以中国三代核电自主化发展经验为抓手推进市场开发。2014年先后协调南非能源部长、部长顾问等高层领导先后访问国家核电及所属单位、AP1000项目现场和我国核电装备制造基地；公司领导也多次赴南非交流我国三代核电自主化发展经验。2014年12月南非总统祖马访华期间，与核能集团、工商银行和南非标准银行分别签署《培训实施方案》和《南非核电项目融资框架合作协议》。

2. 持续推进英国核电市场开发工作

积极推动对英国政府有关部门的推介和公关工作，与英国能源部官员与英国政府进行多次深入交流。积极开展与英国涉核企业的合作和交流。

3. 土耳其市场开发项目取得阶段性成果

公司与西屋高层联合拜访土耳其政府能源部等有关部门，与土能源部部长、原子能机构主席等进行了深入交流。访问期间，国家核电应主办方和土能源部邀请参加第七届土耳其能源大会，成功展示了公司在三代核电研发设计、工程建设管理、设备材料制造、运行等环节的能力。

(二) 国际交流情况

1. 继续夯实与IAEA的合作

8月，国家核电承办IAEA新建核电站产业参与和本地化技术会议。10

月，IAEA总干事天野之弥访华期间赴CAP1400示范工程现场、AP1000海阳现场、国核设备参观考察。国家核电有关所属单位积极承办IAEA专业技术会议，积极探索与IAEA在CAP1400取证、人才培训等方面开展合作的可能性。

2. 进一步加强与世界核协会（WNA）的合作

组织参加WNA2014年大会并在工作组会议上发言。12月，国家核电成功承办WNA、清华大学以及中国核能行业协会主办的世界核大学（WNU）中国周活动，来自国内核行业的约150名人员参加了此次活动。

3. 派代表团参加第22届世界核妇女组织大会

10月，国家核电派代表团参加了第22届世界核妇女组织大会，副总经理马璐在会上发表主旨演讲，并正式申请在中国举办2017年WiN大会。

4. 不断夯实和拓展与其他国际组织的合作

继续保持和深化与WANO的合作交流。积极组织公司系统参加WANO组织的活动并将WANO综合信息形成季度工作报告报相关方面；参加第22届世界核工程大会（ICONE），总经理顾军在大会上发表主旨演讲；积极参与APEC中国工商理事会的有关活动，董事长王炳华出席了2014年APEC工商领导人峰会。

六、中国东方电气集团公司

1. 在海外市场开拓方面，与中核集团中国中原对外工程有限公司等单位，签署了《关于阿根廷CAREM小堆项目的合作协议》；2月开始，东方电气与中国中原对外工程有限公司、华东电力设计院等单位，合作参与CAREM小堆项目常规岛EPC投标。

2. 西屋电气、斗山重工完成陆丰1号机组CRDM、RVI主要材料的采购工作，进行零件机加工及焊接。同时，西屋电气继续就陆丰2号机组CRDM、RVI设备向东方电气提供技术支持服务。

3. 积极配合中核集团、中广核集团、国家核电等单位，在阿根廷、罗马尼亚、英国、南非等项目开展相关工作。

中国核能行业协会

一、积极做好政府部门委托的国际合作业务

（一）认真做好GIF联络办工作

1. 中国加入GIF SCWR系统安排。超临界水冷堆系统（SCWR）是GIF推荐研发的六大先进反应堆系统中唯一的压水堆。在前期论证的基础上，协助政府部门完成中国加入GIF超临界水冷堆系统安排的相关手续。5月22日，科技部向GIF政策组提交了中国加入SCWR的加入书，获得一致通过。为保证加入SCWR后中方权益的最大化，始终坚持“以我为主、有取有予”“统筹规划、分步实施”的原则，先后组织、指导中国核动力研究设计院完成了“中国加入GIF超临界水冷堆国际合作项目建议方案”的编制，组织召开

了“中国加入 GIF 超临界水冷堆系统安排协调会”，邀请行业专家对中国加入 GIF 超临界水冷堆国际合作项目建议方案进行审查，并就建立国内协调和沟通机制进行了讨论，形成了会议纪要。根据会议精神，9 月 17 日，联络办会同中国核动力研究设计院在成都召开了中国加入 GIF SCWR 第一次工作协调会，组织国内 7 家参研单位，研究讨论了中方加入 GIF SCWR “热工水力与安全（TH& S）”和“材料与化学（M&C）”合作项目计划的中国贡献等，提出了中方参与 SCWR 项目计划编制的原则和相关要求。会后，对中国核动力研究设计院和上海交大提出的中国参与 GIF SCWR “热工水力与安全（TH& S）”研发项目 2015—2019 年项目计划，“材料与化学（M&C）”项目 2014—2018 年项目计划进行了初步审查，报经科技部和科工局同意后，于 10 月底提交 GIF。根据该计划，中方将参与“热工水力与安全”项目中超临界热传输实验研究等 8 个工作包、27 个课题的研究，参与“材料与化学”项目中 3 个工作包、12 个课题的研究。

2. 参与 GIF 技术标准和重要政策、文件的制（修）订，反映了中方关切，提升了中方话语权。

(1) 商请核安全局等单位和专家，再次研究提出了对 GIF《钠冷快堆安全设计准则》中“堆芯反应性空泡系数”的澄清意见。

(2) 根据 GIF 要求，研究提出了对 GIF 框架协议有效期延长、修订，观察员国信息处理政策声明，变更举办 GIF 相关会议规则、会议纪要等文件的中方意见。经科技部和国防科工局同意后，提交 GIF 秘书处。

（3）根据 GIF 和政府部门要求，完成“2013 年中国国家报告”“2014 年中国国家报告”、GIF 第 37 届和第 38 届政策组会议用“中国核能最新进展报告”等 5 份英文报告的编写。中方提交的报告内容已分别收入《GIF2013 年年度报告》和有关会议纪要。

（4）完成 GIF《Status of engagements with universities and other stakeholders》中方内容的收集和更新，提交 GIF。该表反映了成员国科学界、产业界和大学宣传第四代核能技术并参与 G—4 技术研发的状态。

3. 积极推动中国 GIF 有关项目的研发合作，组织协调国内相关单位参加 GIF 相关活动，举办或承办 GIF 专业会议。

2014 年，联络办共主办或协助相关单位在华举办第四代核能系统经济评价与风险安全评价方法学研讨会，钠冷快堆指导委员会、高温气冷堆、熔盐堆、铅冷快堆等专题会议 10 次，约 300 人次参加。同时，积极协调组织国内相关单位的 20 名代表和专家出席了 GIF 第 37 和 38 届政策组会议、第 31 和 32 届专家组会议、产业咨询高级委员会、各系统项目管理委员会等 10 次，推动我国第四代核能系统国际研发合作取得实质性进展。

4. 完成 GIF 超临界水冷堆指导委员会、实物保护与防扩散工作组中方专家的遴选和提名。

5. 进一步加强 GIF 信息分享。完成修订版“GIF 路线图”的中文翻译和编印；2013 年年度报告、GIF 成员国国家报告、俄罗斯核能发展战略报告等资料的翻译。编制了《第四代核能系统经济评定方法学及风险安全评定方法学汇编》。

（二）受国防科工局系统工程二司委托，策划并承办了 12 月 25 日—26 日在北京举行的“防核扩散及核进出口管理政策法规宣贯会”，来自国防科工局、外交部、商务部、海关总署等政府部门，以及地方国防科工办、企事业单位、高等院校的 160 余名代表参会。

会议期间，政府部门的代表全面介绍了近年来核及两用品进出口管理工作，分析了防核扩散工作新形势及近期的热点问题，宣贯了核与两用品及其相关技术的政策、法规、监管要求及相关实践；有关专家深入讲解了国际原子能机构保障监督体系、中国核材料管制体系、核安保管理及国际合作等。同时，分享了有关核进出口企业如何加强企业自律，做好核进出口工作的经验。

（三）应国家原子能机构的要求，协助策划“中国与国际原子能机构 30 周年研讨会”。

（四）受国防科工局系统工程二司委托，承办了 12 月 18 日在北京举行的核损害赔偿立法专家研讨会。32 名中方代表与国际原子能机构专家就第三方核责任共约和核损害赔偿立法进行了深入研讨，推动我国核损害赔偿立法进程。

（五）受国家能源局的委托，协办东亚峰会清洁能源论坛核电专业论坛，论坛于 8 月 28 日在成都举行。

二、拓展双边合作

1. 与法国核电规范标准协会（AFCEN）签署了合作谅解备忘录。2 月 19 日，AFCEN 主席一行访问协会时双方达成了合作共识；6 月 19 日，张华祝理事长与 AFCEN 主席罗洁女士在北京中法核电运行经验交流会开幕式上正式签署了合作谅解备忘录。依据备忘录，双方将合作开展有关法国核电规范标准方面的信息交流与培训。

2. 完成了《中国核能行业协会与世界核电运营者协会（WANO）合作谅解备忘录（MOU）》的起草、翻译工作。

3. 完成了《中国核能行业协会与美国核电运行协会合作谅解备忘录（MOU）》文本的拟定、翻译工作。

4. 配合会员单位进军英国核电市场，与英国贸易投资署和核工业协会（NIA）进行了再次接洽，双方均希望开展核能领域的交流与合作，以期建立正式的合作关系。英国驻华使馆贸易投资署顾问李安一行在 8 月访问协会时，提出了双方在公众接受、废物处理与核设施退役、研究开发、供应链方面的合作建议。

三、积极推进海峡两岸核能交流与合作

1. 与台湾核能科技协进会密切合作，华能核电系统第二批人员于 7 月 6—15 日赴台湾电力公司进行为期 10 天的核电厂综合管理专题培训。

2. 组织台湾《为何害怕核能与辐射》一书在大陆出版。

3. 以理事长罗守纬先生为团长的台湾产业界高级代表团，于11月16—21日访问了协会及中核集团公司和中广核集团公司等单位。该团的来访有利于促进海峡两岸开展核能系统工程设计技术、核电厂大修和营运与维护技术、核废物处理及贮存技术、核能设备地震试验技术，以及台湾核电厂相关技术与产品的交流与合作。

4. 协助山东海阳核电有限公司联系赴台湾进行放射性废物处理考察访问有关事宜。

四、根据行业发展需求，组织举办国际技术交流等活动

2014年，共组织举办或协办国际性培训及专题研讨会及组团参展等活动10余场，近千人参加。

1. 协会组团参加法国首届世界核工展。为了贯彻国家核电“走出去”发展战略，加强与法国的核能合作关系，应会员单位要求，协会牵头组织中核集团、中广核集团、中电投集团、国家核电、华能集团、浙江海盐中国核电城等9家单位赴巴黎参加了10月14日—16日在乐布尔热举行的首届法国世界核工展（WNE）。

本次参展，是我国核能企业第一次集体参加国际展览，初步展示了中国核能行业的形象和实力，引起国际同行的广泛关注，取得了良好效果。

展览期间，协会代表团积极拓展双边关系，先后与英国投资贸易署、英国核工业协会、土耳其原子能机构、阿根廷国家原子能公司、阿联酋核能公司、美国西屋公司等进行接洽，探讨开展双边合作的可能性。赴英国访问，建立了与汤普森公司合作生产核级阀门等意向。

2. 与德国莱茵检测认证中国有限公司共同在上海组织召开了核电仪控系统设计安全标准与应用交流会。

3. 6月17日—19日，协会与法国EDF、AREVA、AFECEN共同在北京首次举办了中法核电经验交流研讨会。来自中法两国核电领域的49名专家围绕核电法律法规、标准规范、老化管理、设备鉴定与维修、核电厂阀门、仪控系统、蒸汽发生器等相关领域作专题报告。67家单位200余名代表参加了研讨会。

4. 协助中科华核电技术研究院于7月8日—9日在深圳组织举办了2014年压水堆长周期换料技术研讨会。来自中国、法国、美国核电领域的28家单位90余名与会代表围绕堆芯设计与安全分析等进行了专题报告与研讨。

5. 由协会与世界核大学（WNU）、清华大学共同主办的2014年世界核大学清华周培训研讨会于12月8日—11日在北京举行，170多名代表参加。本次培训研讨会首次安排了3篇中方报告，使学员在了解全球核能发展关键问题的同时，对我国核能发展政策、技术研发、重大工程项目有比较清晰的了解。

五、组织出席境（内）外国际会议等活动

共组织协会和会员单位人员先后出席了日本原产第47届年会、中英基于证据的政策制定研讨会、IAEA制定关于新核电计划的国家立场技术会议、中国纳米比

亚商务论坛等29场次活动，149人次参加。

国际热核聚变实验堆（ITER）计划中方工作进展

2014年，科技部代表中国政府通过参加理事会及其附属的管理咨询委员会（MAC）、科技咨询委员会（STAC）、财务审计委员会（FAB）、氚增殖实验包层项目管理委员会（TBM-PC）、管理评估（MA）等会议，全程参与ITER国际组织的管理和重大事项的共同决策。随着参与ITER计划管理深度和广度的不断扩大，我国的权益得到了有效保障，中方话语权也得到了大幅度提升，在大是大非问题上的原则、立场和态度成为决定ITER计划如何向前发展的重要因素。

2014年，ITER采购包加工制造任务及国内核聚变研发工作全面铺开，中方承担的ITER采购包的研制及加工制造任务进展顺利。截至年底，中方与ITER国际组织累计签署采购安排协议（PA）和补充采购协议达17个，中方的实物贡献额度达到270.6 kIUA（“kIUA”为1998年不变价“百万美元”），占中方总贡献额的96.2%。中国国际核聚变能源计划执行中心（ITER计划国内机构，以下简称“核聚变中心”）依照政府采购法及相关法律程序进行招标采购活动，累计与国内企业及科研院所新签14个设计与制造合同，合同价款累计9.1亿元。

一、参与高层管理活动，维护中方权益

1. 参与ITER国际组织高层管理活动

2014年，科技部副部长曹健林三次率团出席ITER理事会(IC)会议，参与ITER国际组织的高层决策和实行管理监督。会前，核聚变中心组织专家仔细研读会议文件，分析各方立场，形成谈判对案和表态口径。会议期间，利用各种机会积极与各方代表团交换意见，代表中方积极建言献策，切实维护中方权益。2月，ITER特别理事会启动继任总干事的遴选工作，曹健林副部长多次与理事会主席进行电话沟通，表达中方意见。9月，中方在北京主办遴选委员会见面会，最终确定了总干事候选人的排序，为继任总干事的面试做好了铺垫。

自2014年起，中方开始担任MAC主席，全面介入ITER计划和组织管理。核聚变中心在派员出席MAC会议的同时，在国内组织相关部门和人员为主席提供技术支撑。在核聚变中心的组织下，中方代表出席了两次管理咨询委员会(MAC)会议和两次科技咨询委员会(STAC)会议，探讨ITER计划中管理及技术方面的共性和接口问题。此外，ITER国际组织每两年进行一次管理评估活动。核聚变中心对前三次管理评估的整改效果进行系统评估，分析本次管理评估的范围、方法和工作模式，为推荐中方人员出任管理评估员做好充分准备。经与各方沟通，中方人员已被成功聘请为新一届管理评估员，任期两年。

2. 与国际组织建立更有效的互动与合作机制

2月特别理事会批准成立了“国际组织与国内机构互动工作组”，在前期“问题与障碍研究工作组”结论性意见的基础上，进一步梳理国际组织和国内机构的关系，探讨建立更有效的互动与合作机制，以提高ITER计划的决策和实施效率。该工作组在两次理事会上进行工作汇报，得到包括理事会主席在内的好评，进一步密切了国际组织与国内机构的关系，为双方合作开辟了新的模式。

2014年，“ITER高层协调小组”（IHCT）按惯例每两周召开一次视频或见面会。通过这些会议，及时了解各方最新动态，参与重大事项的平等磋商和决策，确保中方采购包研制过程中的权益。同时，各方国内机构负责人还按照“高层议事协调周”（UIT）活动安排，每月赴国际组织交流、议事一周，面对面集中解决重大问题，缩小双边和多边分歧。

二、规范管理，中方采购包项目有序开展

1. 加强过程管理，完成年度工作目标

依据与国际组织签订的采购包安排协议（PA）及与国内供应商签订的设计及加工制造合同，核聚变中心严格按合同约定和进度安排，在监造商的协助下，把好质量关，坚守“不能为了进度而牺牲质量”的原则，在各供应商的共同努力之下，ITER部件的设计和加工制造任务全面展开，进展顺利，全面完成年度目标。年内新签的合同有：屏蔽包层模块（SB）采购包技术支撑与集成、屏蔽包层模块原材料采购、屏蔽包层模块加工制造、磁体支撑系统（MS）系列生产合同、辉光放电清洗系统（GDC）设计、中子通量监测器（NFM）设计、无功补偿系统滤波电阻采购，以及ITER高压脉冲功率电网（PPEN）所需的400kV及66kV等级断路器和隔离开关、400kV及66kV避雷器、22kV开关设备、UPS设备及箱式预制电气舱、继电保护系统、电站控制系统、400kV及66kV塔架等设备的采购。

在已经签订的采购包设计和加工制造合同中，除了导体系列采购包和脉冲功率电网部分设备的加工制造已正式进入批产阶段外，多数采购包尚处于生产初期阶段，少部分采购包则刚完成国内招标任务，甚至还有个别采购包仍处于工程设计和认证阶段。2014年，中方共完成了3项工程设计评审任务、10项生产设计任务。此外，还完成大批关键工艺认证与检测任务。

根据年初制订的采购包执行年度工作计划（AWP），中方12个采购包共有64个控制点（其中包括17个AWP—SMP点，47个AWP—CDWS点）。这些控制点包括：采购包安排协议（PA）签署、国内商业合同签署、工程设计评估、生产设计评估、认证件的制造与测试、物项交付等。截至年底，中方完成了14个AWP—SMP点，完成率为88%，在八方（含ITER国际组织本身）中位居第三；完成了44个AWP—CDWS点，完成率为94%，位居首位。剩余的控制点因技术原因推迟到2015年执行。按照国际组织要求和各方共识，各方“控制点目标”完成率应不低于80%。从此角度而言，中方也是较好完

成了采购包年度工作任务的一方。

2. 进一步发挥企业主体作用

核聚变中心全面总结前期工作经验和教训，深入剖析过去采购包制造任务策划与执行方面存在的不足，基本做到了项目的规划决策科学化和组织实施合理化。2014年，核聚变中心除进一步强化部分在执行的ITER超导导体、校正场线圈、磁体支撑及电源等系统相关国内制造任务外，还开展了屏蔽包层、诊断及辉光放电清洗等系统的统筹策划、组织采购工作。重视项目的国内宣传与调研活动，积极鼓励更多企业关注、承担采购包的加工制造任务，为后期组织与实施开创了良好的局面。核聚变中心根据调研结果，科学制订项目目标和实施方案，统筹部署，让设计研究院和企业在项目实施过程中各自发挥独特优势，实现了分工合作和责任明晰的良好局面，逐渐形成了企业在采购包加工制造过程中的主体作用。2014年新增的9个一级供应商中，除1家为公司性质的研究院所外，其余均为企业。其中3家为合资公司，5家为大型国有企业或民营企业。

3. 全面加强“供应商链”管理

核聚变中心以成本管理、质保管理、安全管理、运输协调、工程集成控制为主要实施内容，通过事前控制、事中监督和事后检查等措施，加大控制力度，加强对采购包的设计和加工制造过程控制。核聚变中心依托专业机构或者中心自己资源，通过工程监造、质量外审、核工业标准宣贯、日常检查和产品出厂验收等途径，加强对“供应商链”的管理和监控。核聚变中心组织了40余名具有丰富经验的核工业领域一线质量工作专家，对于已签约供应商开展了约160人天的质量外审工作，发现并整改各类问题300余项。结合前期工作经验，核聚变中心还通过招标方式，落实电源采购包的监造队伍，为电源系列采购包的顺利开展发挥重要支撑作用。为探索完善聚变核安全方面的管理，核聚变中心结合法国核安全法规及ITER国际组织核安全管理要求，研究制订了ITER国际组织核安全工作报告（手册），初步确定了中方核安全工作的中长期目标、实现途径及具体措施。

4. 氚增殖实验包层模块（TBM）项目进入实施阶段

2014年2月，ITER特别理事会期间，在曹健林副部长的见证下，中方签署了“氦冷却陶瓷增殖剂实验包层模块（HCCB—TBM）”采购安排协议（TBMA）。中方是6个TBM参与方中第一个签署TBM安排协议的国家，它标志着ITER氚增殖实验包层模块的设计、制造等相关工作进入一个新的阶段。7月，ITER中方HCCB—TBM概念设计评审会议在ITER国际组织总部召开，中方TBM工作团队严格遵照国际组织管理要求，积极协调国内研究设计团队，完成了41份设计文件的编写与审核，得到了ITER评审专家组的充分肯定。在开展前期预研工作梳理的基础上，核聚变中心精心部署下一阶段工作，对以往国内项目支持的研究任务和近期拟开展的工作进行盘点，提出细化建议。

三、加强能力建设，提升专业化管理

水平

核聚变中心将创新驱动发展要求贯彻于管理过程中，努力打造专业管理团队。

1. 加强质量体系建设，推进管理创新

核聚变中心为了进一步提升专业化管理水平，借鉴国内航空航天等高科技行业的经验，结合本单位的中长期及年度质量方针和质量目标，特向新时代认证中心提出再认证申请。依托专业咨询机构，核聚变中心重新梳理采购包加工制造、国际合作、国内研发等方面的管理制度和程序，先后修改完成质量手册和22个程序文件，重新编写30余项日常工作流程和32项质量记录，并配合开展2次内部质量管理知识培训。通过新一轮质量体系建设和管理流程再造，优化了管理流程，拓宽了管理思路，提高了国际工程项目的执行、监督和管理能力，也为推动管理创新积累了实践经验。

2. 实施人才战略，打造专业管理团队

为了调动员工积极性和主动性，核聚变中心探索建立科学规范的绩效考评体系，对员工实行绩效管理。同时鼓励员工在职深造，努力建设一支高素质的具有国际视野的干部队伍。通过几年努力，逐步形成了在编员工队伍、技术服务支撑人员及专家咨询人员组成的管理团队。2014年，核聚变中心就国际大科学计划管理、项目管理、压力容器管理、CE认证、核安全、质量外审、进度控制与管理、招标采购、档案管理等方面开展业务培训。继2013年成功主办国家人社部国际组织及国际大科学计划高层管理人才能力建设高级研修班之后，2014年继续主办第二期研修班。来自相关部委、科研院所、签约供应商和高等院校等共计47家单位的70名学员参加了研修和培训。此外，核聚变中心还针对供应商开展了400余人次的管理和技术培训，其中包括102名设计师的培训与考核。通过实施人才战略和打造专业管理团队，核聚变中心多人获得项目管理资格证书，1人通过全国质量外审考试，并形成体系运行有效、实行PMP科学管理、业绩考评精细的全系统科学管理局面。

3. 加强标准化体系建设，推进技术进步

核聚变中心积极落实国家科技及标准化“十二五”规划中针对国际大科学与大工程标准化的具体要求，加大了标准化资源配置力度，学习和借鉴大飞机专项标准建设的成功经验，结合当前国家推行的建立联盟标准思路，策划组织建立ITER采购包标准体系，为编制行业或国家标准做好技术储备，为国内磁约束核聚变堆的设计和建造提供标准支撑。该标准体系的建立，既可以避免采购包实施过程中的成果流失，又可以适应市场需求，推进成果转化。为此，核聚变中心编制了《ITER采购包专项标准建设工作方案》，确定了中心标准体系建设的定位、近期目标、远期目标及工作机制。积极依托专业团队，宣贯技术标准在ITER计划中的应用，指导和监督各供应商落实采购包安排协议（PA）规定标准的实施；以重点标准为支撑，全面带动采购包技术标准及法规管理，推动相关行业的技术升级和进步。

4. 依托信息管理平台，沉淀过程资产

紧紧围绕ITER计划国内采购包管理的实际需求，以国际合作项目信息化管理要求为基准，以提高管理效率、沉淀组织过程资产为目的，推进信息化平台的规划和建设工作。为保障ITER计划的顺利开展，核聚变中心升级改造了远程协同设计平台；建立完善文件管理系统（CIMS），优化升级即时通讯和视频会议等信息系统，实现了与国际组织和国内供应商之间高效便捷的远程协同办公；同时，以文件管理系统为平台，将过程管理和工程技术文档纳入其中，积累过程资产，为将来自主建设核聚变堆做好数据信息储备。

四、国际合作与国际组织中方职员管理

ITER计划专项不仅包括ITER计划的管理和实施，还包括磁约束核聚变领域的双边、多边国际合作管理的技术支撑。2014年，核聚变中心会同科技部国际合作司和基础司、国内核聚变研究院所和部分高校，先后举办了一系列双边及多边合作交流会议：中日核聚变双边合作联合工作组第七次会议、中韩核聚变双边合作联合协调委员会第二次会议、中欧磁约束核聚变双边合作两次分委会会议、中美双边合作第七次会议、中日韩三方合作第一次会议、国际原子能机构（IAEA）第二十五届聚变能大会、中俄双边核聚变合作执行协议谈判启动会等。通过核聚变双边和多边合作，结合国内研发进行统筹设计，实现优势互补，在执行ITER计划的同时提升我国核聚变能研发水平。

我国派赴ITER国际组织工作人员数量不断增加，中方在ITER国际组织的职员由30名增至54名，人员比例占8.5%，居东道主欧盟外其余六方之首。其中副总干事1名、业务类职员P级（Professional）岗位26名、一般事务类职员G级（General Service）岗位27名。同时，在ITER国际组织三大部门的各个司局中，中方职员均有分布，涉及多个关键岗位，逐步地还会有更多职员进入到D级（Division Head）及以上中高层岗位。5年来，我国先后向ITER国际组织派遣60名访问学者，涉及管理和技术的各领域，锻炼和培养了一批年轻技术专家。

（本部分材料由中国国际核聚变能源计划执行中心提供）

核能骨干企业

中国核工业集团公司

一、全力以赴保增长，产业经济实现稳步发展

全年实现总产出同比增长5.8%；主营业务收入同比增长11.3%；利润总额同比增长12%；EVA实现50亿元；财政预算执行率达到97.1%，处于军工行业领先水平；万元工业增加值综合能耗低于0.56吨标煤。各项经济指标全面完成国资委考核目标。2014年，集团公司连续9年获得国资委年度业绩考核A级。

核动力产业取得新成绩。积极推进ACP1000技术研发和工程应用，自主三代技术成功落地福清。逐步改进核电项目四大控制，福清1号、方家山1号机组建成投产，方家山2号机组并网发电，海南1号机组实现冷试，田湾3号机组完成穹顶吊装。核电站棒控棒位系统研制成功，乏燃料运输容器、主蒸汽隔离阀等取得重大突破。

核电安全稳定运行，新项目取得积极进展。在役核电总装机容量为859万千瓦，全年实现总发电量为537亿千瓦时，平均负荷因子超过90%。秦山一期创国内核电机组最短大修工期。海兴项目获国家发改委“路条”。

核燃料生产任务全面完成。铀纯化转化、铀浓缩、核燃料元件、自主化先进锆材等产能项目均完成年度计划。沿海核燃料产业园前期工作取得阶段性进展。国产先进核燃料元件CF3入堆考验。

天然铀产业稳步增长。全年新增资源量、落实详查储量、生产天然铀，均超额完成年度计划目标。北方大矿开发快速推进，提前一年建成与国际先进水平接轨的蒙其古尔一期工程。南方项目在安全环保基础上，推进“上大压小”，居隆庵、许家项目进展顺利。

核环保产业有序发展。国内首个高放废液处置设施玻璃固化工程开工。中放废液处置、后处理厂等重大项目进展顺利。

核技术应用产业继续保持较快增长势头，主营收入和利润连续4年增长超过15%。稳步推进医药基地、辐照站建设和医药中心布局，完成14条药品生产线新版GMP认证工作。

非核产业持续增长。核能产业服务不断开拓，形成了标准模式。医管中心正式挂牌成立，医疗服务加快产业化发展。新能源成功并购中海油45万千瓦风电项目。河北两个地面光伏电站发电，实现集团光伏发电零的突破。风、光电在运总装机容量达65万千瓦，在建19.5万千瓦。

国内战略合作深入推进。牢牢抓住“一带一路”、京津冀协同发展、长江经济带等战略契机，建立与地方政府对口联络机制，推动与相关省区一揽子战略合作。加大与国内核工业企业在燃料供应、核应急、电站调试等方面的合作。

二、大力实施“龙腾计划”，科技创新取得新成果

2014年集团公司科技创新成绩显著，成果转化取得新成效，研发投入持续增长，约占主营业务收入的3.5%。

“华龙一号”完成研究、设计和验证，通过了国家能源局和国家核安全局组织的评审和国际原子能机构反应堆通用设计审查。ACP100顺利完成初步设计。“龙原”工程示范快堆方案和主工艺设计完成。中国实验快堆首次实现满功率运行，标志我国全面掌握了快堆设计建造、调试运行的核心技术。自主研发的100MeV质子回旋加速器成功建成。CF3先导组件实现入堆考验，MOX燃料芯块制备首次热试成功。核电工程设计软件自主化、核电厂DCS安全级平台样机开发取得了重要进展。

2014年，集团公司获国家科技进步二等奖1项、国防科技一等奖1项，获中国专利优秀奖1项，申请专利1348件，获专利授权797件。

三、加快推动国际化经营，“走出去”迈出新步伐

与巴基斯坦、阿根廷合作引向深入。中巴高层协调机制谅解备忘录完成签署，为后续合作打下坚实基础。与阿根廷签订建设重水堆核电项目实施协议及框架合同。与英国、俄罗斯、法国等重点国家积极推进全面合作、全球合作和全产业链出海。在HPC核电项目推进的同时，与英国开启核电技术、后处理、退役治理等领域合作。

与法国、英国等多国合作伙伴签署合作协议或谅解备忘录。积极参与多边国际平台活动和展会，国际认知度和影响力不断提升。

四、抓好顶层设计，改革调整深入推进

深化改革顶层设计完成。集团公司成立了深化改革领导小组，发布了深化改革指导意见，确立了现代企业制度、市场化经营机制、人事管理和事业单位改革、混合所有制等四方面内容，并分解成44项改革任务，落实责任，明确进度。

“三个中心”管理模式进一步完善。梳理了集团总部与板块权责，开展了制度编修。产业板块改革不断深化，核动力事业部、核电公司、中核控股等优化管理机构，实现产业与市场更好对接。燃料公司股权多元化改革稳步推进。地矿事业部积极开展矿山企业改革。同辐公司积极推进股改工作。

现代企业制度建设扎实推进。集团公司建设规范董事会试点深入推进，董事会授权体系加快建立，专委会的作用进一步加强，公司治理效能不断提升。研究谋划集团公司现代化企业制度建设思路，保障了董事会、经营层的有效运行。

五、巩固管理提升成果，基础管理进一步加强

2014年，集团公司顺利完成国资委管理提升活动，获评“中央企业管理提升活动先进单位”。

财务与内控建设得到加强。财务管理正实现向绩效财务转型。采取多种措施降本增效，成本与“两金”得到较好控制。内控建设得到加强，制订并颁布了《中核集团总部内控工作手册》。

风险管理和审计工作不断加强。强化审计监督关口前移理念，加强任中审计，首次开展常态化“企业体检”。有效利用审计成果，首次在全集团发布《内部审计问题公告》。深入开展核电等专项风险评估和审查，获国资委高度评价，风险管理工作向专业化方向发展。

高层次专业人才队伍建设取得新成绩。4人入选中央第十批“千人计划”，5人通过国家和国防科技领域“青年拔尖人才”评审。技能人才队伍建设稳步推进，6人分别获中华技能大奖和全国技术能手表彰。成功举办第二届集团公司职工职业技能大赛。首次开展全集团新员工入职集中培训。

六、切实加强安全管理，安全环保形势平稳

一年来推动工作机制转变，安全环保风险得到有效控制，管理水平有一定提升。安全环保风险受控，年度考核指标全面实现，核与辐射安全保持良好纪录，工业安全形势平稳，环境安全受控，职业危害得到较好控制，实现了“五个杜绝”的年度安全环保目标。集团公司级安全风险项减少16项。

安全环保标准化体系进一步健全。安全环保标准化成为集团公司完善安全环保管理体系、提升安全环保管理水平的重要手段。成立了安全生产标准化建设领导机构，组建了评审机构，制定了考核评级标准。各单位对照标准开展达标认证和整改工作，已有54家单位通过安全生产标准化企业达标认定，其中45家通过科工局评审、9家通过能源局评审，“我要安全”机制逐步建立。

七、党的群众路线教育实践活动成效明显，党建和干部队伍建设不断加强

党风建设和反腐倡廉工作成效明显。制定了惩防体系建设五年规划。狠抓“八项规定”精神落实，纠正“四风”，五费支出同比下降27%，加大违纪违法案件查办，加强巡视工作。

干部队伍建设进一步加强。完成了45家成员单位领导班子的调整和组建，面向军工系统公开选拔10名党组管理干部。

公众宣传力度不断加大，集团形象不断提升。集团公司被中宣部确定为践行社会主义核心价值观百家经验单位。

教育实践活动取得实效。总部提出“两转两提高”措施226项，已完成216项。

中国核工业建设集团公司

2014年，是中国核工业建设集团公司成立15周年。面对复杂形势和改革转型中的困难，中国核建坚持“以核为本、两业并重、适度多元”的发展方针，紧紧围绕年初确立的目标和总体部署，突出核心能力，提升基础管理，圆满完成了保增长的硬任务。2014年，中国核建实现营业收入同比增长22.5%，利润总额同比增长10.4%，全面完成了年度各项工作任务。

一、改革发展

（一）强化队伍建设，以价值创造为导向的考核与分配机制不断深化

2014年，中国核建以强化干部监督为抓手，规范党组管理干部的任职条件、任期职数、选拔任用、考核评价、薪酬奖惩、退出要求等，全面优化干部管理体系。更加注重人才培养和干部队伍建设，坚持干部队伍、专业技术人才队伍、技能人才队伍一起抓，统筹推进各类人才队伍建设，积极探索推进专业技术人才实施工程。建立专业技术人才和技能人才职业发展通道，畅通各类人才成长通道，进一步激发了干部队伍、专业技术人才队伍和技能人才队伍活力。

全面推进工资总额管理，积极探索事前引导、事中控制、事后监督的收入分配等管理调控新体系。不断加强各成员单位对政策的理解和把握，强化各成员单位对工资总额预算的过程管控，将工资总额预算管理工作不断推进深化。同时，引导各单位不断深化收入分配体制改革，把握收入调控的方向，促进收入分配更加科学合理。进一步严肃收入分配纪律，规范集团公司成员单位收入分配秩序，努力形成结构合理、水平适当、管理规范的收入分配体系，进一步规范了中国核建成员单位企业负责人薪酬管理，进一步完善考核指标体系，完善工资总额管理体系，激发企业发展动力和活力。

（二）集团化管控能力得到有效提升

战略规划引领作用不断强化。转型升级各项战略得到有效落实。形成总部在战略规划、投资决策、资源配置、风险管控、服务保障的管理平台。发布了中国核建集团公司和股份公司2014—2016年滚动发展规划，全面启动“十三五”规划编制工作。

经营管控力度不断加大。强化了经营主导地位，加强内部经营管理，构建了运营管理的PDCA闭环管理，进一步丰富了集团公司运营管理体系。

制度体系建设和标准化管理不断完善。建立健全管理制度93项。成立集团公司核电工程标准化委员会，全年编制的核电标准中共113份标准通过专家审查。集团公司级工程技术体系和信息技术应用标准体系搭建取得阶段性进展。

投资管理机制不断健全。成立投资管理委员会，实现投资决策的制度化和科学

化。加强对所属企业开展投资活动的规范性指引。

财务管理不断加强。设立预算管理委员会，加大对各单位的信贷支持及金融支持力度。拓展新型融资渠道，以新华发电股权并购项目为依托，注册并成功发行并购债。财务公司获批筹建。

（三）多元化业务稳步发展

环保产业渐具规模优势。启动污泥处置项目，拓展延伸环保产业链。探索军品科研生产能力新途径。投融资业务有序开展。重组香港上市公司股权，搭建国际投融资平台。拓展新的业务领域和方向，改善投资布局、提升资产质量和盈利能力。

（四）股份公司上市与公司治理取得关键性成果

上市申报进入预披露。按照证监会时间节点要求完成加期申报和更新申报材料工作。规范公司治理成效显现。首次开展了全系统范围内的董事会、董事考核评价，初步建立了董事会运作情况数据库。

稳步推进混合所有制试点改革。深入贯彻全面深化改革精神，积极推动股权多元化改革。

（五）内部专业化整合步伐不断加快

整合核电检修业务、吊装运输业务，形成中核检修、中核机械等专业化公司。通过专业化整合，集中优势资源，进一步推动了中国核建产业链关键环节的能力提升。

二、重大项目

（一）工程建设保持平稳较快增长

2014年所有国内国外在建核电工程安全质量均处于受控状态；在建军工项目和军工业务收入同比有较大增长；市政工程、公路工程、机电安装、石油化工工程和电力工程等工业与民用工程任务储备大幅增加。

（二）核电企业级标准编制工作进展顺利

集团公司开展企业级核电建造标准体系编制工作以来，取得了显著的成效。2014年，完成了128份标准程序的编制，正式发布113份，为核电标准化建设、降本增效起到了积极的作用。

（三）清洁能源产业实现战略性突破

高温气冷堆前期工作取得实质性进展。山东石岛湾高温气冷堆示范工程进展顺利；江西瑞金高温气冷堆核电项目厂址普选完成，初可研正式启动；与清华大学签署了《关于进一步深化高温气冷堆技术产业推广的合作协议》和《60万千瓦级高温气冷堆核电站总体方案技术支持合同》，60万千瓦高温气冷堆总体技术方案论证会顺利召开；与迪拜签署《高温气冷堆项目合作谅解备忘录》，与沙特就签订高温气冷堆合作谅解备忘录达成意向，国际市场推广与宣传工作稳步开展。

中小水电等清洁能源领域实现战略布局。并购控股新华水力发电有限公司，形成了包括中小水电、风电、光伏在内的清洁能源投资开发新平台。目前，中国核建拥有投产和在建电站60座，总装机容量364万千瓦，投产装机容量160万千瓦；已获取开发权项目64个，总装机容量

433 万千瓦。

三、走向海外

中国核建是国内较早“走出去”、承担国际工程承包业务的中央企业，在长期国际工程建设中形成了完善的项目管理体系与风险管控体系，具备了符合国际市场运行要求的人员、装备、资金等资源。

2014 年以来，中国核建整合国际业务资源，打造核建国际海外业务平台、集中采购平台；加大海外市场的资源投入与市场开发力度，充分利用中国核建长期积累的大型核电工程项目的精细化、信息化、专业化、集约化管理经验、优势与大型核电工程建设的技术优势，结合上海自贸区的政策优势，开展集约化经营，在国际市场业务发展上迈上新的台阶。

四、重大创新

2014 年，中国核建承担的压水堆核电站重大专项“AP1000 核岛建造技术研究”课题顺利通过国家能源局组织的预验收，取得新产品（新工艺）60 项、研究报告 104 项，获国内专利 74 项（其中发明专利 31 项）、计算机软件著作权 8 项。其中“AP1000 核电大型模块整体吊运技术”“AP1000 反应堆冷却剂管道安装与焊接技术”“SC 结构自密实混凝土浇筑技术”“AP1000 核电站叠合式钢穹顶先进施工技术”等 4 项关键技术成果已申报国家科技部重大专项成果和产业化应用典型案例。

2014 年，中国核建获中国核能行业协会科学技术奖 5 项，中核华兴完成的“EPR 核电站双层安全壳建造技术”获得一等奖，中国核建取得了连续 3 年获得核能行业协会科技奖一等奖；中核二四和中核二二共同完成的“AP1000 核电站屏蔽厂房穹顶及主体结构先进施工技术应用与研究”项目，中核二四申报的“高温气冷堆核电站示范工程筏板基础冬期施工工艺与应用”获二等奖。此外，在中国电力企业联合会电力行业企业管理创新成果评选中，中核华兴获得一等奖 1 项、二等奖 1 项；4 项管理创新成果入选“中电联电力行业企业管理创新经典案例库”，获评经典案例一等奖 1 项、三等奖 3 项。

2014 年，高温气冷堆重大专项按计划顺利进展，完成 2 项科研项目的预验收。自主开发的三维协同设计平台已成为示范工程综合布置设计的重要工具；完成了典型系统的模块化设计方案，保障了示范工程顺利实施。目前，围绕高温气冷堆重大专项共计申请各类知识产权 47 项，其中专利 23 项、软件著作权 9 项、省部级工法 1 项。

同时，中国核建进一步完善科研和知识产权的激励机制，涌现了一批国内领先、行业影响重大的先进科技成果。2014 年共申请专利 199 项，其中发明专利 35 项；获得专利授权 159 项，其中发明专利 21 项；申请计算机软件著作权登记 81 项，获得登记证书 69 项，数量和质量上都有了显著提升。

五、信息化建设

中国核建全面推进信息化建设工作，在信息化管理体系及制度建设、信息化标准体系建设、信息系统的集成与共享、核心应用系统建设、信息安全防护体系建设等多个方面取得了一定成绩。

管理体系和制度建设。持续完善信息化相关管理制度、规范信息化工作管理流程，先后修订、发布了《集团公司信息化工作管理办法》《信息化建设发展规划管理办法》《集团公司信息系统安全管理办法》《集团公司信息化建设项目技术验收管理办法》，促进了各项工作的规范化、标准化管理。通过修改、完善集团公司信息化水平考核相关管理办法，组织开展集团公司和各成员单位信息化水平评价工作，进一步推进各成员单位整体信息化建设与应用水平。

信息化标准体系建设。加快重要领域标准制定，完善技术标准体系，提升标准水平，推进标准贯彻实施。先后开展了集团公司信息化应用基础环境、核心业务系统、核电工程物资编码等多个信息化应用领域的标准化建设工作，目前已形成一系列支撑下一步集团公司信息化标准体系建设的技术成果。

信息系统的集成与共享。持续开展集团公司信息系统的集成与共享建设工作，为各信息系统在数据和流程等不同层次上的集成与共享提供支撑。目前已完成中国核建财务管理系统、人力资源管理系统集成标准及相关数据梳理工作，并启动应用集成平台、主数据管理系统建设工作，为中国核建信息系统全面实现集成与共享奠定了基础。

核心应用系统建设。扎实推进集团公司统一部署的应用系统建设，按照国资委提出的“六统一”原则（统一规划、统一标准、统一设计、统一投资、统一建设、统一管理）开展具体建设工作，实现核心业务精细化管理，促进业务规范和管理水平提升。集中部署财务管理信息系统，实现集团公司各级单位的核算数据统一、平台统一、季快报报表的统一；集中部署人力资源管理信息系统，实现集团公司人力资源组织、人员信息的统一管理；建立符合集团公司核电多项目管控要求的企业级核电多项目管理信息系统，实现在成员单位及陆丰项目部、徐大堡项目部、国核示范工程项目部试运行。

信息安全防护体系建设。统一开展集团公司信息安全工作，全面提升集团公司信息系统安全防护能力。通过深入研究、全面分析，完成集团公司信息安全发展规划的总体设计，启动信息安全管理制度及技术措施建设工作。

六、党建工作

党的群众路线教育实践活动整改成绩突出。中国核建已完成专项整治工作29项，文件同比减少7.5%，会议减少27%。

加强反腐倡廉和效能监察。中国核建所属成员单位党委书记首次参加培训暨述职会议；召开了成员单位纪委书记述职会议；组织了纪检监察部门参加的查办案件培训班。

坚持标本兼治的总体原则，制订整改方案，出台落实“两个责任”的具体实施意见，明确党委的6大主体责任和纪委的4项监督责任，并提出46项工作措施。深化“三转”，聚焦主业，规范监督执纪问责工作，着力加大监督管控力度，严肃查处违法违纪问题，纠正历史遗留资产权属问题。全年效能监察共立项119个，建章立制40项。

审计整改效果明显。已解决多项整改问题，深化整改落实，建章立制，长效风险防控机制进一步完善。

企业文化与队伍建设呈现新气象。首次展开党委书记测评工作。大力加强企业文化建设，以“迎接核工业创建60周年、集团公司成立15周年”为主线，大力弘扬军工文化和中国核建品牌文化，推进与各单位文化融合。

七、履行社会责任

2014年，中国核建坚持把企业社会责任管理作为一项重点工作，认真抓好工作落实，促进了企业社会责任在全系统的全面推进。

致力环保。中国核建切实履行环境保护的社会责任，立足主业，努力搞好核电站建设，推动新能源研究发展，发展环保工程，努力为降污减排作出新的贡献。

加大管理力度。健全环境管理组织机构。2014年，中国核建坚持通过环境保护管理体系和组织定期、专项监管活动，通过多年的安全及职业健康管理、质量、环境三位一体化认证工作，已形成趋于完备的标准化、规范化环境保护管理体系。

健全完善环境管理制度。中国核建建立了《环境保护监督管理办法》及《考核办法》，各成员单位立足于生产实际，并按现有ISO14000环境管理体系要求，建立了环境保护制度体系，并在工作中严格执行。

持续提升环境保护工作。中国核建积极倡导推行绿色施工和绿色办公理念，严格遵守环境保护有关的法律、法规，得到了政府有关部门的认可。2014年，中国核建荣获全国建筑业绿色施工示范工程3个、建筑扬尘集中整治先进单位1个、省级绿色施工示范工地3个等荣誉称号。

大力推进清洁能源的应用。中国核建大力推动以高温堆、低温堆为代表的核动力技术产业化，努力为降低碳排放放量作出贡献。

中国核建还致力于促进社会和谐，努力成为可信赖的、优秀的企业公民，积极采取措施提供就业岗位，将拉动就业视为自己重要的社会责任。

积极扶贫济困。中国核建始终重视回馈社会，承担起一个优秀的企业应该承担的责任，积极参加公益活动，努力在扶贫济困方面作出贡献。2014年，股份公司投入75万元用于资助贫困学生，共有143名学生得到全额学费资助。

志愿者活动。中国核建积极鼓励员工

参加志愿服务和社会公益活动。2014 年，股份公司各成员单位积极组织开展爱心捐赠活动、义务劳动、志愿献血、关爱特殊群体等多形式学雷锋志愿服务活动，努力用爱心回馈社会，创造和谐氛围。

见义勇为。2014 年 9 月 8 日，中国核建两名年轻员工刘彦龙、杜永利抱石沉海、勇救 6 名落水群众，传承了核工业人的优良传统，传播了正能量。中央企业团工委和中国核建集团授予两位员工荣誉称号。

中国广核集团有限公司

2014年，中国广核集团坚持“一次把事情做好”的核心价值观，打赢生产建设、发展提升、改革创新三场攻坚战，各方面工作均取得了令人振奋的成果，荣获“中央企业管理提升先进单位”和“安全生产管理专项提升先进单位”称号。

截至2014年底，集团总资产达到3903亿元，净资产达到1200亿元，员工总数约3.28万人，控股在运装机容量达到2334万千瓦。其中，核电装机容量1162万千瓦，占我国大陆核电运行装机容量的57%；在建核电机组13台，装机容量共1550万千瓦，占我国大陆核电在建规模的50%，占全球核电在建规模的20%；总资产和营业收入同比增长分别达到24%和28%，在运装机容量同比增长37%，上网电量突破1000亿千瓦时。

一、改革发展

按照国家关于中央企业深化改革的部署和精神，中广核2014年按照分板块、差异化的原则，聚焦在市场化机制、现代企业制度、职业经理人制度和混合所有制等四个方面推进改革。同时，启动了对新能源、金融、核燃料三个业务板块的组织整合，加上之前已经明确的核电板块，四大业务板块的产业布局基本形成。

2014年，中广核在资本市场取得重大突破。在股东、监管机构和各相关方的大力支持下，中广核电力、中广核美亚分别于2014年12月和10月在香港联交所主板成功上市。其中，中广核电力是全球核电第一股，募集资金超过250亿港元。目前，中广核的核电、核燃料、新能源三大业务板块均已在香港拥有上市平台，发展条件持续改善，公司管理更加规范。以上市为契机，企业的治理结构、管控模式、资源配置、激励机制等都将进一步向市场化转变。

二、核电工程建设

2014年，中广核实现核电机组3台商运、1台装料、4台热试、4台冷试，在建13台机组关键里程碑完成率达到91.7%，在建工程总体可控。自2008年以来，中广核以岭澳核电站3号机组为开端，陆续开工的7台CPR1000机组，到2014年底已全部建成投产，平均工期达到62.1个月，处于国内领先水平，并优于63个月的国际平均水平。阳江核电1号机组较原计划提前36天投产，创造了“装料到商运151天”的CPR1000机组最短纪录。

三、核电安全生产

中广核按照“安全第一、质量第一、追求卓越”的基本原则，坚持“一次把事情做好”的核心价值观，保障核电全过程、全方位的安全。中广核采用与国际接轨的最高标准和最安全的技术，在硬件设备和软件管理两方面双管齐下，做好安全文化的建设和培育，持续提升安全保障能力。2014 年，阳江核电 1 号机组、宁德核电 2 号机组和红沿河核电 2 号机组先后投入商运，中广核在运机组达到 11 台。核电安全表现优异，工程建设 20 万工时安全事故率为 0.0112，处于世界先进水平；11 台机组 50%以上的 WANO 指标进入世界前 1/10 优秀水平。

四、核电“走出去”

中广核有序开拓国际核电市场，搭建海外资本市场运作平台，加强海外重点目标市场开发，广泛参与国际交流与合作，提升我国核电在世界的影响力，逐渐形成了规模和业绩、技术和人才、体系和机制以及产业链配套的四大优势，实现了从“引进来”到“走出去”的转变。

2014 年 3 月 26 日，与法国电力公司签署关于英国新建核电项目工业合作协议和关于签署核能领域研发、设计、采购及运维合作协议的联合声明，中法核能合作进一步深化。6 月 18 日，中国广核集团英国办事处在伦敦揭牌成立，中广核将牵头会同中国其他企业，与法国电力公司等一起共同开发英国欣克利角 C 核电项目以及其他深度市场合作。6 月 11 日，与意大利国有核电公司签署合作备忘录，推动核电“走出去”战略再次迈步。10 月 14 日，成为罗马尼亚切尔纳沃德核电站 3、4 号机组项目的“最终投资者”。

五、非核清洁能源

中广核在发展核电产业的同时，持续推动风能、水电、太阳能等新能源的发展，实现新能源产业规模、质量、效益同步增长，在满足地区经济发展用电需要的同时，为区域节能减排作出贡献。2014 年，新能源装机容量达 1172 千瓦，上网电量 249 亿千瓦时，同比增长 25%。其中，风电装机规模达到 690 万千瓦，位列全国第五，经营效益保持国内领先；太阳能在运装机 61 万千瓦，盈利能力不断增强并进入良性循环；水电控股在运装机 147 万千瓦，经营效益良好。

六、科技创新

2014 年，中广核在技术创新领域取得了重大进展。与中国核工业集团公司共同研发的具有中国自主知识产权的三代核电技术“华龙一号”通过国家权威评审，这意味着我国核电“走出去”将从“借船出海”走向“造船出海”。完成了我国首套百万千瓦级核电站核安全级数字化仪控系统“和睦系统”的自主开发并实现工程应用，打破了美国、法国、日本等西方国家在核电站“神经中枢”方面的长期技术垄断。

七、信息化建设

2014年，中广核信息化整体水平和核心能力跨入国资委央企信息化水平先进行列，在核电行业处理国内领先水平，在核电工程建设和生产运营管理领域进入世界先进水平。一是保障集团核心应用系统安全可靠稳定运行。完成了ERP临时灾备系统建设和SAP系统升级。二是健全信息安全工作机制，完善信息安全规章制度，加强信息安全技术防范。三是深化ERP系统应用，形成了标准化的中广核核电运营RDS解决方案，建设了风电智能安全云平台和风电工程大型设备供货智能跟踪系统，完成了纳米比亚铀矿项目的信息化部署，提升了信息化应用价值。四是加强信息化对中广核经营管理能力的支撑。完成BMS数据链打通实施方案，BMS三期建设正在推进中。在进一步优化财务共享业务系统的同时，加大了移动办公项目的推广应用，目前已覆盖核电运营监控、大修管理、核电工程施工安全管理、风电移动检修和行政办公等领域。

八、党建工作

2014年，中广核坚持两手抓，两手都要硬，以深入开展群众路线教育实践活动为抓手，务实推进党的建设。一是扎实开展党的群众路线教育实践活动整改工作，709项整改措施在年底全部完成，受到国资委党委和督导组的充分肯定。二是深入开展从严治党主题教育活动，共举办各类学习、教育、辅导近900场。三是狠抓“八项规定”监督检查，坚决纠正“四风”，坚持有案必查，保持高压态势，以“零容忍”态度坚决惩治腐败。四是修订完善集团公司党组管理干部、各公司党委管理干部选拔聘任、综合评价等一系列管理制度，使干部考核任用与业绩、安全生产、经济责任审计、廉洁从业等紧密衔接。

九、企业文化建设

2014年，中广核重点围绕落实“一次把事情做好”的核心价值观，依托全范围文化培训体系，各公司“一把手”带头讲“文化课”，提高全员文化认同。1.4万人参加的问卷调查结果表明，员工对企业文化核心理念的认同度达96.4%。举办公众开放体验日、清洁能源万里行等大型公众沟通与社会责任实践活动，充分利用上市等各种机会做好企业宣传，提升了中广核品牌认知度和美誉度。

十、履行社会责任

2014年，中广核积极履行社会责任，力求通过发展清洁能源带动当地经济发展，促进当地社区经济增长和就业机会，特别是产业链服务、房地产业、交通运输、观光旅游等第三产业的持续增长。同时，中广核充分考虑社区居民的就业需求，采取教育培训、优惠政策等多种手段，为当地培养技术和管理人才，每年创造数百个就业岗位。这些就业促进措施既解决部分用工问题、助力企业发展，同时提高了社区凝聚力，实现社区、企业与居民之间的

“三赢”。中广核也始终支持各项公益事业，致力于回报社会。中广核每年向各核电基地所在地提供教育附加费达 1 亿元以上，成为教育事业重要保障之一。2014 年，中广核共进行了 9 项捐赠活动，慈善捐款额 840 万元人民币，员工志愿者参与公益服务超过 15000 人次，服务社会时间超过 20000 小时。

中国电力投资集团公司

2014年，中国电力投资集团公司全面完成各项目标任务，取得改革发展的新成绩。全年实现利润100.17亿元，连续两年突破百亿大关，归属于母公司净利润12.12亿元，EVA26.64亿元。完成发电量3805.33亿千瓦时，新增装机容量1053万千瓦，核准容量1262.99万千瓦，创五年来新高。到2014年底，集团公司总装机容量达到9667.47万千瓦，清洁能源比重达到38.46%。

截至2014年底，中电投集团公司核电资产总额已达562亿元，所有者权益233亿元，控股核电装机容量224万千瓦，参股核电装机容量108万千瓦，在建核电装机规模474万千瓦。面对全国经济增速放缓、局部地区电力过剩、核电标杆电价机制出台等局面，通过积极与国家及地方主管部门沟通协调，加强对参股和控股项目的投资及股权管理，集团公司核电板块全年完成投资73.8亿元，实现投资收益10.96亿元，获得现金分红11.23亿元。

一、安全质量持续改善，项目建设有序推进

2014年核电项目安全质量形势稳定，全年未发生重伤及以上人身伤亡事故和较大设备损坏事故。山东核电公司进一步强化安全基础管理，积极推进安全、健康、环境管理体系建设，作为首批试点单位完成了核电建设单位体系评估，起到了良好的示范作用。红沿河核电公司积极推进安全监督标准化工作，现场安全隐患数量持续下降。

集团公司初步建立核事故应急响应和支援体系，与国内涉核集团签订了核事故应急相互救援合作框架协议。各单位认真开展核安全文化建设活动，通过管理层专题讲座、管理者巡视以及WANO、INPO等国内外行业组织的交流和经验反馈工作，各级员工的核安全意识进一步增强，核安全文化水平进一步提高。

山东海阳一期工程扎实推进，1号机组土建基本完工，大宗材料安装已完成90%；首批92人通过操纵员取照考试；开展了装料前WANO同行评估准备技术支持活动。红沿河1号机组安全稳定运行，顺利完成首次大修，机组能力因子达99.9%，6项WANO指标达国际先进值；2号机组于5月13日实现商运；3号机组具备并网条件；4号机组进行了热试。2014年红沿河核电实现上网电量110.57亿千瓦时。

二、前期项目取得新突破，公众关系持续改善

集团公司面对国家核电政策调整以及公众舆情等复杂因素，进一步加大协调力度，攻坚克难，核电前期开发取得新突破。

发布集团公司核电产业中长期发展规划。完成国家能源局“十三五”核电发展重要课题研究。

红沿河二期工程获得国家正式核准。海阳二期工程已取得全部支持性文件，项目申请报告已上报国家发改委，现场已具备开工条件。广西白龙项目面对复杂的舆论环境，积极沟通协调，全力化解地方矛盾，获得地方政府支持，社会不良影响基本消除。广东廉江项目取得实质性进展，完成浙江海岛厂址普选。在河北、山东、江苏、福建等地开展沿海新厂址普选。江西彭泽、广西桂东、吉林赤松、辽宁桓仁、重庆涪陵等项目努力克服内陆核电项目暂缓的实际困难，开展形式多样的核电科普和宣传工作，厂址得到有效控制和保护。积极参加国内外会展活动，树立集团公司核电品牌形象，切实体现企业社会责任。建立了统一的核电外部网站、微信及舆情监测平台，核电科技馆投入运营。

三、专业化能力稳步提升，产业链布局不断优化

集团公司涉核专业化机构和单位全面参与集团公司在建核电项目各领域工作，专业化能力不断提升。工程公司积极参与红沿河和海阳的建设项目管理，进一步加强小堆研究，全力提升设计和管理能力，提高项目管理能力。物资装备分公司强化核岛设备采购管理能力，提升了总包配送保障能力和服务质量。高培中心积极优化核电培训工作，充分借鉴国际培训经验，培训质量不断提升。远达环保认真开展海阳 SRTF 工程移交和调试。核电技术中心多次承接国内外核电行业重大课题，技术业务能力明显提升。中电华元积极参与秦山核岛检修技术支持，储备集团核电检修人才。小堆技术应用研究取得积极进展。

四、管理基础不断夯实，工作作风持续改进

深化落实管控一体化改革方案，进一步加强管控能力建设。集团公司和中电核层面新发布核电管理制度 28 份，进一步规范了管理职责和接口。开展了对项目公司的管理制度评估及回访工作，举办核电管控一体化、安全质量、国际核能先进管理等各类培训班，核电板块累计约 1500 余人次参与培训，取得良好效果。持续开展核电板块信息化建设，建立了统一的核电经验反馈管理信息系统平台和编码规定，经验反馈管理不断完善。AP1000 标准化工作取得阶段性成果，截至 2014 年底，累计完成 30 份生产运营和 614 份工程建设标准化产品，完成常规岛施工质量标准化建设。《AP1000 施工管理标准化实践》等 6 项科技成果顺利通过中国核能行业协会组织的科技成果鉴定。

进一步深化群众路线教育实践活动，针对教育实践活动中查找出来的各类问题，认真研究制订整改方案，明确整改任务、责任领导、责任部门和完成时限，建立了务实管用的长效机制，持续改进和提升了集团公司核电系统的工作作风和管理能力。

五、国际合作交流

积极参加 IAEA、WANO、INPO 等组织举办的各类交流和培训活动。受 IAEA 委托承办了“核电厂风险管理、风险监测系统开发及风险指引应用研讨会”，并组织完成了 2014—2015 周期技术合作项目多项访问和专家培训任务。受 WANO 委托在海阳举办 3 次技术支持活动，派遣 2 名专家赴境外参加 WANO 同行评估活动，选派 1 名运行领域专家赴美开展为期 18 个月的联络工程师工作。2014 年 7 月，集团公司正式以中电核名义加入 INPO，成为其国际会员。受 INPO 邀请，参加了 INPO CEO 大会和国际会员论坛等重要活动。此外，还与西班牙核企联盟、西班牙泰纳通公司成功签署核电领域合作框架协议，为下一步探讨具体合作模式奠定了基础。

国家核电技术有限公司

2014 年，国家核电技术有限公司积极落实国家三代核电自主化战略部署，三条工作主线取得新的重要进展；经营目标全面完成，安全质量管理持续强化，市场开发不断深入，核电“走出去”工作取得新突破，产业能力基础不断夯实，管理提升成效显著，公司迈入改革转型和跨越发展的新阶段。

一、三条工作主线取得重要进展

AP1000 依托项目正按照三代核电的安全、质量标准扎实推进。三门 1 号机组主控室可用、屏蔽墙穹顶完工；海阳 1 号机组主控室可用；三门 2 号机组压力容器就位；海阳 2 号机组压力容器到场。三门 1 号机组大宗材料安装超过 90%；主系统调试包工作已完成过半。

重大专项 CAP1400 示范工程已做好开工准备。CAP1400 初步设计通过国家能源局审查。初步安全分析报告通过国家核安全局审评，技术见解正式发布。示范工程核岛施工图设计满足开工后连续施工需要。关键设备研制工作扎实开展，湿绕组主泵和屏蔽主泵两种技术路线并行推进，爆破阀完成工程样机制造并成功进行爆破试验。示范工程 EPC 总承包合同已签署，1 号机组核岛底板钢筋捆扎等现场准备工作完成。

AP1000 技术引进与分许可工作基本完成。公司按期完成对 13 家集团 36 家单位进行 44 批次的文件和软件分发，有力推动了我国核电产业技术升级。

设备国产化工作成效显著。反应堆压力容器、蒸汽发生器等关键设备实现国产化。国产 AP1000 屏蔽主泵泵体部分制造基本完成，试验回路具备试验条件。CAP1400 国产压力容器、蒸汽发生器、主管道制造总体顺利，蒸汽发生器 690U 形管实现自主制造。

二、经营和“走出去”工作迈上新台阶

2014 年公司资产总额、营业收入、利润总额以及净利润均实现同比大幅增长，全年实现收入和利润总额同比分别增长 21.2% 和 9.9%，增长幅度高于央企科研设计类行业、整体央企和全部国有企业同期水平，超额完成国资委下达的各项指标。

国内市场开发再上新台阶。公司积极拓展核电市场，AP1000 批量化建设项目的合同谈判进入最后阶段，国核联队项目前期准备进展顺利。

国际市场开发取得新突破。公司与美国西屋、土耳其国有发电公司签署合作备忘录，对在土耳其开发建设两台 AP1000 加两台 CAP1400 机组进行排他性协商。在国家能源局支持下，公司与南非核能集

团及国内外金融机构签署了企业间培训和融资框架协议，以CAP1400为主推机型的“中国核电技术方案展示”获得南非高度评价。

三、核心产业能力建设取得阶段性成果

科研基础设施与创新体系建设有序推进。公司已构建起涵盖12个关键技术领域的完整学科体系，拥有4个国家级、7个省部级科研机构，8家成员企业通过国家高新技术企业认证。公司核电技术标准体系框架初步构建，与ASME在三代核电标准体系建设方面的全方位合作不断深化。

核电产业布局有效填补行业空白。CAP1400六大试验台架投入使用并完成关键试验，支撑了CAP1400的设计验证和安全审评。国核软件中心发布COSINE软件测试版并完成测试。国核锆业AP1000核级锆材生产线全面建成并通过产品合格性鉴定，获得国家优质工程奖，具备了批量化供货能力和向AP1000依托项目提供首炉换料条件。国核自仪基于NuPAC保护系统平台和NuCON控制系统平台，完成CAP 1400仪控系统集成概念设计，为通过美国核管会评审和HAF 601取证提供了有力保障；EQ鉴定平台LOCA试验台架投入使用，电气贯穿件、爆破阀等关键设备试验有序推进，基本具备核电设备鉴定、寿命评估和设计验证能力。

核电产业能力有效支撑工程实践和企业经营。国产化CAP1000标准设计完成。通过依托项目建设，基本形成多项目核岛总承包管理体系和能力，国核联队运作模式逐步成熟，国家核安全局正式批复同意国家核电采取国核联队进行核电建设总承包，为后续项目开发与工程实践提供了有力支撑。合格供应商规模扩大到138家境内外企业，AP/CAP系列核电设备供应链不断加强。国核运行在役前和在役检查、CV性能验证、换料服务、寿命评估等重点领域突破30项关键技术。国核示范建立了完整的核电站运行培训和授权体系，22人具备了操纵员资格。

国核电力院通过加强核电项目常规岛和BOP工程能力建设，引领企业技术能力全面提升。国核设备取得国家核安全局颁发的焊考中心资格证书，为技术深化及业务拓展奠定了基础。

四、产业基础与平台建设持续优化

安全质量保持稳定。公司系统全年未发生目标控制的安全生产事故、职业病事故、环境事件和质量事故。各单位管理体系持续有效运行，产品和服务质量稳步提升。继国核设备、山东院、国核锆业和上海成套院后，国核自仪和国核维科通过安全生产标准化企业达标评审。依托项目HSE管理理念、工具方法和良好实践陆续在示范工程、后续项目和常规岛领域推广应用。

战略管理体系不断完善。公司管控顶层设计和研究进一步加强，“研究—编制—

执行—评价—反馈”的战略规划管理体系不断完善。

绩效考核和激励机制建设不断深化。完善经营业绩考核体系，优化考核指标和结果应用，加大考核力度，发挥绩效引导、激励和约束作用。在所属单位实施股权激励改革试点和项目全过程激励。设立自主创新基金，鼓励各领域技术人员积极开展前沿性研究。

预算管理和成本控制稳步推进。继续深化全面预算管理，推进预算、核算和资金等管理信息系统的有机统一，将预算目标与考核指标有效衔接。

持续推进公司信息化建设。进一步落实“一个网络、一个平台”信息化建设原则，集中采购效率持续提升。核电工程自主化IMS 系统在工程进度、采购库存、成本、质量等方面的管控作用有效提升，信息编码应用在 CAP1400 示范工程得到深入推广。

知识产权和法律工作进一步加强。CAP1400 知识产权盘点工作全面启动。初步建立了与西屋知识产权问题处理工作体系，推进了后续项目建设、CAP1400 研发、国际市场开发过程中的知识产权法律事项的解决。完成国资委央企法制工作三年目标，法律工作队伍的专业素质不断提升。

持续优化内控与风险管理体系。开展重点项目内控联合监督检查，加强重大风险评估工作，探索创新风险评估机制，增强了风险管理工作的针对性和有效性。

企业文化和品牌建设工作不断深化。以企业核心价值观和员工行为规范为重点的企业文化培训教育逐步深化，企业文化考评制度已经形成。公司提炼出“奋斗为魂、创新为本、安全至上、客户第一、批判求变、和合共赢”的经营哲学，作为指导当前和未来一个时期经营发展的核心理念。坚持“大公关”理念，加强公众核电科普宣传，积极传播公司在三代核电自主化方面的进展。会同西屋主办了第二届 AP/CAP 合格供应商年会，倡导“文化、标准、品质、分享”，搭建立足中国、面向全球的先进非能动压水堆核电交流与合作平台，进一步塑造国际化品牌。

五、党建和干部队伍建设工作进一步加强

扎实开展群众路线教育实践活动整改工作。全年完成整改措施 84 项、制度建设 24 项。公司总部会议数量较上年同期下降 52.3%，会议费用下降 63.2%；“三公”经费同比下降 25.5%；因公临时出国批次同比下降 67%、人次下降 80%。通过教育实践活动整改，解决了一批职工群众反映的热点问题。规范党员干部行为的制度体系逐步建立健全，贯彻群众路线的长效机制和刚性约束初步形成。

党建工作进一步加强。公司建立了系统的党建工作机制和平台，深入开展党建基础工程、凝心聚力工程、民主管理工程、文化落地工程、典型示范工程建设，为公司科学发展提供思想保障和政治保障。不断加强党风廉政建设，形成党组纪检组统一协调下的领导体制和监督与风险防范相

统一的工作机制，充分发挥了纪检、监察、审计、内控横向监督主体和职能部门纵向管理监督作用，构建“四纵四横”大监督格局。

干部队伍建设不断加强。进一步强化了选人用人导向，完善干部选用政策和机制，坚持国家核电“好干部”标准，更加突出重业绩、重能力、重作风，更加突出基层领导经历和多岗位锻炼经历。通过组织选拔、内部竞聘、公开招聘等多种选拔任用程序，激发干部活力。

中国华能集团公司

2014年，中国华能集团公司圆满完成各项目标任务，经营业绩再创新高，结构调整取得新突破，装机规模位居世界第一，综合实力显著增强。在世界500强排名中名列第221名，较2013年上升10位。集团公司境内外全资及控股电厂装机容量达到15149万千瓦，其中低碳清洁能源装机达到4100万千瓦，占总装机的27.1%。集团公司大力推进高温气冷堆核电站示范工程建设，积极开展核电厂址资源开发和保护，切实加强核安全管理能力建设，核电开发取得了积极进展。

一、大力开发山东石岛湾核电基地

华能山东石岛湾核电厂址规划建设1台20万千瓦高温气冷堆核电示范工程、2台大型先进压水堆CAP1400示范工程、4台百万千瓦级商用压水堆核电机组，总容量超过800万千瓦。

1. 高温气冷堆核电站示范工程。2014年，示范工程土建施工进入高峰期，各项工作按计划顺利推进，计划于2017年底投产。

2.CAP1400示范工程。集团公司与国家核电技术有限公司在华能石岛湾基地开展合作，双方分别作为CAP1400示范工程两台机组的控股投资主体，共同推动CAP1400示范工程开发建设。2014年，集团公司与国家核电已经联合上报CAP1400示范工程两台机组项目核准报告；示范工程各项施工准备工作已基本完成，具备开工建设条件。

3. 压水堆扩建工程。集团公司积极开展后续4台CAP1000商用压水堆扩建工程的各项前期准备工作。2014年，初可研报告已通过评审并完成收口，项目建议书已经上报国家能源局；可研报告具备评审条件，主体工程初步设计基本完成，部分长周期主设备的采购招标准备工作、现场施工准备等工作也已就绪，具备“十三五”初期开工建设的条件。

二、积极开展福建霞浦核电厂址开发

2014年7月，福建省政府与集团公司、中核集团共同签署《关于福建霞浦核电基地开发合作框架协议》，由集团公司牵头负责霞浦核电基地总体规划、总平面规划、资源保护工作。

三、积极参与其他核电项目开发

集团公司与中核集团、中电投集团开展战略合作，参股了海南昌江（华能占股49%）、山东海阳（华能占股5%）核电项目。为支持核电重大专项顺利实施，集团公司于2014年参股宝银公司，扶持其攻关高温堆和大型先进压水堆核电站蒸汽发生器的传热管国产化。

四、加强核安全管理和人才队伍建设

集团公司积极参加中国核能行业协会同行评估和世界核电运营者协会组织的各类专业交流活动，积极引入国内外核电行业良好实践，加强公司内部核安全文化建设，核安全管理能力得到提升。

华能集团高度重视核电人才队伍建设，采用自主培养为主、适当引进关键岗位人才相结合的方式，大力培育高素质核电人才队伍，形成了一支 800 多人的专业化人才队伍，为建设运营高温气冷堆核电站、大型压水堆核电站以及后续核电项目开发提供坚实的人才保障。

中国华能集团公司将继续以创建具有国际竞争力的世界一流企业为引领，以提高发展质量和效益为中心，以加快转型升级为主导，做强、做优、做大核心产业，稳步发展能源服务产业，积极投身能源消费、供给、技术和体制革命，全方位加强国际合作，加快国际化发展步伐，为经济社会发展提供更可靠、更清洁、更经济的能源保障。作为核电站的投资者和运营商，确保国家科技重大专项高温气冷堆示范工程项目的顺利建设；争取尽快获得国家核准开工建设大型压水堆核电站；继续储备和开发新厂址，为集团公司核电事业可持续发展奠定基础，为国家实现核电中长期发展规划作出贡献。

中国大唐集团公司

2014年是大唐集团公司核电体制调整后的第一年，核电公司按照“一个机构两块牌子”的模式，既承担了核电公司的法人主体的工作，又承担了核电部的总部管控的工作，两种职责一肩挑。一年来，公司按照集团公司“坚定不移进入核电领域，大比例参股，以厂址换股权，努力取得控股权”的核电发展总体方针，不仅全面完成了全年指标计划和工作计划，而且在规划修编、项目推进、厂址合作、增加股权、委托管理、争取资质等方面取得了阶段性成果。

一、完成集团核电规划调整

完成了集团公司核电产业发展规划（2013—2020年）的修编调整工作并正式下发。调整规划提出“2020年控股项目开工建设且核电总权益容量达到1000万千瓦”的总体工作目标，制订了保障措施，明确了主要任务，为今后一段时期的集团核电工作确定了方向。

二、稳步推进核电前期工作

目前，集团公司核电前期项目共有11个，工作较为深入的有8个，有4个厂址（辽宁庄河、广东阳西、湖南龙门、江西峡江）作为重点论证厂址进入了国家核电中长期发展规划。对这些厂址，核电公司建立了核电前期项目进展动态管理数据库，分别制订了各项目的开发计划，并按年度计划稳步推进。其中，重点推进的沿海项目为辽宁庄河和广东阳西，内陆项目为重庆丰都、湖南株洲、江西峡江。

此外，核电公司今年还在江苏、广西开展了厂址普选工作，江苏厂址的普选报告已完成内部评审。

三、多方合作推进重点项目

1. 福建宁德二期项目。

与中广核集团签署了合作协议，以等比控股形式（45%对45%，集团公司并表），共同推进宁德二期项目。在集团公司获得控股资质后，二期股比改为47%对43%，由集团公司控股。该项目已取得国家能源局未定技术路线的“路条”，目前正就技术方案确定等事宜与国家核安全局、国家能源局沟通协调。

2. 辽宁庄河项目。

与中核集团签署了战略合作协议，按照50%等比控股原则，合作开发庄河项目，以两年为周期轮流并表。集团公司获得控股资质前，由中核集团为主负责项目建设和运营；获得控股资质后，由集团公司负责项目建设和运营。

3. 广东阳西项目。

已与中广核集团签署了合作协议，以50%等比控股形式共同开发。双方已成立联合工作组开展工作，时机成熟后再组建项目公司。涉及阳西核电项目的省级申报和国家级申报工作，由集团公司和中广核集团共同上报。

4. 湖南株洲龙门项目。

已与中国核建集团签署了合作协议，采用高温气冷堆技术路线，共同开发湖南株洲龙门项目。第1台机组由中国核建集团控股，第2台机组由集团公司控股，两集团联合上报项目建议书。

四、参股工作取得积极进展

在集团公司统一部署下，成功完成大唐国际徐大堡项目24%股权转入工作，共分三次完成了1.55亿元的资本金注入，并在“三会”中积极行使股东职责和权益。以29%的比例参股中国核建江西瑞金项目，项目公司设立大会已于11月6日召开。

此外，为了寻求更多参股机会，核电公司与国内主要核电集团都签订了项目合作协议。

1. 浙江三门项目。

中国核建集团已同意转让浙江三门核电5%股权，并向业主公司发函告知。

2. 辽宁徐大堡项目。

中国核建集团同意转让徐大堡项目4%股权，并向业主公司发函告知，从而使集团公司在该项目的股比从24%增加到28%。

3. 广东陆丰项目。

中广核集团同意转让陆丰项目9%股权。

4. 广西白龙项目。

中电投集团已原则同意转让广西白龙项目12%股权。

五、有效履行委托管理职责

积极履行与大唐国际签署的《核电前期项目及宁德核电项目股权委托管理协议》有关职责，前期项目重点通过计划管理、预算管理、人员管理等方面加以管控，在确保项目进度的前提下有效控制前期费用。宁德项目主要通过派出董事及对“三会”议题提出专业意见进行管控，特别是在第三届董事会第五次会议、第三十三次股东会会议上，核电公司在工程超概、检修合同等问题上提出了专业的意见和建议，最大程度地维护了集团公司的利益。

六、努力争取核电控股资质

1. 积极参与《核电管理条例》讨论和修改。

核电公司积极参与国家能源局核电司组织的《核电管理条例》的讨论和修改，在其中发挥了重要作用。

2. 按计划开展程序体系建设。

围绕《核电管理条例》对体系的要求，制订了集团公司和核电公司层级制度和程序清单及编制计划，开展了计划完成的97项制度的编制工作。之后，将初步形成一套与国家核安全法规和核电质保体系要求相适应的系统、完整的程序体系，为约请核能行业协会进行专题评估打好基础。

3. 编制集团核电人才规划草案。

核电公司专题研究并编制了集团公司核电人才规划草案，提出通过三种途径来建设集团公司核电人才队伍：一是以项目平台建设为载体，成建制地培养管理团队；二是通过参股项目，尽可能多地参与和培养人才；三是按需求适时引进专业技术人员和管理人员。

中国华电集团公司

2014年，中国华电集团公司主要经营发展指标创出历史新高，进入到成立以来的最好时期。全年没有发生较大及以上安全生产事故，没有发生对公司稳定造成不利影响的事件；完成销售收入2157亿元，同比增长7.8%；实现利润206亿元，同比增长36.4%；EVA完成122亿元，同比增长62.7%；全口径发电量5008亿千瓦时，同比增长5.6%。在世界500强排名中名列第368位，较2013年上升21位。截至2014年底，中国华电发电装机容量达12254万千瓦，资产总额7309亿元。

一、结构调整

2014年，中国华电确立了中长期发展战略和发展规划，以及“1181”（发电装机争取占到全国电力市场份额的10%，控股煤炭年产能超过1.3亿吨，资产负债率控制在80%，净资产收益率达到10%）、“三个翻番”（资产规模达到1.2万亿元、销售收入超过4000亿元、利润总额超过350亿元，均在2013年基础上翻一番）的战略目标，以战略为统领，集中精力做强做优主业，突出大项目带动和重点区域布局，加快调结构、补短板，转型升级取得明显成效。共有1500万千瓦列入国家清洁高效火电建设规划；西南水电迎来发展契机；新能源开发建设明显提速，全年投产风光电320万千瓦，风电装机达到842万千瓦，清洁能源装机占比三分之一；调整所持核电股权关系，完成所持三门核电有限公司10%股权转让；协同推进煤炭、金融、工程技术等产业发展。

稳步实施“走出去”战略，不断拓展国际发展空间，强化境外资本运作和国际合作交流，柬埔寨额勒赛水电项目正式进入商业运行，越南沿海二期项目获得核准，成功在俄罗斯、西班牙、加拿大等国家并购了一批发电和油气资源项目。

二、深化改革

制订出台了全面深化改革指导意见和九个重点改革方案，一些重点领域和关键环节的改革取得积极成效。按照建立现代企业制度要求，建立了党组会、董事长办公会、总经理月度协调会以及季度工作例会等运作机制，初步构建起权责分明、高效执行的现代企业治理体系。顺应国家简政放权新形势，确立了总部“抓总”、区域“做实”、基层“强基”的管控体制改革思路，调整总部管理职能，优化制度流程，理顺部分区域管理关系，加大向二级单位授权力度，下放部分管理权限，调动了二级单位的积极性。稳步推行发电区域化、煤炭专业化和物资燃料集约化管理。协同推进配套激励机制建设，制订出台了“千人计划”、践行社会主义核心价值观、用人用工、薪酬分配和绩效考核等保障机制。

三、生产经营

2014年，中国华电利润总额、归属母公司净利润、净资产收益率、保值增值率等主要指标创出历史最好水平，跻身同行业前列。积极应对不利市场环境，强化运营协调，优化电量结构，努力稳发多发，争取到计划外电量400亿千瓦时，发电量增幅高于全国2个百分点。严控成本费用，全年五项经费同比下降16%。资本运作捷报频传，华电重工成功上市，华电国际、华电福新、金山股份顺利完成增发。加快清理处置低效无效资产，回笼资金7亿元。积极配合中央巡视组、国家审计署、国务院派驻公司监事会开展外部监督检查，认真抓好问题整改和责任追究，提升了依法治企水平。

四、安全环保

加强电力等安全管理，深入开展季节性安全检查、“六打六治”等专项工作，强化事故易发环节和重点领域安全整治，保证了电力、热力、煤炭的安全生产和可靠供应。深入推进国家创新型试点企业建设，完善科技创新体系，火电能效和生物燃气制备2个国家级研发平台通过审批；全年新增授权专利335项，累计专利数继续保持央企前列。认真落实国家环保政策要求，贯彻执行新的《环保法》，加大环保设施治理力度，现役脱硝机组容量同比提高44%。强化环保监督管理，增加减排指标绩效考核权重，扎实推进战略性项目环评。密切跟踪研究和应用超低排放技术。

未来一个时期，中国华电将坚持稳中求进、实现可持续发展的总基调，顺应国内外能源发展的大趋势，遵循价值思维理念，统筹抓好增量的战略性增长和存量的内涵式提升，统筹利用国内国际两个市场、两种资源，统筹推动差异化发展、集约化经营、精益化管理，全面提升质量效益，全面提升管理水平，全面提升科技含量，全面提升幸福指数，全面提升品牌形象，推进做强做优做大，到2020年，如期实现“1181”“三个翻番”战略目标，综合实力达到国际一流水平，建成现代化、市场化、国际化的世界一流企业集团。

中国国电集团公司

中国国电集团公司确立了建设“一个目标”、做好“五篇文章”、打造“五个国电”的科学发展战略，即“一五五”战略。

“一个目标”：到2020年全面建成一流综合性电力集团。

“五篇文章”：一是做强主业，转型升级；二是深化改革，完善机制；三是强化管理，提高质量；四是优化资产，防范风险；五是加强党建，创建和谐。

“五个国电”：打造效益国电、绿色国电、创新国电、廉洁国电和幸福国电。

2014年，中国国电完成发电量5014亿千瓦时，售电量4659亿千瓦时，全年实现营业收入2133.6亿元、利润195.1亿元；继续加强投资管控，严格投资决策，强化计划管理，全年完成投资760亿元，控制在年度计划内。

至2014年底，中国国电可控发电装机12520万千瓦，其中水电1297万千瓦、火电9163万千瓦、风电1976万千瓦、其他84万千瓦。水电及新能源装机比重为26.8%，同比提高1.8个百分点。全年基建投产644万千瓦，资产处置减少装机387万千瓦。全年新开工848万千瓦。

一、提升核心竞争力

一是以百万千瓦机组为代表的火电机组指标先进。中国国电百万千瓦火电机组有8台在运、3台在建，经济技术指标处于同类先进水平。7台机组位于经济条件好、利用小时高的江浙地区，盈利能力强，是经营效益的重要来源。超临界和超超临界机组占煤电机组比重超过46%。

二是风电发展独具特色。中国国电风电装机容量居世界第一，在运风电项目遍布全国25个省份，新能源产业优势明显。龙源电力作为国内最早的风电开发商之一，在风场设计、建设、运营、维护等方面均具有很强的技术、管理和人才优势，风电场的盈利能力和管理水平处于国内领先地位。

三是科技创新优势突出。中国国电作为国家创新型企业，始终坚持原始创新、集成创新与引进消化吸收再创新相结合，研发、转化、推广、应用与产业化发展相结合，致力于构建以企业为主体、市场为导向、产研相结合的科技创新体系。拥有等离子体无燃油点火及稳燃技术等一批具有自主知识产权的核心技术。目前拥有3家科研院所、7个国家（部）级研发平台和3个博士后流动站，国家级研发机构、知识产权、参与制定标准数等数量在五大集团中处于领先地位。

四是供热机组占比例高。中国国电有77家火力发电厂供热，数量上占比74%；装机容量5729万千瓦，占比63%。2014年中国国电实现供热1.8亿吉焦，供热综合效益突出。

二、推进核电工作

密切关注世界核电发展局势和国内核电政策走向，研究核电发展思路及对策。

积极推进漳州核电项目工作。督促福建公司尽快完成漳州核电审计报告核对工作。牵头福建公司赴宁德、福清调研大唐、华电参股核电项目的管理模式，赴漳州核电调研工作进度和存在的问题，完成关于集团公司参与漳州核电管理的签报。与中国核能电力股份有限公司协商集团公司参与管理、向漳州核电派驻高管、前期费处置、工程承包方式、配套建设抽水蓄能电站等相关问题。

推进安徽马鞍山核电前期项目，了解气象、水文等长周期专题的推进方式。

积极开展外部交流与合作，进一步推动与其他核电集团的合作。跟踪 AP1000 主泵进度，了解中电投海阳核电一期项目工程进度。参加国核技 AP / CAP 供应商年会，了解三代核电技术供应商构成及国产化水平。

中国长江三峡集团公司

2014年，中国长江三峡集团公司紧紧围绕建设国际一流清洁能源集团的“新三峡梦”谋篇布局，全力以赴为“保增长”作贡献，开创了集团公司科学发展新局面；同时也在核电开发领域积极谋划，取得有效进展。截至2014年12月31日，三峡集团合并资产总额4755亿元，可控装机突破5000万千瓦。

一、谋划核电战略布局，积极推进海岛核电前期工作

2013年，三峡集团启动了关于六横岛、元山岛及东屿山岛核电初可研阶段的厂址普选工作。2014年12月，由电力规划设计总院对厂址普选报告进行了评审。评审结果表明：东部沿海岛屿核电厂址属于稀缺资源，元山岛和东屿山岛两个厂址均未发现影响厂址安全的颠覆性因素，推荐将元山岛和东屿山岛两个厂址作为开展初步可行性研究工作的候选场址。

二、明确长电核电投资地位，战略转让桃花江项目

明确长江电力作为集团公司核电投资的唯一平台，以长江电力为主体，负责核电业务的研究、投资开发和管理工作。公司将所持桃花江核电项目的股权转让给长江电力，由其继续参与项目后续投资，丰富长江电力电源结构，拓展长期发展空间，为长江电力长远发展提供支持。

三、积极与核电企业开展合作，寻求发展机会

三峡集团非常重视与国内外核能企业开展合作与交流，寻求合作机会。三峡集团、长江电力与中核集团、中国核电签订战略合作协议，约定以股权为纽带，推进传统核电项目、核电产业上下游合作以及核电新技术开发研究工作；同时，积极推进与中广核集团开展合作，共谋发展。

四、重视业内交流，扩大行业影响力

三峡集团成为中国核能行业协会副理事长单位以来，积极参加核能行业协会组织的年会、核电展等活动，参与内陆核电相关研究，通过行业协会平台加强与政府机构及业内同行的交流和沟通，取得良好效果。

哈尔滨电气集团公司

哈电集团2004年开始核电装备的大规模建设，投资40.5亿元进行装备制造能力建设，建成了位于秦皇岛的核岛主设备生产基地、哈南新城的泵阀生产基地、哈尔滨三大动力的常规岛主设备生产基地及佳木斯的K类电机生产基地，具备蒸汽发生器、稳压器、核主泵及电机、主氦风机、非能动余排、堆芯补水箱、安注箱、K类电机等核岛主设备及常规岛主设备供货能力。

一、2014年工作回顾

(一)市场开发

2014年哈电集团正式合同签约额37.82亿元。

1. 核主泵项目。

3月28日，哈电集团与中国核电工程有限公司签订福清核电5、6号机组及K2、K3机组12台主冷却剂泵供货合同。哈电集团将通过此批核主泵项目，继续深度实现关键设备国产化预定目标，进一步扩大和巩固轴封式核主泵的市场占有率和核心竞争力，为中国自主三代“华龙一号”机型开拓国际市场，实现中国核电装备“走出去”的发展战略。

2. 蒸汽发生器项目。

9月10日，哈电集团与中国核动力研究设计院签订了漳州核电1、2号机组蒸汽发生器供货合同。这是继三门核电、桃花江核电项目之后，哈电集团与中核集团在核岛主设备上的又一次合作。

3. 汽轮发电机组及辅机项目。

1月24日，哈电集团与中国核电工程有限公司签订了福清核电5、6号机组常规岛辅机给水加热器合同；9月16日，与三门核电公司签订了三门核电3、4号机组汽轮发电机组供货(变更及补充采购)合同，成功将辅机及常规岛其他辅助设备列入此次供货范围，进一步扩大了哈电集团常规岛辅机的市场占有率。

4. 在运核电机组改造项目。

4月21日，哈电集团与江苏核电有限公司签订田湾核电一期汽轮发电机定子改造合同。该项目是在俄罗斯供货的项目上进行优化和替代，哈电集团可以通过该项目进一步熟悉俄方的产品技术特点和产品体系，为下一步参与俄方在海外中标的同机型核电产品奠定了基础。

(二)主要核电设备生产

1. 三门核电3号蒸汽发生器于2014年5月制造完成。哈电集团通过此蒸汽发生器的制造，已经完全掌握了AP1000蒸汽发生器的制造技术，通过工艺固化保证产品质量。同时通过承制核电产品中所积累的丰富经验，形成了一套较为成熟的项目管理经验，从而为按期交货提供了保证。C4蒸汽发生器于6月28日完成制造，此项目为K2、K3项目蒸汽发生器的顺利完工奠定了坚实的基础。阳江核电5

号三台蒸汽发生器均进入总装阶段，整体制造进展顺利，是哈电重装公司首次承制ACPR1000蒸汽发生器。

2. 三门核电1、2号，海阳核电1、2号，昌江核电1、2号项目汽轮发电机组完成交货，进入现场安装调试阶段。

3.C3、C4核主泵进入全流量试验阶段，此项目是国内首台自主设计、制造的核主泵泵组，哈电集团也是目前国内唯一具备300MW机组核主泵设计、制造能力的企业。

福清核电5、6号及K2、K3核主泵已签订泵壳、泵盖分包合同。此项目是哈电集团与奥地利安德里茨公司合作，引进轴封式核主泵设计、制造技术，以福清核电1—4号，方家山核电1、2号项目为依托，通过对主泵技术的消化、吸收、再创新，实现了1000MW等级轴封式核主泵100%国产化。

AP1000核主泵项目的定子铁芯完成浸漆，转子完成初装配，飞轮模拟件制造完成。CAP1400核主泵屏蔽电机的关键材料已全部实现国产化，已完成定子、转子铁芯装配。

(三)技术提升

哈电集团以三代核电项目为依托，通过技术引进并进行消化、吸收、再创新，在三代核电核岛及常规岛主设备的设计、制造方面取得了一定的业绩，技术水平上了一个新的台阶。

针对三门核电3号机组蒸汽发生器，哈电集团开展公司级科研和试验共计126项，并完成3项国家科技重大专项科研课题和3项省市级科研项目，取得29项实用新型专利证书，13项发明专利获得受理并进入实质性审查阶段。通过工艺开发，公司先后攻克了管板堆焊、管板深孔加工、U型换热管管端焊、安全端焊接和换热管Ding的预防等重大关键技术。

哈电集团正在承担AP1000屏蔽泵电机的制造任务，通过与美国EMD公司的合作，目前已基本掌握AP1000屏蔽泵电机的全套技术，具备了自行设计、制造屏蔽式核主泵电机的能力，并可自行研究处理技术问题。哈电集团还参与国家重大专项示范工程CAP1400屏蔽式主泵电机研制工作，在原有AP1000技术的基础上自主研发新型屏蔽泵电机。

哈电集团以三门核电1、2号，海阳核电1、2号机组的汽轮发电机组为依托，已经掌握了大型半速核电汽轮机组的设计、制造技术，具备了设计大型核电汽轮机组的能力，摆脱了对国外技术的依赖。同时以田湾核电3、4号项目为依托，进行汽轮发电机组的国产化工作，设计自主化率和制造国产化率达到100%。哈电集团积极参与国家重大专项示范工程CAP1400汽轮发电机组的研制工作，已完成CAP1400汽轮发电机组的方案设计及1800mm长叶片的研制并通过专家评审，具有完全自主知识产权。

(四)质量保证

1. 核取证工作。

11月27日，哈电股份公司获得《民用核安全设备设计许可证》。这是哈电集团获得的第一个核设备设计许可证，意味着哈电集团在核蒸汽供应系统成套设备设计制造能力上又取得重要突破。

5 月 15 日，哈电重装公司在原证书许可范围基础上的扩证申请获得国家核安全局批准，证书许可范围增加了核一级设备蒸汽发生器、稳压器、主泵支承等。

11 月 7 日，哈锅公司重新取得了《民用核安全设备制造许可证》。

10 月 17 日，佳电股份公司的《民用核安全设备设计许可证》及《民用核安全设备制造许可证》延续申请得到了国家核安全局的批准。

2. 质保体系监查工作。

哈电股份公司对 6 个子公司进行了核电质保体系外部监查、监督，检查了各公司核安全文化建设工作落实情况，同时进行了兄弟企业良好实践经验分享交流。

二、今后发展目标

为适应目前核电发展形势，哈电集团计划投资20亿元，加大对核电技术、装备、人员等方面的投入力度，持续推进核电质量保证体系和核安全文化建设，进一步提高核电装备制造能力。

加大 AP1000、“华龙一号”等机型的蒸汽发生器、稳压器、核主泵、汽轮发电机组、辅机等产品的科研开发力度。保持现有核电市场优势，牢固占领 AP1000 常规岛汽轮机发电机组、屏蔽泵电机、轴封泵市场；积极开拓“华龙一号”核岛、常规岛市场，积极进入 CAP1400 主设备市场；紧密配合中核集团、中广核集团、国家电力投资集团等公司，借核电“走出去”政策，积极抢占海外核电市场。

东方电气股份有限公司

2014年，面对严峻的市场形势，东方电气坚定不移推动“三个转变”，加强企业改革的顶层设计，构建可持续的创新体系，努力为客户创造价值，为员工谋求发展，为股东创造财富，与社会共享企业发展成果。2014年，全年实现营业收入390.36亿元，新增订单382亿元，完成发电设备产量3445.5万千瓦，实现了总体平稳运行。

核电作为东方电气“六电并举”——水电、火电、核电、风电、气电、太阳能发电的重要组成部分，2014年，东方电气在核电市场营销、项目执行及核设备设计等方面均取得重要进展。

一、2014年核电工作回顾

1. 奋力抓市场

在核电市场总体持续低迷的形势下，调动全集团资源，克服困难，认真做好项目分析、营销策划和应对措施，开展多层次、全方位的市场营销，取得了一定的成绩。争取到了咸宁核电2号机组蒸汽发生器供货合同；取得了所有后续AP、CAP核电项目的蒸汽发生器支撑合同；率先获得国内首个百万千瓦核电主机改造合同(田湾核电1、2号汽轮机，2号发电机)。在海外市场开拓方面，与中核集团中原对外工程有限公司等单位，签订了《关于阿根廷CAREM小堆项目的合作协议》；同时，积极配合中核集团、中广核集团、国家核电等单位，在阿根廷项目、罗马尼亚项目、英国项目、南非项目开展相关工作。

2. 全力确保交货、投运

加强与子公司、用户的沟通和协调，优化进度分析，通过各项目团队的努力，按计划完成了绝大部分项目设备的交货。全年完成的核岛和常规岛设备交货有反应堆压力容器1台、蒸汽发生器3台、稳压器4台、堆内构件1套，以及汽轮机1台套、发电机2台套、汽水分离再热器4台。东方电气成为批量化生产二代加和三代核电成套设备的企业。12月8日，由东方电气制造的首台核电堆内构件（防城港一期）发运，标志着东方电气核岛设备制造能力已全面形成。

在红沿河、宁德、福清、方家山等核电项目陆续迎来冲转、并网、商运等关键工程节点之际，充分发挥现场服务总代表的协调作用，加强现场服务工作。

3. 积极推进核电国产化

东方电气承担的国家重大科技专项相关研究课题取得重大进展：“CAP+核电站大型半速饱和蒸汽汽轮机技术方案及关键共性技术研究子课题”通过了国家核电技术有限公司组织的预验收；“CAP1400常规岛关键设备自主设计和制造课题子课题”通过了国家核电组织的中期检查评估；签订了“CAP1400蒸汽发生器研制”“CAP1400控制棒驱动机构制造技术

研究”“CAP1400 堆内构件制造技术研究”等专题合同。

东方电气承担的 CAP1400 和福清核电 5、6 号（“华龙一号”）汽轮发电机组的自主设计、制造工作，以及 CAP1400 和福清核电 5、6 号蒸汽发生器的制造工作进展顺利。

4. 严控质量管理

积极开展核岛主设备集成供货管理试点工作；完成股份公司《民用核安全设备制造质量保证大纲》和相关质量保证程序、项目管理程序的修订；有效开展核电经验反馈工作。

5. 培育核设备设计能力

完成清华高温气冷实验堆沉积段装置的制造；完成清华低温堆空冷器设计；进行钍基熔盐堆双熔盐换热器和熔盐空气换热器的联合研制；积极推进核 1 级设备设计取证。

二、核电产业发展目标

1. 加强集团化管理，提升核电产业的综合竞争力。

加强组织协调，强化项目计划管理，确保项目进度；强化核电产业的技术管理功能；加强核电产业发展规划，确保可持续发展。

2. 加强国内外合作，实现核电设备出口的突破。

密切跟踪中核集团、中广核集团、国家核电以及法国阿海珐公司、美国西屋公司的海外项目，加强国内外合作，争取早日实现蒸汽发生器、汽轮发电机组等核电主设备出口的突破 .

3. 提高质量管理的有效性，提升风险管控水平。

进一步落实核安全文化建设和人才队伍建设，完善质量保证体系，加强经验反馈，强化技术验证，确保核电设备批量化生产的产品质量。建立健全核岛主设备集成供货质量管理体系，提高核电产品监管的有效性。推进风险管理体系建设，提高风险防控水平。

4. 加强自主研发，提升技术创新能力。

加强核电技术创新的统筹规划与管理，完成 CAP1400、CAP1700、“华龙一号”、ACP100、钠冷示范快堆等堆型配套的汽轮发电机组的研制，建立具有自主知识产权的设计制造技术体系。加强堆内构件、控制棒驱动机构以及 AP1000、“华龙一号”、CAP1400 蒸汽发生器的制造技术研究，确保首台套制造的顺利完成。加强核设备设计能力建设。

上海电气（集团）总公司

2014年，以引进先进管理理念，提高制造能级为目标，上海电气核电工作总体平稳，淡定中创造上海电气核电设备出产峰期的辉煌。这一年的亮点是多种类堆型产品、批量化生产的项目管理模式有效运作，管理模式有了新的追求——质量管理重视技术含量、预防导向和全员覆盖；项目管理中重视科学计划、常态管理和刚性执行，既实现了当年必需的出产项目，又为今后几年的核电新发展打好扎实基础。

截至2014年底，上海电气累计承接包括CP1000、CPR1000等二代改进和AP1000、EPR、“华龙一号”和CAP1400等三代以及高温气冷堆等不同堆型的核电主设备（压力容器、蒸汽发生器、稳压器、堆内构件、控制棒驱动机构、主泵、汽轮机和汽轮发电机）共计281台/套。在近三年的设备制造和交付集中期里，车间在制主设备一直维持在60—70台/套水平。国产化自主制造初具产业规模，专业基地和产能效益得到有效发挥。

一、2014年工作回顾

（一）项目管理

上海电气核电项目管理以提高质量管理水平、稳定产品质量为主线，突破技术瓶颈，发挥产能优势，平衡出产能力，为批量生产态势下核电多项目管理开创良好的运作模式。在保证制造质量前提下，挖掘管理潜力，加快项目进度，提高企业效益，确保工程需求，通过项目计划的精细化、项目管理流程的优化升级，推动项目管理水平的整体提升。

2014年，实际交付或完工核岛及常规岛主设备达25台/套，继续保持“出产高峰年、管理常态化”的良好运作态势。面对多堆型、多批量、资源冲突、周期偏紧的问题，以不影响工程节点为底线，实现了当年必需的出产任务，满足了工程需求，并保持质量稳定，批量出产能力得到了令人信服的验证。

1. 核岛主设备。

共交付或完工19台/套核岛主设备，包括2台蒸汽发生器、2台压力容器、6套堆内构件、7套控制棒驱动机构和2台主泵。实现AP1000首台压力容器、蒸汽发生器和首套控制棒驱动机构的交付，并实现首台核电主泵的交付。

2. 常规岛主设备。

共交付或完工6台/套常规岛主设备，包括4台汽轮机、2台发电机。

3. 其他。

交付装卸料机、人桥吊、辅助吊等12台；交付核二三级容器29台、常规岛辅机8套；交付各类核电大锻件105件约1800吨；完成或交付各类仪表和器件、接线盒、调节阀、电动执行机构共计11600台/套。

（二）质量管理

2014年，上海电气以核电集团组建运作为契机，进一步弘扬“四个凡事”（凡事有章可循、凡事有据可查、凡事有人负责、凡事有人监督）的核安全文化，大力倡导核电从业人员的核心价值观——担当、诚信、透明、规范，为提升核电企业的软实力基础着力。

上海电气质量管理工作的重点是提高体系管理水平、转变工作方式、提高监管的有效性和覆盖度，工作重心从对问题的处理转向对风险的预防和对个别违规的预防上，将质量管理的工作抓手落在以下方面：

1. 定期开展对质量管理体系的适宜性、充分性、有效性评价。

2. 完善并严格质量预警机制和质量处理机制；优化质量奖惩体系，完善质量考核问责制。

3. 开展专项监查，并进行量化评估。

4. 建立不符合项原因分析和损失统计制度。

5. 抓住典型案例，剖析根源，制订整改和规避措施。

（三）技术进步

通过前阶段的科研攻关和产品开发，上海电气的核电制造技术能力在近几年批量供货的成功实践上得到了初步验证。已全面掌握AP1000核岛关键设备制造技术，包括压力容器、蒸汽发生器、堆内构件、控制棒驱动机构、稳压器、安注箱、装卸料机等主设备或关键设备均已实现产品制造。

为了适应未来市场需求，上海电气聚焦大型先进压水堆和高温气冷堆技术，同时积极参与快堆和钍基熔盐堆等堆型的前期研发。以国家重大科技专项及先进核能系统研发项目为抓手，以项目为导向（高温气冷堆项目的压力容器、金属堆内构件、控制棒驱动系统、主氦风机、汽轮机和仪表及主控盘台等；CAP1400项目的蒸汽发生器、堆内构件、控制棒驱动机构、主泵和稳压器等），以技术瓶颈为突破口，设置了7个科研课题共58个子项，加快新技术的开发。2014年，国家重大科技专项部分课题通过验收。

在常规岛方面，通过专项攻关，已拥有三种转子（整体转子、焊接转子和红套转子）的制造技术，其中焊接转子和1710毫米长叶片技术已在出口项目中应用。1905毫米长叶片技术也在开发中。

（四）市场成果

2014年，上海电气新承接核电订单约32.7亿元，主要是白龙、咸宁、漳州等后续AP1000项目的主设备订单。

二、今后发展目标

（一）明确目标，苦练内功，适应核电技术装备产业的新态势

1. 打造三大愿景：

打造核电制造业核安全文化示范基地；

打造设备集成供货和综合服务的装备集团；

打造国内领先、受行业尊敬的品牌供

应商。

2. 落实四大目标：

质量：稳定受控，安全可靠；

项目：确保工程，树立口碑；

市场：国内领先，国外突破；

科研：瞄准主流，超前投入。

3. 强化核安全文化：

行为准则：凡事有章可循，凡事有据可查，凡事有人负责，凡事有人监督。

核心价值观：担当、诚信、透明、规范。

（二）巩固优势，加快转型，迎接核电技术装备产业的新发展

1. 技术升级：从三代技术（AP1000、EPR、CAP1400、“华龙一号”）到四代制造技术（高温堆、快堆、钍基熔盐堆）；从主设备制造到核电站服务等多种产品供货等。

2. 系统集成：从单个、小批设备合同尽可能地扩大设备集成供应范围。

3. 业务链拓宽：从目前以核岛和常规岛主设备供应为主体的业务链向上、下游供应链延伸。逐步建立产品性能试验和电站运行服务等业务。

4. 产业模式转变：通过研发合作平台，培育产业创新能力，从单纯设备销售向“设备集成 + 技术服务”的产业发展模式发展。

5. 智能化制造：搭建数字化制造协同管理平台，实现核电产品从“传统离散型制造”向“数字化高端装备制造”的生产模式转变。

6. 实现核电“走出去”的突破：依托核电集团的海外开拓战略，做好配套，争取“跟出去”上有所突破；借助国外合作伙伴的市场订单，做好国外项目分包，实现主设备制造“走出去”的突破。

中国第二重型机械集团公司

2014年，中国二重以国家产业政策为导向，以市场为中心，以科技创新为动力，以结构调整为主线，紧盯市场，采取灵活策略，全力以赴开展核电科研开发，着力提高高端成套装备、核电产品市场份额。

中国二重是我国最先成功研制核电用钢的企业，国内第一支1100MW核电半速转子、第一套核电汽缸均出自中国二重。核电铸锻件是中国二重重点发展的长线主导产品。随着时间的推移，中国二重的市场占有份额不断提高，主要涉及核岛设备铸锻件、常规岛设备铸锻件两个大类，包括反应堆压力容器、稳压器、蒸汽发生器大型核级铸锻件以及主管道、堆芯补水箱、RPV重型支撑设备等。

中国二重2014年核电产品业绩不俗，先后完成了CAP1400 1号机组稳压器锻件、三门3号和4号RPV主锻件、福清6号稳压器锻件、福清5号蒸汽发生器锻件、海阳3号主管道和波动管等核电铸锻件和设备。

国内首支CAP1400核电常规岛半速转子、三门AP1000蒸汽发生器整锻工艺水室封头的成功研制是中国二重核电产品研制上再次取得的突破性进展，对解决国家重大技术装备急需、提升核岛关键设备国产化率具有重要意义。

一、科研开发

为持续提升高端、极限装备制造能力，中国二重实施了国际一流铸锻钢基地及大型铸锻件国产化技术改造。通过AP1000依托项目和CAP1400示范工程、“华龙一号”等国家重点核电项目的设备和大型铸锻件供货，从冶炼、锻造、热处理、机加工、理化检验、无损检测等方面完成了大量的评定、试验和研制工作，取得了突破性进展，形成了二重自主知识产权和专有技术，具备关键锻件批量化、稳定化制造能力，制造技术水平处于国内同行业领先水平。

1. 通过超纯净钢冶炼和浇注技术研究，中国二重已掌握超纯净钢冶炼技术，有效改善大型钢锭凝固偏析铸锭技术并成功应用于核电锻件的制造。

2. 针对核电大锻件形状复杂的特点，有针对性地开展了整锻一体化接管段、顶盖、水室封头、椭圆封头、带直边锥形筒体、多接管稳压器封头等异型锻件成形技术研究。

3. 在国际上率先掌握了大型超低碳控氮316LN不锈钢冶炼、锻造、弯曲成形、机械加工等AP1000主管道制造技术。

4. 完成650吨级超大型钢锭的冶炼和浇注技术研究课题。

此外，围绕国家产业战略，紧扣产品调整方向，中国二重立足于自主创新，加大科研投入，为核电产品、新市场的开发提供强有力的支撑。2014 年，中国二重实施了 AP1000 反应堆压力容器及稳压器设计研究、CAP1400 堆芯补水箱以及 CAP1400 主管道热段研制等科研课题 12 项，承担中国先进核电标准体系研究中核岛设备专题子专题 2、核电大型复杂管件关键制造工艺及应用研究、蒸汽发生器长直段锥形筒体研制等国家课题 3 项，承担四川省战略性新兴产品计划项目“百万千瓦级核电大型成套铸锻件研发及产业化”等科研项目。

二、质量管理提升

中国二重不断完善质量体系，加强管理，严格考核，提出“三年打一场质量翻身仗”的努力目标。2014 年各项质量指标如 NCR 频次、废品损失等均好于 2013 年，焊缝探伤一次合格率提高了三个百分点，减少了 200 多条焊缝返修。

在重点产品质量控制上，中国二重制订并实施了核电成台设备“CAP1400 堆芯补水箱质量风险管控措施”。核安全文化宣传工作稳步推进，组织了法规和典型案例学习宣讲，组织持证骨干焊工、班组长以上管理人员进行核安全文化培训。

三、人才培养和培训

2014年，中国二重优化人力资源配置，适应劳动组织调整，优化人员结构，减少一般管理、后勤辅助人员，为提高生产效率及制造技术水平的提升提供了有力的人力资源保障。

为提高员工队伍核文化素质，实现管理科学化、规范化，全年共组织各类职工培训 58 项，培训人数达 544 人次。培训人员涉及核电生产一线班组长、操作人员、质量管理人员、专业技术人员、新员工和取续证人员等多个层面。

为了给核电产品生产提供了资质支撑，中国二重组织技术骨干参加焊工技能比赛、焊工晋级实做考试和高技能人才培训；完成 ASME 焊工资质考评共计 14 人 34 项的考试取证工作，ASME 核电持证焊工全年业绩维护共计 21 人 72 项。

四、2015 年工作目标及重点措施

1. 以在手核电项目合同为依托，适应新市场竞争形势，不断增强用户对二重核电制造的信心。

2. 继续深入加强产品质量控制，以质量控成本、保进度。通过有效的制度约束与激励政策，提升职工质量意识。同时从工艺方法的改进、创新入手，通过经验反馈、持续不断的实施工艺技术改进来提升产品制造质量。

3. 通过质量、交货期、极限制造能力的提升，巩固现有核电产品市场份额。同时加快新市场开发拓展，提高优势项目产能，紧跟国家核能产业战略“走出去”步伐，尽快走入国际市场。

4. 继续加强核电科研开发和自主研发。努力提高二重核电产品制造技术水平，

为核电关键设备国产化及批量制造提供坚实支撑。

5. 持续深入地开展核安全文化建设，以核安全文化的建立和培养，持续保证企业核质保体系有效、健康运行，持续提升制造质量水平。

行业协会与学会

中国核能行业协会

一、成功举办协会年会和2014年中国核能可持续发展论坛

5月14日，中国核能行业协会2014年年会在北京召开。政府有关部门及协会各会员单位、新闻媒体代表共400多人参加了会议。张华祝理事长代表理事会作了工作报告；会议审议通过了中国核能行业行规行约；会议还为第二届专家委员会成员颁发了聘书、为中国核能行业协会科学技术奖2013年获奖项目颁发了获奖证书。

年会结束后，即举办了第四届中国核能可持续发展论坛，论坛主题为“能源生产革命与中国核电”。论坛涉及了业界及公众普遍关心的核电在清洁能源供应中的作用、对我国核电发展的建议、核电的安全性、我国核电自主化研发、内陆核电发展等问题。叶奇蓁等9位院士、专家作了专题报告；法国电力公司普罗内先生介绍了法国内陆核电建设与管理经验。

二、继续做好政府部门委托的服务工作，为政府部门决策提供技术支持

（一）积极推进政府部门委托的课题研究工作

2014年，协会先后承担了国家国防科工局、国家能源局、国家核安全局委托的10余项课题研究任务，各项课题研究取得良好进展。

1. 按照国防科工局的要求，协会组织专家对《原子能法（草案）》进行了修改，形成了《原子能法（草案）》送审稿。12月12日，《原子能法(草案)》送审稿通过国防科工局审定，已上报国务院，取得《原子能法》立法工作的重大突破。

2. 根据国防科工局的要求，自2013年起开展我国核燃料保障战略重大问题研究工作。已完成《世界核燃料产业调研报告》和一个专题研究报告。

3. 作为“十三五”能源规划前期重大研究课题之一，受国家能源局委托，与中广核集团、国家发改委能源所共同开展了《“十三五”及中长期核电安全高效发展问题研究》工作。协会承担了6个子课题中2个子课题的研究工作。研究工作于2014年10月圆满完成，并通过了国家能源局组织的验收。

4. 按照国家核安全局要求，协会组织开展了《核电厂公众宣传同行评估》《核电厂周边核与辐射安全公众宣传活动》《核电厂概率安全评价和严重事故管理同行评估》《“十三五”安全规划专题研究—内陆核电安全要求研究》《核安全知识管理》《人员资质管理技术支持—质保监查人员培训和资质管理》《核安全文化研讨》7个课题的研究工作，已如期全部完成。

（二）认真做好政府部门委托的各项技术服务工作

1. 为政府部门决策提供技术支持。

7月，协会收到环保部办公厅、国家能源局综合司、国防科工局综合司联合印发的《关于开展<核安全与放射性污染防治“十二五”规划2020年远景目标>中期评估工作的通知》，征求协会意见，协会按要求复函国家核安全局。

8月，协会收到国家核安全局就《核安全文化政策声明》征求意见的函，协会组织有关人员认真研究，将有关意见复函国家核安全局。

10月28日，协会收到商务部反垄断局《关于征求阿海珐核能与中核控制设立合营企业的经营者集中反垄断审查意见的函》，协会经过认真调研和分析，及时向商务部出具了意见。

10月30日，协会收到国家能源局关于征求对《核电管理条例（送审稿）意见的函》，协会组织行业内有关单位和专家对送审稿进行研究讨论，并向国家能源局报送了书面意见。

2. 在政府主管部门的指导下继续做好第四代核能系统国际论坛（GIF）联络办公室的工作。

作为GIF联络办公室，协会努力做好国防科工局和国家科技部委托的各项工作，2014年签署了多项研发合作协议，举办了多项活动。

承担的“GIF防扩散”“GIF路线图更新研究(2013年结转)”“GIF核进出口政策法规培训”等课题任务均已完成，并通过验收，受到委托单位的好评。

积极推动中国参与GIF有关项目的研发并参与相关标准规范文件的制定。协助政府部门完成中国加入GIF超临界水冷堆系统安排。组织召开了中国加入GIF超临界水冷堆系统安排协调会，邀请行业专家对中国加入GIF超临界水冷堆国际合作项目建议方案进行审查；为我国超临界水堆的后续研发工作奠定了基础。参与GIF《钠冷快堆安全设计准则》和《钠冷快堆安全设计导则》等相关标准规范的制定，所提出中方意见受到关注，得到采纳。完成了《2013年中国国家报告》《中国最新核能进展报告》等多份文件的编写，提交GIF并被收入GIF年度报告和相关会议文件，使GIF的成员国及时了解了中国核能的发展与第四代核能技术的研发状态。

组织协调国内相关单位积极参与GIF相关活动，承办或协办GIF的专业会议。2014年，联络办共主办或协助相关单位在国内举办2014年度中国参与GIF工作会议、第四代核能系统经济评价与风险安全评价方法学研讨会及钠冷快堆指导委员会、高温气冷堆等专题会议10场次，300余人参加。另外，组织协调国内相关单位的20名代表和专家出席了GIF第37届和第38届政策组会议、第31届和第32届专家组会议、产业咨询高级委员会、各系统项目管理委员会等10次，提升了中方的话语权。

完成了对GIF相关文件的修改，研究提出了对GIF框架协议延期，政策声明等文件的中方意见。经科技部和国防科工局同意后，提交GIF秘书处。

完成修订版《GIF技术路线图》等文

件的翻译出版，《第四代核能系统经济评定方法学及风险安全评定方法学汇编》的编制、GIF 中国专栏网页的维护与更新以及特定用户授权，强化了 GIF 信息的分享。

另外，还完成 GIF 方法学工作组中方专家的遴选和提名。

3. 提供核应急综合演习评估技术服务受国家核事故应急办公室的委托，组织国家核应急协调委专家对福清、方家山、防城港 3 家核电厂进行应急演习综合评估工作，主要包括编制评估准则和工作手册、实施现场评估、撰写评估意见等，为国家核事故应急办公室提供了技术支持。

（三）承担政府有关部门委托的重要会议、活动的服务工作

1. 应国家原子能机构要求，协助策划中国参加国际原子能机构 30 周年研讨会的相关活动，承担了编制活动方案、提出论坛议题以及相关会务工作。

2. 受国家能源局的委托，协办东亚峰会清洁能源论坛核电专业论坛，论坛于 8 月 28 日在成都举行。协会负责组织议题策划、中外嘉宾的邀请及论坛的各项筹备工作，该论坛有近 100 名代表参会。

3. 受国防科工局系统工程二司委托，承办了防核扩散及核进出口管理政策法规宣贯会，160 余名代表参加了会议。

（四）其他服务性工作

1. 经国家原子能机构核准，协会完成了向国际原子能机构报送《中国国家核电综述（2013）》的报告。国家核电综述（CNPP）是 IAEA 介绍各国核电政策、核电发展和监管状况等内容的一个项目，我国自 2003 年首次提交报告以来，至今未对 CNPP 进行过更新。

2. 受国家原子能机构委托，完成了向 IAEA 报送 2013 年核动力堆信息系统（PRIS）信息的工作。

3. 完成了国防科工局系统工程二司委托的《中华人民共和国年鉴—2014 年卷》“工业”栏目中能源工业—核工业综述部分的编写工作。

三、进一步提高核心业务工作质量，为会员单位服好务

（一）核电厂同行评估及经验交流工作

1. 完成 7 场核电厂同行评估工作。

2014 年初，委员会秘书处完善了运行核电厂同行评估计（2014—2018 年）和核电建设项目同行评估计划（2014—2018 年），为核电同行评估工作有计划、有步骤的开展提供了有力保障。2014 年共组织完成了对大亚湾核电基地、华能山东石岛湾核电项目、田湾核电基地、福清核电项目、山东海阳核电项目等 7 场同行评估。其中，与 WANO 联合开展了对大亚湾、田湾的两场运行评估。通过联合评估，使 WANO 充分认识到中方队员在评估过程中的独特作用，提升了协会同行评估的影响。

11 月初完成的福清核电项目评估，实际上包含了 3 场重要活动。根据受评方的要求，在针对福清 1—4 号工程建设管理评估和 5—6 号开工准备评估的基础上，

增加了推演环节。以主泵（核级设备）、DCS系统为例，设计多种情景模式，对5号机组开工后的主要风险进行了论证和研讨。在评估中引入工程推演，丰富了协会同行评估的方式方法，协会将进一步总结经验，完善推演方式。

11月中下旬针对秦山核电基地7台机组，组织了综合运行评估，同期还对原秦山三厂人员绩效评估进行了回访。鉴于本次评估的具有多机组、多堆型、技术门类复杂等特点，协会组织了中国核工业集团公司、中国广核集团有限公司、中国电力投资集团公司、中国华能集团公司以及台湾电力公司的近40名专家，开展为期两周的评估。

2. 核电厂经验反馈工作。

制定经验反馈工作制度，完善信息报送机制。根据近几年来各电厂经验反馈渠道不畅、要求不明确的状况，3月13日，委员会召开了第一次核电厂经验交流工作研讨会，讨论了委员会建设与运行核电经验反馈情况，审议通过了《中国核电营运信息网经验反馈工作制度》。在本次会议的基础上，完成了委员会成员单位信息员的推荐工作，完善了核电厂信息反馈体系。

启动了中国核电营运信息网（CINNO）网站的升级改造工作，进一步优化网站内容，增强了网站功能，保证了我国20台在役核电机组的定期生产报告的及时上传，及时跟踪国际相关信息，丰富了核电运行经验反馈数据库资源。

3. 按时编制完成各类经验反馈报告。

编制印发了3期《中国核电项目建设信息季报》、4期《核电厂生产季报》；完成了《2013年中国核电厂关键业绩指标报告》《2013年中国核电事件报告》与《中国核电建设与运行年度报告（2013年度）》等3份报告。

根据IAEA核动力信息系统（PRIS）等信息库，启动了编写首期《世界核电综述》，目前，《综述》框架已基本确定，正在进行首期的编写工作。编制印发《委员会信息简报》3期，主要以核安全文化与委员会相关活动为主题。

按时编制完成了5期我国核电运行情况的报告（2013第四季度，2013年全年，2014年第一季度、第二季度、第三季度），按季度、年度公布我国大陆运行核电厂的发电量、上网电量、设备利用小时数以及安全状况等公众关心的内容。

定期更新协会网站核电评估版块信息，上传与运行核电厂安全评审服务（OSART）有关的IAEA文件50余份。

4. 软课题科研项目研究工作。

4月16—17日，委员会秘书处在北京组织专家评审会，对成员单位完成的2012—2013年度24个软课题进行了验收，并对2014—2015年度申报软课题进行了立项评审，15个软课题通过评审立项。完成了2012—2013年软课题成果汇编。

5. 专题工作组规范管理得到加强，各项工作务实有效。

总结4年来工作组运行经验，编制了《中国核能行业协会专题工作组管理规范》，指导各专题工作组按照务实有效原则，规范开展工作。另外，将委员会软课题过程管理纳入工作组日常工作，充分发挥了工作组成员单位专家聚集的优势，保证最终用户对课题成果的分享。在有关成员单位的支持下，委员会各专题工作组已组织召开14场各类技术、经验交流研讨会，1500余名专业人员参与交流研讨。专题工作组活动受到各方关注。11月中旬在北京举行的第四届核能行业概率安全分析（PSA）应用研讨会议，吸引了200余位业内专家和代表参加，中国科协副主席张勤、工程院院士叶奇蓁等40余位专家作了专题报告，会议对推动PSA方法在我国核能行业的应用，起到了积极作用。

6. 加强委员会建设，提升秘书处工作质量。

3月12日，委员会在武汉召开秘书处工作会议，总结了过去一年的主要工作，审查了支持单位承担的评估文件体系编制工作情况，讨论了本年度的主要工作安排。5月8—9日，核电厂同行评估及经验交流委员会第三届第二次会议在上海召开。会议审议通过了《核电厂同行评估及经验交流委员会工作报告（2013—2014）》《中国核能行业协会专题工作组管理规范》《中国核电营运信息网经验反馈工作制度》《CINNO网升级改造方案》等文件，标志着专题工作组和经验反馈工作在制度化、规范化管理方面迈上新台阶。

（二）协会科学技术奖评审和科技成果鉴定工作

1.4月28日，协会召开了中国核能行业协会科学技术奖第二届设奖者委员会2014年会议。会议听取了奖励办公室关于《中国核能行业协会科学技术奖2013年工作总结及2014年工作计划》的报告；审查了2013年奖励基金预算执行情况，通过了2014年奖励基金预算。会议还对奖励办公室提出的设立创新团队奖、科普作品奖两个奖项的建议进行了审议，同意将核能科普奖纳入核能科技进步奖评审范围，创新团队奖待条件成熟后再设立。

2.做好2014年度协会科技奖申报和评审工作。2014年度中国核能行业协会科技奖申报工作于5月初启动，共收到申报成果177项，较2013年增加33%。经过形式审查，174项成果进入评审程序。经过网络评审、专业组初评，共有74项成果被推荐参加评委会终评。

10月23日至24日，终审评审会在北京召开。EPR核电站双层安全壳建造技术、核电站堆内构件振动监测系统、国产首台第三代核电（EPR）蒸汽发生器制造技术等三个项目获一等奖；百万千瓦级压水堆核电厂首炉一体化含钆18个月换料研究与应用等21个项目获二等奖；核电厂蒸汽发生器传热管涡流检查策略重大优化及实施等50个项目获三等奖。

3. 为适应2014年科技奖励工作的新情况，对核能科技奖管理信息系统作了进一步调整和完善，补充开发了在线申报程序，实现了由离线到在线申报的升级，进一步提高了奖励办公室管理工作效率；开发了推荐单位的推荐程序，实现了推荐工作管理信息化，开发了专家评价系统。

4. 为提高核能科技奖励申报质量，进一步做好2014年度中国核能行业协会科技奖申报和推荐工作，6月5日在南昌召开了首次核能科技奖励工作培训会，取得了良好效果。

5. 编辑出版了《中国核能行业协会科学技术奖励公报（2012—2013年）》，汇集了2012—2013年的全部获奖项目共120项。另外，还完成了《中国科学技术奖励年鉴》组稿工作。

6. 为适应科技奖励工作新情况，在总结经验的基础上，完成了对《中国核能行业协会科技成果鉴定暂行办法》的修订，进一步明确了鉴定组织单位、主持单位、申请鉴定单位（即委托鉴定单位）以及鉴定委员会各自的责任和义务。2014年共组织科技成果鉴定80项。

（三）进一步做好行业培训工作

2014年协会坚持高质量、高要求，各项培训工作按计划推进；同时，根据核能行业发展的需要，积极开发新的培训项目，取得一定的进展。全年共举办各类培训班15期，包括质量保证培训、质量保证监查员培训、质量保证监查员再培训、高级管理人员质量保证培训，以及其他业务培训7期，包括核电工程项目管理项目经理B级培训班、核电工程项目管理助理项目经理C级培训班、核电工程项目设备管理经理人B级培训班、AP1000核电技术知识强化培训班、压水堆核电站核岛机械设备设计与建造法则（RCCM）培训班、AP1000仪控仪表培训班及概率安全分析(PSA)技术培训班等。

（四）做好为会员单位提供的其他技术服务工作

针对核能行业发展中的突出问题和会员单位的需求开展专题研究工作，为会员单位提供各方面的技术服务。

1. 在2013年《内陆核电厂环境风险的评估研究》课题研究成果的基础上，根据会员单位的需求，协会在9家会员单位支持下，组织80多位专家，对内陆核电业内外关注的主要问题，深入开展了《内陆核电建设中几个重要问题的再研究》的课题研究工作。12月在武汉举办了内陆核电水资源保护研讨会。

2. 组织行业专家评审会。受中国核工业集团公司委托，11月5日，协会组织22位院士、专家，对中核集团公司联合加拿大坎杜能源公司研发的先进燃料重水堆进行技术审查。受中广核集团公司委托，6月份，协会组织专家对中广核工程公司智能电站总体技术方案进行了审评。受中国核能电力股份公司的委托，7月份，协会组织专家对中国核能电力股份公司编写的核电项目建设业主管理规范进行了评审。受中国核燃料公司委托，协会组织召开了《核燃料产业园选址办法》专家咨询会，为核燃料产业园选址办法提供了专家咨询意见。受中广核集团公司委托，协会组织召开了两次乏燃料干式贮存技术及中广核示范工程方案研讨会，提出了专家意见和建议，为国防科工局管理与决策提供技术支持。

3. 开展专项技术服务工作。受中国核电工程公司的委托，协会组织专家，启动了对《徐大堡核电厂一期设计可靠性保证大纲》的课题研究工作，研究周期一年。

受中广核集团公司委托，协会将为中广核苍南核电公司的公众宣传和沟通工作提供长期支持和协助。协会在完成苍南大讲堂的组织策划工作后，又首次对苍南县四套班子进行核电科普讲座，收到显著效果。编制了苍南核电项目公众沟通规划。受中国核电工程公司的委托，协会组织专家完成了该公司建立核安全文化体系的策划工作。为配合中广核集团公司在香港上市编写招股说明书的需要，协会通过对国际、国内核电行业发展情况的全面、系统调研分析，完成了行业顾问报告的编写工作。受中广核集团公司委托，协会完成了对大亚湾核电运管公司资产报废的技术鉴定工作。

4. 推进行业信息化建设。2014 年，信息化专业委员会以提供“技术咨询，专项技术服务”为主线，以召开“工作交流会议，行业标准培训”为载体，积极开展以下工作：

2014 年 6 月，召开了第二届中国核能行业信息化工作交流会议。180 余名代表参加了会议，世界核协会（WNA）、俄核电工程公司（NIAEP）、韩国首尔国立大学等多位专家、学者到会做大会报告。会上对多维数字化核电站、集团公司 IT 治理结构优化以及云计算、物联网、移动互联网、大数据在智慧核电的应用等专题进行了讨论。

组织行业专家为会员单位提供技术咨询与专项技术服务。组织 11 位行业内知名专家，召开 7 次专业模块评审会，提供累计 26 个人天的详细项目评审工作。

在国内率先启动了核电站低空飞行器应急安全管控体系的课题研究工作。本课题得到了北京航空航天大学、中国广核集团公司、大亚湾核电运营管理有限责任公司、国家空管新航行系统技术重点实验室、国家空管法规标准研究中心的支持。

办了国内首次核能行业标识系统编码标准培训，六大集团公司近 50 名学员参加培训。

积极与国外相关协会核能信息化机构建立联系，推动双向交流与合作。先后与美国核电运行研究所 (INPO)、世界核协会 (WNA)、美国核信息与文档管理协会 (NIRMA)、德国技术中心联合会 (GTC) 等国际核能信息化机构取得联系，加强了双方了解，就组织相关交流活动进行了协商。

四、扩大国际合作与两岸交流，搭建技术合作平台，探索中国核电进入国际市场的途径

（一）积极拓展双边合作关系

1. 与法国核电规范标准协会签署了合作谅解备忘录。2 月 19 日法国核电规范标准协会（AFCEN）主席一行访问协会时双方达成了合作共识；6 月 19 日张华祝理事长与 AFCEN 主席罗洁女士在北京中法核电运行经验交流会开幕式上正式签署了合作备忘录，依据备忘录双方将合作开展有关法国核电规范标准方面的信息交流与培训。

2.5 月 27 日，WANO 主席伽瑞多访问协会，双方均表达了在核电厂同行评估、

经验交流等领域进一步加强合作的愿望。

3.2 月 18 日美国核电运行协会（INPO）国际部主任访问协会时，双方表达了开展核电厂同行评估与运行经验交流等方面合作的愿望，据此完成了《中国核能行业协会与美国核电运行协会合作谅解备忘录（MOU）》文本的起草工作，并将协议期限、保密等意见反馈给 INPO。9 月，INPO 对协会意见作出了反馈。

4. 推进与英国核工业协会（NIA）建立合作关系，为国内企业参与英国核能建设搭建平台。英国驻华使馆贸易投资署参赞，能源、环境、基础设施参赞李安先生一行在 8 月访问协会，提出了双方在公众接受、废物处理与核设施退役、研究开发、供应链方面的合作建议。籍参加法国核工展之机，协会与英国贸易投资署和核工业协会（NIA）进行了再次接洽，双方均表达了开展核能领域的交流与合作，建立正式的合作关系意向。

（二）深化海峡两岸核能技术交流与合作

1. 继续与台湾核能科技协进会密切合作，于 7 月 6—15 日组织华能核电系统第二批人员赴台湾电力公司，进行了为期 10 天的核电厂综合管理培训，收效良好。

2. 组织台湾《为何害怕核能与辐射》一书在大陆出版。经一年时间的努力，完成了《为何害怕核能与辐射》一书大陆版的内容修订等工作，已经出版发行。

3. 完成了台湾核能级产业发展协会（TNA）来访的组织接待工作。11 月 16—21 日，以理事长罗守纬先生为团长的台湾产业界高级代表团访问了协会，并就有关问题进行了洽谈。该团的来访有利于促进海峡两岸开展核能系统工程设计技术、核电厂大修和营运与维护技术、核废物处理及贮存技术、核能设备地震试验技术，以及台湾核电厂相关技术与产品的交流与合作。

4. 落实在台举办“第三届海峡两岸核能合作研讨会”有关前期准备工作。协助山东海阳核电公司联系赴台湾进行放射性废物处理考察访问有关事宜。

（三）组织会员单位参加法国世界核工展

协会牵头组织中国核工业集团公司、中广核集团公司、中国电力投资集团公司、国家核电技术公司、华能集团公司、浙江海盐中国核电城、上海电力修造厂、宁波天生密封件公司、浙江久立特材公司 9 家单位赴巴黎参加了 10 月 14—16 日在乐布尔热举行的首届法国世界核工展（WNE）。

这次参展，是我国核能企业第一次集体参加国际展览，初步展示了中国核能行业的形象和实力，引起国际同行的广泛关注，取得良好效果。

（四）根据会员单位需求，组织相关国际技术交流活动

1.3 月 5 日，在合肥与中科院核能安全技术研究所联合举办了铅基反应堆专题研讨会，中科院方守贤院士，中国工程院叶奇蓁、李冠兴院士等 40 多名中外专家和代表参会。会议为我国铅基反应堆发展提出了许多有价值的建议和意见。

2. 与德国莱茵检测认证中国有限公司

共同在上海举办了核电仪控系统设计安全标准与应用交流会。

3. 6 月 17—19 日，协会与法国电力公司、阿海珐公司、法国核电规范标准协会在北京首次举办了中法核电经验交流研讨会。来自国家核安全局、法国大使馆、AFCEN 以及中法两国核电企业、设备供货商、科研院所等单位的 49 名专家，围绕核电法律法规、标准规范、老化管理、设备鉴定与维修、核电厂阀门、仪控系统、蒸汽发生器等相关领域作专题报告。有 67 家单位的 180 余位代表参加了会议。

4.7 月 9—10 日，在深圳协会与中科华核电技术研究院联合举办了 2014 年压水堆长周期换料技术研讨会。来自中国、法国、美国核电领域的 28 家单位 90 余名代表与会。

5.12 月 8—12 日，协会与世界核协会、清华大学在北京联合举办了 2014 年世界核大学清华周培训研讨会，这是三方第六次合作，有 170 多名代表参加。本次培训研讨会除邀请国外专家外，还邀请了三位中方专家做报告，使学员在了解全球核能发展态势的同时，对我国核能发展政策、技术研发、重大工程项目有比较清晰的了解。

(五) 组织接待来访、出访等双边活动

2014 年协会接待来访外宾 21 批，95 人次，进一步推动了协会对外交流与合作，扩大了协会的影响，提升了协会的知名度。同时，协会组织会员单位参加境（内）外国际会议共 13 场，149 人参加相关活动。

(六) 做好第 11 届中国国际核电工业展览会的筹备工作

五、继续办好“三刊一网”，进一步提高信息服务的质量和效能

1. 完成了 2014 年 6 期《中国核能》会刊、12 期《核能新闻》电子月刊、《中国核能年鉴》2014 年卷的编辑出版工作，确保刊期，确保质量。《中国核能》2014 年主要围绕四个方面开展工作：一是围绕核电安全高效发展进行策划；二是以核安全宣传为主线；三是继续关注核电重点项目，杂志记者深入项目一线进行采访；四是重点关注核电“走出去”战略，刊发专家论述文章，跟踪战略实施情况，宣传出口自主品牌，组织专题集中报道。完成《中国核能年鉴》2014 年卷组稿、编辑、发行工作。第一次获国家图书馆捐赠证书。

2. 加强协会网站建设，整合栏目，对网站进行改版。

对协会网站栏目进行了整合优化，取消了一些不适合的栏目，增设了“信息公开”栏目；对页面布局进行了调整，撤销了二级栏目在首页上的显示，规整了专项网页的位置，按栏目关注度调整了栏目位置；对部分栏目的权限进行了扩充，以保证栏目的更新速度。同时，制订了网站管理的补充规定，确保网站的安全运行和规范管理。2014 年，采集上传各类新闻信息 2715 条。

3. 充分利用信息手段宣传协会重点工作，继续加强与行业及社会媒体的联系、沟通与合作。

2014 年，开通了协会微信和微博，利用这些新的手段发布核能行业的有关信

息、传递国际国内有关核能动态、宣传核电科普知识、提高公众对核电的可接受性，并逐步成为协会与各界联系、沟通的有效方式。截至12月31日，协会的微信公众号已有近1600人关注，发布文章700余条，阅读总量近15万次，国家政策类、高端观点类、技术创新类文章的关注度较高，单篇阅读量最高为4000余次；新浪微博上传新闻346条。

邀请媒体采访协会年会和核能发展论坛。共18家媒体到会采访，刊发稿件20余篇，发稿量和发稿范围大，影响广。多家媒体在会议现场就利用微博、微信、网络等发出报道。协会自有平台在会议当天也及时刊发了相关消息；网站“核能论坛”栏目陆续刊发了论坛论文；《中国核能》杂志也大篇幅地对年会和论坛进行专题报道。完成了中国电力报、南方能源观察、中日韩三国媒体联合采访等几次重要采访。其中，中日韩三国记者对理事长的联合采访中，有中国的《环球时报》《三联生活周刊》，日本的《每日新闻》、时事通讯社，韩国的《中央日报》《国民日报》参加。这些都是在本国有影响力的媒体。据反馈，报道获得了较好的社会效果，中科院理论物理所的专家表示关注。

六、进一步加强协会自身建设，提高办会能力和水平

（一）加强行业自律建设

根据民政部《关于开展行业协会行业自律与诚信建设活动的通知》（民函〔2013〕111号）的要求和核能行业发展的需要，经过第二届理事会第三次会议审议，2014年协会年会表决通过的《中国核能行业协会行规行约》已发布实施。

（二）加强协会专家委员会建设，为行业发展提供技术支撑

根据行业发展的要求，经过第二届理事会第三次会议审议通过，协会对专家委员会进行了调整，专家委员会人数增至225名；设立9个专业组，其中新设厂址与环境专业组；增加了3位副主任，即叶奇蓁院士继续担任专家委员会主任、赵成昆副理事长继续担任专家委员会副主任外，增加中国核工业集团公司总工程师雷增光、中国广核集团有限公司总工程师赵华、国家核电技术公司总工程师王俊担任专家委员会副主任。为充分发挥各专业组的作用，加大协调和组织的力度，每个专业组由两名专家担任组长；为便于开展工作，由协会秘书处技术服务部主任杨波兼任专家委员会秘书长。

新一届专家委员会铀资源专业组会议于10月30日在西安举行。会上专家们就当前铀资源领域发展新动态、新技术进行了研讨，会议还讨论了铀资源组今后工作。

（三）加强协会的组织建设和秘书处的建设

1. 协会进一步加强组织管理工作。按理事会、常务理事会工作规则和组织管理委员会、经费管理委员会工作程序，按时召开了负责人会议、理事会、常务理事会及组织管理委员会、经费管理委员会等会议。通过有关会议，审定了21家单位的

入会和12家单位的退会；调整副理事长人选3人，常务理事人选2人，理事人选3人。5月，协会组织召开了联系会员单位座谈会，了解了联系会员单位的业务情况及服务需求。

2. 协会继续加强秘书处队伍建设、思想建设和制度建设，提高秘书处工作人员的办事能力和工作效率。

中国核学会

2014年，中国核学会紧紧抓住国家加强社会组织建设和政府职能转移的有利时机，立足国家大力发展核科技工业的良好形势，以“开放、创新、求实”为总体原则，以“做好服务，成就价值”为工作理念，以“三服务一加强”为工作主线，以“三勤一实”（勤跑、勤听、勤看，实实在在做事）为工作方法，强化现代社会组织管理意识和经营理念，团结各专业分会、省级核学会以及广大核科技工作者，开拓创新，主动作为，攻坚克难，着力做好学术交流，着力开展科普宣传，着力做好民间国际交流与合作，着力做好组织建设和会员服务，着力抓好教育认证工作，着力培育咨询服务，在推动我国核科技产业发展方面发挥了积极作用。

一、国内学术工作

1. 积极筹备2015年中国核学会学术年会。确定了各专题内容，落实了会议主承办单位和地点。启动了论文征集工作，提出了在年会前后和期间增设展览展示、核技术应用高峰论坛、核电装备论坛、核妇女论坛等模块的设想。

2. 举办第11届中国核学会“三核”论坛。在河南省核学会的积极努力下，第11届“三核”论坛10月22日在河南省郑州市召开。李冠兴理事长、王乃彦院士和全国相关单位的领导、专家和学者130余人参加大会。本届论坛共征集论文160篇，经评审128篇论文入编《核技术创新与实践》一书。

3. 举办第十四届海峡两岸核能学术交流研讨会。12月1日至3日，由中国核学会、台湾财团法人核能科技协进会共同主办，福清核电有限公司承办的第十四届海峡两岸核能学术交流研讨会在福建福清召开。李冠兴理事长、台湾核能科技协进会董事长欧阳敏盛以及来自大陆和台湾的30多个相关单位的100余位专家学者参加了会议。与会代表围绕核电站的设计、建设、运行、安全监管、核电厂安全文化建设、放射性废物管理、核技术非动力应用、公众沟通等内容进行了深入的交流与研讨。

4. 筹备第三届中国（国际）核电仪控技术大会。中国（国际）核电仪控技术大会是学会近年来重点培育的本土国际会议，每两年举办一次，对推动我国核电仪控技术国产化和自主化发挥了重要作用。学会秘书处正式启动筹备工作。落实了国核自仪系统工程有限公司作为承办单位。确定了大会时间、组织架构、大会技术委员会工作内容、大会各项日程安排等事项，确定了“创新、合作、高效、安全”的大会主题。

5. 启动中国工程院和国家能源局“能源论坛”筹备工作。

6. 完成中国核学会2013年学术年会会议论文集出版。经过编委会近一年的努力，《中国核科学技术进展报告（第三卷）》已于6月出版。报告分10册，按二级学科分设22分卷。通过专家的严格筛选，从1206篇论文中评选出746篇论文收录到论文集中。为提高影响力，经与有关单位沟通，该论文集已通过中核集团职称评定委员会认定，收录论文视同在省部级刊物上发表。

7. 做好学术期刊出版工作。学会主办的《核科学与工程》继续入编北京大学《中文核心期刊要目总揽》和《中国科技期刊引证报告》2014年版之原子能技术类核心期刊。全年共收到稿件289篇，已刊登论文90篇，退稿率为41.2%。全年共出版正刊4期。为满足作者需求，页码由96页增至144页。近三年，专家库人员已达317人，作者人数957人。学会主办的《计算物理》按期出版。英文期刊创办的工作也在积极调研。

二、科普宣传

1. 中国核学会荣获中国科协“2014年度全国学会科普工作优秀单位”称号。2014年，学会共举办各种科普活动16场次，直接参加人数13万余人。

2. 召开中国核学会科普咨询教育工作委员会第一次会议，提出学会科普工作“八个一工程”。3月8日，中国核学会第八届理事会科普咨询教育工作委员会第一次会议在京召开，主要结合国家对学会发展的政策和要求，就当前我国核产业、核科技发展现状和需求，研究部署学会科普咨询教育方面的重点工作，提出了在八届理事会期间科普工作重点做好八个方面的工作，简称“八个一工程”。即：打造一套“核科普教育基地”建设体系，培育一支核科普宣传队伍，组织创作一批核科普作品，建设一个数字核科普平台，组织开展一次“全国公众开放日”活动，办好一个核工业展览会，打造一个竞赛和夏令营，举办“院士行”等一系列科普宣传活动。

3. 组建科学传播专家团队。经中国科协批准，组建了核能发电、核燃料循环、核技术应用、核安全等6个科学传播专家团队。推荐李冠兴、叶奇蓁、胡思得、徐銤、潘自强、王乃彦担任中国科协“首席科学传播专家”。

4. 举办中法核能公众沟通研讨会。6月12—13日，与法国核学会联合举办中法核能公众沟通研讨会，来自中法两国核科技界的160余人参加了会议。国家能源局核电司司长刘宝华、法国驻华使馆核工业参赞科尔迪耶、中国广核集团总会计师岳林康、中核集团董事会秘书潘建明、法国核学会秘书长瓦莱丽·芳丹等在大会上致辞或作报告。本次研讨会是我国核能领域首次举办的公众沟通国际专题研讨会，中法双方围绕核能公众沟通的现状和发展趋势、全国性核能公众沟通经验、核电站周边地区公众沟通经验、新媒体应用以及科普人才与社团作用等四大主题现场宣讲了18篇内容丰富、系统全面的交流报告。

5. 组织创作核科普作品。完成了《走进核科学技术》的改版。启动《“核”我探秘——我们身边的核科学技术》科普读本的编写。承担中国科协“科普中国百科科学词条编写与应用工作项目”，编写核能发电、核燃料循环、核辐射与防护、核农学、核医学、核安全保障、核技术应用等环境保护热点领域1400条重点词条，上传到百度百科，充分发挥网络科普的作用，提高科普效果和社会影响力。

6. 打造数字核科普平台。开通了学会微信公众平台订阅号，并设立了“志同道‘核’”学会群，借助新的技术和手段加强学会的宣传和会员服务工作。学会微信平台及时发布学会的通知、动态，精选业界资讯、科研进展、专家文章等，是学会利用新媒体加强学会宣传工作，做好会员服务的一项新尝试。

7. 举办第十三届中国国际核工业展览会。4月15日至18日，由中国核学会等单位主办的第十三届中国国际核工业展览会在北京国家会议中心举办。展会以“清洁核能科技，助力美丽中国”为主题，展出总面积约14000平方米，共有来自40多个国家的14000余名观众参观，创历届之最。国务院副总理马凯莅临参观，国防科工局、国家核安全局、中国科协专门组织人员参观，法国驻华大使，美国、阿根廷、苏丹、巴基斯坦等国公使亲临展会。展会期间多种活动异彩纷呈：第二届“魅力之光”杯中学生核电科普知识竞赛同期启动，中国广核集团公司与果壳网联合举办科普活动，中国核能电力股份有限公司现场发布《企业社会责任报告》，海盐中国核电城专门举办投资说明会，中国核学会、海盐县政府与加拿大核工业组织分别签订合作协议。

8. 举办第二届“魅力之光”杯中学生核电科普知识竞赛和夏令营。中国核学会与中国核能电力股份有限公司联合主办了第二届“魅力之光”杯全国中学生核电科普知识竞赛，全国共有34个省（区、市）的77302名学生、30305名成人共计107607人参加，其中一等奖30名学生参加了在江苏南京及田湾地区举办夏令营活动。

9. 举办系列核科普展览。利用国际核工展平台，搭建“‘核’我探秘”科普展览，吸引1万余名观众参观，国务院副总理马凯、中国科协副主席陈章良参观并给予充分肯定。组织参加中国科协首届“夏季科学展”，安排“中国实验快堆”参展，快堆首席专家、中国工程院院士徐銤亲自讲解并作报告，中国科协党组书记尚勇等领导参观展台。承办中国科协“中国梦 科技梦——核科学技术展”。该展全面系统地展示了核科学技术的诞生、发展，特别是新中国成立后在相关领域取得的成就，普及了核科学技术知识，介绍了我国著名核科学家的辉煌业绩。

10. 承办“科学家与媒体面对面”活动。学会承办了中国科协第39期和第48期“科学家与媒体”面对面活动，主题分别为“联‘核’驱散雾霾，共享蓝天白云”和“追寻‘核’你我的关系”，40多家在京媒体给予充分报道，共有8名院士和专家与记者面对面沟通。通过大量媒体科学客观的报道，充分发挥学会的专家优势，力求为产业发展营造良好舆论环境。

11. 举办"'两弹一星'精神座谈会"。9月18日，为传承"两弹一星"精神，在我国第一颗原子弹爆炸成功50周年之际，学会与"两弹一星"历史研究会联合举办了"两弹一星"精神座谈会。中央军委原副主席迟浩田上将，中国科协副主席、党组副书记张勤及20余名院士和各单位科技工作者共400余人参加了会议。

12. 承办"朱光亚学术思想座谈会"系列活动。12月24日，在朱光亚先生诞辰90周年之际，受中国科协委托，学会承办了由中国科协、总装备部、中国工程院主办的朱光亚学术思想座谈会和图片展等系列活动。中国科协党组书记、书记处第一书记尚勇，总装备部科技委主任刘国治院士，中国工程院党组书记、院长周济院士等60余人出席了座谈会，并参观了图片展。

13. 组织日常科普活动。开展"核能有意思"活动，分别组织北京实验中学物理老师参观中国原子能科学研究院、周大地为绍兴市干部作能源科普报告、中核北方核燃料元件有限公司和南开大学做"核科学家的中国梦"院士报告会。在全国会员日期间，邀请胡思得和叶奇蓁院士为首都师范大学初等教育学院本科生作《核武器工程与两弹精神》《核科技造福人类》的报告。组织专家到北京十二中、北京二十五中作科普报告。

三、国际交流与合作

1. 积极做好国际学术会议的组织工作。2014年学会作为主办或协办的国际会议有：第二十二届国际核工程大会、2014年国际青年核能大会、2014年国际水堆燃料性能会议、首届亚洲核燃料会议、第十九届太平洋地区核能大会、中法核燃料循环研讨会等。

学会积极在国内组织稿源，鼓励广大核科技工作者参会，来自中国的投稿文章之数量在上述国际会议中，均位居前列。

学会还积极推荐国家核安全局、中核集团、中广核集团、国家核电技术公司、中电投集团等单位的领导和专家，分别在上述会议的主旨报告/大会报告阶段发言，向世界传递中国核工业界的声音。

2. 加强与核领域国际组织的交流。2014年，秘书处积极服务于中国的国际地位和影响力提升，与国际原子能机构、世界核协会、美国核学会、欧洲核学会、西班牙核学会、美国机械工程师学会、日本机械工程师学会等近10个重要核能组织会面，交流信息，共享经验，与美国机械工程师学会、捷克核学会、加拿大核工业组织签订合作备忘录。

3. 加强与跨国核能企业的交流，为国内企业交流合作搭建桥梁。2014年，秘书处先后拜访了美国西屋电气、法国阿海珐集团、法国电力集团等驻中国代表处的主要领导，增进了解，探讨合作。与美国机械工程师学会、西班牙核企业联盟、捷克驻华大使馆、法中电力协会、法国核工业协会、加拿大核工业联合会、韩国斗山重工集团等多国核组织、企业及政府相关负责人会面，加深了与国际重要核组织的了解和沟通，并就如何加强合作，共同推动核工业健康发展等问题进行了深入讨论。

4. 成功申办2016年国际青年核能大会在中国举办权。7月9日，中国核学会副理事长雷增光、副秘书长申立新等赴西班牙博戈斯参加了2014年国际青年核能大会。会上，中国核学会青年委员会（筹）主席宋代勇代表中国对申办2016年国际青年核能大会进行了精彩的答辩，并以绝对的优势击败俄罗斯、印度、阿根三个竞申国家，赢得2016年国际青年核能大会的承办权。

5. 成功申办第20届太平洋地区核能大会举办权。中国核学会高度重视，认真做好各项筹备，最终以绝对优势获得第20届太平洋地区核能大会举办权。

6. 举办中法核燃料循环后端研讨会。12月10—11日，学会与法国阿海珐集团共同主办了中法核燃料循环后端研讨会。共有中、法30多家单位的150多名专家、学者和工程技术人员参加了会议。会议期间，中法两国的技术人员交流了17篇报告，内容涉及核燃料循环后端的发展策略与安全法规、经济性、研发、公众接受等。

四、组织建设与会员服务

1. 批准成立中国核学会核测试与分析专业分会、中国核学会核安全专业分会。这是中国核学会批准成立的第23个和第24个专业分会。

2. 组织召开了3次学会常务理事会会议。组织召开了中国核学会第八届理事会第三、四、五次常务理事会会议，其中第三、五次会议采用通讯方式召开，及时解决了需要学会常务理事会决定的重大问题。

3. 起草了《分会管理办法》。为适应民政部、中国科协对分会管理从“事前审批”到“事后考核”的转变，学会秘书处起草了《分会管理办法》，在八届四次常务理事会上进行了讨论。今天将提交理事会审议。

4. 会员服务。

学会加强团体会员的发展工作，2014年有4家单位申请成为学会团体会员单位。为加强与团体会员之间的联系，学会开展了团体会员信息库建设工作，便于会员之间的了解与沟通，学会资源得到充分利用，提供更多服务内容。

采用中国科协个人会员系统开展会员发展工作，进行学会会员的更新登记和发展工作，并建立中国核学会个人会员网络登记程序、会员服务内容及会费缴纳等相关制度，为会员提供学会动态、业界资讯等信息，为会员提供相互交流、学习的网络论坛平台。编辑寄发了三期《会刊》。

成功推荐两会员荣获“第六届全国优秀科技工作者”奖。12月，中国核学会推荐的学会妇女工作委员会委员、中国科学院高能物理研究所沈肖雁被授予“十佳全国优秀科技工作者”提名奖，核工业理化工程研究院姜宏民被授予“全国优秀科技工作者”称号。

召开了第八届理事会妇女工作委员会第二次会议。5月14日，中国核学会第八届理事会妇女工作委员会第二次会议在北京召开。妇女工作委员会主任邱爱慈院士、常务副主任马璐等19人出席会议。会议听取了关于中国核学会近期工作和2014年工作设想的汇报；增补妇女工作委员会委员；研讨策划开展“中国核科技妇女工作者状况调查”工作；讨论了第22届世界妇女核能大会参会事宜，并重点研讨了申办2018年世界妇女核能大会方案。

五、工程教育认证

按计划有序推进前期各项筹备工作。2014年，学会被列为中国科协“承接政府转移职能试点项目”25家单位之一，重点开展核工程教育认证委员会（筹）前期筹备工作。在教育部、中国科协、核工程教学指导委员会的大力支持和具体指导下，学会已经完成前期筹备工作。11月28日至29日，在2014年教育部高等学校核工程类专业教学指导委员会暨全国高校核工程类专业院长/系主任联席会上，将研讨核工程类专业工程教育认证补充标准作为重要内容，请专家作了《中国工程教育认证的背景、现状、理念及其进展》专题报告，全面讲述了国际和我国工程教育认证的基本情况，重点解析了工程教育与教学评估、国家标准的联系区别，有针对性地回答了高校认证过程中存在的问题和需要准备的工作。以上工作为中国核学会申请成立核工程教育认证委员会奠定了良好基础。

六、咨询建议和承接政府项目

1. 继续承担中国科协2014年“重点技术领域专利信息数据库建设”项目。2014年学会继续承担中国科协“重点技术领域专利信息数据库建设”，目前共完成6500篇专利文献的修复和完善。

2. 承担中国科协《2014—2015年核科学技术学科发展研究》编写工作。经认真策划和主动汇报沟通，中国核学会申报的“2014—2015年核科学技术学科发展研究”项目获得中国科协批准和支持。该项目主要任务是：第一，回顾、总结和科学评价2009—2015年（重点为2011—2015）核科学技术学科在基础理论研究、核技术应用、核电工程、核材料等领域的新进展，梳理和分析核科学技术学科发展现状，展现国内外核科学技术学科发展的情况，包括新成果、新见解、新观点、新方法、新技术等。第二，研究分析我国核科学技术学科发展的动态及趋势，进行国内外发展情况比较，明确我国核科学技术发展的战略需求，提出我国核科学技术学科研究方向。第三，展望我国核科学技术学科发展目标与前景，提出赶超国际核科学技术学科发展的保证措施与对策建议。该报告由李冠兴理事长担任首席科学家，有关专家20余人参与编写。

3. 开展“推动中国专家担任国际组织领导人调研课题”。一个国家的人员在国际组织中担任职务的高低和数量是一个国家综合实力的具体体现，更是提升一个国家在国际上的话语权和影响力的重要手段，也是推动本国产品和技术“走出去”的重要方式。学会秘书处经积极争取，得到中国科协支持，11 月，报告已经完成。

4. 开展课题研究和企会服务。受国家能源局委托，完成《核燃料技术发展战略总体规划》之新技术预研项目。承接中国科协“科技工作者来信”回复工作。为国家环保部《核与辐射安全科普宣传方案》提供建议，将核科普基地建设、核科普人才培养、大型互动媒体平台等内容列入方案，有利于提高行业整体科普力量。举办“企会合作，推进辐射加工产业发展研讨会”，组织 2 名院士以及行业政府主管、企业代表为科技型中小企业技术创新服务，促进产学研用相结合。

中国核仪器行业协会

一、基本情况

中国核仪器行业协会由原国家经济委员会批准，于1987年6月30日正式成立。它挂靠在原核工业部，是核工业部第一个全国性行业协会。

协会现任会长（理事长）、法定代表人为中核集团公司总经理助理李晓明，常务副理事长马宇箭，秘书长姜宏。协会会员总数170余个，单位会员86个，理事单位40个，常务理事17个。

协会业务主管单位为国家国防科工局，行政主管单位为国家民政部，挂靠单位是中国核电工程有限公司。协会开办有“中国核仪器行业协会网站”，为会员进行学术交流搭建了桥梁。

协会的主要业务范围：行业管理、信息交流、业务培训、专业展览、国际合作、咨询服务。

协会积极发展会员、不断壮大组织，目前国内核仪器行业的重要和关键单位以及高级专家都已加入协会，成为协会的会员。

二、2014年工作情况

1. 按协会章程规定，召开理事会、常务理事会。

根据协会章程规定，协会于4月23日召开第二次常务理事会，11月31日召开了第三次理事会。

2. 为会员服务，积极开展培训工作。

2014年，协会积极推进行业培训工作，对清华大学、高能所的培训办班情况进行了实地调研，对原子能院、南华大学培训办班情况进行了函调。在调研的基础上，协会首期核仪器培训班于12月8日至14日在南华大学举办，参加培训的有13个单位从事核仪器、核探测相关工作的专业技术人员共计33人。培训班由南华大学核技术学院有关课程的老师授课，较系统地讲解了核电子学、核辐射探测、核仪器仪表、电离辐射剂量学、核数据采集与处理技术以及实验课程。

3. 参加展览，提高协会的知名度。

4月15日—18日，协会参加了第十三届中国国际核工业展览会；7月29日—31日，协会参加了中国机械工业联合会举办的核电设备展。通过上述展览，宣传了协会，扩大了协会的知名度，壮大了协会的队伍。

4. 开展行业调研活动。

第三届会员大会期间对核仪器行业的调研，受到业内外的普遍欢迎，通过调研，基本摸清了行业的现状，找出了主要不足，也看到了发展和进步。为弥补调研的深度和广度的不足，常务理事会决定将此项工作常态化，不断补充和完善行业调研报告，使调研成为具有指导意义的行业精品项目。4月23日，协会第四届会员大会第二次常务理事会研究决定，对此报告进行修订和完善。

2014 版报告将在 2010 版报告的基础上，进一步扩大调研对象的覆盖面，挖掘更多的第一手最新资料，并将调研成果进行细致的整理分析，有条理地呈现在新版的调研报告中，并综合多方面权威专家的意见，形成具有实际指导意义的行业发展建议和规划。通过调研，探索编制行业科技发展指引，为各会员单位的科研方向提供参考，为中核集团公司和政府有关部门编制“十三五”规划提供基础资料。

10 月 12—17 日、11 月 2 日—8 日，由 20 位专家组成两个调研组，分别对 15 个单位进行了实地调研。

5. 召开行业交流会。

11 月 27 日，协会在海口召开行业专题交流会。会议安排了中核集团、中广核集团、国家核电分别介绍了不同的核电技术路线、国内外核仪器的应用。高能所、中物院在核仪器有关项目研发上体现了国内先进水平，他们的介绍对大家有一定的启发。兴禄公司是民企公司，他们的产品已在核电中使用，为其他中小企业进入核电市场提供了样本。

6. 进一步办好协会的常设办事机构。

2014 年，协会继续完善和建设好协会的常设办事机构，秘书处按民政部要求设有一名专职工作人员，设 3 名副秘书长。协会逐渐建设和完善了秘书处的各部门，制订科学合理可操作的各项规章制度。

协会的一切行为都纳入到国家有关法规规定的范围。6 月 18 日，国防科工局对协会进行了保密检查，这也是协会连续第三年通过此项检查。

中国核工业教育学会

中国核工业教育学会2014年会员单位有70余家，约80多名会员代表及理事。会员单位主要为核工业企事业单位及国内涉核专业大学。

一、会员代表大会及理事会换届工作筹备基本完成

换届大会将于2015年3月举行。完成了对会员单位、会员代表及理事的重新梳理，吸纳了近几年新成立的25家核工业企事业单位的入会。提出了新一届理事会及理事会负责人人选名单。

二、组织参与核工业教育培训项目的研发和实施

2014年上半年，学会组织会员单位的专家参加了中核集团新员工培训项目的内训师培训项目策划和实施工作，主要完成了《中核集团2014年新员工培训内训师培训方案》《中核集团2014年新员工入职培训课件及教材编写要求》。参与了中核集团2014年新员工培训内训师培训的实施工作。

三、参与了核行业教育培训有关课题研究

7—11月，学会与会员单位核工业管理干部学院一起承接了中组部《核行业教育培训资源优化整合》课题的研究，学会组织相关大学等教育培训专家完成了课题的研究，顺利结题。

四、受会员单位的委托，完成了其中层干部的内部竞聘

5—6月，学会组织专家参与了会员单位中核西安核设备有限公司中层干部的内部竞聘工作，完成了50个职位的结构化面试命题工作，并派相关专家指导和参与了面试的全过程。

中国核工业档案学会

1. 组织核工业系统的会员单位参加中国档案学会组织的2014年全国档案工作者年会，核工业档案学会获年会优秀组织工作奖。

2. 开展2014年核工业档案学会档案学术论文的征集及评选优秀论文工作，共征集论文104篇，评选出26篇档案优秀论文并上报中国档案学会参加2014年全国档案工作者年会的论文征集评选工作。有4个单位获档案学术论文征集优秀组织奖。

3. 4月在四川成都市举办核工业第十五期档案人员上岗培训班，邀请四川大学文秘档案学院5位教授授课，共有中核集团、中核建设集团、中国工程物理研究院的116人参加了为期20天的培训，完成了5门课程的学习。

4. 10月在河北秦皇岛市举办核工业第三期固定资产投资项目（重点工程）档案验收评审员业务培训班，邀请中航集团档案馆、中核集团规划发展部的有关专家授课。共有中核集团、中国工程物理研究院的70人参加了培训。

5. 继续开展核电文档系统标准建设工作。

6. 完成档案学会的2013年年检工作；接受国防科工局对档案学会清理、治理小金库的专项检查和对档案学会的保密工作检查。

7. 召开核燃料及安防系统（第五协作组）两个工作会、核工业核电系统（第六协作组）档案工作交流会。

企业风采

中国核工业建设集团公司

——高温气冷堆产业化取得积极进展

高温气冷堆技术是我国具有完全自主知识产权的第四代先进反应堆技术，具有固有安全性、出口温度高、发电效率高和用途广泛优势，在任何情况下均不会出现堆芯熔化事故，还可以广泛应用于高温工艺供热等非电领域。我国《核电中长期发展规划（2011-2020年）》提出："在重大专项的支持下，建成高温气冷堆示范工程，并继续开展高温气冷堆技术升级和工程示范，保持我国在该领域的国际领先地位。"中国核工业建设集团公司坚持"以核为本、两业并重、适度多元"的发展方针，以核能产业化作为核心业务之一，2012年，成立了高温气冷堆的产业化平台（核建清洁能源有限公司）。目前，60万千瓦高温气冷堆的商业化推广已取得积极进展。

中国核建携手清华大学，加快推进高温气冷堆技术产业化进程。中国核建是高温气冷堆产业化推广的主体。早在清华大学10兆瓦高温气冷实验堆（HTR-10）项目中，中国核建不仅成功完成了建造任务，而且与清华大学建立了良好的合作关系。2004年，中国核建以参股32.5%的比例，投资建设20万千瓦高温气冷堆核电站示范工程。2006年，高温气冷堆示范工程被列入国家科技重大专项，于2012年12月9日浇筑第一罐混凝土，进入全面开工建设阶段。目前，示范工程工程设计、设备制造、现场施工按计划顺利进行，计划于2017年底并网发电。2014年，中国核建与清华大学正式签订了《关于进一步深化高温气冷堆技术产业推广的合作协议》，中国核建取得了高温气冷堆技术的实施许可。2015年1月，"60万千瓦级球床模块式高温气冷堆核电站"总体方案通过专家评审。

高温气冷堆国内外推广工作取得积极进展。在成功开展示范工程建设的同时，中国核建开展了60万千瓦高温气冷堆核电站项目的相关工作，在厂址选择、项目投资等方面做了大量的前期工作。在国内，先后在江西、湖南、广东、浙江、福建等多个省市开展了高温气冷堆项目前期工作。其中，瑞金项目已取得江西省复函同意开展项目前期工作。面向国际市场，针对沙特、阿联酋迪拜、南非等重点国家和地区，积极推进商用高温气冷堆技术产业化工作。国家指定由中国核建牵头负责高温气冷堆的海外推广工作。目前，中国核建已经与沙特、阿联酋、南非等国的相关方签署了合作谅解备忘录，与巴西、阿根廷、印尼等国建立了工作联系。

中国核建将充分把握和利用好"实现中国核电超车"的最佳时机，在20万千瓦示范工程的基础上，加快推动60万千瓦高温气冷堆核电站项目的建设，率先实现第四代核电技术的商业化应用。

江西瑞金60万千瓦高温气冷堆项目效果图

2015年4月21日，中国核建与南非相关方签署合作谅解备忘录

2015年4月10日，江西瑞金高温气冷堆项目初步可行性研究报告通过专家评审

中国广核集团

中国广核集团（简称中广核），是伴随我国改革开放和核电事业发展逐步成长壮大起来的中央企业，是由核心企业中国广核集团有限公司及 30 多家主要成员公司组成的特大型企业集团。1994 年 9 月，中国广东核电集团有限公司正式注册成立，注册资本 102 亿元人民币。2013 年 4 月，中国广东核电集团更名为中国广核集团，中国广东核电集团有限公司同步更名为中国广核集团有限公司。

中国广核集团以"发展清洁能源，造福人类社会"为使命，以"成为国际一流的清洁能源企业"为愿景。截至 2015 年 10 月底，中国广核集团拥有在运和具备商业运营条件的核电机组 14 台，装机容量 1492 万千瓦（国内占比 61%），在建核电机组 12 台，装机 1445 万千瓦（国内占比 52%）；拥有风电投运装机达 740 万千瓦，太阳能光伏发电项目发电装机容量 70 万千瓦，水电控股在运装机 147 万千瓦，在分布式能源、核技术应用、节能技术服务等领域也取得了良好发展。

中国广核集团自成立以来，以"安全第一，质量第一，追求卓越"为基本原则，坚持"一次把事情做好"的核心价值观，在成功建设大亚湾核电站的基础上，形成了"以核养核，滚动发展"的良性循环机制，建立了与国际接轨的、专业化的核电生产、工程建设、科技研发、核燃料供应保障体系。2005 年以来，集团进入风电、水电、太阳能、节能技术等新业务领域，拥有七个国家级科研机构，具备了在确保安全的基础上面向全国、跨地区、多基地同时建设和运营管理多个核电、风电、水电、太阳能及其他清洁能源项目的能力。

全球第三的纳米比亚湖山铀矿已在建设阶段，2017 年投产后年产量将位于世界第二

福建宁德核电站 3 台机组已商运，4 号机组在建中

辽宁红沿河核电站 3 台机组已商运，4、5、6 号机组在建中

广东台山核电站：中法两国能源领域最大合作项目

国家电力投资集团公司

国家电力投资集团公司（简称国家电投）是由中国电力投资集团公司与国家核电技术公司合并重新组建的大型国有企业，注册资本金450亿元，资产总额7223亿元。

国家电投是全国唯一同时拥有水电、火电、核电、新能源资产的综合型能源企业集团，年销售收入1800多亿元，利润过百亿元。业务涵盖电力、煤炭、铝业、物流、金融、环保、高新产业等领域，电力装机容量超过1亿千瓦，其中，火电6458万千瓦，水电2094万千瓦，太阳能409万千瓦，风电748万千瓦，核电控股运行336万千瓦，参股运行权益108万千瓦，控股在建586万千瓦。在全部电力装机容量中，清洁能源比重占39.59%。公司拥有煤炭产能8040万吨，电解铝产能272万吨，铁路运营里程505公里。

境外业务分布日本、土耳其、巴西、几内亚等35个国家和地区，涉及电力项目投资、技术合作、工程承包建设等。

国家电投是我国三大核电开发建设运营商之一，具有核电研发、设计、制造、建设和运营管理等较为完整的产业链优势。是经国务院授权引进核电技术、推进三代核电自主化的实施主体、主要载体和研发平台；是国家大型先进压水堆核电站科技重大专项CAP1400、CAP1700的牵头实施单位和示范工程实施主体。控股运行或在建辽宁红沿河、山东海阳、山东荣成CAP1400示范工程等核电站，拥有一批沿海和内陆储备厂址。

国家电投员工总数近14万人，拥有7家上市公司，包括2家香港红筹股公司和5家国内A股公司。

三代核电自主化依托项目山东海阳核电现场：日出印象

山东荣成石岛湾航拍全景

红沿河核电项目全景

上海漕泾电厂 2×100 万千瓦超超临界火电机组外景

龙羊峡电站

黄河公司龙羊峡水光互补项目

江苏大丰 20 万千瓦风电场项目共安装风力发电机组 174 台，2009 年 10 月全部投产发电，年平均上网发电量约为 4 亿千瓦时，是目前国内单机规模最大的风力发电项目之一。

中国核能电力股份有限公司

中国核能电力股份有限公司(简称：中国核电；股票代码：601985),由中国核工业集团公司作为控股股东，联合中国长江三峡集团公司、中国远洋运输(集团)总公司和航天投资控股有限公司共同出资设立。

中国核能电力股份有限公司经营范围涵盖核电项目的开发、投资、建设、运营与管理，核电运行安全技术研究及相关技术服务与咨询业务等领域。

截至2015年5月，中国核能电力股份有限公司拥有控股子公司14家、合营公司1家、参股公司1家；控股在役核电机组12台，装机容量977.3万千瓦；控股在建核电机组9台，装机容量929.2万千瓦；总资产规模超过2200亿元，员工总数近1万人。

目前控股核电机组包括：

我国第一座自主设计、建造、运营、管理，被誉为“国之光荣”的秦山核电厂；

我国第一座自主设计、建造、运营、管理的大型商用核电站——秦山第二核电厂；

我国第一座实现核电工程管理与国际接轨的重水堆核电站——秦山第三核电厂；

我国最先进的在役核电站——江苏田湾核电厂；

全球首台三代核电AP1000——浙江三门核电工程；

我国自主三代核电“华龙一号”示范首堆——福建福清核电工程；

海南省能源建设一号工程——海南昌江核电工程等。

2014年，中国核能电力股份有限公司运行机组平均负荷因子超过90%，各项运行指标居于国内领先地位，两台运行机组WANO排名世界第一，6台机组位于世界优秀行列。2014年机组发电量527.7亿千瓦时、主营收入188亿元、利润总额61.6亿元。机组发电量、主营收入、利润总额连续三年稳步上升。

按照国家“安全高效发展核电”的方针，本着对国家、对核事业高度负责的精神，中国核能电力股份有限公司始终坚持安全第一、质量第一，将安全生产作为公司发展的生命线，创造了近100堆年安全无事故的核电运行业绩。

秦山一期

秦山二期

秦山三期

田湾核电

福清核电

三门核电

海南核电

华能核电开发有限公司

华能核电开发有限公司是世界500强企业、国有重要骨干企业中国华能集团公司投资设立的法人独资公司，注册资本1亿元人民币。作为华能集团旗下专门从事核电业务的专业化公司，公司以促进国家核电建设、优化电力产业结构为己任，主要从事核电的投资、开发、生产、上网送电、核电及相关领域的科技研发和技术服务等。

公司自2005年成立至今，先后在山东荣成石岛湾、海南昌江、浙江苍南、江苏盱眙、安徽安庆、江西鹰潭、福建霞浦、辽宁普兰店等地开展了核电规划选址和前期工作。

山东荣成石岛湾核电基地规划建设1台200MW高温气冷堆、2台CAP1400以及扩建4台百万级压水堆核电机组。高温气冷堆核电站示范工程属国家科技重大专项，已于2012年12月正式开工建设，目前各项工作有序开展，预计2017年底建成投产。大型先进压水堆CAP1400示范工程已上报项目核准报告，各项施工准备工作已基本完成，具备开工建设条件。压水堆扩建工程的各项前期工作也在稳步开展。

福建霞浦核电厂址已列入国家核电中长期发展规划，华能核电开发有限公司控股的华能霞浦核电有限公司已正式成立，按照1台60万千瓦高温气冷堆和4台百万千瓦级压水堆规模开展重点论证工作。

同时，公司积极参股核电项目，支持国家核电开发。先后参股了中核海南昌江核电一期工程、国家电投山东海阳核电工程、宝银特种钢管有限公司。

大楼外景

福建霞浦核电厂址

中核核电运行管理有限公司

中核核电运行管理有限公司，是中国核工业集团公司为推动“集团化运作、专业化经营”战略方针而成立的核电专业化运行管理公司，由中国核能电力股份有限公司 100% 控股。

公司于 2010 年 9 月 19 日注册成立，经营范围包括核电生产的管理与相关技术服务、设备及系统的调试、维修服务、培训服务、劳务派遣等。公司目前在册人数约 3700 人，负责秦山核电厂、秦山第二核电厂、秦山第三核电厂 9 台机组的运行管理工作以及巴基斯坦恰希玛核电 1、2 号机组的运行支持和 3、4 号机组的调试工作等。

公司所在的秦山核电基地位于中国浙江省嘉兴市海盐县，处于华东电网的负荷中心地区，是中国大陆核电的发源地。秦山核电基地 9 台运行机组的总装机容量为 654.6 万千瓦，年发电量约 500 亿千瓦时，是目前国内核电机组数量最多、堆型品种最丰富、装机容量最大的核电基地。截至 2014 年 12 月 31 日，运行机组已安全运行 74 堆年，累计安全发电 3327.46 亿千瓦时，相当于少消耗标准煤约 1.07 亿吨，减排二氧化碳约 3.5 亿吨、二氧化硫约 233.38 万吨，相当于造林 95.18 万公顷。

经过 30 多年的建设发展，秦山核电基地成功实现了“中国核电从这里起步”，“走出一条核电国产化的道路”，“核电工程管理与国际接轨”，我国核电“从 30 万千瓦到 100 万千瓦”自主发展的历史跨越，逐步形成了安全环保、自主创新、群堆管理、人才摇篮、文化引领、对外服务、公众沟通、企地共融的秦山特色，为我国核电事业发展奠定了坚实基础，作出了重大贡献。

秦山核电厂

秦山第二核电厂

秦山第三核电厂

上海工业自动化仪表研究院

上海工业自动化仪表研究院（简称SIPAI），创建于1956年10月，原属机械工业部，1999年改制为科技型企业，现由上海市国有资产监督管理委员会管理。

SIPAI是一家从事工业自动化仪表产品与生产过程自控系统研究、开发、生产、应用的综合性科研单位，国家能源核电站仪表研发（实验）中心、工业过程自动化国家工程研究中心(PA-NERC)、国家工业自动化仪表产品质量监督检验中心等国家级研发中心与实验室均设在SIPAI。在核电领域，SIPAI重点聚焦核电仪电设备试验鉴定，是国家核安全局、核与辐射安全中心的技术支持单位，其质保体系同时获得美国核管委认可，曾为西屋公司提供AP1000进口仪控设备试验鉴定服务，是国内领先、国际一流的第三方试验鉴定机构，

SIPAI致力于为广大核电用户和制造企业提供一站式的专业服务，拥有从设备性能试验、常规环境老化试验到核级专项试验的完整试验能力和专业人员队伍；拥有依据国内最高参数规格设计的10米法EMC电波暗室、可满足AP1000严酷试验要求的LOCA试验台、国内首台beta辐照试验装置、换气次数高达200次/小时的热氧老化试验箱等国内首屈一指的试验设备；拥有70多名具有丰富工程经验的试验和研究人员，合计100多人次各类专业试验检测资质，以及国内惟一受核安全局认可的第三方核安全级软件验证与确认（V&V）团队。

专业、综合、公正，SIPAI让核电更安全。

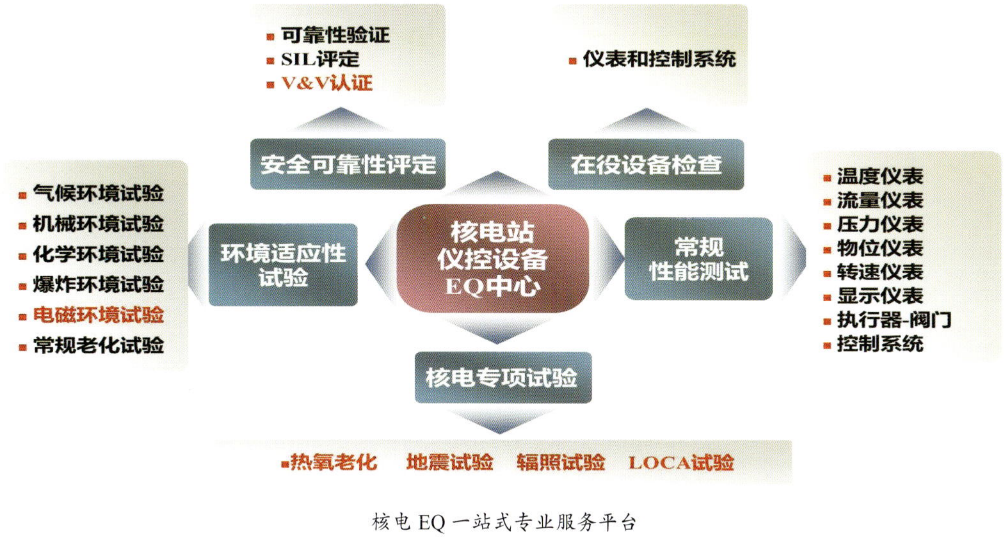

核电EQ一站式专业服务平台

10米法电波暗室

γ 辐照试验装置

院内新建成7000多平米的国家能源核电站仪表研发（实验）中心研发大楼

东华理工大学

东华理工大学（原华东地质学院）是江西省人民政府分别与国家国防科技工业局、国土资源部、中国核工业集团公司共建的一所具有地学和核科学特色，以理工为主，经、管、文、法、教、艺兼备的多科性大学。学校是中国人民解放军海军后备军官选拔培训基地和中国核工业集团公司、中国核工业建设集团公司人才培养基地，被誉为“中国核地学人才摇篮”和“世界原子能事业的宝贵财富”。

学校现有校园面积2500余亩、教职员工2800余人、在校生3万余人（含留学生）。拥有一批中国工程院双聘院士、俄罗斯自然科学院外籍院士、“新世纪百千万人才工程”国家级人选、国家杰出青年科学基金获得者、“井冈学者”。

学校教学与科技实力雄厚，拥有放射性地质国家级实验教学示范中心等高水平教学平台，是国家级、省级教育体制改革试点高校，是国家“卓越工程师教育培养计划”高校。也是国际原子能机构铀矿地质、同位素水文学高级培训中心，拥有核资源与环境国家重点实验室培育基地、放射性地质与勘探技术国防重点学科实验室、国际原子能机构参比实验室等14个国家级、省部级重点实验室。学校在核燃料循环前端的铀矿勘查与采冶、后端的核设施退役治理与核废物地质处置等方面形成了比较完善的人才培养和科学研究体系。

学校明确了“以工为主，理工结合，文理渗透，军民融合，核学科特色鲜明，地学优势突出，引领行业，带动区域，具有国际影响的教学研究型大学”的发展思路，正朝着建设“有特色、高水平核工业大学”目标奋进。

江西省人民政府与国家国防科技工业局共建东华理工大学签字仪式

中国核工业集团公司人才培养基地授牌仪式

“核资源与环境省部共建教育部重点实验室”建设计划专家论证会

21国原子能专家集聚东华理工大学研讨铀提取新技术

中国仪器进出口（集团）公司

中国仪器进出口（集团）公司（简称中仪公司）隶属于中国通用技术（集团）控股有限责任公司，成立于1955年，是我国最重要的从事高科技机电仪产品进出口贸易的大型国有企业。注册资金3亿元，在职员工676人，银行授信额度11亿元。

近年来，为实现跨越式发展，中仪公司积极推进转型升级发展战略，形成了广电技服业务、电子信息业务、医疗卫生业务、商贸服务业务等四大板块。公司拥有军队和各部委授予的各类甲级招标、进口业务经营证照等共计30项。

核电业务发展定位：打造成为专业化商品供应链综合服务商。

公司背景：公司是最早从事仪器进出口业务的专业外贸总公司，也是国内最早从事集成类服务项目的大型央企，与众多国内外知名品牌的仪器供应商建立了紧密的长期合作关系。

方案咨询与设计：在项目启动前期，可根据需求提供项目招投标方案的规划、项目整体方案设计、产品选型、设备配置、方案评审等咨询服务。

人员培训：可根据需求为操作人员提供设备培训服务，通过理论结合实操的方式实现包括现场培训、工厂学习等服务。

设备提供：可提供便携式应急仪表、标准仪器间设备、仪表校验类设备、实验室设备、辐射监测设备等。可根据需求提供设备的委托（或协助）计量服务，包括计量机构的选择、相关资费的资讯、设备的委托送检等。

物流运输：中仪公司在北京、广州、上海拥有保税库、公共库、海关监管仓库、自由仓库及运输车辆。其中保税库可为设备临时进口、设备培训等提供更为快捷、便利的条件，在大连、天津、上海、广州等地拥有物流分支机构、合作伙伴、大型综合外贸仓库及运输车辆。

项目业绩：截至目前，已成功承揽宁德、阳江、防城港和台山调试用仪器仪表采购项目；福清和秦山调试工具及仪器仪表采购项目；秦山仪控设备采购项目、中电普瑞特高压电网技术和设备自主研发项目；中核烟囱气态流出物取样代表性科研实验测量仪表采购项目；福清2015年度第二批工器具仪控专用工具；中核工程公司2015年度调试工器具和仪器仪表采购项目，累计中标金额达1.8亿元人民币。

中广核核技术应用有限公司

中广核核技术应用有限公司（简称核技术公司）是中国广核集团公司的全资子公司，于2011年6月在北京设立，是集团公司实施核技术应用产业化的平台。截至2015年年底，核技术公司注册资金3.85亿元，总资产超过27亿元，全口径营业收入超过20亿元，拥有25个独立法人企业，员工2100名。核技术公司承袭集团20余年文化积淀与技术积累，坚信核技术应用让人类生活更美好，以客户需求为导向，产品经营与资本运营并重，已实现加速器制造、改性高分子材料供应、辐照加工服务三大核心业务单元的国内布局，积极推进核仪器仪表、核医学设备等孵化业务的发展。作为集团的战略拓展性业务，核技术公司遵循"高投资回报、高技术附加值、高社会价值、高员工成长"的持续发展原则，始终以人才、技术、文化为核心竞争力，致力于核技术应用产业的快速、规模化发展，努力打造我国核技术应用的领军企业，成为核技术应用的领跑者。

核心业务领域：电子加速器供货及服务，改性高分子功能材料的研发与生产，辐照加工技术开发与应用，核仪器仪表及辐射测控解决方案设计开发、制造与技术服务，核医学应用产品和服务，同位素产品及核相关贸易。

主要产品和服务：1. 专用仪控系统、通用辐射测控系统仪器仪表、三废治理与去污装备、放射源与同位素集成供货产品及服务；2. 工业电子加速器、辐照站整体解决方案、消毒灭菌、材料改性、涂层固化、无损检测等辐照技术服务；3. 高频高压与电子直线工业辐照加速器供货；4. 特种线缆用高分子材料、环保再生材料；5. 改性聚酯 / 聚碳酸酯 / 尼龙热塑弹性体 / 聚烯烃系列 / 特种工程塑料；6. 电子辐射技术处理污水、轮胎预硫化、涂料固化、软饮料包装灭菌、新材料制备；7. 医用直线加速器研制等。

主要应用领域：国防工业、航空航天、环境保护、科学研究、国土安全、农业应用、核能开发、新型材料、无损检测、食品安全、医疗卫生、油气资源勘探开发、工业自动化检测等。

西陇化工股份有限公司

西陇化工创立于1983年，于2008年12月通过股份制改造为“西陇化工股份有限公司”，2011年6月在深圳挂牌上市，是国内业内第一家上市公司。公司主要从事化学试剂（包括通用化学试剂、PCB用化学试剂、超净高纯化学试剂、色谱试剂、生物试剂）、实验室产品、原料药及食品添加剂的研发、生产和销售，以及化工原料的销售。

经过30多年的发展，公司拥有6个生产基地和1个技术研发中心，在研发能力、销售覆盖面、综合配套规模上于业内专业制造商和集成供应商中位居前位。

公司先后被评为“国家科技创新型企业”“国家火炬计划重点高新技术企业”“国家高新技术企业”“广东省创新型企业”“广东省优秀民营科技企业”等，连续十多年荣获“重合同守信用企业”等多项荣誉称号。

公司拥有院士工作站、博士后工作站，获评广东省企业技术中心、广东省精细化学品工程技术研发中心、广东省级重点实验室、广东省教育部产学研示范基地、精细化学品研发基地等，并获得多项省市级科技进步奖。2005年以来，公司承担国家火炬计划项目、星火计划项目和重点新产品等项目5项，省级火炬计划项目、重点新产品项目3项，省部级以上科技、创新、技改项目35项；拥有自主知识产权的专利33项，其中发明专利14项。

公司在2000年先后被中国核工业集团公司和中国广核集团有限公司评为合格供应商，并与旗下多家核电企业合作。合作产品包括：核电用氨水、35%联氨溶液、40%联氨溶液、70%联氨溶液、硼酸、富集硼酸、四硼酸钠、磷酸三钠、30%氢氧化钠溶液、32%氢氧化钠溶液、无水亚硫酸钠、亚硫酸氢钠、醋酸锌等。

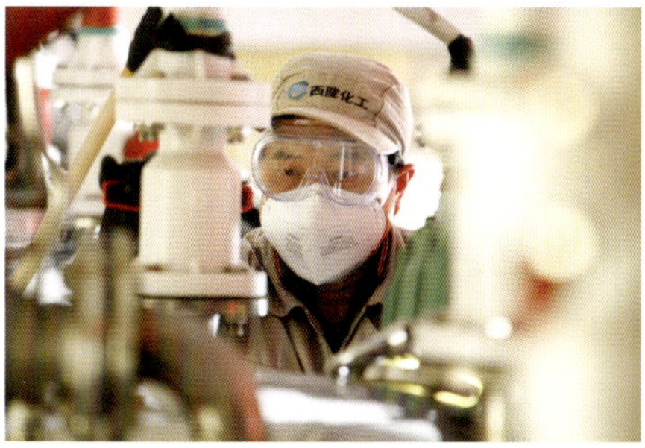

硝酸银车间

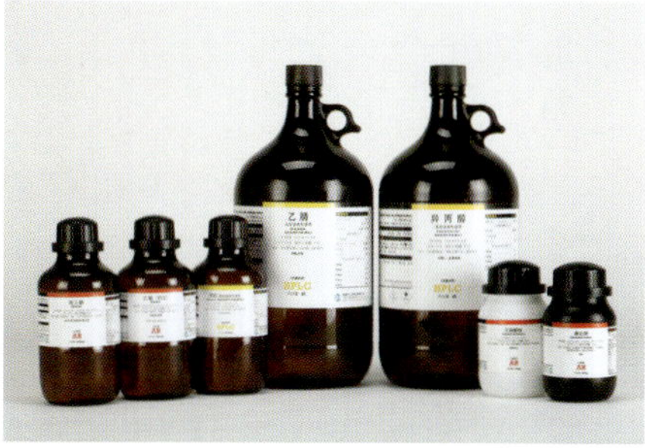

西陇产品

江苏爵格工业设备有限公司
上海爵格工业工程有限公司

爵格工业
DRAGON INDUSTRIES
爆炸安全专家
Blast Protection Expert

“爵格工业”成立于2004年，是国家级高新技术企业，拥有由多名博士和硕士组成的专业团队，通过与国内外著名研究机构、大学以及设计院的合作，已发展成为国内知名的爆炸安全设备制造商和工程服务商，专注于爆炸安全的整体解决方案。产品和服务主要应用于核电、石化、军事、隧道等领域。

江苏爵格工业设备有限公司是中国土木工程学会防护工程分会的理事单位；上海爵格工业工程有限公司是国标GB50779-2012《石油化工控制室抗爆设计规范》、国标《火工品实验室技术规范》及国家图集14J938《抗爆、泄爆门窗及屋盖、墙体建筑构造》的参编单位。

“爵格工业”的产品包括：抗爆板、抗爆阀（抗冲击波阀）、抗爆门窗、抗爆防火墙、抗爆庇护所、泄爆门窗、泄爆屋顶、泄爆墙等。工程服务包括：抗爆泄爆建筑的设计和建造、潜在爆炸危险的分析、爆炸事故的分析、爆炸的仿真和分析、非抗爆建筑改抗爆建筑等。

“爵格工业”的合作项目包括广东台山核电1、2号反应堆，江苏田湾核电3、4号反应堆，福建福清核电5、6号反应堆等。

“爵格工业”以“防止爆炸灾难、保护生命安全”为己任，以一流的研发能力、国际的视野，坚持专业和安全为宗旨，为中国核电发展提供安全保护。

抗爆性能室内测试设备

大事记

中国核能行业2014年十大新闻

一、习近平出席核安全峰会，阐述中国核安全观

第三届核安全峰会3月24日在荷兰海牙举行。国家主席习近平出席并发表重要讲话，介绍中国核安全措施和成就，强调了坚持理性、协调、并进的核安全观，把核安全进程纳入健康持续发展轨道。阐述了中国关于发展和安全并重、权利和义务并重、自主和协作并重、治标和治本并重的核安全观，呼吁国际社会携手合作，实现核能持久安全和发展。

二、国家重视核电建设，要求抓紧启动新的核电重点项目

4月18日，在新一届国家能源委首次会议上，李克强总理说，“在采用国际最高安全标准，确保安全的前提下，适时在东部沿海地区启动新的核电重点项目建设。”

6月13日，在中央财经领导小组会议上，习总书记指出，“抓紧启动东部沿海地区新的核电项目建设。”

8月27日，国务院常务会议确定今明两年抓紧推进沿海核电项目。强调，中国必须要有自己的核电品牌，要加快“华龙一号”、CAP1400、高温气冷堆的步伐。

三、在国家的力推下，中国核能努力实施“走出去”战略

9月3日，中国核工业集团公司与阿根廷核电公司共同签署了重水堆核电站项目框架合同。双方表示将通力合作，尽早实现重水堆项目开工建设。

当地时间10月14日，罗马尼亚政府部际核电项目“谈判委员会”正式宣布：中国广核集团公司成为罗马尼亚切尔纳沃德核电站3、4号机组项目的“最终投资者”。此前，2013年11月25日，在国务院总理李克强、罗马尼亚共和国总理维克托·蓬塔的共同见证下，中国广核集团公司、罗马尼亚国家核电公司在关于建设罗马尼亚切尔纳沃德核电站3、4号机组的合作意向书上签字。

12月14—20日李克强总理在访问中东欧并出席上合组织总理会议期间，根据《贝尔格莱德纲要》，中国同罗马尼亚、捷克分别签署和平利用核能合作文件，并与匈牙利就核能领域合作达成共识。

四、“华龙一号”在福清、防城港落地

8月21—22日，由国家能源局、国家核安全局牵头，组织43位专家、院士评审“华龙一号”总体技术方案。专家们认为，“华龙一号”成熟性、安全性和经济性可满足三代核电技术要求，核心技术具有自主知识产权，是目前国内可以自主出口的核电机型。

11 月、12 月，国家能源局分别复函福建省、中国核工业集团公司和广西自治区、中国广核集团公司，同意福建福清 5、6 号机组和广西防城港 3、4 号机组采用融合后的“华龙一号”技术方案，建设国内示范工程。

五、全年 5 台机组投运，装机容量首超 2000 万千瓦

12 月 15 日，方家山核电 1 号机组通过满功率试运行，具备投入商运条件。此外，2014 年先后有广东阳江核电 1 号机组、福建宁德核电 2 号机组、辽宁红沿河核电 2 号机组、福建福清核电厂 1 号机组投入商业运行。

截至 12 月 31 日，我国运行核电机组 22 台，装机容量首次突破 2000 万千瓦，达 2030 万千瓦；在建核电机组 26 台，装机容量 2861 万千瓦，在世界在建机组数量上排第一位。

六、中广核电力在港正式挂牌交易

12 月 10 日，中国最大的核能发电公司“中广核电力”在香港联合交易所有限公司主板正式挂牌交易。中广核电力是中国乃至全球第一家纯核电资产上市的公司，也是继 10 月 8 日中广核美亚登陆香港资本市场以来，中广核又一个成功上市的平台。

七、中国实验快堆首次实现 72 小时满功率稳定运行

12 月 18 日 17 时，我国第一座钠冷快中子反应堆即中国实验快堆（CEFR）首次实现满功率稳定运行 72 小时，其主要工艺参数和安全性能指标达到设计要求，标志这一重大科学实验设施设计性能得到验证。

八、国家科技重大专项和核燃料生产获重大突破

10 月初，重大专项 CAP1400 示范工程初步安全分析报告通过了国家核安全局组织的长达 17 个月、中国核电史上范围最广和程度最深的严格安全审评。审查认为，CAP1400 满足国内外最新核安全标准，符合中国核安全规划中“十三五”新建核电厂安全目标。

国家能源局、中国通用工业机械协会联合组织 CAP1400/ACP1000 核电常规岛主给水泵组样机鉴定会，专家们给出了一致通过的书面鉴定意见。

8 月，上海核工程研究设计院通过了 CAP1400 爆破阀阀体铸件的出厂验收。随之，我国首台 CAP1400 爆破阀原理样机又通过试验，标志着我国自主研发的 CAP1400 核电大口径爆破阀的关键设计、制造技术取得了实质性突破。

6 月 30 日，中核建中核燃料元件生产线 400 吨扩建技改工程全线正式投产。中核建中实现了年产金属铀从 400 吨到

800 吨的跨越，产能跻身世界前列。

12 月 17 日，中核北方核燃料元件有限公司对外宣布，全球首条高温气冷堆核电站示范工程燃料元件生产线建成。

九、我国建立了跨集团核电厂核事故应急绿色通道

5 月 5 日，环保部（国家核安全局）牵头组织中国核工业集团公司、中国广核集团公司、中国电力投资集团公司、国家核电技术有限公司和中国华能集团公司共同签署了《核电集团公司间核事故应急相互救援合作框架协议》。我国正在建立跨集团核电厂核事故应急救援“绿色通道”。五家集团将切实加强跨集团毗邻核电厂之间应急联动机制和救援机制的建立健全，在需要共同处置严重核事故时能做到步调一致，全力以赴，把相互救援合作不断引向深入，共同推进我国核电厂核事故应急管理工作不断取得新突破。

十、国务院办公厅公布《能源发展战略行动计划 (2014—2020 年)》，再次明确 2020 年 5800 万千瓦的核电发展目标

11 月 19 日，国务院办公厅公布了《能源发展战略行动计划 (2014—2020 年)》。《行动计划》提出，在采用国际最高安全标准、确保安全的前提下，适时在东部沿海地区启动新的核电项目建设，研究论证内陆核电建设。坚持引进消化吸收再创新，重点推进 AP1000、CAP1400、高温气冷堆、快堆及后处理技术攻关。加快国内自主技术工程验证，重点建设大型先进压水堆、高温气冷堆重大专项示范工程。积极推进核电基础理论研究、核安全技术研究开发设计和工程建设，完善核燃料循环体系。积极推进核电“走出去”。加强核电科普和核安全知识宣传。到 2020 年，核电装机容量达到 5800 万千瓦，在建容量达到 3000 万千瓦以上。

2014 年中国核能行业大事记

1 月 4 日，福建宁德核电站 2 号机组首次并网发电成功。

1 月 6—10 日，由国家能源局主办、苏州热工研究院承办，以核电厂概率安全分析（PSA）与人员可靠性分析（HRA）为主题的中美和平利用核技术合作核电概率安全分析第五次研讨会在苏州召开。

1 月 7—8 日，环境保护部在京召开辐射安全监管 2013 年度工作总结会，李干杰副部长出席会议并讲话。

1 月 9 日，全国政协在京召开双周协商座谈会，围绕“核电和清洁能源发展”建言，全国政协主席俞正声主持会议并讲话。座谈会上，有关政协委员和专家学者，就发展核电和清洁能源，确保安全等问题，提出意见建议。

1 月 9 日，国家能源局在北京组织召开 CAP1400 初步设计审查总结会。国家能源局局长吴新雄出席会议。与会专家一致同意 CAP1400 初步设计通过审查。

1 月 10 日，在 2013 年度国家科学技术奖励大会上，由中国原子能科学研究院与中核四○四有限公司联合完成的“电化学溶解—溶剂萃取纯化工艺流程”项目荣获国家科学技术进步奖二等奖。

1 月 10 日，国家科技重大专项“爆破阀制造技术研究课题”样机研制鉴定会在中核苏阀举行。AP1000 压水堆核电爆破阀样机通过了专家鉴定。

1 月 13 日，在第十三次李四光地质科学颁奖大会上，核工业北京地质研究院夏毓亮研究员获李四光地质科学奖野外地质工作者奖。

1 月 13—14 日，全国能源工作会议召开。会议提出，2014 年要大力发展清洁能源，积极开发水电，有序发展风电，加快发展太阳能发电，积极推进生物质能和地热能开发利用，安全高效发展核电，适时启动核电重点项目建设。

1 月 13—14 日，中核集团公司在京召开 2014 年度工作会议。

1 月 14 日，大亚湾核电站 1 号机组和岭澳核电站 1 号机组分别取得连续安全运行 4036 天和 2955 天的好成绩，在全球 64 台同类型机组中名列第一和第二。

1 月 15 日，由中核集团公司、国家核电技术有限公司及中国广核集团有限公司等三家核电企业联合发起，核电技术开发、工程建设、运营管理、装备制造、工程咨询以及相关金融机构等 14 家单位参加，成立了中国核电技术装备“走出去”产业联盟。

1 月 15—24 日，中国广核集团有限公司，以及大亚湾、宁德、红沿河、台山、阳江、防城港等六大核电基地先后召开新闻发布会，向社会各界通报 2013 年的核电安全生产、建设和经营发展等情况，积极回应社会各界关切的问题。

1 月 17 日，中核集团公司和福建省莆田市相关领导共同为中核新能源莆田有限公司揭牌。

1月16—17日，中国华电集团公司2014年工作会议在北京召开。

1月18日，中国国核海外铀业有限公司参股帕拉丁公司LH项目签约仪式在北京举行。

1月19日，三门核电1号机组最后一个大型结构模块——非能动安全壳冷却水储水箱模块（CB20）吊装就位于核岛屏蔽厂房钢穹顶上部，标志着三门1号机组核岛外观基本成型。

1月21日，第六届中国企业社会责任峰会暨第三届《中国企业社会责任报告白皮书》发布会在北京举行。中国华电集团公司在2013年企业社会责任报告综合质量排名中位列第三，居电力生产行业首位。

1月24日，国家能源局公布《2014年能源工作指导意见》，提出要安全高效发展核电。

1月29日，国家能源核电工程建设技术研发中心自动焊实验室在大亚湾核电基地正式投用。

2月11日，国家原子能机构副主任王毅韧会见到访的国际原子能机构法国理事茹尔内斯一行，就中法核领域合作中双方关心的问题深入交换意见。

2月13日，国家核电技术有限公司在北京召开2014年度工作会议。

2月15日，田湾核电站1号机组第七次换料大修正式结束，重新并网成功。此次大修中，1号机组堆芯首次装入了48组TVS—2M型长周期燃料机组，意味着1号机组正式进入长周期燃料循环过渡阶段。

2月17—21日，由世界核电运营者协会（WANO）巴黎中心与中国核能行业协会联合组建的评估回访队，对大亚湾核电基地6台运行机组实施了跟踪回访。

2月19日，由上海核工院承担的压水堆核电重大专项科研课题“国产化AP1000标准设计技术研究”在上海通过国家能源局组织的验收。至此，3个AP1000消化吸收课题已全部通过验收，这标志着我国已全面掌握了AP1000设计技术体系，形成了完整和全面的国产化AP1000核电厂设计能力，为实现压水堆重大专项的工程目标——建设CAP1400示范核电站奠定了坚实的技术基础。

2月21日，中核集团中国中原对外工程有限公司、华东电力设计院、东方电气股份有限公司、中国核工业二三建设有限公司签订阿根廷CAREM小堆项目四方合作协议。

2月25—26日，由国家核电技术有限公司、中广核集团及南非核能集团公司共同承办的“中国—南非核电合作研讨会”在南非约翰内斯堡召开。会议期间，国家核电技术有限公司与南非核能集团签署了《核电培训合作协议》。

2月26日，国家发改委副主任、国家能源局局长吴新雄，副局长许永盛一行到中核集团调研指导工作，与中核集团就中俄核能合作进行了充分沟通。

2月26日，国家能源局成立核电司驻美协调办公室。

2 月 26 日，环境保护部副部长、国家核安全局局长李干杰在京会见经济合作与发展组织核能署署长路易斯·艾扎瓦里。双方就共同关心的核安全监管合作等议题交换了意见，并就商签合作备忘录达成共识。

2 月 27 日，国家原子能机构副主任王毅韧会见到访的经济合作与发展组织核能署署长路易斯 · 艾扎瓦里。双方表示将进一步深化拓展中国与经合组织核能署之间的合作。同日，国家原子能机构与经合组织核能署核能合作研讨会在北京召开。双方就核能发展问题以及在此领域的合作前景进行了交流与探讨。

2 月 27 日，国家工业和信息化部部长苗圩、国防科工局副局长王毅韧一行赴中国原子能科学研究院考察调研核安保相关工作。

2 月 27 日，国家环保部核安全总工程师刘华一行赴海南核电工程现场考察，深入了解海南昌江核电工程建设、核安全监督管理、环境监测及应急准备等工作。

3 月 3 日，三门核电站 1 号机组主控室联合调试完成，实现了主控室可用的里程碑节点。

3 月 4 日，由科技部国际合作司、国防科工局系统工程二司主办，中国核能行业协会、中科院核能安全技术研究所承办的 2014 年中国参与第四代核能系统国际论坛（GIF）工作研讨会在合肥召开。

3 月 5 日，由中国核能行业协会第四代核能系统国际论坛（GIF）联络办公室和中科院核能安全技术研究所联合举办的铅基反应堆专题研讨会在合肥召开。

3 月 9 日，海阳核电 1 号机组非能动安全壳冷却水储水箱模块（CB20）顺利吊装就位。至此，海阳 1 号机组大型模块全部吊装就位，该机组核岛外观基本成型。

3 月 10 日，国家发改委发布文件，确定红沿河核电二期项目两台百万千瓦核电机组获核准，这是 4 年来我国真正意义上新批的核电项目。

3 月 13 日，由中国核能行业协会核电厂同行评估及经验交流委员会主办的 2014 年核电厂经验反馈工作讨论会在武汉召开。

3 月 13 日，中国华能集团公司核电专家委员会成立大会暨 2014 年第一次会议召开。

3 月 15—16 日，磁约束核聚变能发展研究战略研讨会在北京召开。

3 月 17 日，国家发改委副主任、国家能源局局长吴新雄到宁德核电项目调研。

3 月 20 日，国资委副主任徐福顺一行赴中国原子能科学研究院调研。

3 月 24 日，第三届核安全峰会在荷兰海牙举行。中国国家主席习近平出席并发表重要讲话，介绍中国核安全措施和成就，阐述关于发展和安全并重、权利和义务并重、自主和协作并重、治标和治本并重的核安全观，呼吁国际社会携手合作，实现核能持久安全和发展。

3 月 25 日，阳江核电 1 号机组完成 168 小时示范运行，正式投入商业运行。

3 月 26 日（法国当地时间），在中国国家主席习近平和法国总统奥朗德的共同见证下，中广核集团公司董事长贺禹与法国电力公司总裁普格里奥在巴黎签署了双方关于英国新建核电项目工业合作协议和关于核能领域研发、设计、采购及运维合作协议的联合声明；中核集团公司董事长孙勤和法国阿海珐集团总裁吴赛签署了关于后处理再循环长期合作谅解备忘录。

3 月 27 日，在巴黎举行的法国电力公司（EDF）2013 年度国际同类机组安全业绩挑战颁奖仪式上，大亚湾核电运营公司再次摘取“能力因子”和“核安全 / 自动停堆”两项第一名。

3 月 30 日，方家山核电 2 号机组堆内构件安装工作全部完成。

3 月 30 日—4 月 4 日，由世界核电运营者协会 (WANO) 与中国核能行业协会 (CNEA) 联合策划组织，田湾核电站联合运行评估预访活动在田湾核电现场展开。

3 月 31 日，防城港核电 1 号机组核岛最后一台主设备——稳压器成功翻转就位，防城港核电站核岛厂房重型设备全部完成就位。

4 月 4 日，方家山 2 号机组发电机转子顺利安装就位。

4 月 8—10 日，第四代核能系统国际论坛（GIF）钠冷快堆第十六届系统指导委员会会议，以及钠冷快堆第十三届“系统综合与评价（SIA）”项目管理委员会会议在西安举行。来自欧盟、法国、美国、俄罗斯、日本、韩国、中国等七方的 19 位代表及观察员参加了会议。

4 月 8—11 日，全国人大环资委副主任委员张云川、王鸿举、王庆喜，以及委员李世明、赵忠新、孙勤，环境保护部核安全总工程师刘华就核安全立法的相关问题赴中核集团秦山、三门两大核电基地调研。

4 月 9 日，在国务院总理李克强、纳米比亚总理根格布的共同见证下，中国广核集团有限公司董事长贺禹与纳米比亚国家水务公司首席执行官希胡迪、纳米比亚金属业工人工会秘书长贾斯蒂娜在海南省三亚市签署了湖山铀矿项目供水供电协议和劳工协议。

4 月 9 日，中国国务院副总理张高丽与俄罗斯副总理沃尔克维奇在北京人民大会堂举行中俄能源合作委员会双方主席会晤。会晤中，双方讨论了两国核领域合作的有关事项。

4 月 9 日，国家核安全局发布《徐大堡核电厂 1、2 号机组厂址选择审查意见书》，审查通过了徐大堡核电厂 1、2 号机组厂址。

4 月 11 日，由中核核电运行管理有限公司与上海核星核电科技有限公司联合开发的堆芯物理分析与燃料管理软件系统 1.0 版本（ORI—ENT1.0）通过专家鉴定。该软件是我国拥有完整自主知识产权的核电厂反应堆堆芯物理分析与燃料管理软件系统，对实现我国核电堆芯设计技术的自主化具有重要意义。

4 月 15 日，国家原子能机构主任许达哲会见了国际原子能机构副总干事兼核科学与技术司司长道得・默哈迈德，就加强中国与机构核技术应用领域的合作交换了意见。

4月15日，以“清洁核能科技，助力美丽中国”为主题的第十三届中国国际核工业展览会在北京国际会议中心开幕。本届展览会历时4天，展出总面积14000平方米，为历届之最，展出内容涵盖了整个核工业链。来自中国、美国、法国、英国、俄罗斯等40多个国家的200余家参展商参加本次展会。

4月16日，国务院副总理马凯参观第十三届中国国际核工业展览会。

4月16日，环境保护部副部长、国家核安全局局长李干杰在京会见美国核管制委员会副主席克里斯汀·斯温尼基，双方就AP1000项目进展、福岛后安全改进工作和加强公众宣传等议题进行了交流。

4月16—17日，核电厂同行评估及经验交流委员会在北京召开2012—2013年度软课题验收暨2014—2015年度软课题立项评审会会议。

4月16—19日，国家核安全局组织对福清核电1号机组首次装料前综合核安全工作进行检查。本次检查是1号机组首次装料前国家核安全局组织的最后一次检查。

4月17日，国防科工局副局长王毅韧一行到中核二七二铀业有限责任公司调研。

4月18日，在新一届国家能源委首次会议上，李克强总理指出，“在采用国际最高安全标准，确保安全的前提下，适时在东部沿海地区启动新的核电重点项目建设。”

4月21日，核电站安全壳内不可接近设备研发和试验中心项目通过国家能源局组织的验收评审。

4月22日，由国家科技部主持召开的大型先进压水堆核电站重大科技专项2014年管理工作座谈会在京举行，60余个项目承担单位的近百名代表参加会议。

4月24日，田湾核电站2号机组结束第七次换料大修后成功并网。本次大修实际工期31.75天，较计划工期提前3.25天，并首次装入了61组TVS-2M型长周期燃料组件。至此，田湾核电站1、2号机组全部进入长周期燃料循环过渡阶段。

4月25日，有三位院士、近十个国家部委代表参加的《原子能法》立法工作座谈会在京召开。

4月26日，首批CAP1400核电用690合金U形传热管在宝钢集团宝银特种钢管有限公司正式交付出厂，用以制造CAP1400核电蒸汽发生器。

4月26日，三门核电1号核岛屏蔽厂房CB20模块顶板混凝土浇筑完成，标志着1号核岛屏蔽厂房主体结构施工完成。

4月29日，由太重自主研发制造的我国首台360吨核电环形起重机试车成功，将用于田湾核电站。该机是目前国际上运行小车起重量最大、功能最多、安全措施最齐全的环形起重机

5月4日，经过168小时试运行试验考核，福建宁德核电站一期工程2号机组正式商业运行。

5月5日，国家原子能机构副主任王

毅韧会见伊朗原子能机构副主席卡玛凡迪。双方就伊核问题、中伊民用核领域合作等议题交换了意见。

5月5日，在国家核安全局举办的核电集团核事故应急救援工作研讨会期间，中核集团、中广核集团、中电投集团、国家核电和华能集团共同签署了《核电集团公司间核事故应急相互救援合作框架协议》。

5月6日，中国广核集团公布，由中广核中科华核电技术研究院承担的堆芯设计软件包顺利通过宁德核电1号机第二循环的启动物理试验验证。

5月8日，国家原子能机构主任许达哲会见了来访的美国核废物技术审查委员会主席尤因一行。双方就两国放射性废物管理、高放废物地质处置、乏燃料后处理等方面的政策和实践进行了深入探讨。

5月8日，中国广核集团纳米比亚湖山铀矿采矿生产正式开工。其铀资源储量位列世界第三，达产后，可满足20台百万千瓦级核电机组近40年的天然铀需求。

5月8日，2014年核电厂同行评估及经验交流委员会会议在上海举行，相关单位的委员、协调员及代表共69人参加了会议。

5月9日，全国政协副主席张庆黎率特邀常委视察团一行到临港基地现场调研，了解核电产业的设备制造与发展情况。

5月13日，辽宁红沿河核电站2号机组通过168小时试运行试验，正式商运。

5月14日，中国核能行业协会2014年年会在京召开。协会会员代表一致通过《中国核能行业行规行约》。同日，由中国核能行业协会主办的第四届中国核能可持续发展论坛在北京举办。论坛主题为“能源生产革命与中国核电”，邀请了10位院士、专家作专题报告。

5月15日，国家原子能机构主任许达哲会见了来访的印尼国家原子能机构主席威斯努布罗托一行。双方就两国间核能合作深入交换了意见，并表示将在核能和核技术应用等领域加强合作，分享经验，造福于两国人民。

5月15日，三门核电站首个500千伏送出工程正式投运。

5月18—19日，国家环保部副部长、国家核安全局局长李干杰一行分别在三门核电、秦山核电基地工程现场进行调研。

5月19日，中核集团公司核电厂核事故应急场内救援队正式成立。

5月20日，在中国国家主席习近平和俄罗斯总统普京的共同见证下，国家原子能机构主任许达哲与俄罗斯国家原子能集团公司总经理基里延科在上海签署《中国国家原子能机构与俄罗斯国家原子能集团公司关于合作建造浮动堆的谅解备忘录》。

5月21日，哈电集团重型装备有限公司制造的AP1000蒸汽发生器顺利通过水压试验。这标志着国产首台AP1000蒸汽发生器研制成功。

5月21日，中国能建华东电力装备有限公司与中广核工程有限公司签订阳江5、6号百万千瓦级核电机组主蒸汽消声器供货合同。此举标志着国内企业在核电主蒸汽消声器研发、制造方面取得实质性突破，实现了核电主蒸汽消声器国产化的目标。

5 月 22—23 日，在巴黎召开的第四代核能系统国际论坛(GIF)政策组会议上，中国政府签署了加入第四代核能系统国际论坛超临界水冷堆系统安排协议。今后，我国将不再以观察员的身份参加该系统的相关活动，而是由中国核动力研究设计院牵头组织国内相关单位正式参加第四代核能系统国际论坛框架下的相关超临界水冷堆研发活动。

5 月 22 日，中核包头核燃料元件股份有限公司完成了 AP1000 燃料元件首个国产骨架的试制加工。

5 月 23 日，由中广核承担的国家能源应用技术研究及工程示范项目“核电站非能动应急高位冷却水源系统”，在大亚湾核电基地通过了技术验收。该系统的成功研发，大大提高了我国核电站应对极端自然灾害的能力。

5 月 25—30 日，由核电厂同行评估及经验交流委员会组织对石岛湾高温气冷堆核电站示范工程进行土建施工阶段同行评估回访。

5 月 26 日，海南昌江核电工程 1 号机组安全壳整体打压试验圆满完成。

5 月 26—27 日，第七次中巴核安全合作指导委员会会议在京召开，环境保护部副部长、国家核安全局局长李干杰出席会议，并与巴基斯坦核管局主席安瓦尔·哈比布，共同续签了《中国国家核安全局与巴基斯坦核管局关于核安全合作议定书》。

5 月 28 日，中韩核能合作联委会第十一次部长级会议在北京举行。中国国家原子能机构主任许达哲、韩国未来创造科技部副部长李相睦出席会议。

5 月 28 日，国家能源局委托中国机械工业联合会在上海组织召开“ 1E 级继电器嵌入式软件验证与确认技术”鉴定会。经鉴定委员会评审，该项目顺利通过国家级鉴定。

5 月 29 日，中核建中核燃料元件有限公司与中核阿海珐 (上海) 锆合金管材有限公司签订 M5 包壳管供货合同，由此可实现我国 M5 包壳管本土化供货。

5 月 29—30 日，第十届中国核能国际大会在北京举办。

5 月 29 日，由国家核电技术有限公司和美国西屋电气公司共同主办，2014 年三代核电 AP/CAP 合格供应商年会在上海召开。

5 月 30 日，海阳核电 2 号机组发电机定子成功吊装就位，2 号机组常规岛全面步入安装阶段。

6 月 5 日，由国家核事故应急办公室主办的核电安全发展研讨会在深圳举行。

6 月 8 日，由中国一重承制的国产首台 AP1000 反应堆压力容器顺利通过水压试验，标志着国内企业已全面掌握 AP1000 核一级承压设备的关键制造技术，制造技术水平和质量管理能力达到西屋公司的验收标准。

6 月 9 日，阳江核电 4 号机组穹顶整体一次性成功吊装。

6 月 9 日，国家能源局在上海主持召开了国家能源核电站仪表研发（实验）中心 β 辐照试验装置技术成果验收会。经专家组评审，我国首台 β 辐照试验装置通过国家级技术验收。

6 月 9—10 日，由中国核能行业协会主办的 2014 核设备制造质量管理研讨会在成都召开。

6 月 11 日，在国务院总理李克强、意大利总理马泰奥·伦齐的见证下，中国广核集团有限公司总经理张善明与意大利国有核电管理公司首席执行官 Riccardo Casale，在北京签署了核设施退役和放射性管理领域双边合作备忘录；中核集团公司副总经理邱建刚与意大利国家电力公司首席执行官兼总经理弗朗西斯科·斯塔拉奇签署了核能合作谅解备忘录。

6 月 13 日，在中央财经领导小组会议上，习近平总书记指出，“抓紧启动东部沿海地区新的核电项目建设。”

6 月 17 日，国务院总理李克强访英次日，中英在伦敦签署并发表民用核能合作联合声明。在这份声明中，英方表示欢迎中方投资参与建设英国新核电项目，愿共同努力确保英国欣克利角核电项目尽快取得成功。同日，在李克强和英国首相卡梅伦共同见证下，中国国家原子能机构主任许达哲、中核集团公司总经理钱智民与英国能源与气候变化部大臣爱德华·戴维、英国国际核服务公司总经理马克·杰维斯，在伦敦分别代表四方签署了《关于加强民用核工业燃料循环全产业链合作的谅解备忘录》。

6 月 17 日，英国罗尔斯罗伊斯集团与中国国家核电技术有限公司签署了一项谅解备忘录，双方将在英国及其他市场进行民用核电项目上的合作。

6 月 17 日，国家原子能机构副主任王毅韧在京会见了来访的阿联酋迪拜核能委员会主席塔耶尔先生一行。双方就两国核能发展状况、未来规划以及双边合作交换了意见，并重点探讨了高温气冷堆合作。

6 月 17 日，秦山核电举行了国内首次场内多机组核事故综合应急演习，旨在检验秦山核电多机组事故应急响应行动方案的有效性。

6 月 17 日，由中国核能行业协会、法国核电规范标准协会（AFCEN）共同主办的中法核电经验交流研讨会在京举行。

6 月 18 日，国家原子能机构主任许达哲、国家核安全局局长李干杰在京分别会见泰拉能源公司董事长比尔·盖茨。

6 月 18—19 日，中俄核安全监管工作会议在北京召开。环境保护部副部长兼国家核安全局局长李干杰出席会议并讲话。

6 月 19 日，江苏核电有限公司与东方电气股份有限公司签订江苏田湾核电站发电机及汽轮机改造项目合同。东方电气开始进入核电服务领域。

6 月 22 日，方家山核电工程 2 号机组安全壳整体强度和密封性试验顺利完成。

6 月 23 日，陆丰核电项目一期工程厂址选择审查意见书、环境影响报告书（选址阶段）获国家环境保护部批准。

6 月 24 日，福清核电 4 号机组穹顶吊装完成，核岛工程建设由土建施工阶段转入安装施工阶段。

6 月 24 日，秦山核电厂 30 万千瓦机组第 15 次换料大修提前完成。

6 月 25 日，中广核工程有限公司“智能电站”项目总体技术方案通过中国核能行业协会评审。

6 月 25 日，国家核电技术有限公司组织的历时三年的 AP1000 核岛关键设备设计技转分许可培训全部完成。

6 月 26 日，上海电气核电设备有限公司与中电投广西核电正式签署白龙核电一期工程 2 台机组压力容器供货合同。

6 月 26 日，由上海电气凯士比核电泵阀有限公司承制的海南核电 1 号机组第 1 台主泵顺利通过出厂验收。

6 月 26—27 日，第二届中国核能行业信息化工作交流会议在广东珠海举行。

6 月 27 日，国内首个处理高放废液的设施——八二一厂玻璃固化工程实现第一罐混凝土浇筑。该工程正式进入工程建设阶段，将填补国内在高放废液处理方面的空白。

6 月 30 日，中核建中核燃料元件有限公司核燃料元件生产线 400 吨扩建技改工程全线正式投产。中核建中产能跻身世界前列，可满足 30 个百万千瓦级压水堆核电机组的换料需求。

6 月 30 日，三门核电 1 号机组主控室值班正式开始，主控室、隔离办、值班员室首次开始同时运作。这标志着电厂的调试、生产进入以主控室为核心的指挥体系阶段。

6 月 30 日—7 月 3 日，《国际电离辐射防护和辐射源安全基本安全标准》（BSS）研讨会暨“21 世纪初辐射防护论坛”第十二次会议在山东烟台召开。

7 月 1 日，福清核电 3 号机组主管道焊接全部完成。

7 月 2—4 日，环境保护部华东核与辐射安全监督站组织检查组，对宁德核电 2 号机组展开商运后 100% 功率暨 2014 年度第三次例行核安全检查。

7 月 4 日，中国原子能科学研究院自主研发的世界先进质子回旋加速器首次调试出束，标志着该加速器建设成功。

7 月 5 日，大型先进压水堆核电站重大专项 CAP1400 核电站非能动堆芯冷却系统性能试验，顺利完成最后一个国家核安全局见证试验——CAP16 工况试验。

7 月 6 日，红沿河核电站 4 号机组波动管安装工作完成，主回路重型设备连接完成并形成闭合回路。

7 月 7 日，中国加入第四代核能系统国际论坛（GIF）超临界水冷堆系统国际合作项目协调会在北京召开。会议决定该项目由中国核动力研究设计院牵头，并成立专门的协调组织机构，以推进该合作项目，实现超临界水冷堆技术的国家战略目标。

7 月 9 日，从国家能源局了解到，该局与 18 家课题责任单位签订了核电重大专项 2014 年立项课题任务合同书及预算书，标志着课题的组织实施工作正式启动。

7 月 9 日，由中国核能行业协会和中

国广核集团有限公司共同主办，2014 年压水堆长周期换料技术研讨会在深圳举行。来自中国、法国、美国核电领域的 28 个单位 90 余名代表参加了会议。

7 月 10 日，国家原子能机构主任许达哲与美国能源部部长莫尼兹举行会谈，就核安保示范中心建设、微堆低浓化改造、AP1000 项目进展以及核责任等问题广泛交换了意见，并督促美方简化核技术出口审查，提高合作效率。

7 月 10 日，中核集团自主研制的先进核燃料元件（CF3）被放入秦山第二核电厂 2 号机组，进入随堆运行考验阶段。

7 月 16 日，大型先进压水堆核电站重大专项 CAP1400 非能动安全壳综合性能试验顺利完成国家核安全局见证试验——MSLB 工况系统级模拟试验。

7 月 16 日，海阳核电 2 号机组反应堆压力容器实体制造工作全部完成。

7 月 16 日，国家环境保护部副部长、国家核安全局局长李干杰率队赴临港调研，听取上海电气核电产业汇报，并实地调研了主设备制造车间。

7 月 17 日，国家原子能机构副主任王毅韧会见伊朗驻华大使马赫迪・萨法里一行，就中伊核领域合作、伊朗核问题等交换了意见。

7 月 17 日，国家能源局网站发布消息，该局批准了《核电厂核岛机械设备材料理化检验方法》等 164 项行业标准，其中，核电相关行业标准占到约一半。

7 月 18 日，中国国家主席习近平与阿根廷总统克里斯蒂娜，在布宜诺斯艾利斯共同见证签署两国政府间和企业间核电合作协议。国家能源局局长吴新雄与阿根廷联邦计划、公共投资与服务部部长德维多签署了《中华人民共和国政府与阿根廷共和国政府合作在阿建设重水堆核电站的政府间协议》；中核集团公司总经理钱智民、中国工商银行董事长姜建清与阿根廷核电公司总裁安图内斯签署了《关于建设阿根廷重水堆核电项目的实施协议》。

7 月 18 日，国家能源局副局长刘琦一行到三门核电现场调研。

7 月 21—22 日，国家能源局局长吴新雄专程访问美国西屋公司和 EMD 公司，调研了解 AP1000 依托项目设计、关键设备试验和制造进展情况。

7 月 23 日，国家原子能机构副主任王毅韧与英国能源与气候变化部国务大臣爱德华・戴维举行会谈。双方高度评价自中英核燃料循环全产业链合作谅解备忘录签署以来在核设施退役、放射性废物处理、核燃料运输等领域开展的富有成果的合作，并表示将继续积极推动两国企业深化全方位合作。

7 月 23 日，中共中央政治局委员、广东省委书记胡春华到陆丰核电项目现场调研。

7 月 25 日，由东方电气股份有限公司、中国核动力研究设计院、二重集团等 28 家企业、科研单位、高等院校组成的四川核电产业联盟在成都挂牌成立。

7 月 25 日，中核苏阀科技实业股份有限公司自主研发、设计、制造的 DN800 核二级主蒸汽隔离阀顺利通过国家核安全局组织的样机鉴定。这意味着该公司已全面掌握核二级主蒸汽隔离阀设计、制造、检测和功能试验技术，具备了自主研发制造主蒸汽隔离阀能力。

7月26日，秦山第二核电厂2号机组第10次换料大修结束。

7月28日，由上海电气核电设备有限公司承制的海阳核电2号机组反应堆压力容器水压试验一次成功。

7月28日—8月1日，由中核建中核燃料元件有限公司承制的方家山核电2号机组首炉燃料组件及相关组件通过出厂验收。

7月29日，从宝钢集团获悉，宝钢特钢研制生产的CAP1400核电蒸汽发生器管子支承板已发往上海电气核电设备有限公司。这标志着宝钢特钢成为国内第一家核电蒸汽发生器管子支承板制造企业，全球首家具有CAP1400核电蒸汽发生器管子支承板供货能力的企业。

8月4日，国家能源局组织对国家科技重大专项高温气冷堆核电站主氦风机工程样机进行评审并最终通过鉴定。世界首台套大功率电磁轴承主氦风机工程样机的研制成功，是我国在先进核能核心装备技术上的重大突破。

8月5日，由中国一重承制的首台国产化AP1000压力容器——三门2号反应堆压力容器在大连制造基地研制成功，并验收合格，交付使用。

8月6日，山东核电科技馆举行了“公众开放日”活动，并正式对外开放。该科技馆是国内首个以核电为主题、面向公众尤其是青少年群体，系统宣传和介绍核能及其应用的科技馆。

8月7日，福清核电1号机组汽轮发电机组首次核蒸汽冲转顺利完成。

8月7日，三门核电2号机组发电机转子穿装顺利完成。

8月7日，中国广核集团发布《中国广核集团社区发展白皮书》。这是我国核电行业首份社区发展白皮书。

8月7日，咸宁核电1、2号机组核岛主设备供货及发电机转子联合研发等合同签订。

8月7日，中核集团与沙特核能和可再生能源城，签署了《中国核工业集团公司与沙特核能和可再生能源城关于在和平利用核能领域项目合作协调机制的谅解备忘录》。

8月7—9日，环境保护部副部长、国家核安全局局长李干杰先后到陆丰、台山、阳江核电现场考察。

8月8日，秦山核电基地成功举行方家山1号机组首次装料前场内外核应急联合演习暨“秦山—2014”浙江省核应急联合演习。

8月10日，受国家能源局委托，中国机械工业联合会组织召开了“CAP1400核电反应堆压力容器大型关键锻件”鉴定会。

8月17日，国内最大规模的综合热工实验装置——蒸汽发生器综合性能实验装置，在四川省金堂电厂正式开工建设。该装置是国内规模最大、功能最全、参数最高的综合热工实验研究装置。

8月19日，大型先进压水堆核电站重大专项CAP1400熔融物压力容器内滞留试验(IVR)项下的“全尺寸下封头外壁临界热通量和流道流动试验”，在上海顺利通过试验见证。至此，国家能源局要求的CAP1400 FCD前13项关键试验已全部完成。

8月20日，福清核电1号机组首次并网成功。

8月21日，国家原子能机构副主任王毅韧会见到访的加拿大卡梅科公司副总裁兼首席商务官肯·赛茨、驻华大使馆公使潘克礼一行。双方就中加天然铀合作及保障监督等问题交换了意见。

8月21—22日，国家能源局、国家核安全局牵头，组织我国43位院士、专家，对“华龙一号”总体技术方案进行评审。评审会后，中广核集团与中核集团签署了“华龙一号”技术融合协议。

8月21日，受国家能源局委托，中国机械工业联合会在上海组织召开核电站安全级设备“LOCA试验装置”鉴定会。该成果通过鉴定。

8月25日，三门核电2号机组压力容器吊装工作完成。

8月25—27日，国家科技重大专项CAP1400示范工程2台机组的最大口径爆破阀工程样机先后通过首次功能性开阀试验，标志着CAP1400核电站非能动安全系统这一关键设备自主化研制取得重大进展。

8月26日，宁德核电4号机组主管道焊接工作顺利完成。

8月27日，国务院常务会议确定今明两年抓紧推进沿海核电项目，强调中国必须要有自己的核电品牌，要加快“华龙一号”、CAP1400、高温气冷堆的步伐。

8月28日，上海电气核电集团正式成立。直属企业包括：上海电气核电设备有限公司、上海第一机床厂有限公司、上海电气凯士比核电泵阀有限公司、上海核电技术装备有限公司和上海凯士比泵有限公司等5家。

8月29日，中国电力百科全书第三版《核能发电卷》经过3年多的升版修编，正式出版并公开发行。

9月1日，国家原子能机构副主任王毅韧会见来访的美国能源部副部长波纳曼先生一行。双方就AP1000依托项目进展、中美核安保示范中心建设、加入核损害赔偿相关国际公约等交换了意见，并讨论了合作中涉及的核技术出口管制以及简化审批程序有关问题。

9月1日，中国核保险共同体在北京举办我国核损害赔偿体系建设与核保险发展研讨会。

9月2日，岭澳核电站二期工程顺利通过竣工验收。

9月2日，中俄总理定期会晤委员会核问题分委会第十八次会议在京举行。

9月2—3日，国家核安全局在北京组织召开了大型先进压水堆重大专项CAP1400示范工程初步安全分析报告审评收口会。CAP1400安全分析报告得到国家核安全局的审评认可。

9月3日，方家山核电工程1号机组

首次装料工作完成。

9 月 3 日，在国家发改委主任徐绍史，阿根廷经济和公共财政部长基希洛夫，阿根廷联邦计划、公共投资和服务部长德维多的共同见证下，中核集团公司总经理钱智民与阿根廷核电公司总裁安图内斯签署了《阿根廷第四座重水堆核电站项目框架合同》。

9 月 6 日，田湾核电站 3 号机组首台蒸汽发生器在俄罗斯巴道尔斯克厂完成水压试验。

9 月 9 日，国家能源局在北京组织召开核电重大专项“十三五”规划编制工作启动会。

9 月 9 日，罗马尼亚政府部际核电项目“谈判委员会”正式宣布，中广核顺利成为罗马尼亚核电项目唯一通过资格审查的合格投资者。

9 月 12 日，方家山核电工程 2 号机组汽轮机非核冲转节点圆满完成。

9 月 12 日，海阳 2 号机组反应堆压力容器筒体吊装就位。

9 月 12 日，岭澳核电站 2 号机组实现了自投运以来无非计划停机停堆、保持安全稳定运行 1000 天，上网电量总计 236.838 亿千瓦时。

9 月 12—26 日，中国核能行业协会和 WANO 莫斯科中心对江苏核电有限公司进行联合运行评估。

9 月 14 日，防城港核电 2 号机组三个环路蒸汽发生器均顺利吊装就位。

9 月 17 日，第四代核能系统国际论坛（GIF）超临界水冷系统（SCWR）第一次会议协调会在成都召开。

9 月 19 日，国家能源局局长吴新雄到福清核电调研。

9 月 22 日，国际原子能机构第 58 届大会在维也纳召开，国务院总理李克强向大会致贺信。中国国家原子能机构主任许达哲在大会代表中国代表团发表讲话，并宣读了贺信。

9 月 25 日，在中国国务院总理李克强和西班牙首相马里亚诺 · 拉霍伊的共同见证下，中核集团公司与西班牙恩萨公司在人民大会堂签署了关于核电站产品及服务合作谅解备忘录；中国广核集团与西班牙恩萨公司签署核电站燃料组件破损燃料棒超声波检验系统的设备采购合同。

9 月 28 日，中电投核电有限公司与 INPO 签署国际会员协议，正式成为 INPO 国际会员。

10 月 8 日，欧盟委员会批准了由法国电力集团和中国核电企业联合投资的英国欣克利角核电站建设项目。

10 月 8 日，中国广核美亚电力控股有限公司于香港联交所正式上市。

10 月 9—10 日，江苏核电有限公司成功举行了田湾核电站 2014 年场内综合应急演习。

10 月 14 日，罗马尼亚政府部际核电项目“谈判委员会”正式宣布：中广核成为罗马尼亚切尔纳沃德核电站 3、4 号机组项目的“最终投资者”。

10 月 14 日，首届世界核工业展览会在巴黎开幕。中国核能行业协会首次组织中国相关企业参展。

10月15日，国务院副总理马凯在北京会见国际原子能机构总干事天野之弥。双方就中国与机构合作、中国核能事业发展、核不扩散与核安保、竞争机构高级职员等问题深入交换了意见。同日，国家原子能机构主任许达哲在北京会见天野之弥。双方就中国与机构在核能、核技术、核安保等领域合作深入交换意见。

10月16日，“庆祝中国加入国际原子能机构30周年研讨会”在北京召开。国际原子能机构总干事天野之弥、中国国家原子能机构主任许达哲出席开幕式并讲话。

10月16日，国际原子能机构总干事天野之弥在国家原子能机构副主任王毅韧陪同下，参观正在建设的核安保示范中心。

10月17日，中国核电工程有限公司承担的国家大型先进压水堆及高温气冷堆核电站重大专项主要课题之一“核级管道设计技术研究”，通过国家能源局正式验收。

10月17日，中国科学院核用材料与安全评价重点实验室在沈阳成立。该实验室将在保障核能安全、高效利用核能方面发挥作用。

10月17日，国际原子能机构总干事天野之弥，在国家原子能机构副主任王毅韧等陪同下，到华能石岛湾核电厂参观访问。

10月19日—11月1日，中国核能行业协会核电厂同行评估及经验交流委员会组织开展福清核电项目1—4号机组建设同行评估和5—6号机组沙盘推演活动。

10月23日，中核华电河北核电有限公司揭牌成立。

10月27日，方家山核电1号机组汽轮发电机组首次核蒸汽冲转节点顺利完成。

10月27—31日，国际原子能机构第三届技术与科学支持机构会议在京召开。

10月28日，国家原子能机构副主任王毅韧会见国际原子能机构副总干事兼核安全与核安保司司长丹尼斯·弗洛里。双方就中国与机构在核安保、核应急、核安全方面的合作深入交换意见。

10月28日，国际高温气冷堆技术会议在山东荣成开幕，来自全球16个国家和地区的400多名专家学者参加会议。

10月30日，国家原子能机构主任许达哲会见纳米比亚矿业和能源部部长卡塔利。双方就核领域合作进行了友好会谈。

10月30日，中国广核集团有限公司科技大会在深圳大亚湾核电基地召开，提出科技创新“引领计划”，含核电发展的4大战略专项和13大重点方向。

11月3日，国家能源局对福建省发改委、中核集团的请示报告发出复函，同意福建福清5、6号机组工程调整为“华龙一号”技术方案。

11月4日，国家原子能机构主任许达哲会见哈萨克斯坦原子能工业公司董事长卡帕洛夫，双方就两国铀资源开发和贸易、核燃料加工等领域合作交换了意见。

11月4日，秦山核电一期工程扩建项目——方家山核电工程1号机组并网发电。

11月5日，中国核能行业协会组织22位院士、专家，对中核集团联合加拿大坎杜能源公司研发的先进燃料重水堆进行技术审查。同日，中国核电重水堆先进燃料技术研发中心揭牌仪式在京举行。

11月5—7日，第四代核能系统经济模型及风险安全评定方法学研讨会在京举行，17个单位的60余名代表参加了研讨会。

11月7日，海南昌江核电1号机组一回路水压试验圆满成功。

11月8日，在中国国务院总理李克强与加拿大总理哈珀的共同见证下，国家发改委副主任、国家能源局局长吴新雄与加拿大国贸部部长埃德·法斯特签署了《中国国家能源局与加拿大自然资源部关于核能合作的谅解备忘录》。中核集团公司总经理钱智民与加拿大坎杜能源公司总裁皮特森·斯沃福签署了关于中核集团公司与加拿大坎杜能源公司组建合资公司的框架协议，双方将共同研发和推广先进燃料重水堆，联合开拓国内国际核能市场。

11月13日，在《企业社会责任蓝皮书(2014)》暨中国企业300强社会责任发展指数（2014）发布会上，中国华电集团公司社会责任发展指数列全国第四名，获评为五星级。

11月13—15日，第四届核能概率安全分析（PSA）研讨会在京举行。

11月15日，全国政协副主席、科技部部长万钢到大亚湾核电基地调研。

11月16日，中共中央政治局委员、国务院副总理刘延东，在参观在深圳举办的第十六届中国国际高新技术成果交易会中广核集团展台时，高度肯定了在核电发展、技术研发等方面取得的进展，强调一定要做好自主知识产权三代核电技术研发，把握主动权，真正实现核电“走出去”。

11月16—28日，中国核能行业协会组织实施对秦山核电基地运行综合评估。

11月18—21日，国家核安全局组织检查组，对方家山2号机组首次装料前的核安全和环境保护设施情况进行综合检查。

11月19日，国务院办公厅公布了《能源发展战略行动计划（2014—2020年）》。《行动计划》提出，在采用国际最高安全标准、确保安全的前提下，适时在东部沿海地区启动新的核电项目建设，研究论证内陆核电建设。

11月20日，国家原子能机构主任许达哲会见阿尔及利亚原子能署署长德都尔，就加强比林核研究中心项目，核电建设，核安全、核安保、核应急以及核领域人才培养等方面的合作深入交换意见。

11月22日，福清核电1号机组投入商运。

11月24日，国家核电技术有限公司、美国西屋公司和土耳其国有发电公司EUAS签署合作备忘录，启动在土耳其开发建设4台核电机组的排他性协商。

11月24日，由国家核安全局组织的全国核电厂核安全工作座谈会暨核电厂和研究堆核安全文化宣贯推进专项行动启动会在京举行。

11月25日，由中核工程公司牵头，中核四〇四有限公司、中国原子能科学研究院、清华大学共同完成的“动力堆乏燃料后处理中间试验厂设计与建造”科技成果通过由国防科工局组织的科技成果鉴定。

11 月 26 日，功能安全领域国际权威认证机构——德国莱茵 TÜV 集团（TÜV Rheinland）旗下 ISTec，公司为中国广核集团的成员企业北京广利核系统工程有限公司，颁发了国内首张第三方验证与确认（IV&V）证书。该项认证是 ISTec 历时三年在对我国首个自主核安全级仪控系统（DCS）产品——FirmSys 平台的系统软件、工具软件和算法库等进行充分验证和确认（V&V）后颁发的。

11 月 28 日，我国首台国产化 AP1000 反应堆压力容器顶盖组件——三门核电 2 号机组反应堆压力容器顶盖顺利交付现场。

12 月 3 日，中广核在京与中国一重、东方电气等 30 家企业签订关于“华龙一号”主设备和核级泵阀、核级电器仪控等设备的战略研发协议。

12 月 3 日，由中核建中核燃料元件有限公司承制的海南昌江核电 1 号机组首炉燃料组件及相关组件通过出厂验收。

12 月 3—4 日，第三届核电厂老化与寿命管理研讨会在苏州召开。

12 月 4 日，在南非总统雅各布·祖马访华之际，中核集团公司总经理钱智民与南非核能集团副总裁 Xolisa Mabhongo 在人民大会堂签署了《中核集团与南非核能集团核燃料循环全面合作谅解备忘录》；国家核电技术有限公司与南非核能集团签署了《南非核能项目培训协议》；国家核电技术有限公司同时与中国工商银行、南非标准银行签署了《南非核电项目融资框架协议》。

12 月 4—5 日，ACP1000 通过了国际原子能机构反应堆通用设计审查（GRSR）。这是我国自主三代核电技术首次接受国际同行审查。

12 月 5 日，国家核安全局下发《关于颁发秦山第二核电厂 3、4 号机组运行许可证的通知》（国核安发 [2014]278 号）。

12 月 8 日，2014 年世界核大学清华周培训研讨会在京举行。

12 月 8 日，宝银特种钢管有限公司重组揭牌仪式暨高温气冷堆蒸汽发生器换热组件制造项目启动仪式在江苏宜兴举行。

12 月 9 日，环境保护部副部长、国家核安全局局长李干杰会见法国阿海珐集团亚太区总裁欧道博，双方就中法核安全合作、中国台山 EPR 核电项目以及中法后处理厂建设等议题进行了交流。

12 月 9 日，国家能源局复函，同意广西防城港红沙核电二期工程开展厂址保护及相关技术论证工作，要求按照国内自主核电技术工程验证部署，按 2 台机组论证，采用“华龙一号”技术路线。

12 月 10 日，中广核电力在港交所主板上市。

12 月 10—11 日，2014 年核安全文化研讨会在京召开。

12 月 14—15 日，在李克强总理对哈萨克斯坦进行正式访问、举行中哈总理第二次定期会晤并出席上海合作组织成员国政府首脑理事会第十三次会议之际，国家原子能机构与哈萨克斯坦能源部签订了有关合作备忘录。中核集团、中广核集团和哈萨克斯坦国家原子能工业公司三方同意，共同在哈萨克斯坦建设核燃料元件厂和合作开发在哈萨克斯坦的铀矿。

12 月 14—20 日，李克强总理在访问中东欧并出席上合组织总理会议期间，根据《贝尔格莱德纲要》，中国同罗马尼亚、捷克分别签署和平利用核能合作文件，并与匈牙利就核能领域合作达成共识。

12 月 15 日，秦山核电厂扩建项目（方家山核电工程）1 号机组投入商业运行。

12 月 16 日，第三次中国—中东欧国家领导人会晤在塞尔维亚贝尔格莱德举行。与会各方发表《中国—中东欧国家合作贝尔格莱德纲要》，提出要鼓励发展核能项目。

12 月 16 日，广西首条核电送出输电线路——防城港核电厂至海港变电站Ⅱ回 500 千伏线路正式投入运行。

12 月 16 日，内陆核电水资源保护研讨会在武汉召开。

12 月 17 日，全球首条高温气冷堆核电站示范工程燃料元件生产线在中核北方核燃料元件有限公司建成。

12 月 17 日，国家能源应用技术研究及工程示范项目核电站非能动应急高位冷却水源系统项目在大亚湾核电基地通过国家能源局的验收评审。

12 月 18 日，在中国原子能科学研究院，我国第一座钠冷快中子反应堆——中国实验快堆（CEFR）首次实现满功率稳定运行 72 小时，其主要工艺参数和安全性能指标达到设计要求，标志这一重大科学实验设施设计性能得到验证。

12 月 20 日，我国自行设计、建造、安装、调试和运行的第一座反应堆——49—2 反应堆，安全运行 50 周年。

12 月 20 日，田湾核电 3 号机组穹顶整体吊装成功。

12 月 23 日，阳江核电站 5、6 号机组和睦系统核级 DCS（数字化仪控系统）工程样机在北京通过专家评审。

12 月 23 日，依托苏州热工研究院建设的国家核电厂安全及可靠性工程技术研究中心通过科技部验收，并被正式命名。

12 月 24 日，三门核电 1 号机组首个核岛主系统大型综合性实验——蒸汽发生器二次侧水压试验顺利完成。

12 月 24 日，国核锆业 AP1000 用核级锆材产品通过合格性鉴定，标志着国核锆业已全面掌握了 AP1000 核级锆材制造的核心技术，具备了向 AP1000 依托项目提供首炉换料用锆材的能力和条件。

12 月 25—26 日，防核扩散及核进出口管理法律法规宣贯会在京举行。国家原子能机构副主任王毅韧出席会议并讲话。

12 月 25 日，国内首件 CAP1400 发电机半速转轴——石岛湾核电站国核示范工程 1 号机组发电机用半速转轴在中国二重研制成功。

12 月 26 日，在北京召开的“2013—2014 年度国家优质工程奖表彰大会”上，国核锆业核级锆材生产线工程获评

"2013—2014 年度国家优质工程奖"。

12 月 27 日，由苏州热工研究院承建的核电站寿命评价与管理研发中心通过国家能源局组织的项目竣工验收。

12 月 27 日，由中科华核电研究院牵头承担的国家科技支撑计划项目"百万千瓦级压水堆核电站控制棒驱动系统研发"通过科技部项目验收。

核能协会
活动报道

2014 年核能协会主要活动报道

中国核能行业协会负责人座谈会在京召开

1 月 21 日，中国核能行业协会 2014 年协会负责人座谈会在京召开。协会名誉理事长张国宝，名誉副理事长丁中智、李永江，副理事长或其委托人参加了会议。国家能源局核电司副司长陈飞、国家核安全局核安全监管一司副司长邱江参加会议并讲话。科技部等有关部门的同志出席了会议。

与会代表结合协会2013年工作总结，认真分析了我国核能行业发展面临的形势，研究了协会 2014 年工作思路。

张国宝名誉理事长在发言中全面分析了我国能源发展的形势和能源结构调整的现状及面临的问题，认为，目前对于发展核电从上到下已经形成共识，有了积极的态度，并对启动新的核电项目提出了自己的意见。

协会副理事长杨岐通报了陪同原全国政协副主席李蒙赴浙江、福建、广东、湖南等地 8 个核电厂考察的情况及考察报告的主要内容。李永江名誉副理事长通报了 1 月 20 日全国政协双周座谈会的情况。

与会代表还围绕三代核电技术自主创新、核电设备制造、内陆核电重启、铀资源开发、乏燃料处理、核电公众宣传等问题作了发言，希望协会更加关注行业发展的战略问题，从专业角度更多地发声。与会代表对协会 2014 年的工作提出了很好的意见和建议。

座谈会由中国核能行业协会理事长张华祝主持。

信息化专委会秘书处提出 2014 年工作重点

中国核能行业协会信息化专业委员会秘书处 2014 年工作会议于 1 月 14 日在京召开。

中国核工业集团公司、中国核工业建设集团公司、中国电力投资集团公司、国家核电技术有限公司、中国华能集团公司的代表参加了会议。会议通报了信息化专业委员会 2013 年的工作；交流了各集团 2014 年信息化工作的方向、重点和难点；听取了各集团的建议和意见。与会代表对秘书处一年的工作给予了充分肯定，并希望委员会秘书处在 2014 年要紧紧围绕 SNPM 这一主线开展工作，突出重点，把与 SNPM 相关的研究、讨论、培训、标准、专家库等工作做扎实；提出了要深化对 SNPM 研究模型的提出背景、实现绩效指标的条件、如何配置相关的资源等课题的研究，通过对 SNPM 的研究，借鉴国际先进经验，创造性地提出适合我国实际的、有共性的一套绩效模型和指标体系。与会者认为，各大集团公司在信息化方面要加强合作。

大亚湾核电基地 WANO 联合运行评估跟踪回访结束

2 月 17—21 日，由世界核电运营者协会（WANO）巴黎中心与中国核能行业协会联合组建的评估回访队，对大亚湾核电基地 6 台运行机组实施了跟踪回访。这是针对 2012 年 3 月联合评估所发现的待改进项（AFI）整改情况进行的评估回访活动。

本次联合回访队共由 12 名评估员组成，包括 8 名外方评估员和 4 名中方评估员，此外还有 2 名技术支持人员。回访队长由原评估队长 Bernard Fabregat 担任，中核核电运行管理有限公司总经理张涛作为中方评估队负责人参加了本次回访。在回访过程中，评估员通过现场巡视、活动观察、人员访谈和文件查阅等，对每个待改进项纠正行动落实的有效性进行了认真评估，并作出评价意见。

大亚湾核电基地管理层自收到正式评估报告后，对报告中提出的 AFI 进行了分析和研究，并制定了切实可行的《纠正行动计划》。回访结果表明，各项纠正行动计划得到了有效实施，这对提升大亚湾核电基地运行管理水平起到了积极作用。

2014 年核能行业质量保证培训工作会召开

2 月 25 日，中国核能行业协会在北京组织召开了 2014 年核能行业质量保证培训工作会，来自业内 7 个单位的 12 名专家和代表参加了会议。会议由协会副理事长赵成昆主持。

会议听取并审议了 2013 年核能行业质保培训工作汇报，讨论通过了 2014 年质保培训和专题研讨活动计划，围绕质保监查员培训、考试、取证、监查员资格管理、高级管理人员质保培训等相关事项展开了认真研讨，达成了一致意见。

会议认为，核能行业协会自 2009 年开展质保培训工作以来，在各有关核能建设单位及专家的大力支持下，不断总结、持续改进，为核能行业培养了一批又一批的质保从业人员，为提高核电相关企业的质量管理水平，保证核电站的安全发挥了重要作用。专家们认为：根据有关法规的要求和实际工作需要，监查员要定期进行复训和知识更新，希望行业协会不断加强监查员再培训和主监查员提高培训，以保持监查员的资质和能力；要继续严格按照培训大纲的要求，实施监查员培训、考试和资格评定；年度培训计划应尽早发布，以便各有关单位结合工作实际，做好派员准备工作。

赵成昆在总结时指出，过去的五年，解决了质保监查员资格培训的有无问题；今后的五年，要在抓好培训的同时，把工作重点放在进一步提高上，使该项工作能更好地满足我国核电发展需要，更好地满足核能企事业单位自身的需求。同时，积极跟有关单位沟通，了解需求，做好宣传工作。

据统计，至2013年底，协会已举办了24期质保监查员培训班、3期高级管理人员质保培训班、1期质保监查员再培训班、1期质保主监查员提高培训班、2期质保领域专题培训研讨班，共培训学员3183名，2526名学员获得协会颁发的相应证书。

2014年中国参与GIF工作研讨会召开

3月4日，由科技部国际合作司、国防科工局系统工程二司主办，中国核能行业协会、中科院核能安全技术研究所承办的2014年中国参与第四代核能系统国际论坛（GIF）工作研讨会在合肥召开。科技部国际合作司、高新技术与产业化司，国防科工局系统工程二司，环保部核电安全监管司等政府部门的领导应邀出席会议并致辞。中国核能行业协会、中国核工业集团公司、国家核电技术有限公司、中国原子能科学研究院、清华大学核能与新能源技术研究院、中国核动力研究设计院、中科华核电技术研究院、上海交通大学、中科院重大科技任务局、中科院上海应用物理研究所、中国华能集团核电事业部等国内10多家单位的30多名代表参加了会议。

科技部国际合作司副司长陈霖豪总结了2013年我国参与GIF的主要工作，包括为GIF钠冷快堆安全设计准则报告和安全设计导则的编制提出中方意见，积极研究GIF未来十年战略规划技术路线图更新，完成清华核研院加入GIF高温气冷堆“燃料与燃料循环”项目和中国原子能科学研究院加入钠冷快堆“系统综合与评定”项目文件签署的法律手续等。他期望国内各相关单位能充分利用中国核能行业协会搭建的平台，积极交流，共享资源，从而平等互利地参与GIF国际组织的工作，逐渐从跟随者发展为领跑者。

科技部高新技术发展与产业化司调研员曹学军、国防科工局系统工程二司副处长鲍家斌、环保部核电安全监管司副处长宋琛修分别肯定了2013年我国在GIF工作中所取得的成绩，并表示政府部门将积极支持，做好服务，提供保障。中国核能行业协会国际合作部主任雷梅芳代表GIF联络办汇报了2013年我国参与GIF工作的情况及2014年的工作计划。

与会专家分别介绍了GIF未来十年规划技术路线图更新进展以及产业咨询高级委员会的相关情况。

国内外专家齐聚研讨铅基反应堆发展

3月5日，由中国核能行业协会第四代核能系统国际论坛（GIF）联络办公室和中国科学院核能安全技术研究所联合举办的“铅基反应堆专题研讨会”在合肥召开。70余名代表参加了会议。中国科学院方守贤院士，中国工程院叶奇蓁、李冠兴院士出席会议并参与了讨论；中国核能行业协会副理事长赵成昆和中科院核能安全技术研究所所长吴宜灿分别致辞。

第四代核能系统论坛（GIF）铅冷快

堆系统委员会主席 A.Alemberti 博士到会介绍了国际铅基堆发展现状及 GIF 组织主要活动；中科院核能安全技术研究所所长吴宜灿介绍了中国铅基反应堆研究进展情况。此外，中国原子能科学院研究院、中科院近代物理研究所、中科院核能安全研究所、西安交通大学等单位的专家分别针对液态金属材料、核燃料、铅铋靶技术、热工等铅基反应堆关键技术作了报告。

据悉，近年来在中科院战略性先导专项的支持下，中国科学院核能安全技术研究所联合国内相关单位已全面开展铅基反应堆的研究、设计、铅铋回路建设以及关键设备研制等工作，目前已取得显著进展。该所创造性地提出了具有临界 / 次临界双运行模式的 10MW 中国铅基研究反应堆 CLEAR—I 开发思路，正在组织开展初步工程设计工作和关键技术研发；已基本建成大型多功能铅铋综合实验回路装置群、关键技术验证平台，已开展设计 / 分析软件体系研究，为铅基反应堆研发打下了坚实基础。同时，正在建造具有国际先进水平的强流中子发生器和铅铋零功率实验装置，将为开展铅铋反应堆物理方案与软件设计验证准备条件。

与会代表就核能发展、铅基反应堆研究与开发、材料与设备等关键技术攻关等问题进行了深入讨论，为我国铅基反应堆发展提出了许多有价值的建议和意见。专家们认为，铅基反应堆具有很好的发展前景，中科院核能安全技术研究所可在中科院战略性先导专项和国家重大基础设施建设项目支持下，进一步联合国内外相关单位优势力量积极开展铅基反应堆的研究，在第四代反应堆、加速器驱动次临界系统及聚变反应堆领域实现跨越创新。同时，专家倡议国家有关部门对铅基堆技术基础研究、关键材料与设备研制及先进核燃料制备方面加大投入，重视铅铋反应堆在未来船用堆、小型模块化堆、制氢及海水淡化等方面广阔的应用前景。

2014 年核电厂经验反馈工作讨论会召开

3 月 13 日，由中国核能行业协会核电厂同行评估及经验交流委员会主办的 2014 年核电厂经验反馈工作讨论会在武汉召开。来自委员会成员单位的协调员、信息员等 60 多人参加了会议。中国核能行业协会理事长、委员会主任委员张华祝出席会议并作会议总结。

会上，委员会秘书处介绍了 2013 年运行核电厂经验反馈和核电工程建设经验反馈的工作情况，汇报了中国核电运行信息网（CINNO 网）的运行情况和升级改造方案；各在运核电厂和在建核电项目汇报了各自经验反馈工作的开展情况。会议还审议了 CINNO 网运行经验反馈工作管理规定等。

张华祝理事长在会议总结中指出，本次会议深入交流研讨了核电厂经验反馈工作中存在的问题和今后需要改进的方面，委员会秘书处将认真研究参会代表提出的意见和建议，并逐步组织落实。同时，他希望委员会各成员单位能够一如既往地支持委员会经验反馈工作，共同改进和提高此项工作的质量。

中国核能行业协会第二届理事会第三次会议召开

3 月 27 日，中国核能行业协会第二届理事会第三次会议在北京召开。会议由协会理事长张华祝主持。

会议审议并通过了马鸿琳副理事长兼秘书长所作《2013 年协会工作总结和 2014 年协会主要工作安排意见》的报告。

会议审议并同意杨岐副理事长代表经费管理委员会所作的关于 2013 年财务预算执行情况和 2014 年财务预算的报告；审议并原则通过秘书处关于 2014 年年会和第四届中国核能可持续发展论坛筹备情况的报告；审议并同意秘书处提出的《中国核能行业协会关于开展自律与诚信创建活动的实施方案》和《中国核能行业行规行约》；审议并同意赵成昆副理事长所作的第二届专家委员会成员调整情况的报告；审议并同意时传清副理事长代表组织管理委员会所作的关于申请入会单位会员资格及理事人选调整等情况的报告；审定了关于秘书处综合管理部主任调整的意见。

会议还听取了协会秘书处技术服务部主任杨波关于核能行业质量保证培训工作情况的汇报，以及国际合作部主任雷梅芳关于第四代核能系统国际论坛（GIF）联络办公室工作的汇报。

核电工程高级项目经理培训工作研讨会举行

3 月 25 日，中国核能行业协会在北京召开了核电工程高级项目经理培训工作研讨会。来自中国核工业集团公司、中广核集团有限公司、中国核工业建设集团公司、中国华能集团公司等单位的 10 名专家参加了会议。

会上，中国核能行业协会技术服务部汇报了协会近几年来在核电工程项目管理培训工作上所做的工作，以及下一步开展核电工程高级项目经理培训工作的设想。

专家们一致认为，在中国核能行业协会已开展的初、中级项目经理培训基础上，开展高级项目经理培训是非常必要的。专家们结合国家开展高级项目管理师培训的经验，对如何在核能行业内开展高级项目经理培训工作进行了讨论，提出了许多有价值的建议和意见。协会将根据专家的意见认真进行研究，为开展核电工程高级项目经理培训做好各项准备工作。

核能行业质保监查员培训班举办

3 月 24—29 日，中国核能行业协会 2014 第一期（总第 25 期）核能行业质量保证监查员培训班在无锡举办。来自核安全监管部门，核燃料、乏燃料后处理、核电、研究设计、工程公司、建设安装、设备制造、部队等 57 个单位的 120 名学员参加了培训。

培训班邀请了业内 4 名专家担任教

员，根据《核能行业质量保证培训大纲（修订版）》的要求，安排了核安全文化与核安全管理、质量保证安全法规和标准、质量保证基本知识、监查技术、质量事件案例分析等7个方面的教学内容，对学员进行了综合理论知识考试和质保监查技能测试，完成了大纲规定的培训任务。

培训班结合实际案例系统地讲解了《核电厂质量保证安全规定》（HAF003）的基本要求，教授了质量保证监查技术、技巧，通过传授监查经验，课堂模拟监查练习，训练了学员们的实际监查综合技能，对建立并持续改进质量保证体系，有效地落实实施法规的要求有较大的帮助。

4月12—17日，中国核能行业协会2014第二期（总第26期）核能行业质量保证监查员培训班在秦皇岛举办。这是应哈电（秦皇岛）重型装备有限公司的申请而举办的一期定向质量保证监查员培训班。来自哈电重装公司及其16个直属分厂和有关部门的领导、技术骨干共90多人参加了培训。中国核能行业协会副理事长赵成昆在开班仪式上讲话。

赵成昆分析了我国当前核电发展形势、发展核电的重要性，以及目前面临的一些问题，强调了在当前情况下，增强员工的责任心、加强安全文化和质量文化的教育对确保产品质量的重要性，并对参训学员提出了希望。他结合我国质量管理和安全管理的实践，为培训班讲了《从福岛核事故看日本核安全文化的缺陷》一课。

本次培训根据《核能行业质量保证培训大纲（2013年修订）》的有关规定和要求，安排了40个学时共6个方面的教学内容，包括核安全文化、质量保证基本知识、质量保证监查技术等。

田湾核电站联合运行评估预访问活动在现场展开

3月30日—4月4日，由世界核电运营者协会（WANO）与中国核能行业协会（CNEA）联合策划组织，田湾核电站联合运行评估预访问活动在田湾现场展开。WANO派出了以资深核电评估专家Zbynek GRUNDA先生为队长的6名专家参与预访问。这些专家都曾多次参加过WANO国际核电同行评估活动。

3月30日，联合评估方召开了队内会议，完成了预访问培训，讨论了评估领域和中外方队员组成，并初步达成了一致意见。31日，联合评估方和受评方江苏核电有限公司共同召开了预访问入场会议，预访问全体评估队员，受评方对口人等30余人参加了会议。

预访问评估队采取电厂巡视、现场作业活动观察、人员访谈、资料查阅等方式开展预访问评估活动。

核能行业专题工作组组长会议召开

4月3日，由中国核能行业协会主办，中科华核电技术研究院有限公司承办的2014年核能行业专题工作组组长会议在深圳召开。各专题工作组组长、执行秘书等参加了会议。中国核能行业协会理事长张华祝出席了会议。

会上，14 个专题工作组组长 / 执行秘书（或代表）分别汇报了 2013 年工作情况以及 2014 年工作安排。随后，与会代表讨论了《中国核能行业协会行业专题工作组管理办法》，并提出修改意见。委员会秘书处汇报了 2014 年优秀专题工作组的评选结果和 2014 年中法核电经验交流会筹备情况。与会代表还围绕专题工作组今后的重点工作，以及如何进一步发挥工作组对行业发展的支持作用等进行了讨论。

张华祝作会议总结。他充分肯定了专题工作组在技术研讨、经验交流、问题研究、人员培训、专题领域规范等方面开展的工作。他指出，核电厂运行评估和经验交流工作体系在我国已运转了 10 年，这是在借鉴国外同行经验基础之上开展的。同时，我们创新地开展了核电工程建设同行评估和行业专题工作组工作，这些工作得到了国际核能组织及国外同行的广泛重视和关注。行业专题工作组的活动是以专题领域为依托而开展的深入的同行技术研讨和经验交流，是委员会经验反馈与交流工作中非常重要而富有实效的一种工作方式。通过这几年的发展，委员会的 16 个工作组都取得了一定进步，对行业专题领域的进步起到了积极的推动作用。希望各个专题工作组继续结合本领域实际，充分发挥平台作用，为核能行业的安全可靠发展发挥更大的作用。

核电厂同行评估委员会软课题验收会暨立项评审会召开

4 月 16—17 日，核电厂同行评估及经验交流委员会在北京召开了 2012—2013 年度软课题验收暨 2014—2015 年度软课题立项评审会会议。中国核能行业协会理事长张华祝、副理事长赵成昆、副秘书长徐玉明出席了会议。

来自核能行业协会、中国核工业集团、中国核工业建设集团、中国广核集团、国家核电技术有限公司、中国电力投资集团、中国华能集团等单位 10 多名专家，对成员单位完成的 2012—2013 年度 24 个软课题进行了验收，并对 2014—2015 年度成员单位申报软课题进行了立项评审。专家们一致认为，与 2010—2011 年度软课题完成情况相比，2012—2013 年度软课题的完成质量有了明显的提高，许多研究成果可以供行业内共享。

张华祝在总结发言中指出，经过两个周期的运作，委员会软课题研究方向越来越明确，尽管研究经费投入不多，但软课题研究工作得到了承担单位的高度重视，课题成果也更加切合成员单位实际需要。随着行业专题工作组机制越来越规范，协会将进一步发挥专题工作组对软课题研究工作的支撑作用，使相关单位和专家更多地参与到软课题研究过程中来，提高软课题研究的针对性和实效性。

中国核能行业协会发布 2014 年第一季度全国核电运行情况

中国核能行业协会正式发布了 2014 年第一季度我国核电运行机组安全生产情况（不含台湾地区）。2014 年 3 月 25 日，广东阳江核电厂 1 号机组正式投入商业运行。至此，我国投入商业运行的核电机组共 18 台，总装机容量为 15919.79 MW。一季度全国累计发电量为 12719.4 亿千瓦时，核电累计发电量为 259.84 亿千瓦时，约占全国累计发电量的 2.04%。与燃煤发电相比，本季度核电相当于减少燃烧标准煤 841.87 万吨，减少排放二氧化碳 2205.70 万吨，减少排放二氧化硫 7.16 万吨，减少排放氮氧化物 6.23 万吨。

由于田湾 1 号机组、中核运行二厂 4 号机组、红沿河 1 号机组相继按计划进入换料大修期，本季度核电累计发电量比 2013 年四季度下降了 13.98%，但仍比 2013 年同期上升了 13.87%。累计上网电量为 244.78 亿千瓦时，比 2013 年四季度下降了 13.62%，比 2013 年同期上升了 13.59%。各运行核电厂严格控制机组的运行风险，继续保持安全、稳定运行，未发生国际核事件分级（INES）1 级及 1 级以上的运行事件。

各运行核电厂未发生较大及以上安全生产事件、环境事件、辐射污染事件，未发生火灾爆炸事故，未发生职业病危害事故。

核电仪控系统设计安全标准与应用交流会举办

4 月 25 日，中国核能行业协会和莱茵检测认证服务（中国）有限公司共同举办的“核电仪控系统设计安全标准与应用交流会”在上海召开。来自 33 家单位的 60 余名代表参加了会议。中国核能行业协会副秘书长龙茂雄、莱茵技术（上海）有限公司首席运营官 Lutz Frankholz 先生出席会议并致辞。

龙茂雄在致辞中介绍了协会近期所开展的工作情况，并谈到，莱茵检测认证服务公司作为协会的联系会员单位在第三方检测认证领域经验丰富，协会希望通过联合举办会议的形式为中国核能行业搭建供需信息交流的平台，利用专业会员单位的技术、产品等优质资源为其他会员单位服务，为提升行业管理和安全运营水平服务。莱茵专家详细介绍了该公司在核电仪控系统功能安全方面所参考的标准及其应用，以及莱茵公司在核能领域第三方认证方面所能提供的服务及其优势，并回答了与会代表关心的问题。

该公司核电仪控系统功能安全包括单独的功能安全项目以及整体的功能安全管理系统，所参考的主要标准是国际电工委员会（IEC）61508 和 IEC61513。

核电厂同行评估及经验交流委员会会议召开

5 月 8 日，由中国核能行业协会主办、国核电站服务技术公司承办，2014 年核电厂同行评估及经验交流委员会会议在上海召开。相关集团公司、核电营运单位、研究设计院所、工程公司等单位的委员、协调员及代表共69人参加了会议。协会理事长、委员会主任委员张华祝主持会议并讲话，协会副秘书长兼委员会秘书长龙茂雄出席会议并作主题报告。

会议审议通过了《核电厂同行评估及经验交流委员会工作报告（2013—2014）》、委员会2013年经费决算、2014年工作安排及经费预算、2012—2013年度软课题结题项目及2014—2015年度软课题立项项目，通过了《中国核能行业协会专题工作组管理规范》《中国核电营运信息网经验反馈工作制度》《中国核电营运信息网升级改造方案》《全国核电运行情况季报》内容完善等事宜，并对委员会及中国核电营运信息网（CINNO）网名称修改等进行了讨论。

根据秘书处建议，会议批准核电厂调试启动专题工作组、可靠性维修专题工作组及核级泵专题工作组为2013年优秀专题工作组。在首次进行的成员单位工作交流中，来自中核集团、中广核集团、中电投集团、国核技、华能集团的10名代表分别就公司一年来的主要成就、工作经验、同行评估等进行了报告与交流。代表们普遍感到受益匪浅。

最后，张华祝进行了总结发言。他指出，委员会工作质量的提高，重在秘书处与成员单位对会议决定的落实，对委员会工作的积极参与和持续推进。委员会要适应核电行业的发展，满足成员单位对同行评估与经验反馈的要求，促进核电管理水平与业绩水平的不断提高。通过近年来的发展，委员会的工作不断得到国际同行的关注，说明委员会管理创新取得了实效。同时，他希望委员会成员单位持续改进核安全文化意识，把整个行业发展根植于肥沃的核安全文化的土壤中。

中国核能行业协会2014年年会召开

5月14日，中国核能行业协会2014年年会在京召开。中国核能行业协会理事长张华祝在工作报告中总结了核能协会过去一年的工作，部署了2014年的主要工作，并且分析了我国核能行业当前面临的发展机遇及挑战。

中国核能行业协会举办第四届中国核能可持续发展论坛

5月14日，由中国核能行业协会主办的第四届中国核能可持续发展论坛在北京举办。论坛主题为“能源生产革命与中国核电”，邀请了10位院士、专家作专题报告。

此次论坛涉及了业界及公众普遍关心的核电在清洁能源供应中的作用、对我国核电发展的建议、核电的安全性、我国核电自主化研发、内陆核电发展等问题。

中国核能可持续发展论坛由中国核能行业协会于2008年首次举办，每两年举办一次，至今已历经三届，曾关注核能可持续发展、核电装备制造、安全高效发展核电等主题。

中国核能行业协会联系会员单位工作座谈会召开

为加强与联系会员单位之间的交流，了解联系会员单位的需求，5 月 15 日，中国核能行业协会在京召开联系会员单位代表座谈会。协会副理事长兼秘书长马鸿琳出席会议并讲话。

与会代表分别介绍了本企业在核能领域的业务情况，反映了在参与中国核电市场过程中所面临的问题与困惑，期望通过协会这个平台加强与政府主管部门间的沟通，建立与潜在合作伙伴间的联系。代表们一致表示，座谈会帮助他们更多地了解到行业的信息，加强了与行业间的联系，并希望座谈会能不定期地举办下去。

秦山核电基地运行综合评估进行预访问

5 月 21—23 日，中国核能行业协会组织对秦山核电基地运行综合评估进行了预访问，正式开启了迄今为止协会组织的涉及机组数最多、机型最为复杂的一次运行综合同行评估。

协会理事长兼核电厂同行评估及经验交流委员会主任委张华祝在讲话中明确了本次评估的主要目的、评估对象的特点，并要求评估双方以坦诚开放的态度精诚合作，紧密沟通，深入交换意见，以高质量的评估结果来促进秦山核电基地的改革和发展，提升秦山核电基地的安全水平和运行业绩。

预访问期间，双方就本次评估的定位、评估领域、评估队组成、评估培训、现场评估时间、后勤保障、电厂自评估与 AIP 文件包编制等，进行了深入的探讨并达成了一致意见；预访问队还对秦山核电基地进行了现场巡视。

据悉，国内各个运行核电基地、在建核电公司都将选派优秀专业人员作为评估队员参与此次评估活动，届时还拟邀请 WANO 资深核电专家作为评估顾问，指导本次评估工作。因此，本次评估活动也将是我国核电业界难得的一次深入沟通和交流的机会。

在此之前，秦山核电基地的核电公司曾先后多次接受协会组织的运行、建造同行评估，为基地核电安全运行和工程建设管理水平提升提供了重要的支撑。目前，中核核电运行管理有限公司负责运营的秦山核电基地有 7 台机组在运行，另有两台百万千瓦级机组在建，计划于今明两年分别投产。

高温气冷堆项目土建施工阶段同行评估结束

5 月 30 日，华能山东石岛湾高温气冷堆示范工程项目建设同行评估回访离场会在工程现场召开，为期 7 天的现场回访活动圆满结束。

回访队领队、中国核能行业协会副理事长赵成昆出席会议并讲话，他高度评价了华能集团对评估活动的重视与受评方评估后的整改效果，肯定了回访队的工作成绩，并希望受评方继续克服困难，坚持“安全第一，质量第一”的原则，不断推进示范工程建设。

2013 年 8 月 31 日至 9 月 8 日，受华能山东石岛湾核电有限公司委托，中国核能行业协会组织评估队对工程建设全部 16 个领域进行了现场评估，发现了受评方 3 个强项及若干待改进项。本次回访是中国核能行业协会对 2013 年高温气冷堆核电站示范项目建设同行评估所发现待改进项（AFIs）纠正情况组织的检查活动。

核能科技奖励工作培训会召开

6 月 5 日，2014 年核能科技奖励工作培训会在南昌召开，来自核能行业 45 个单位的科研部门负责人参加了培训。

此次培训会一是全面介绍了我国科学技术奖励制度和中国核能行业协会科技奖设奖相关情况；二是介绍了核能科技奖励政策、评审程序、评审标准及 2014 年工作安排；三是详细讲解了 2014 年纸质申报书填写和网络申报操作流程说明。

核设备制造质量管理研讨会召开

6 月 9—10 日，由中国核能行业协会主办、东方电气股份有限公司承办、大亚湾核电运营管理有限责任公司协办的“2014 核设备制造质量管理研讨会”在成都召开。来自国家核安全局、核能协会，有关集团、核电、核燃料、地质、研究设计院（所）、工程公司、建设安装、设备制造、高等院校、核保险等 75 家单位的 140 多名代表参加了研讨会。

中国核能行业协会副理事长赵成昆在致辞中说，核电设备制造业引进技术，自主创新，提高了设备制造的技术水平，大力培养人才队伍，为核电设备的国产化打下了良好基础。除国内几家重要的核电设备集团以外，一批包括民营企业在内的中小企业进入核电领域，在核电配套产品的设计供给方面，成绩斐然。他指出，2006 年至今，在我国核电发展中，核电设备制造业作出了重要贡献。受福岛核事故的影响，我国减缓了新项目的审批，给业内带来合同推迟、订单拒签、产能过剩，对制造企业技术开发和队伍稳定带来了冲击，使核电设备制造企业面临新的挑战。业内希望国家有关部门，从现实出发，适当调整思路，使我国核电尽快地步入安全高效的发展之路，切实实现 2020 年核电 5800 万千瓦的目标。

赵成昆说，设备制造企业对我国核电作出了巨大贡献的同时，也存在一些问题和改进的空间，比如核电装备硬件投入与软实力的提升不同步；高端管理人才不能满足发展需要；质量事件、设备交付拖后屡次发生，质量文化和安全文化理念需要不断加强，质保体系的有效性需要不断地认真落实等。他强调，按期按质交付设备是衡量一个制造企业能力的硬指标，是制造企业追求的目标，也是核电企业实现三大控制的重要条件。质量保证体系的有效性是达到硬指标，实现目标的重要保证。

但目前相当一部分项目在这方面做得并不十分理想，原因有技术方面的，更有管理方面的，反映了我们在管理方面存在的问题。核能行业协会举办本次研讨会的目的，就是研讨和交流核设备制造和建安方面存在的问题，让我们在努力提高技术水平的同时，进一步强化管理，保证设备制造的质量。相信本次研讨会对今后提高核电设备企业的管理水平和建安管理水平将会起到积极的作用。

7位专家在会上作了专题报告。25位专家和学者围绕核设备制造质量存在的问题、解决的方法和思路，质量事件的案例分析等主要议题进行了大会交流。本次研讨会共收到投稿106篇，其中26篇进行了大会交流。

核能行业质量管理工作组会议召开

6月9日，中国核能行业协会核电厂同行评估及经验交流委员会在成都召开了第五次核能行业质量管理工作组会议。

会议听取并审议了关于工作组工作进展情况的汇报和下一步工作的安排，以及2015年工作计划、质量管理工作组人员增补的建议。与会人员围绕核能行业质量管理工作组的工作重点、软课题研究、研讨交流主题和目标，今后征文的评审及其结果处理，工作组机构设置等事宜，展开了讨论并达成一致意见。会议认为，质量管理工作组每年应至少召集一次座谈会，总结经验，凝聚共识，充分发挥组长副组长单位和专家的作用，根据行业需求，有效地组织好各项活动，搭建经验反馈和信息共享平台，促进该领域管理水平的提升。

首届中法核电经验交流研讨会举行

6月17日，由中国核能行业协会、法国核电规范标准协会（AFCEN）共同主办的中法核电经验交流研讨会在京举行。来自中国、法国等国核电领域的67家单位180余名代表参加了会议。中国核能行业协会理事长张华祝、国家原子能机构系统工程二司副司长池雪丰、法国驻华使馆核参赞科尔迪耶、AFCEN主席罗洁出席会议并致辞。会议期间，张华祝与罗洁分别代表双方签署了中国核能行业协会与AFCEN合作谅解备忘录。

张华祝在致辞中感谢中法两国政府部门、AFCEN、法国电力公司、阿海珐公司、法中电力协会对会议的大力支持。他还介绍了我国核电经验交流体系，尤其是核电厂专题工作组情况，简要回顾了中法两国三十年核能合作历程，并希望本次会议为深化两国核电经验交流，促进两国核电安全运行奠定新的基础。

本次中法核电经验交流研讨会会期3天。会议上，来自中国国家核安全局、法国大使馆、中国核能行业协会、AFCEN，中法两国集团公司、核电厂、设备供货商、科研院所等单位的49名专家围绕核电法律法规、标准规范、老化管理、设备鉴定与维修、核电厂阀门、仪控系统、蒸汽发生器等相关领域作专题报告。

第二期核能行业质保监查员再培训班举办

6月24—27日，由中国核能行业协会主办、苏州热工研究院核电培训中心承办，第二期核能行业质量保证监查员再培训班在无锡举办，来自核电、核燃料、工程、监理、研究设计、建设安装、设备制造及船舶等31家单位的65名质保监查人员参加了复训。

再培训班邀请2名业内资深专家为教员，安排了5个专题的培训内容，增加了国际国内最新的管理理念、方法和实践，介绍了核能行业质量管理动态以及面临的问题和挑战；强化学习质量保证监查的方法、监查的组织管理、对监查结果的分析能力、报告能力和结果评价能力；侧重于传授实践经验，培养监查员实际操作技能和处理问题的能力。通过案例分析、课堂讨论、分组模拟监查，帮助学员加深对监查本质和内涵的理解，使质保监查能更注重实效。

第二届中国核能行业信息化工作交流会议召开

6月26—27日，第二届中国核能行业信息化工作交流会议在广东珠海召开。

会议以"提升IT治理水平，促进核能信息化发展"为宗旨，开设了国际交流、核能建设信息化、核能科研设计信息化等三个分会场。

本次大会邀请嘉宾与专家作了27场专题交流报告，报告内容涉及核电工程建设信息化、核反应堆设计与科研信息化、国际核能行业信息技术前沿应用等，会议荟萃了中国核能行业信息化领域的各层级管理者和顶级业务技术专家，通过核能行业信息化专业交流与服务平台，达到了技术交流和经验分享、寻求科技合作的目的。

工业与信息化部软件服务业司、环保部（国家核安全局）、国资委信息中心、国家能源局核电司、国防科工局系统工程二司的有关负责同志，国内外有关专家、中国核能行业协会有关会员单位代表及软件公司代表200余人参加了会议。会议由中国核能行业协会信息化专业委员会主办，中国核工业集团公司、中国核工业建设集团公司、中国广核集团有限公司、中国电力投资集团公司、国家核电技术有限公司、中国华能集团公司等六大集团公司协办。本届大会轮值主席是中国核工业建设集团公司。

与会者希望通过信息化专业委员会合作、交流、共享、互惠的平台，持续提升核能行业信息化建设的水平，做好行业顶层设计、共性研究、高端咨询。

中国加入超临界水冷堆系统安排项目协调会召开

7月7日，中国加入第四代核能系统国际论坛（GIF）超临界水冷堆系统安排国际合作项目协调会在北京召开，来自国家科技部、国防科工局、国家核安全局、中国核能行业协会、中国核工业集团公司等 13 家单位的 23 名专家代表参加了会议。

会议听取了国内相关单位和专家对我国加入 GIF 超临界水冷堆系统安排国际合作项目整体工作考虑的意见和建议，明确了加入相关研发合作项目的优先次序和分工，讨论了建立国内协调沟通工作机制等问题。会议同意该项目由中国核动力研究设计院牵头,并成立专门的协调组织机构,以推进该合作项目，实现超临界水冷堆技术的国家战略目标。国家科技部国际合作司副司长陈霖豪和国防科工局系统工程二司副司长任宏军分别在会上致辞。陈霖豪对该合作项目给予了肯定，希望国内各相关单位能够充分利用 GIF 平台分享经验，促进国内超临界水堆技术的发展。

此次会议是继 5 月份中国加入第四代核能系统国际论坛超临界水冷堆系统安排之后首次召开的项目协调会，对于有效利用国内资源、发挥整体优势、促进协同创新具有积极作用。

压水堆长周期换料技术研讨会举行

7 月 9 日，由中国核能行业协会和中国广核集团有限公司共同主办，中科华核电技术研究院承办的 2014 年压水堆长周期换料技术研讨会在深圳举行。来自中国、法国、美国核电领域的 28 家单位 90 余名代表参加了会议。中国核能行业协会副秘书长龙茂雄、中科华核电技术研究院总经理助理黄文有出席会议并致辞。

龙茂雄简要介绍了全球及我国核电的发展概况，协会近期有关重点工作，并希望报告人和全体与会人员认真研讨长周期换料技术与管理问题，加强经验反馈与交流，提升核电安全性与经济性，为我国核电安全、高效发展打下坚实基础。黄文有介绍了大亚湾核电站长周期换料的经历，以及中广核集团长周期换料经验和技术的推广应用情况。

本次会议是业内首次针对压水堆长周期换料技术而召开的研讨会，代表们围绕堆芯设计与安全分析、周期性论证进行了研讨。来自国家环境保护部核与辐射安全评审中心、国家核电技术有限公司等单位的 15 名专家作了专题报告。另外，会议还专门邀请法国电力公司和阿海珐公司、美国西屋公司 3 名资深专家作了专题演讲。

2014 第三期核能行业质保监查员培训班举办

中国核能行业协会 2014 第三期（总第 27 期）核能行业质量保证监查员培训班于 7 月 14—19 日在无锡举办,来自核电、核燃料、铀业、工程、研究设计、建设安装、设备制造等 50 个单位的 118 名学员参加了培训。

培训班邀请了业内 4 名专家担任教员，根据《核能行业质量保证培训大纲（2013 年修订）》的要求，安排了核安全文化与核安全管理、质量保证安全法规和标准、质量保证基本知识、监查技术、质量事件案例分析等 7 个方面的教学内容，对学员进行了综合理论知识考试和质保监查技能测试，完成了大纲规定的培训任务。

培训班通过系统讲解《核电厂质量保证安全规定》（HAF 003）及其导则，使学员全面学习了法规的基本内容和具体要求；通过教授质量保证监查技术，传授监查经验，课堂模拟监查，分组练习等，训练了学员们质保监查的综合技能和组织监查的能力，对学员在实际工作中如何建立和持续改进质量保证体系，落实法规的有关要求，提高质保监查的有效性具有较大帮助。

2014 年第一期核电厂同行评估培训班举办

7 月 28 日—8 月 1 日，由中国核能行业协会主办、核动力运行研究所承办的 2014 年第一期核电厂同行评估培训班在云南省丽江市举行。中方评估队队长（联合评估队副队长）、队员、协调员及有关对口人参加了本次培训。

培训班分别就同行评估流程、评估文件、评估概况、评估技巧、WANO 新版业绩目标与准则等内容对评估队进行了培训，培训期间还针对相关内容开展了大量的评估练习。本次培训严格按照 WANO 莫斯科中心的评估要求，采用英文课件授课，评估员用英语做评估练习。通过培训，评估队员熟悉了核电厂同行评估准则、评估流程，基本掌握了评估方法和技巧，并培养了评估团队精神，为联合评估活动的顺利实施打下了良好的基础。

本次联合评估是协会首次与 WANO 莫斯科中心进行的联合评估活动。中方评估队由来自协会、中核核电运行管理有限公司、大亚湾核电运营管理有限责任公司、核动力运行研究所、宁德核电有限公司等单位的 15 名队员组成；联合评估队副队长由中核核电运行有限公司总经理助理徐侃担任，每个领域均有一名协会选派的评估员参加。

2014 年核电厂阀门诊断分析技术专家研讨会举行

8 月 7—8 日，由中国核能行业协会主办，武汉核动力运行研究所与三门核电有限公司共同承办的 2014 年核电厂阀门诊断分析技术专家研讨会在浙江省宁波市举行。

来自核能行业协会、核电运营单位、工程公司、研究设计单位、高校、制造商等 39 家单位的 117 名代表参加了本次会议。美国西屋公司、武汉核动力运行研究所、中核核电运行管理有限公司的 3 名专家分别就阀门诊断技术的发展和应用、经验反馈；核电厂阀门专项管理；国内阀门诊断技术发展、阀门故障及诊断分析案例等内容作了专题报告。

研讨会之前的 8 月 6 日，阀门状态管理专题工作组还举行了工作组会议。会议回顾了上一阶段工作组工作开展情况，并就阀门专题工作组组长/副组长单位调整、专家组组成、下一阶段工作安排等议题进行了讨论，进一步明确了工作组的工作思路和重点工作。

福清核电工程建设同行评估与沙盘推演预访问顺利结束

8 月 18—20 日，受中国核能电力股份公司的委托，中国核能行业协会组成同行评估预访问队，对福清在建核电工程以及 5、6 号机组开工准备进行同行评估预访问；同时，就如何进行 5、6 号机组开工后工程推进情况的沙盘推演展开了探讨。

协会理事长兼核电厂同行评估及经验交流委员会（简称委员会）主任委员张华祝、协会副理事长兼委员会专家组组长赵成昆，中国核能电力股份公司总经理陈桦、中国核电工程公司总经理刘巍、中核福清核电有限公司蒋国元等参加了评估双方的多次沟通协调会议。赵成昆与协会副秘书长兼委员会秘书长龙茂雄分别主持了有关会议。

经过深入交流，双方对福清在建核电工程同行评估，5、6 号机组开工准备同行评估与沙盘推演的主要目的、评估领域、推演方式、文件包准备、评估队组成、进度安排等达成一致。双方暂定在 2014 年 10 月中下旬实施现场评估与推演活动。

评估队队长（中广核岭澳核电有限公司原总经理刘锦华）、评估队副队长（红沿河核电有限公司副总经理石亮民、中电投江西核电公司副总经理陈志刚、中广核工程公司副总工程师陈李华）及协调员（中科华核电技术研究院工改中心副总工汪德伟）参加了预访问活动。期间，预访问队还查看了福清核电工程建设现场。

协会协办首届东亚峰会清洁能源论坛核电分论坛

8 月 28 日，由中国国家能源局和东盟能源中心共同主办、中国核能行业协会协办，首届东亚峰会清洁能源论坛核电分论坛在四川成都举办。

论坛议题包括：中国的核电安全现状与监管体系，核电建设、制造和运营管理能力，核电自主三代技术以及核能产业链的总体情况。中国核能行业协会理事长张华祝就中国核电发展历程、现状和展望作主旨报告。论坛还邀请了泰国、印尼和越南的代表介绍本国核电发展的现状与规划。

核电厂同行评估培训班举办

8 月 25—29 日，由中国核能行业协会主办的 2014 年第二期核电厂同行评估培训班在成都举办。评估队员及受评方对口人共计 34 人参加了培训。

培训班分别就同行评估流程、评估文件、评估概况、评估技巧、WANO 新版业绩目标与准则等内容对评估队进行了培训。培训期间还针对相关内容开展了评估练习。通过培训，评估队员熟悉了核电厂同行评估准则、评估流程，基本掌握了评估方法和技巧，并培养了评估团队精神，为评估活动的顺利实施打下了良好的基础。

本次评估是协会首次对秦山核电基地所有运行机组进行的综合评估活动。评估队由来自协会、中广核集团公司、红沿河核电、核动力运行研究所、华能山东石岛湾核电有限公司、中广核核电运营、山东核电、大亚湾核电、阳江核电、江苏核电、海南核电、台山核电、三门核电、中核辽宁核电、宁德核电、防城港核电、福清核电等单位的专家组成。本次评估还将邀请曾多次担任 WANO 评估队长的台湾电力公司张继圣先生担任评估顾问，参与全程活动。

核能行业标识系统编码标准首次培训举行

8 月 28 日，国内首次核能行业标识系统编码标准培训在海口举行。参加培训的学员来自中核集团、中核建设集团、中国广核集团、中国电力投资集团、国家核电技术有限公司、中国华能集团，以及上海电气集团公司、航天科技集团公司等单位。培训由中国核能行业协会信息化专业委员会主办，中国能源建设集团、海南核电公司协办。

核能行业标识系统是指对核工业体系循环中各种对象按照其内在联系进行统一分类、统一编码、统一识别的过程和方法，最终使各种对象的相关信息标识在核工业体系内部具有唯一性。

目前，国内涉及核能利用的六大集团公司以及参与核电建设的多家单位，包括科研设计、制造建设、安装调试、运行维护等企业，所采用的标识系统、编码标准众多，出现了同一项目在不同单位有不同编码，同一单位内也有各自不同编码的现象。这种状况非常不利于核能行业技术的进步，不利于核能行业管理的提升，不利于核能行业安全高效的发展，更不利于中国核电“走出去”战略的实施。

中国核能行业协会信息化专业委员会各主任委员单位都非常重视建立核能行业标识系统编码标准工作，积极呼吁要加强合作和交流，大力支持开展统一标识系统编码事项。希望最终实现整个核工业体系、特别是核电领域设计、建设、运行、退役全生命周期使用统一的行业标准编码，促进核能行业安全高效发展，为实施核电“走出去”战略提供技术保障。

培训以国家 2010 年 5 月颁布的《电厂标识系统编码标准》（GB/T 50549—2010）为主线，内容涉及核电科研设计、技术工艺（反应堆工艺系统、热机、水工、气体、环保等）、生产管理、信息系统、运营管理等领域。

核电厂可靠性维修研讨会举行

9 月 2 日，由中国核能行业协会主办，山东核电有限公司承办、苏州热工研究院有限公司协办的第三届核电厂可靠性维修研讨会在山东烟台举行。

来自有关集团公司、核电运营单位、

科研院所、制造商等 24 家单位的 64 名代表参加了研讨会。研讨会共收到论文 38 篇。来自山东核电、苏州热工研究院、海南核电、宁德核电、中广核运营、核动力运行研究所、台山核电、国核示范、原子能院的 10 名专家，分别就核电厂可靠性维修（RCM）技术应用、RCM 方法实践等作了专题报告。

研讨会期间，核电厂可靠性维修工作组还举行了工作组会议。工作组会议回顾了上一阶段工作开展情况、调整了组织机构、完善了工作组章程，并对下一阶段的工作与专家组的设立进行了讨论。

核能行业防人因失误研讨会举行

9 月 4 日，由中国核能行业协会主办、山东核电有限公司承办的第二届核能行业防人因失误研讨会在山东烟台举行。

来自有关集团公司、核电业主公司、核电运营公司、科研院所等 27 家单位 60 余名代表参加了研讨会。中国航天员中心人因工程国防重点实验室、山东核电、湖南工学院、中核运行、中广核工程、三门核电、中广核运营、核动力运行研究所、江苏核电的 12 名专家，分别就防人因失误研究、各单位防人因失误工作开展情况等作了专题报告。与会代表围绕防人因失误工具开发、培训、电厂应用实践等进行了讨论。

9 月 3 日，协会还召开了核能行业防人因失误专题工作组会议。会议讨论完善了工作组组织机构以及下一步工作内容。

田湾核电厂联合运行评估展开

9 月 12 日，由中国核能行业协会（CNEA）与世界核电运营者协会莫斯科中心（WANO—MC）联合实施的田湾核电厂运行评估入场会在田湾现场举行，标志着为期 3 周的联合评估正式开始。

本次是协会首次与 WANO 莫斯科中心联合开展的评估活动，评估队由来自 WANO 的 26 名及来自中方的 14 名评估队员组成。在为期 3 周的评估中，评估队将采取电厂巡视、现场作业活动观察、人员访谈、资料查阅等方式开展活动。

9 月 26 日，联合运行评估离场会在田湾核电现场举行，为期 16 天的现场评估活动顺利结束。

离场会由评估队队长 Zbynek GRUNDA 主持。各领域评估员分别对运行、维修、技术支持、运行经验、绩效提升、WANO 重大运行事件报告响应、辐射防护、化学、培训与授权、消防、应急、组织管理等领域的评估结果进行了汇报。中方评估队队长、中核核电运行管理有限公司总经理助理徐侃，Zbynek GRUNDA，以及离场代表 Peter TUOMINEN 分别介绍了现场评估情况及后续工作，以及 WANO 在福岛核事故后在同行评估方面的改进工作。

第四届核电厂调试启动研讨会召开

9 月 16—17 日，由中国核能行业协会主办，三门核电有限公司和山东核电有限公司共同承办的第四届核电厂调试启动研讨会在浙江三门举行。

本次研讨会议题设置皆为AP1000工程面临的重要调试项目，包括首堆必须完成的实验，如堆内构件流致振动实验、换料水箱温升实验、稳压器波动管热分层实验、蒸发器自然循环实验、负荷跟踪实验、非能动余热排出热交换器自然循环实验等。

中国核能行业协会理事长张华祝、环保部核与辐射安全中心总工程师柴国旱、环保部华东核与辐射安全监督站总工程师冯建平出席会议。来自有关集团公司、核电运营单位、工程公司、科研院所等28家单位的100多名代表参加了研讨。

核能行业质保主监查员再培训班举办

9月17—19日，中国核能行业协会在北京举办了第二期核能行业质量保证主监查员再培训班。来自有关集团公司、核电产业链各有关生产企业和研究院所等21个单位的48名主监查员和代表参加了培训。协会副理事长赵成昆出席开班仪式并讲话。

本期培训以培养合格的核质保监查组长为目标，以提高主监查员监查管理技能技巧和实战能力为目的，内容涵盖了核电质量保证监查的总体状况、质量保证监查的管理和技能、有效性质量保证监查的理念及实施方法、多体系监查/审核方法和实践等。培训中结合核电质保管理缺陷的各类案例，使学员获得较多的监查经验，把握核心管理的要求，并能快速反馈和应用于本单位的监查实践中。通过演练、研讨和交流，分享了业内其他单位质保监查存在的问题、解决的方法和良好的实践。本期再培训班邀请了业内具有丰富质量管理和质保监查实践经验的资深专家担任教员。

第二届核电厂数字化仪控系统技术研讨会召开

9月18—19日，由中国核能行业协会主办、国核自仪系统工程有限公司承办、核动力运行研究所协办的第二届核电厂数字化仪控系统技术研讨会在上海召开。

来自核电运营单位、工程公司、研究设计院所、制造商等30家单位的60多位代表参加了研讨会，14名论文作者分别就核电厂数字化仪控系统的设计、选型，调试、运行管理，工程进度管理，检修、升级改造，相关事件处理和分析，以及核电厂数字化仪控系统的验证及仿真等作了专题报告。参会代表围绕当前国内核电厂数字化仪控新设计、新系统、应用经验、主要问题展开了讨论，积极为推动行业发展建言献策。

核电厂汽轮机专题工作组首次技术研讨会举办

9月21—23日，由中国核能行业协

会主办，中广核核电运营有限公司承办的核电厂汽轮机专题工作组成立大会暨首次技术交流研讨会在深圳举行。会议一致同意汽轮机专题工作组组织机构设置、章程和近期工作安排。

来自核能协会、核电运营公司、工程公司、研究设计院所、设备制造商等 34 家单位的 90 多名代表参加了会议。研讨会共收录论文 107 篇。20 名代表分别就核电汽轮机设计计算、运行维护、安装调试、工艺材料、发展趋势，以及新技术在核电汽轮机中的应用等议题作了报告。

会前，协会还组织召开了专题工作组成立筹备会，审议了工作组机构、工作组章程、工作计划等。

GIF—SCWR 工作协调会召开

9 月 17 日，第四代核能系统国际论坛（GIF）超临界水冷堆系统（SCWR）第一次工作协调会在成都召开。中国核动力研究设计院受中国核能行业协会 GIF 联络办委托，组织了该次会议。中国核能行业协会、中国核工业集团公司、上海交通大学、中科华核电技术研究院、西安交通大学、中国原子能科学研究院、中国核动力研究设计院等参研单位的 20 余名专家和代表出席了会议。

会议首先讨论了《中国加入第四代核能系统国际论坛 (GIF) 超临界水冷堆系统安排国际合作项目协调会会议纪要》的落实情况，并讨论了 GIF-SCWR 热工水力与安全（TH&S）项目计划（2015—2019）、材料与化学（M&C）项目计划（2015—2018）中的中国贡献等问题。会议还建议国内相关单位积极参加 2015 年 3 月在芬兰召开的第七届超临界水冷堆国际会议（ISSCWR-7），展示中国在超临界水冷堆领域的研发成果。

本次会议是在中国正式加入 GIF-SCWR 系统安排之后国内组织的首次工作协调会议，对明确并梳理 GIF-SCWR 系统近期国内参研工作的计划及分工起到了积极推动作用。

核电厂同行评估培训班举办

10 月 9—10 日，由中国核能行业协会主办的 2014 年第三期核电厂同行评估培训班在北京举办。评估队员及受评方对口人共计 30 余人参加了培训。评估队领队、协会副理事长赵成昆，评估队队长、中国广核集团有限公司高级顾问刘锦华出席开班仪式并讲话。

培训班分别就同行评估流程、评估文件、评估概况、评估方法、《核电工程建设业绩目标与准则》内容等进行了培训。培训期间还针对相关内容做了练习，并对沙盘推演的方式方法进行了深入讨论。通过培训，评估队员熟悉了核电厂同行评估准则和流程，基本掌握了评估方法和技巧，培养了评估团队精神，为评估活动的顺利实施打下了良好的基础。

评估队由来自协会、中国广核集团有限公司，中广核工程有限公司、辽宁红沿河核电有限公司、三门核电有限公司、上海核工程研究设计院、中科华核电技术研究院有限公司、中核辽宁核电有限公司、国核工程有限公司、秦山核电集团筹备组、山东核电有限公司等单位的专家组成。

质保监查员培训教材修订专家会召开

10月11—12日，核能行业质量保证监查员培训教材修订专家会在无锡召开。来自机械科学研究总院中机生产力促进中心、中核秦山核电集团（筹）、中国核电工程有限公司、核动力运行研究所、苏州热工研究院等6家单位的7名专家和代表参加了会议。

与会专家一致认为，现有教材版本条理清晰，涵盖了《核电厂质量保证安全规定》（HAF003）的各要素及其基本要求，自2009年核能行业质量保证监查员培训试点班以来，作为核质保监查人员培训教材，收到了较好的成效。为进一步适应行业发展需要，专家们认为，修订本教材对更新完善相关内容，与目前实施的实际讲课课件同步，提高教材的完整性和时效性十分必要。

会议对教材进行了认真细致的梳理、研究和讨论，依据相关法规和标准，结合我国核能行业安全质量管理现状，充分考虑国内外最新的管理方法及其在我国有关单位的采用情况，对教材的章节、补充的内容等提出了具体的修改意见，达成了一致。对教材修订的内容、分工和时间安排作出了具体规定，形成了会议纪要。

第三期质保监查员再培训班举办

10月13—16日，中国核能行业协会第三期核能行业质量保证监查员再培训班在无锡举办，来自政府有关监管部门，铀资源、核电、核燃料、工程、研究设计、建设安装、设备制造及船舶等22家单位的42名质保监查员参加了再培训。

再培训班邀请2名业内资深专家为教员，安排了5个专题的培训内容，增加了国际国内最新的管理理念、方法、标准及在我国相关单位的实践情况，介绍了核能行业质量管理动态，以及面临的问题和挑战，强化了监查方法、监查的组织管理，以及对监查结果的分析能力和结果评价能力等实战训练，培养监查员实际操作技能和处理问题的能力。通过案例分析、分组模拟监查、监查流程和结果的点评，帮助学员发现问题，加深对监查本质和内涵的理解，使质保监查能更注重实效。同时促进了同行间不同专业领域监查经验的交流。

福清核电项目开展同行评估活动

10月19日，由中国核能行业协会组织，中核集团福清核电项目同行评估暨沙盘推演入场会在福清核电现场举行，开始了为期两周的同行评估。本次评估与推演活动受到评估双方的高度重视，中国核能行业协会理事长张华祝出席入场会并讲话；中国核能电力股份公司总经理陈桦、福清核电公司总经理蒋国元出席会议并致辞；评估队长、中广核岭澳公司前总经理刘锦华介绍了评估前期工作准备情况和评估计划；福清核电公司副总经理陈国才介绍了受评方准备工作和工程主要进展情况。

张华祝在讲话中指出，本次综合评估活动是协会迄今为止，在建设领域承接的内容最丰富、难度和挑战性最大、评估队规模最庞大的一次活动。评估将总结中核集团过去几年在工程建设管理方面的良好实践和经验教训，为中核集团改进工程管理水平，为推进自主三代技术首堆工程建设提供帮助。这不仅对于核电自主三代技术首堆工程具有重要意义，也是对我国核电行业的发展切实有效的推动和支持。最后，他要求评估队和受评方本着坦诚、开放、严肃、认真的态度，向着共同的目标，积极配合，完成好本次评估任务。

本次评估和推演是中国核能电力股份有限公司委托协会组织开展的，既要以福清 1—4 号机组工程为依托，评估中核集团工程建设管理能力，也要对福清 5、6 号建造“华龙一号”进行开工准备情况的同行评估。同时，还要根据评估发现的主要问题，对即将开工的福清 5、6 号机组进行沙盘推演，努力发现首堆工程中可能出现的工程风险及其应对措施。

11 月 1 日，2014 年福清核电项目同行评估暨沙盘推演离场会在福清核电现场举行。为期两周的福清核电工程建设项目同行评估圆满结束。张华祝出席离场会并讲话，副理事长、评估队领队赵成昆，副秘书长、评估队副领队龙茂雄，中国核工业集团公司总经理钱智民，副总经理俞培根，中国核电工程有限公司总经理刘巍，中国核能电力股份有限公司副总经理刘敬，福清核电有限公司总经理蒋国元，副总经理陈国才等出席离场会。

中广核集团有限公司高级顾问、评估队队长刘锦华，中广核工程有限公司副总工程师、评估队副队长陈李华等评估队成员，分别就福清核电项目 1—4 号机组建设评估、5—6 号机组（华龙一号）FCD 前评估及沙盘推演等情况进行了汇报。离场会上，钱智民等受评方领导对评估队的辛勤劳动表示感谢。并表示，将在后续工作中持续改进，坚定做好自主三代核电项目的信心。

张华祝在讲话中，对评估队及受评方坦诚开放的心态，评估队的辛勤工作表达了谢意，并指出，此次评估，双方跨越了集团间、单位间的界限，为自主三代核电技术的发展开了一个好头。同时，评估发现了中核集团在核电工程 EPC 总承包方面的显著进步，希望在后续工作中，持续改进，建设好自主三代核电项目。

本次评估增加了“华龙一号首堆建设”沙盘推演活动，以主泵及关键核级设备、DCS 系统为例，对该项目工程中部分关键路径进行了情景模拟与演练，识别工程建设风险，探讨解决方案。通过评估队与受评方的共同努力，本次沙盘推演取得了良好效果，为协会创新核电建设同行评估方式方法开辟了新的途径。

核能协会组织专家审查先进燃料重水堆

11月5日，中国核能行业协会组织22位院士、专家，对中核集团联合加拿大坎杜能源公司研发的先进燃料重水堆进行技术审查，最终专家组得出一致结论："先进燃料重水堆能够满足最新安全要求和三代核电技术要求，技术可行、具有良好的安全性。在生产钴等同位素的同时，先进燃料重水堆还可作为钍资源核能利用的研发平台，具有进一步发展前景。"

中国工程院院士叶奇蓁、潘自强、李冠兴、孙玉发、徐銤，中国核能行业协会理事长张华祝，国家核安全局、国防科工局以及中核集团公司有关领导，加拿大坎杜能源公司兼首席执行官 Preston Swafford 等出席审查会。中国核能行业协会副理事长赵成昆主持审查会。

张华祝在讲话中说："提高铀资源保障能力、提高铀资源利用率是促进核能可持续发展的前提条件。我国铀资源海内外开发取得重大进展，核燃料闭式循环的关键技术——快堆和后处理研发以及工业化应用正在加速推进。即便如此，以提高铀资源利用率为目的的技术路径和技术手段仍然应该得到关注与支持。"

先进燃料重水堆是以加拿大开发的加强型坎杜6堆型为基础，整合坎杜堆的运行经验反馈，充分汲取福岛核事故教训，融合了最新核安全理念而开发的满足三代核电技术要求的先进堆型。同时，先进燃料重水堆强化了燃料灵活性，既可以规模利用压水堆回收铀，又可作为钍资源的核能利用的突破口。它在运行初期直接用压水堆回收铀作为燃料，并为钍燃料开发提供研究平台。

先进燃料重水堆通过与压水堆、商用后处理厂、快堆匹配发展，可以实现回收铀资源的经济高效利用，在一定程度上能够促进核燃料闭式循环技术和产业发展，符合我国核能发展的整体策略。

目前，国际上共有46座重水堆运行。我国的秦山三期重水堆是目前世界上先进水平的坎杜6型机组。2010年和2013年，秦山三期2号机组 WANO（世界核电运营者协会）综合指标两次位居世界第一。此外，秦山三期还积极推进重水堆技术应用，自2009年至今已辐照出3550万居里钴60，已制成2700万居里成品源投放到国内市场，打破了国外对钴60放射源的长期垄断。

来自国家环境保护部核与辐射安全中心、清华大学、上海交通大学、西安交通大学、中国广核集团有限公司、中国电力投资集团公司、上海核工程研究设计院、中国核电工程公司、上海核星核电科技有限公司，以及先进燃料重水堆合作四方——秦山第三核电有限公司、中国核动力研究设计院、中核北方核燃料元件有限公司、加拿大坎杜能源公司等单位专家和代表参加了审查会。

经济模型及风险安全评定方法学研讨会举行

11月5—7日，由中国核能行业协会

主办、中国原子能科学研究院承办，第四代核能系统经济模型及风险安全评定方法学研讨会在京举行，来自 17 个单位 60 多名代表参加了研讨会。

第四代核能系统国际论坛 (GIF) 经济模型工作组和风险安全工作组的专家，分别详细讲解了成本估算法、成本估算导则、第四代核能系统综合性经济评价模型与 EXCEL 软件、GIF 综合安全评价方法及其 5 个补充性要素（工具）在钠冷快堆方面的实际应用案例。中国原子能科学研究院、中国核动力研究设计院和清华大学核研院的专家分别报告了钠冷快堆的经济评定研究、快堆及其安全特性、高温气冷堆示范工程项目的风险与安全分析、超临界水堆 CSR1000 的安全分析等。

与会专家围绕平摊单位能源成本的构成、计算以及综合安全评价法的互补工具等进行了充分研讨。本次会议将促进中方专家更好地理解和应用第四代核能系统经济模型与风险安全评定方法学。

核能行业概率安全分析研讨会召开

11 月 13—15 日，由中国核能行业协会主办，中国核电工程有限公司承办的第四届核能概率安全分析（PSA）研讨会在北京召开。中国核能行业协会理事长张华祝、中国核电工程有限公司副总经理邢继，国家核安全局韦力副处长等出席研讨会并致辞。此次研讨会共有来自核能行业协会、国家科协、环保部核与辐射安全中心、集团公司、核电运营公司、工程公司、研究设计院所、高校等 34 家单位的 200 多位代表参加了会议。

会上，中国科学技术协会副主席张勤、中国核工业集团公司院士叶奇蓁、环保部核与辐射安全中心总工程师柴国旱等 13 位国内外 PSA 专家作了主题发言。会议还就 PSA 在核电厂的应用、内部事件 PSA 模型研发、灾害 PSA 和新堆型及新技术研究等 4 个议题进行了分组交流研讨。

会前，核能概率安全分析（PSA）应用专题工作组召开了工作组组长会议。

中国核能行业协会第二届理事会第六次常务理事会召开

11 月 18 日，中国核能行业协会第二届常务理事会第六次会议在京召开。会议由张华祝理事长主持。协会 38 名常务理事及委派代表参加了会议。

会议审议了秘书处《2014 年协会主要工作进展情况的报告》、组织管理委员会《关于申请入会单位会员资格审查及理事人选调整等情况的报告》。会议还听取了秘书处关于《参加首届法国世界核工展总结报告》。

与会代表一致认为，协会秘书处按照第二届理事会第三次会议通过的 2014 年的主要工作安排意见，做了卓有成效的工作。同时，代表们结合当前核电发展所面临的形势也提出了很多很好的意见和建议。

秦山核电基地开展运行综合评估活动

11 月 16 日，由中国核能行业协会组织的秦山核电基地运行综合评估入场会在浙江海盐县举行，开始了为期两周的同行评估活动。

本次评估是迄今为止，涉及机组数最多、机型最为复杂的一次运行综合评估。评估双方高度重视评估活动，中国核能行业协会理事长张华祝出席入场会并讲话，中核核电运行管理有限公司总经理张涛代表受评方致欢迎辞，评估队长、陆丰核电有限公司副总经理常宝盛代表评估队致辞，中核核电运行管理有限公司副总经理刘志勇详细介绍了公司的组织架构、发展战略以及秦山核电基地运行业绩。

张华祝在讲话中阐明了本次综合评估活动的主要目的和特点，并要求评估双方本着坦诚开放、严肃认真的态度，精诚合作，深入沟通，充分发挥专家作用，确保评估活动的质量和水平，为秦山核电基地的安全运行、业绩提升提供专业的指导意见。

国内各运行核电厂、在建核电项目、核电运行公司等都选派了优秀的专业技术人员参加本次评估。协会特别邀请了 WANO 资深核电评估专家作为顾问指导工作。

第三届核电厂老化与寿命管理研讨会召开

12 月 3—5 日，由中国核能行业协会主办，苏州热工研究院承办，第三届核电厂老化与寿命管理研讨会在苏州召开。

此次研讨会共有来自核能行业协会、有关集团公司、核电运营公司、工程公司、研究设计院所、高校等 32 家单位的 90 多位代表参加。会上，25 位专家就核电厂老化管理方法论、老化机理研究、老化管理应用、老化监检测技术与状态评估等 4 个议题作了报告。与会代表还就我国核电厂老化和寿命管理技术、核电厂老化与寿命管理专题、专题工作组工作等展开了交流与讨论。

会前，核电厂老化与寿命管理专题工作组召开了会议，研究了 2014 年工作计划执行情况和 2015 年重点工作等。

世界核大学清华周培训研讨会召开

12 月 8 日，由中国核能行业协会、世界核大学、清华大学共同主办，由国家核电技术有限公司和国核电力规划设计研究院共同承办，2014 年世界核大学清华周培训研讨会在京召开。

本次活动共邀请到 6 位外籍专家，分别就世界能源与核能、核电项目融资、铀与核燃料、核能经济性、核能安全、核能新技术、核废物运输与处理、公众沟通等议题作 12 场报告。此外，为增强参会人员对国内核电发展情况的了解，还特邀了 3 位国内资深专家，分别就中国应对气候变化行动与能源展望、中国核电发展的机遇与挑战、中国三代核电厂的建设情况作报告。参加本次培训的共有来自 39 家核能相关企事业单位及高等院校的近 150 名学员。

核电厂在役检查及无损检验技术研讨会举行

12 月 9—10 日，由中国核能行业协会主办，核动力运行研究所承办，核电厂在役检查及无损检验专题工作组成立大会暨首届技术研讨会在武汉举行。

来自核能行业协会、核电运营公司、工程公司、研究设计院所、设备制造商等 30 家单位的 60 多名代表参加了会议。研讨会共收录论文 29 篇。12 名代表分别就 ASME 标准对核设备无损检测的要求、核设备检查及能力验证、在役检查实施规范管理、设备问题原因分析和处理，以及超声相控阵检测技术应用等议题作了报告。

核安全文化研讨会召开

12 月 10—11 日，由中国核能行业协会主办，中国核电工程有限公司承办，2014 核安全文化研讨会在京召开。中国核能行业协会理事长张华祝出席并致开幕辞。来自政府有关监管部门，核电、核燃料、铀业、工程设计研究、建设安装、设备制造等 56 家单位的 100 多名专家和代表参加了研讨会。

张华祝说，在国家核安全局核安全文化政策声明即将出台之际，协会组织召开本次研讨会，既是核能行业全面落实国家核安全局核安全文化宣贯推进专项行动的要求、促进全行业核安全文化素养提升的一次重要活动，又是一次系统总结核能行业核安全文化建设经验、推广核安全文化的良好实践和经验交流良机。

张华祝强调，随着我国核电进入规模化发展阶段，核安全文化这一先进的理念和方法在全行业得到快速的推广应用，日益深入人心。本次研讨会论文集涵盖面广泛，内容丰富生动，涉及核安全文化建设的实践经验、核安全文化评估体系与方法介绍、核安全文化建设面临的挑战及应对的建议等诸多方面，并涉及了很多实际案例。这无疑是一份学习研究核安全文化、传播借鉴先进经验的珍贵资料。为核安全文化宣贯推进专项行动的实施和本次会议的召开奠定了基础。

本次研讨会共有 110 篇论文被收入论文集，其中，30 多篇论文作了大会交流。

核能行业核级泵技术研讨会召开

12 月 10—12 日，由中国核能行业协会主办，中广核核电运营有限公司和重庆水泵厂有限责任公司共同承办，重庆市荣昌县人民政府协办的第三届核能行业核级泵技术研讨会在荣昌县召开。来自核能行业协会、核电运营公司、工程公司、研究设计院所、制造厂、高校等 36 家单位的 80 名代表参加了会议。

会上，10 位专家就国内外核级泵技术应用现状与发展方向、核级泵先进设计技术、核级泵先进制造技术、核级泵工程管理经验、核级泵运营管理经验以及核级泵技术研究、状态评价、维修改造等议题作了报告。

蒸汽发生器工作组软课题项目启动会举行

12月11日，由中国核能行业协会主办，核动力运行研究所承办，核电厂蒸汽发生器行业专题工作组软课题项目启动会暨工作组会议在武汉举行。

来自中国核能行业协会、核电运营公司、工程公司、研究设计院所、设备制造商等15家单位30多名代表参加了会议。中核核电运行管理有限公司、大亚湾核电运行管理有限责任公司、田湾核电有限公司、福清核电有限公司等单位的专家分别就蒸汽发生器概况、运行经验、典型事件等进行了交流。会议上，工作组组长、副组长等还就蒸汽发生器经验反馈体系研究项目实施方案、经验反馈方法、数据库方案、2014年工作组工作情况、2015年工作计划等进行了讨论与审议。

2014年5月，核电厂蒸汽发生器工作组承担了核电厂同行评估及经验交流委员会“核能行业蒸汽发生器经验反馈体系研究”的软课题项目，研究周期为2年，将编制完成《我国核电厂蒸汽发生器运行经验反馈报告》《我国核电厂蒸汽发生器经验共享数据库建设方案》。

内陆核电水资源保护研讨会举行

为落实国务院办公厅印发的《能源发展战略行动计划（2014—2020年）》关于研究论证内陆核电建设的要求，交流内陆水资源保护的研究成果，推动内陆核电水资源保护工作的开展，12月16日，由中国核能行业协会主办，湖南桃花江核电有限公司、中电投江西核电有限公司、咸宁核电有限公司联合承办的内陆核电水资源保护研讨会在武汉召开。国家能源局、国家核安全局、国家国防科工局，水利部长江水利委员会水资源局、水文局、水文局水文水资源中心，长江流域水资源保护局、水环境监测中心和相关水资源研究单位，湖北、湖南、江西省能源、环保、水利部门，环保部核与辐射安全中心、西屋公司、上海核工程研究设计院、中国原子能科学研究院、中广核工程公司，苏州热工研究院，中核集团、中广核集团、中电投集团相关的内陆核电前期建设单位以及湖南桃花江核电有限公司、中电投江西核电有限公司、咸宁核电有限公司等单位的领导和专家共80多人参加了研讨会。

研讨会由中国核能行业协会副理事长赵成昆主持，中国核能行业协会理事长张华祝到会致辞。他说：福岛核事故后，社会舆论更加关注核电，部分公众对核电的安全性提出了一些质疑，内陆核电首当其冲，国家有关部门也暂停内陆核电项目的审批。针对这一情况，自2011年开始，中国核能行业协会针对社会对内陆核电主要关注问题，组织一批国内专家开展《内陆核电厂环境影响的评估》课题研究。研究结论表明：内陆核电安全是有保障的！2013 年 5 月底，中国核能行业协会在湖南益阳召开发布会，向社会发布了有关该课题的研究成果。内陆核电是我国绿色低碳发展战略的重要组成部分。一方面，沿海厂址不足以支撑我国未来的核电发展；另一方面，核电也是内陆省市发展清洁能源的合理的、现实的选择。本次研讨会，我们首次邀请了水利部长江水利委员会和相关研究单位的领导和专家，美国西屋公司的专家参会，将就国际上内陆核电厂对环境影响保护政策和实践，以及我国内陆核电厂确保水资源安全的法规要求和工程措施研究最新成果开展深入交流和研讨。希望通过本次会议，能够在内陆核电安全和环境影响问题上取得更加广泛的共识，对促进我国内陆核电建设发挥积极作用。

会上，西屋公司专家介绍了美国内陆核电厂对环境和水资源影响保护对策、美国内陆在建 AP1000 核电厂排放方案，核能行业专家分别作了美国密西西比河流核电厂运行辐射环境影响的评估、内陆核电厂液体流出物排放控制与评估、我国拟建内陆核电厂液态流出物排放方案、内陆核电厂严重事故工况下防止水污染研究以及湖南、湖北和江西三省长江沿岸非核工业辐射影响研究的初步成果的报告。与会专家就报告内容和研究成果开展了热烈讨论和交流，增进了了解，达成许多共识。

赵成昆副理事长在会议最后做总结时说，本次会议是核能行业为积极落实国务院近期关于研究论证内陆核电建设要求首次以内陆核电水资源保护为专题召开的跨行业研讨会，得到有关中央和省级政府部门，尤其是长江水利管理委员会等单位的大力支持和积极参与。本次研讨会上介绍的国内外研究成果表明：内陆核电厂的安全是有保障的，内陆核电厂流出物对周围环境的放射性辐射影响低于环境本底，也远低于非核工业辐射影响；我国采用的内陆核电厂液态流出物放射性排放的标准是“近零排放”，是世界上最严格的标准；综合我国内陆核电厂选址的严格条件和采用最先进的三代技术以及全球最高的安全标准，极不可能发生像福岛那样的核事故，我国内陆核电流域水资源安全是有保障的。鉴于我国长江流域水资源的极端重要性以及社会舆论和部分公众对内陆核电安全的疑虑和担心，核工业界一直在研究内陆核电厂在严重事故工况下确保水资源安全的应急预案，并取得初步成果。这次会议为跨行业内陆核电水资源交流提供了一个很好的平台，今后中国核能行业协会将继续组织内陆核电建设方面的研究，推动内陆核电水资源论证和交流，促进我国内陆核电建设的发展。

附　录

中国核能行业行规行约

核能行业是维系国家安全、能源安全和环境安全的战略性高技术产业，中国核能行业协会及其会员单位承担着发展我国核能事业的艰巨而光荣的任务。由于核能行业的特殊性和社会关注度高，制定核能行业行规行约尤为重要和紧迫。通过制定行规行约，加强核能行业自律和诚信建设，促进核能事业安全高效发展。

第一章　总则

第一条　为适应社会主义市场经济体制，维护核能行业及协会会员单位的合法权益，树立良好的行业形象，提高行业的整体素质，促进核能行业健康发展，依照国家有关法律、法规，特制定中国核能行业行规行约（以下简称规约）。

第二条　制定中国核能行业行规行约，建立核能行业的自律机制，规范会员单位的市场行为，是中国核能行业自律性建设的重要组成部分。

核设施建设、核电运营、研究设计、建筑安装、设备与仪器仪表、核燃料循环、技术服务、人才教育培养等工作领域的会员单位，都要严格按照中国核能行业协会《关于开展自律与诚信创建活动的实施方案》的要求，广泛深入开展自律与诚信建设，自觉遵守中国核能行业行规行约。

第二章　行业道德

第三条　中国核能行业协会会员单位要认真践行党的十八大提出的 24 个字社会主义核心价值观（富强、民主、文明、和谐，自由、平等、公正、法治，爱国、敬业、诚信、友善），提倡诚实守信的行业道德，正确处理国家、集体、个人三者利益关系。

第四条　中国核能行业协会会员单位之间，提倡团结互助和协调自律，努力发挥核能行业的整体优势。对行业中存在难点和重点问题，本着平等互信、合作共赢的原则，采取求同存异、友好协商的方式解决，坚决杜绝违法违纪、相互伤害行为的发生。

第五条　提倡遵纪守法、廉洁奉公、讲究信誉、自尊自重，增强安全意识、环保意识、资源意识和法制意识，坚持开展社会主义精神文明与道德建设，树立核能行业良好的社会形象。

第三章　行规

第六条　始终把核安全放在一切工作的首位，贯彻落实“核安全是核能发展的生命线”以及“安全第一，质量第一”、“预防为主”的理念与方针。

协会会员单位应恪守对国家负责、对人民负责、对环境安全负责的宗旨，自觉遵守国家有关核安全和环境保护等各项法规，建立健全各项规章制度，确保安全生产。对易燃、易爆、有毒、有害的危险化学品，特别是放射性物质的运输、储存、使用和处置均应加强有效监督管理，采取必要的防范措施，防止造成人身伤害、财产损失和环境污染等。

第七条　在生产、经营活动中，协会会员单位应遵循公开、公平、诚实、守信和正当竞争的原则，严格执行国家有关法律、法规，自觉遵守市场规则，维护行业的正常经营秩序。

第八条　在生产经营活动中，协会会员单位应坚持质量第一，严格执行产品标准、质量标准和有关工艺、技术规范，信守对用户的承诺，确保产品安全可靠；严格遵守国家物价政策，坚决抵制不正当竞争，反对不平等竞争行为。

第九条　保守国家机密、企业技术秘密和商业秘密，不得侵犯他人的知识产权。

第四章　行约

第十条　协会各会员单位应做到不分体制，不分大小，要相互尊重，真诚合作，加强团结。

第十一条　在生产经营活动中，要以企业和核能行业的长远利益为重，坚持互利共赢，要相互兼顾，加强协商协调，共同发展。

第十二条　为了使会员单位了解行业发展的有关情况，协会通过编印《中国核能年鉴》和编制《中国核能行业核电运行与建设年度（季度）报告》，定期向会员单位提供本行业年度统计的有关资料。各会员单位要按要求，向协会准确提供本单位有关生产经营情况。

第五章　规约管理

第十三条　为保证本规约的执行，中国核能行业协会秘书处将不定期组织检查，对执行本规约成绩突出的会员单位将给予表彰，并在协会网站和会刊上进行宣传。

在执行本规约过程中，会员单位之间若发生纠纷，可向协会秘书处提出申诉，由协会会同有关会员单位进行协调；对拒不遵守本规约的会员单位，协会秘书处将提请理事会（常务理事会）视情节轻重分别给予劝告、行业内部通报、警告等处理，直至按照协会章程所规定的程序，劝其退会或取消其会员资格，以维护本规约的严肃性。

协会秘书处每年向理事会报告规约执行情况。

第六章　附则

第十四条　本规约所列事项，凡与国家政策法规不符或国家已有新的相关政策规定的，均以国家政策法规为准。

第十五条　本规约的制订、修改、实施、监督、检查和管理工作由中国核能行业协会理事会负责。

第十六条　《中国核能行业行规行约》解释权属中国核能行业协会理事会。

第十七条　本规约经 2014 年 5 月 14 日召开的中国核能行业协会会员大会审议通过，并发布实施。

中国核能行业协会2014年年会

基本情况

5月14日，中国核能行业协会2014年年会在京召开。中国核能行业协会理事长张华祝在工作报告中总结了核能协会过去一年的工作，部署了2014年的主要工作，并且分析了我国核能行业当前面临的发展机遇及挑战。

环境保护部核安全总工程师刘华、国防科工局系统工程二司副司长吕晓明、国家能源局核电司副司长陈飞出席会议并讲话。

工作报告

中国核能行业协会理事会工作报告

中国核能行业协会理事长 张华祝

一、2013年我国核能行业的主要进展和面临的挑战

2013年，是我国核能行业在“安全高效发展核电”方针的指引下，锐意进取，攻坚克难，稳中求进，稳中有进，取得积极进展的一年。在党中央、国务院的正确领导下，我国核能行业认真贯彻落实调整后的《核电中长期发展规划（2011—2020年）》《核电安全规划（2011—2020年）》和《核安全与放射性污染防治“十二五”规划及2020年远景目标》，各领域工作稳步推进，取得了一系列新的成绩、新的进展，为优化我国能源结构、减少温室气体排放、促进经济社会发展、建设美丽中国作出了新的贡献。主要表现在：

在役核电机组安全稳定运行。2013年4月、6月和2014年3月，福建宁德1号机组、辽宁红沿河1号机组和广东阳江1号机组先后投入商业运行；2013年11月、12月，辽宁红沿河2号机组、福建宁德2号机组先后实现首次并网发电。目前我国大陆投入商业运行的核电机组18台，总装机容量1592万千瓦。2013年发电量1107.1亿千瓦时，较2012年增长12.6%，占全国总发电量的2.11%。一年来，各运行核电厂坚持安全第一、质量第一的方针，构筑核安全文化屏障，强化核电厂运行经验反馈，坚持与国际同行对标、持续改进，确保了各机组安全稳定运行。2013年17台机组的平均负荷因子达到88.18 %，没有发生国际核事件分级表界定的1级和1级以上运行事件，职业人员个人剂量和集体剂量均在较低水平，核电厂放射性流出物排放指标远低于国家标准限值。按世界核电运营者协会（WANO）规定的性能指标对照，在全球400余台运行机组中，我国在役核电机组总体处于中等偏上水平，部分机组和安全指标处于世界先进水平。

核电建设稳步有序推进。按照国务院

稳妥恢复正常建设的部署，2013 年 9 月 18 日、9 月 27 日、12 月 23 日，阳江 5 号、田湾 4 号、阳江 6 号机组核岛主体工程先后正式开工。目前我国在建核电机组 30 台，装机容量达到 3276 万千瓦，2013 年完成工程建设投资 609 亿元，在建规模继续保持世界第一。其中，核电自主化依托项目世界首批 AP1000 机组建设在不断克服首次工程化的挑战中积极推进，台山 EPR 项目取得重大阶段性进展。

为适应核电规模化发展的形势，各核电工程公司积极推进专业化管理，核电工程建设国产化和自主化水平不断提升，工程总承包能力进一步增强；核电工程建设企业不断推进科技创新和管理创新，大力加强人力资源建设，确保了在建核电工程项目质量、进度和投资得到较好控制。

在运、在建核电机组安全改进按计划实施。日本福岛核事故后，根据综合安全检查结果，借鉴国际研究成果和经验，国家核安全局对运行核电厂提出了 10 项安全改进要求，到 2013 年底，除 1 项长期研究项目正在顺利推进外，其他项目全部实施完成。与此同时，国家核安全局对在建核电厂提出的 14 项安全改进要求，首次装料的核电机组均在装料前全部实施，其他在建项目正在按计划推进。安全改进计划的实施，进一步提升了我国核电厂的安全性。

核电装备国产化取得积极进展。在核电建设规模作出调整、企业订单下滑的新形势下，以东方电气、上海电气、哈电集团、一重集团、二重集团等为代表的核电装备制造企业，积极应对市场变化，加大技术改进和研发力度，努力完善核安全文化和质量保障体系，产品质量稳定性不断提高，较好地满足了在建核电工程建设的需要。AP1000 的一些关键设备自主研制取得积极进展。

核燃料保障能力持续提升。天然铀产业新布局、新机制、新项目取得重要进展，北方五大工程全面启动，南方两项重点工程进展顺利。中国核燃料有限公司正式挂牌成立，核燃料重点项目有序推进，400 吨压水堆燃料元件扩建项目形成产能，AP1000 燃料元件生产线、高温气冷堆核电站示范工程燃料元件生产线建设按计划进行。铀资源、核燃料保障能力进一步加强。

科技创新和人才建设取得新成果。国家重大科技专项《大型先进压水堆和高温气冷堆核电站》研发和示范工程建设进展良好。CAP1400 通过初步设计审查，工程验证试验和关键设备研制取得重要成果。高温气冷堆核电站示范工程项目——山东石岛湾核电站建设已全面转入核岛主体结构施工阶段。与此同时，具有自主知识产权的华龙 1 号核电机型研发取得重要进展；核燃料 CF 系列组件研制顺利进行；中国铀矿第一科学钻探成功实施；核能领域研发平台建设不断取得新的进展，取得了一批新的成果。

核能行业人力资源建设不断加强，在职培训普遍实现了制度化、规范化，员工素质的不断提升、核安全文化体系的不断完善，满足了核能行业发展的需要。高等学校核专业建设稳步发展，教学质量有了进一步提高。

核能国际合作不断深化。在隆重庆祝中法核能合作30周年之际，与法国签订第十一个和平利用核能合作议定书，与阿海珐集团（AREVA）签订大型商业后处理—再循环工厂项目合作意向书，与法国电力集团（EDF）及阿海珐集团（AREVA）签署长期合作联合声明。2014年3月，在习近平主席访法期间，中法又签订了关于英国新建核电项目工业合作协议，关于核能领域研发、设计、采购及运维合作协议，以及关于后处理再循环长期合作备忘录。中美AP1000、中俄快堆等合作取得阶段性成果。与沙特达成和平利用核能合作备忘录。

在中央领导的亲自推动下，核电“走出去”取得新的突破。2013年，出口巴基斯坦的两台百万千瓦核电机组开工建设；与罗马尼亚达成合作开发切尔纳沃德核电站3、4号机组意向；与法国电力公司合资，参股英国欣克利角核电项目。与阿根廷、苏丹、南非等国家的核电合作意向谈判取得积极进展。

与哈萨克斯坦、乌兹别克斯坦、澳大利亚、尼日尔、纳米比亚等国的铀资源合作稳步推进。

核行业管理进一步加强。2013年，有关政府部门大力加强核能行业管理工作。根据国务院机构改革和职能转变方案，国家能源局完成了重组，积极推进核电中长期发展规划的落实，初步建立起了服务核电企业科学发展协调机制；国家国防科工局继续推进《原子能法》立法工作，努力提高核科技自主创新能力，加强核燃料产业能力建设，对新修订的国家核应急预案进行了宣贯；环境保护部（国家核安全局）积极推进《核安全法》立法工作，认真贯彻核安全与放射性污染防治“十二五”规划，落实福岛事故后制定的安全改进措施，核安全监管工作进一步加强。

纵观2013年来我国核能行业的发展，我们深切体会到，在党的十八大提出的推进低碳发展、建设美丽中国的号召指引下，在党和国家领导人的高度关注下，安全高效发展核电正在成为全社会的共识。面对雾霾天气频发，2013年9月国务院颁布的《大气污染防治行动计划》提出了到2017年运行核电机组装机容量达到5000万千瓦的要求；李克强总理在全国人大十二届二次会议上所作政府工作报告中提出：“要提高非化石能源发电比重，……开工一批水电、核电项目”；4月18日，在新一届国家能源委员会首次会议上的讲话中要求：“要在采用国际最高安全标准、确保安全的前提下，适时在东部沿海地区启动新的核电重点项目建设”。安全高效发展核电仍是我国加快调整能源结构，增加清洁能源供给的重要战略选项，我国核电发展面临着良好机遇。与此同时，我们也清醒地认识到，在经历了日本福岛核事故沉重打击后，世界核电复苏缓慢，我国核电的正常建设还处于恢复阶段，近期核能行业的发展也面临着诸多挑战。

首先，安全和质量始终是核能行业发展必须长期面对的挑战。不管是运行核电厂，还是在建核电工程项目，不管是核电设备制造企业，还是建筑安装企业，都必须把安全第一、质量第一的理念渗透到工作的每一个环节，把核安全规划和核电安全规划的各项要求落到实处。在我国核电刚刚恢复正常建设的形势下，绝不能有丝毫的懈怠，任何时候都不能以任何借口降低对安全和质量的要求。

第二，实现核电规划目标面临的挑战。由于部分在建核电工程项目拖期和今明两年新项目开工前景不明朗，《国民经济与社会发展第十二个五年规划纲要》确定的2015 年核电发展目标将难以如期实现，2020 年核电规划目标的实现也存在不确定因素。对此，一方面要全力以赴，强化管理，努力解决好工程建设中存在的问题，积极推动在建工程项目进度偏差得到有效扭转；一方面要把项目前期工作做好，做扎实，积极创造条件，争取今明两年有一批新项目得以开工建设，并保持适当的建设规模。继续推动内陆核电发展。

第三，核能行业均衡、协调发展面临的挑战。核能行业具有很长的产业链，核电建设规模的调整对天然铀生产、核燃料加工、设备制造、土建安装、乏燃料处理等诸多环节都会带来很大影响。目前，我国核电设备制造企业普遍存在生产能力过剩、开工不足的问题，长此下去，势必会造成人才的流失，影响我国核电设备制造能力和水平的持续稳定提升。在核燃料循环前端，由于全球核电发展乏力，天然铀和分离功价格持续走低，影响前端配套能力增长预期；而核燃料循环后端，商业后处理厂建设存在不确定因素、乏燃料中间贮存的必要性和紧迫性日益突出。应该引起政府有关部门的高度重视。

2014 年预计新增核电装机容量 864 万千瓦（含尚未商运但已并网调试的机组），是核能行业“大丰收”的一年，也是实现“十二五”规划目标十分关键的一年。以创新的思维用好机遇，以扎实的工作应对挑战，才能在新的一年中实现新的更大的发展。

二、2013 年协会的主要工作

一年来，在政府有关部门的关心指导下，在会员单位的大力支持下，中国核能行业协会认真贯彻党的十八大精神，按照第二届会员大会的要求，积极发挥桥梁和纽带作用，努力做好行业自律和各项服务工作，促进核能行业安全高效发展，取得了新的成绩。

（一）开展重大课题研究，为核能行业发展建言献策

一年来，围绕我国核能行业发展面临的重大问题，受政府有关部门和会员单位的委托，协会先后承担了 10 多项课题研究工作。其中，受 8 家会员单位委托，协会组织业内 50 多位专家和科技人员于 2013 年 3 月完成了《内陆核电厂环境风险的评估》课题研究工作。该项研究对内陆核电厂和环境影响给出了较为全面、科学、客观的评价，为消除社会公众对内陆核电建设的疑虑提供了依据，为政府有关部门对内陆核电建设进行决策提供了有力支持。为扩大宣传，5 月 31 日协会会同有关单位在湖南桃花江核电厂所在地益阳

市举办了内陆核电厂环境影响的评估课题研究成果发布会，受到媒体高度关注，产生了良好的社会反响。会后，协会和中国工程院相关院士、专家联名向政府有关部门提出了《尽快启动内陆核电项目建设的建议》，受到政府有关部门的高度重视。

此外，受国务院应急办委托，完成了《核电灾害风险及应对研究》工作。参加中国工程院组织的《我国核能发展的再研究》，完成了《我国核电发展支撑能力评估》和《我国核电经济性初步分析》专题研究工作。受工业和信息化部、国防科工局委托，继续推进《原子能法》立法工作。受国防科工局科技委委托，会同有关单位完成了《我国舰船核动力发展研究》工作。受国防科工局委托，开展了《我国核燃料保障重大问题研究》工作。受国家核安全局委托，完成了《我国核电基地周围公众宣传和教育的评估》《核电厂概率安全评价同行评估》《核电厂严重事故管理同行评估》等5项课题研究工作。

（二）完善核电厂运行和核电工程建设项目同行评估，促进经验共享和持续改进

2013年5月，召开了核电厂同行评估及经验交流委员会三届一次会议，审议批准了《第二届核电厂同行评估及经验交流委员会工作报告（2008—2012）》《第三届核电厂同行评估及经验交流委员会组成方案》，选举产生了新一届委员会，顺利完成了换届工作。

一年来，完善了核电厂运行和核电建设项目同行评估五年计划；举办了两期核电工程建设项目同行评估培训班；组织实施了对海南昌江、广东阳江、山东海阳、山东石岛湾核电建设工程的同行评估、专项评估或评估回访活动，以及中核运行三厂的专项评估活动。

进一步加强专题工作组建设和软课题研究工作，委员会已设立专题工作组16个，顺利召开了核能行业专题工作组组长会议，先后举办AP1000核电厂标准化调试大纲研讨会、核级泵技术研讨班、核能行业质保分级研讨会等10余次研讨和培训活动，对构建行业专家队伍，培育和提升各环节的专业化核心能力发挥了积极作用。2012—2013周期立项的软课题研究项目已全部完成，2014—2015周期立项的10余个软课题研究项目已通过专家审查，完成立项论证。

深入开展核电厂信息交流和经验反馈工作，依托中国核电运行信息网（CINNO），在核电运行领域建立起比较完善的信息报送、分析和反馈机制，实现了行业内基础性、专业化运行信息的交流和共享；编制印发了《运行核电厂生产季报》《中国核电项目建设信息季报》，以及《中国核电厂关键业绩指标报告》《中国核电厂事件经验反馈报告》《中国核能行业协会核电建设与运行年度报告》等年度报告，为委员会成员单位优化核电运行管理和深化核电工程建设经验交流提供了重要的平台。2013年，委员会还首次策划和编制了面向公众的核电安全运行季度报告和年度报告，在社会公众中反应积极。

（三）开展多种形式的技术咨询服务，

促进核能行业健康发展

适应核能行业发展和会员单位的需求，加强安全和质量培训工作。一年来，先后举办了核能行业质量保证监查员培训班、监查员再培训班、主监查员提高班、核能行业核电工程项目管理项目经理（B级）培训班、核电设备项目管理项目经理（B级）培训班、压水堆核电站核岛机械设备设计和建造规则培训班、AP1000核电技术知识强化培训班、AP1000仪控电气培训班等11期培训班，共有814名学员参加了培训。

在为政府有关部门提供技术咨询服务方面。受国家核事故应急办的委托，组织专家先后对广东阳江核电厂和福建福清核电厂首次装料前的场内外核事故应急联合演习进行了评估；受国家原子能机构的委托，协助举办了国际原子能机构运行安全评审服务效果会议；作为中法核能合作30周年庆祝活动的重要内容，承担了“中法核能发展经验交流研讨会”的具体组织工作；承担了2012年国际原子能机构核动力数据库（IAEA—PRIS）数据报送、OSART同行评估效果分析课题研究、国家核电综述（CNPP）的编写工作；完成了我国2010年和2011年核电工业人力资源调查工作。

在为会员单位提供技术咨询服务方面。受中核集团的委托，组织召开了ACP1000初步设计审查会，来自行业内的120余名专家对中核集团开发的ACP1000给予了充分肯定和高度评价；受华能集团公司委托，提供了华能管理体系文件评审及核电发展战略咨询服务；受中电投集团公司委托，完成了中电投核事故应急管理体系建设课题研究工作；受中核能源公司委托，就高温气冷堆示范工程总承包的人力规划工作提供了咨询意见；受浙江火电公司委托，完成了浙江火电承担核岛安装能力的同行评估；受中广核工程公司的委托，对宁德3号RCV接管母材冲击试验结果异常处理，组织召开了专家咨询会。

一年来，围绕行业发展关注的问题，协会还组织召开了多场专题研讨会。2月，与清华大学核研院联合举办了电气贯穿件与核电安全研讨会。4月，召开了上海地区部分会员单位座谈会；9月，与成都市人民政府联合主办了小型核动力堆论坛，与中国科学院金属研究所在沈阳联合举办了“第十三届核电站材料与可靠性研讨会”；10月，举办了“核电厂更高的安全规范要求及解决方案国际研讨会”。

（四）做好科技奖励工作，促进核能科技创新

2013年是中国核能行业协会科学技术奖首届设奖者委员会换届之年。换届之后，设奖单位由7家增加至10家，奖励基金由每年230万元增加至340万元。

2013年度协会科技奖共收到申报成果133项，经形式审查有128项成果进入评审程序。经过专家网络评审、专业评审组初评和评审委员会终评，共有61项成果获奖，其中《中国百万千瓦核电自主化依托项目—岭澳核电站二期工程》《AP1000反应堆冷却剂管道安装与焊接技术研究》

获一等奖，《先进的核电厂防火设计研究》等14项成果获二等奖，《AFA3G核燃料组件导向管压塞与焊接一体化设备研制》等45项成果获三等奖。

为进一步改进协会科技奖评审工作，提高信息化管理水平，开发建立了科技奖管理信息系统。由于做到了项目资源、专家资源、评审工作一体化，所有的申报、评审、专家遴选等都可以在一个信息平台上实现，从而进一步提高了评审工作的效率和质量。

经过三年多的努力，协会科技奖励工作得到了国家奖励办的认可，首次获得了推荐国家科技奖的资格。

为适应科技奖励工作的需要，2013年协会科技成果鉴定办公室还组织业内专家对72项科技成果进行了鉴定。编辑出版了《2012—2013年中国核能行业协会科学技术奖励公报》。

（五）加强媒体宣传和公众宣传，为核能发展营造良好舆论环境

2013年出版协会会刊《中国核能》共6期、出版《核能新闻》电子月刊共12期，《中国核能年鉴》2013年卷于2013年底正式出版。其中《中国核能》杂志进行了改版，增设了“科普进行时”等新栏目，内容更有深度，版面更加美观，品质进一步提升。协会网站功能不断扩展，完成了GIF网页、核电厂同行评估网页、协会科技奖信息管理系统的调试、运行，至2013年底累计点击率超过365万人次。

围绕协会重点工作加强了社会媒体的宣传报道工作。配合《内陆核电厂环境影响评估》课题成果发布会，同中核新闻中心、桃花江核电公司一同组织了媒体宣传工作，影响大，范围广，媒体关注度高，取得良好的宣传效果。

积极开展公众宣传工作。配合中核辽宁核电有限公司，邀请院士、专家进行了3场科普讲座，为深入进行公众宣传积累了经验。与中电投集团合作组织再版了《话说核电——阿核的博客》一书，并在第十届国际核电展上发放，受到参观者的欢迎。

（六）深化国际合作与两岸交流，为核能行业发展提供支持

举办第十届中国国际核电工业展览会。经商务部和上海市商委批准，2013年5月第十届中国国际核电工业展览会在上海浦东展览馆顺利举办，来自20个国家和地区的200多家企业参展，其中法国、俄罗斯、西班牙、英国分别以国家展团的形式参展，展会总面积13000平方米。

积极推进国际合作与交流。2013年，协会组织参加国际会议和有关活动13次，接待国际组织和美国、法国、日本等代表团来访15次。组织举办了中法核燃料循环后端技术研讨会、世界核大学清华周培训研讨会，加强了与国际原子能机构（IAEA）、亚洲核合作论坛（FNCN）等国际组织的紧密合作，参加了日本原子力产业协会第46届年会暨首届东亚核能论坛。其中，协会与法国阿海珐公司共同举办的“中法核燃料循环后端技术研讨会”，吸引了中法核能领域近50家单位140余人参加，受到参会者一致好评。

积极推进海峡两岸合作与交流。经协

会与台湾财团法人核能科技协进会共同安排，组织华能核电开发公司赴台进行了核电系统管理培训，秦山第一核电厂赴台开展核电厂对标管理交流；在苏州举办了“第二届海峡两岸核能合作研讨会”；与台湾商务印书馆协商，引进了《为何惧怕核能》一书在大陆地区发行的版权。

在科技部、国防科工局的支持下，继续承担第四代核能系统国际论坛（GIF）联络办公室的工作。一年来，组织召开GIF 国内工作研讨会、GIF 第 35 届政策会议和 29 届专家组会议等 9 次；组织专家对 GIF 钠冷快堆设计安全准则报告、GIF 未来十年战略规划技术路线图更新等进行了研究；办理了国家原子能机构批准修订后的高温气冷堆燃料与燃料循环国际研发项目协议条款；吸纳熔盐堆、铅基快堆研究进入 GIF 活动管理；建立了 GIF 国内联络员制度；翻译出版了 GIF 2012 年度报告和相关资料。

（七）提高协会秘书处工作水平，促进行业自律和诚信建设

为加强行业自律建设，按照民政部 3 月 28 日发出的《关于开展行业协会行业自律与诚信创建活动的通知》的要求，提出了《关于开展自律与诚信创建活动的实施方案》，起草了《中国核能行业行规行约》，已经 2013 年 11 月常务理事会和 2014 年 3 月理事会审议通过，自本次年会审议通过后正式颁布施行。

协会理事会、常务理事会规范运作，组织管理委员会、经费管理委员会的工作正常开展，专家委员会得到了进一步充实和加强，保证了协会工作健康有序运行。自 2013 年 5 月以来，协会又接受了一些单位的入会申请，协会会员单位已由成立之初的 160 家增加到目前的 374 家（其中联系会员单位 29 家）。

为推动核能行业信息化建设，2013 年 8 月，中国核能行业协会信息化专业委员会成立大会暨首届核能行业信息化工作交流会在北京召开，以“数字工作、安全核电、智慧核能”为主题，进行了广泛交流和讨论。

继续推进秘书处的规范化、制度化建设，补充、完善各项工作制度和工作程序，加强政治学习和业务培训。在认真完成理事会交给的各项任务过程中，秘书处的办事能力和工作效率有新的提高。

各位代表：协会成立 7 年以来，在政府有关部门的指导下，在广大会员单位大力支持和热情参与下，与时代共同前进，与行业共同成长，已经成为核能界具有一定影响力的民间社会团体，成为政府部门和成员单位可以信赖的全国性行业组织，成为促进我国核能发展的重要力量。尽管我们做了一些工作，取得了一些进步，但与党的十八届三中全会对社会组织的要求相比，与核能行业发展对协会的要求相比，与政府有关部门和广大会员单位的期盼相比，还有许多差距和不足。我们必须进一步树立大局意识、服务意识、责任意识，再接再厉，不断进取，努力做好行业自律和各项服务工作，不辜负广大会员单位和政府有关部门的重托与厚望。

三、协会 2014 年的重点工作

2014年,是全面深化改革的开局之年,也是实现“十二五”规划的关键一年。为适应核能行业发展的新形势，协会要在有关政府部门的指导下，深入贯彻党的十八大和十八届三中全会精神，认真落实全国能源工作会议、国防科技工业工作会议和环境保护工作会议精神，按照协会第二届会员大会的要求，把促进行业发展作为协会一切工作的中心，把提高和改善服务作为协会发展的一项根本任务，把紧密依靠会员、构建牢固根基作为办会的基本理念，把有所作为、不断进取作为协会的核心精神，进一步发挥桥梁纽带作用，努力提高服务水平,不断加强行业自律和自身建设，为我国核能行业安全高效发展作出新的贡献。

（一）积极开展核能行业重大问题研究

加强核能行业重大问题研究，凝聚行业共识，反映行业诉求，为政府有关部门管理和决策建言献策。2014 年，协会要认真做好工业和信息化部、国家能源局、国防科工局、国家核安全局等政府部门和会员单位委托的课题研究工作，包括继续组织好《原子能法》立法工作，开展《“十三五”及中长期核电安全高效发展研究》《我国核燃料保障战略重大问题研究》《内陆核电安全要求研究》《核电厂概率安全评价和严重事故管理同行评估》《核电厂核与辐射安全公众宣传评估》《核安全文化研讨》《核安全法技术支持》等课题研究工作。为了进一步深化内陆核电厂环境影响评估研究，2014 年将继续组织有关会员单位开展《内陆核电建设中几个重要问题的再研究》工作。

（二）继续推进核电同行评估及经验交流

为促进核电运营和建设单位经验共享、持续改进，进一步完善核电评估体系，要做好核电厂运行评估和工程建设项目评估业绩目标与准则的修订工作，专项评估导则的编写工作，以及评估员培训教材的开发工作。2014 年，将组织开展 4 场核电厂运行评估活动，其中与 WANO 联合组织对大亚湾核电基地评估的回访和田湾核电厂的综合评估，组织对秦山核电基地的综合评估和中核运行三厂人员绩效评估的回访；组织开展 3 场工程建设项目评估活动，包括福建福清项目的综合评估，以及山东石岛湾项目评估的回访和山东海阳调试启动专项评估的回访。继续加强专题工作组工作，抓好软课题研究，为委员会工作提供更好的技术支持。做好核电信息沟通交流工作，及时编制全国核电安全运行季报和年报，委员会各类信息季报、事件报告、WANO 指标报告和年报，编制首期《世界核电发展综述年报》。

（三）提供多种形式的技术咨询服务

适应行业发展和会员单位需要，开展多种形式的培训活动。2014 年，计划举办各类培训班 12 期，其中核能行业质量保证监查员培训班 4 期，质量保证监查员再培训班 2 期；核能行业核电工程项目管理项目经理（B 级）培训班 1 期，A 级培训班 1 期，核电设备项目管理项目经理（B 级）培训班 1 期；压水堆核电站核岛机械设备设计与建造规则培训班、AP1000 核电技术知识强化培训班、AP1000 仪控电气培训班各 1 期。在总结经验和调查研究的基础上，不断提高培训质量，积极探索新的培训项目。

充分发挥协会的平台作用和专家委员会的技术优势，为政府有关部门和会员单位提供技术咨询服务。2014 年，受国家核应急办的委托，协会将组织专家对国家核应急办组织的三场核电厂核事故应急演习进行评估。受国家原子能机构的委托，重点做好 IAEA 亚太地区核能合作协会（RCA）的相关活动，牵头组织开展地区合作项目的国内工作。与中科华核电技术研究院联合举办“压水堆核电厂长周期换料技术研讨会”等活动。受会员单位委托，完成各项技术评审、咨询评估、资产报废技术鉴定等技术咨询和服务工作。

信息化专业委员会将以提升核电厂运行绩效和建设管理能力为目标，积极开展“以信息化手段推动核电标准绩效模型（SNPM）的有效实施”等专题的研究。

（四）进一步做好科技奖励工作

为促进核能科技创新团队建设和科普工作，自 2014 年起，中国核能行业协会科学技术奖计划增设创新团队奖，并将科普项目纳入科技进步奖评审。要进一步提高评审工作质量，完善协会科技奖管理信息系统，争取在推荐国家科技奖上取得新的突破。科技成果鉴定是科技奖励的重要参考依据，2014 年 3 月对《中国核能行业科技成果鉴定暂行办法》进行了修订，要继续组织好科技成果鉴定工作。

（五）重视媒体宣传和公众宣传

随着核能行业的发展，信息公开、公众参与、接受社会监督等机制越来越完善，对协会的宣传工作提出了新的更高的要求。2014 年，要继续做好《中国核能》会刊、《核能新闻》电子月刊和《中国核能年鉴》的编辑出版工作，使其真正成为宣传行业业绩、发表真知灼见、传递核能发展信息的一个重要窗口。要进一步加强协会网站建设，整合栏目，拓展功能，提高新闻信息的采集质量，发挥网站的平台作用，为会员单位提供更多更好的服务。要继续加强核科技知识普及，做好行业和媒体的宣传工作。

（六）深化国际合作与两岸交流

继续拓展双边和多边合作渠道，积极推进与国际核能组织、有关国家和海峡两岸的合作与交流。与法国电力公司、阿海珐集团合作举办中法核电经验交流会，与世界核协会、清华大学合作举办世界核大学清华周暑期培训班，与台湾核能科技协进会合作在台湾举办第三届海峡两岸核能合作研讨会。组织有关会员单位参加境外举办的重要技术交流会议，搭建合作平台，为企业“走出去”创造条件。继续做好科技部、国防科工局委托的 GIF 联络办公室的工作。

（七）大力加强协会自身建设

党的十八届三中全会通过的《中共中央关于全面深化改革若干重大问题的决定》要求，“激发社会组织活力。正确处理政府和社会关系，加快实施政社分开，推进社会组织明确权责、依法自治、发挥作用。适合社会组织提供的公共服务和解决的事项，交由社会组织承担。” 创新社会治理体制，为核能行业协会的发展既提供了机遇，也提出了挑战。我们要按照中央和政府有关部门的要求，进一步加强协会自身建设，认真落实本次年会即将通过的行规行约，推进信息公开，开展诚信服务，加强规范化建设，不断提高办会能力和水平，真正成为提供服务、反映诉求、规范行为的主体

不久前，习近平主席在第三届核安全峰会的讲话中首次阐述了中国核安全观，强调“发展和安全并重，以确保安全为前提发展核能事业”。核能作为新兴战略性产业，在优化能源结构、减少温室气体排放、建设生态文明和美丽中国中具有不可替代的作用。“我们要秉持为发展求安全、以安全促发展的理念”，在党中央、国务院的领导下，齐心协力，开拓进取，积极有为，扎实工作，为促进核能安全高效发展、实现中华民族的伟大复兴作出新的更大的贡献。

领导讲话

环境保护部核安全总工程师刘华：

一、深刻认识核安全在国家安全中的地位和作用

今年3月24日，习近平主席在核安全峰会上提出了“发展和安全并重、权利和义务并重、自主和协作并重、治标和治本并重”的中国核安全观，指出要秉承为发展求安全、以安全促发展的理念，坚持理性、协调、并进的核安全观，把核安全进程纳入我国核能与核技术应用事业健康持续发展轨道。

4月15日，习近平总书记在国家安全委员会上首次提出了“总体国家安全观”的概念，系统论述了集政治安全、国土安全、军事安全、经济安全、文化安全、社会安全、科技安全、信息安全、生态安全、资源安全、核安全等11种安全于一体的国家安全体系，并在4月25日中央政治局以“切实维护国家安全”为主题的集体学习中再次强调了总体国家安全观。核安全作为总体国家安全中的非传统安全，对生态安全、经济安全、社会安全甚至政治安全都有重要影响，因此要保证国家安全就必须确保核安全。

二、福岛核事故后我国的核安全水平大幅提高

福岛核事故后，为进一步确保我国核与辐射安全，按照党中央、国务院要求，环保部（国家核安全局）采取了一系列措施。一是会同国家能源局、中国地震局对全国民用核设施进行了综合安全检查和安全裕量评估，全面深入地检查和评价了我国核设施安全状况。检查认为：我国运行和在建机组满足核安全法规的要求和国际原子能机构安全标准的要求，具备一定的严重事故预防和缓解能力，安全风险可控，安全是有保障的。二是会同有关部门制定并经国务院批准发布了《核安全规划》，对未来一段时期我国核安全工作的重点任务、重点工程和保障措施进行了全面部署。目前，各相关单位都在按照职责分工，积极推进规划落实，取得了阶段性成果，

今年我们将对规划的实施情况进行中期评估。三是发布了《福岛核事故后核电厂改进行动通用技术要求》，对核电厂防洪能力、应急补水、移动电源等 8 项共性改进项目提出了技术要求。目前，运行核电厂除 1 项长期研究项目外，其他项目均已实施完成；所有首次装料的核电机组均在装料前完成了全部需要实施的改进行动。四是制订《新建核电厂安全要求》。对核电厂概率安全目标、外部事件设防、严重事故预防和缓解、系统和设备的可靠性要求、辐射防护管理等十四个领域的改进工作提出了要求，这些指标要求都处于国际领先水平。五是推动建立核电厂场内应急响应快速救援队。中广核集团已经在大亚湾基地挂牌成立了集团核电应急救援队，中核集团也将在秦山核电基地建设救援队。两支救援队的建设，将进一步加强核电集团公司对核电厂场内应急响应和事故缓解的快速救援能力，进一步提高我国核核电厂核事故应急救援能力。

截至 2014 年 4 月，我国共有运行核电机组 19 台，一直保持良好的安全业绩，迄今未发生国际核事件分级 (INES)2 级及其以上的运行事件。多年的监测结果表明，我国核电厂周边环境辐射水平处于天然本底正常涨落范围内。我国在建核电机组 29 台，约占全球在建核电机组的 40%，建造质量均处于受控状态。

三、持续改进、防患未然，不断加强核安全监管

根据核电中长期发展规划，到 2020 年，我国核电装机容量将达到 5800 万千瓦，在建核电 3000 万千瓦，核电将进入规模化发展阶段，同时也将带动我国核燃料循环设施的全面配套发展。加上核技术利用事业的快速发展和放射性废物的管理问题，我国核安全监管工作面临严峻挑战。需要在以下几方面进一步做好工作：

一是推动核安全立法。目前，《核安全法》已作为二类立法项目列入全国人大五年立法规划。应继续加快《核安全法》立法进程，在法律层面对核安全的基本原则、法律制度及监督管理体制等重大问题作出规定，以适应核行业发展的实际需要。

二是在安全的基础上高效发展核电。坚持发展与安全并重，以发展求安全，以安全促发展。在福岛核事故后我国核电安全水平普遍大幅提高的基础上，继续推进新建核电厂设计固有安全水平的提高。支持 AP1000 技术的引进消化吸收和再创新为主要技术路线，自主开发的“华龙一号”作为辅助技术路线发展核电。

三是强化核安全监管。按照“源头严防、过程严管、后果严惩”的原则加强核安全管理，推动各核电厂按计划完成各项安全改进，适时颁布新建核电厂安全要求，完善辐射环境监测和应急响应体系。

四是推动放射性废物治理。要加快早期核设施退役和污染治理工程，加强对重点单位已停运核设施的监督管理，及时实施已关停或已决定关停核设施的退役，降低现实核安全风险。

五是创新公众沟通方式。开展核电项目公众沟通试点，及时跟踪评估方案制订和实施情况，在后续项目中进行验证和反

馈，形成核电项目公众沟通的指导性文件，作为全国核电项目公众沟通的顶层设计，为核电安全、可持续发展创造良好社会环境。

六是加强能力建设。落实《核安全规划》，建设国家核与辐射安全监管技术研发基地，构建核安全监管技术支撑平台，全面加强核安全分析评价、校核计算和实验验证等能力，全面提升我国核与辐射安全监管水平。

国防科工局系统工程二司副司长
吕晓明：

2013年，协会牢记服务宗旨，积极开展活动，在反映行业发展动态、向政府建言献策、为企业排忧解难等方面做了大量富有成效的工作，为促进核能行业的发展作出了积极的贡献。

近年来，核能行业取得显著的成绩：一批重点项目相继建成投产，产业快速发展，核心能力和技术水平得到显著提升，军民结合核科技工业体系进一步完善，科技创新方面也取得了一系列的突破。还有就是一批重大的核科研设施取得了积极进展，有些已经建成投入使用。这些成绩的取得，为今后一段时期核工业的发展奠定了坚实的基础。

当前核行业发展面临新的形势和新的任务，一是要确保国家安全；二是要为国家清洁能源发展作出更大的贡献；三是要加快核技术在工业、农业、医学等各个领域的应用，为我国的经济社会发展作出更大的贡献；四是要确保核安全万无一失。可以说使命光荣、责任重大。

今后，协会一是要继续发挥好参谋助手和桥梁纽带作用。协会聚集了各方面的人才，涉及多个领域，希望协会充分发挥专家的优势，立足于国家和行业的长远发展，深入分析核能发展中出现的新问题、新任务，积极参与国家有关法律法规、方针政策、发展规划和标准规范的研究制定，为政府的科学决策提供参考依据和技术支持。目前国防科工局在牵头组织《原子能法》的起草工作，并取得了新的进展，核能行业协会具体承担了文本的起草、会议组织等大量工作，希望协会发挥更大的作用，争取《原子能法》早日出台。要进一步广泛联系企业、科研院所和专家学者，向政府反映行业和企业意见、建议和诉求，使协会真正成为会员之家。

二是要在公众宣传方面发挥更大的作用，多做宣传的工作，为行业发展营造良好的社会和舆论环境。

三是要在推动核电“走出去”方面下更大的工夫，多为企业会员单位搭建国际合作交流的平台。

国家能源局核电司副司长
陈飞：

近期李克强总理在新一届国家能源委员会首次会议上明确提出：“要推动能源生产和消费方式的变革，提高能源绿色、低碳、智能发展水平，走出一条清洁、高效、安全可持续的能源发展之路。”核电作为优质、高效、清洁的现代能源，在这个过程当中无疑会发挥更加重要的作用。

我国核电建设起步相对较晚，技术装备后发优势明显，各项安全指标保持国际先进水平，核电建设和运行没有对环境和公众造成不良影响，目前我们的安全还是很好的。但是福岛核事故的教训极其深刻，也给我们再次敲响了警钟。必须将“安全第一”的方针落实到核电规划、选址、设计、建设、运行、退役的全过程及相关产业。要使核电站在出现多种自然灾害及其叠加的极端情况下，在停电、断水等类似福岛的恶劣条件下确保安全。

我们要严格执行核电规划安全要求，在建设环节，要按照国际最高安全技术标准设定准入门槛。新建的核电项目要使用三代技术，对于新的堆型要在验证成熟后方可建设。在运行环节，要高度重视人为管理和操作因素对核电运行安全的影响，全面加强核电运行维护等方面的监督管理，落实岗位责任制，确保核电站安全运行。

近年来，我国核电事业平稳有序发展，取得了积极的成果。一是安全业绩良好，建设规模世界领先。随着辽宁红沿河 2 号机组正式投入商用，我国大陆地区在运的核电机组已经达到 20 台，装机容量 1809 万千瓦。在建的核电机组 28 台，装机容量 3060 万千瓦，占全球在建核电规模的 40%。二是我国核电技术取得进步，装备制造水平不断提升，特别是在重大专项的支持下，通过引进、消化、吸收和再创新，我国第三代压水堆的核电技术、自主设计能力和建造能力得到了显著提升。高温气冷堆示范工程的开工建设，进一步增强了我国在四代核电技术上的话语权，可以说是世界领先的。三是核能国际合作进步明显，核电“走出去”已经上升为国家的战略。在能源局的提倡下，核电企业成立了中国核电技术装备产业联盟。

第四届中国核能可持续发展论坛

基本情况

5月14日，由中国核能行业协会主办的第四届中国核能可持续发展论坛在北京举办。论坛的主题为“能源生产革命与中国核电”，邀请了10位院士、专家作专题发言。

此次论坛涉及业界及公众普遍关心的核电在清洁能源供应中的作用、对我国核电发展的建议、核电的安全性、我国核电自主化研发、内陆核电发展等问题。

中国核能可持续发展论坛由中国核能行业协会于2008年创办，每两年举办一次，曾关注核能可持续发展、核电装备制造、我国核电自主化研发、内陆核电发展等问题。

报告选登

我国能源变革战略与核能发展

清华大学原副校长　何建坤

当前，世界范围内正在经历一场能源体系的革命性变革，其核心是以新能源和可再生能源为主体的新型能源体系逐渐取代当前以化石能源为支柱的传统能源体系，以应对地球矿产资源的日益枯竭和以气候变化为代表的全球生态危机，实现经济社会与资源环境的协调和可持续发展。在新能源体系变革中，核能将发挥不可替代的作用。

全球能源体系变革的背景和趋势

为保障能源供应安全，发达国家能源战略出现新的动向，开始注重能源节约和替代。把节能视为与煤炭、石油、天然气和核能并列的“第五大能源”，节能与开发并重。同时把核能、水电、风电、太阳能、生物质能等新能源和可再生能源作为替代能源，加大技术研发和产业化力度，力图减少对石油、煤炭等化石能源的依赖。特别是1992年联合国环发大会通过《联合国气候变化框架公约》和1997年通过《京都议定书》之后，对发达国家规定了量化的温室气体减排义务，而减少化石能源消费的CO_2排放则是最重要的领域和着力点，也进一步推动了能源体系变革的趋势。

即将公布的IPCC第五次评估报告，在进一步强化人为活动温室气体排放是造成当前气候变化主要原因的科学结论基础上，强调了实现全球地表温升不超过2℃目标下的减排路径。

因此，世界各国都必须加大减排力度，经济社会持续发展也都将面临排放空间制约的严峻挑战。当前正在进行的德班平台谈判将于2015年底最终就2020年后适用世界各国的新减排制度框架达成协议，并就2020年前加大减排力度作出行动安排。全球应对气候变化新的紧迫形势，将进一步推进全球能源体系的变革。

能源结构低碳化是在保障能源供应前提下减少 CO_2 排放的根本对策。英、法、德等欧盟主要成员国都制定了2050年电力80%以上来自可再生能源的发展目标。用天然气替代煤炭也是促进能源结构低碳化的重要选项。特别是美国页岩气开发技术的突破，2012年与2007年比较，天然气产量增长25%，世界范围内新能源和可再生能源替代化石能源的变革趋势日益明显和加速，到本世纪末全球必须实现以新能源和可再生能源为主体的可持续能源体系，完成能源体系的根本性转型，使 CO_2 排放趋近于零，才能实现控制温升不超过2℃的全球应对气候变化目标。

全球能源体系的革命性变革将引发新的经济技术竞争，低碳技术和低碳发展能力越来越成为一个国家的核心竞争力。我国必须实施创新驱动战略，顺应全球能源变革趋势，打造先进能源技术的竞争优势，实现跨越式发展，才能在气候变化国际合作行动中占据主动和引导地位。

我国能源发展面临的形势与挑战

随我国经济社会快速发展，能源消费总量大、增长快的趋势明显，面临资源紧缺、环境污染、生态破坏的严峻形势。我国在节能和减缓 CO_2 排放方面已作出了巨大努力，并取得显著成效。从1990—2012年，单位GDP能源强度下降了57%，CO_2 强度下降了60%，下降幅度远高于发达国家约25%和世界平均约15%的水平。但由于我国经济快速增长，同期GDP增长到8.6倍，相应能源消费也增长到3.7倍，而世界同期仅增长50%。我国当前能源消费量占世界约20%，2007—2012年期间的增长量则占世界同期增长量的47.8%，其中煤炭消费增长量占世界增量的57%，石油消费增长量占世界增长量的80%。石油和天然气进口的对外依存度持续增加，2013年分别达58%和31%，到2020年预计将达70%和50%，煤炭也已成为世界最大的净进口国。我国当前煤炭等化石能源消费较快增长的趋势，已使国内资源保障和环境容量几近极限。

我国可再生能源、核能发展迅速，比重持续增加。从2005年到2012年，非化石能源供应量翻了一番，年均增速10%以上，远高于同期能源总消费量6.3%的增速。在一次能源中的比重也由6.8%上升到9.2%。可再生能源年均增长速度和增长量均居世界前列。我国当前可再生能源电力投资规模和新增容量均已超过煤电，并呈持续快速增长的趋势。但由于新能源和可再生能源基数仍较低，其快速增长的供应量仍不能满足能源总需求的增长，煤炭消费量从2005年到2012年仍增长了45.4%。我国调整能源结构，控制煤炭消费量增长仍面临艰巨任务。

我国能源变革的战略选择

我国能源战略的中近期重点在于强化节能优先，提高能源效率；同时大力发展新能源和可再生能源，改善能源结构，以缓解资源环境的瓶颈性制约。长期则必须发展并逐步形成以新能源和可再生能源为主体的可持续能源体系，实现能源环境与经济社会的协调和可持续发展。为此，我国能源战略要突出以下几点：

第一，强化节能优先，引导需求，控制能源消费总量。要改变传统能源战略以保障能源供应为中心的思维模式，要从建设生态文明的高度引导和调控能源需求，以能源消费总量控制目标促进经济发展方式的根本性转变。

第二，大力发展新能源和可再生能源，加快能源结构的低碳化。到本世纪末全球实现近零排放，核心是要建立以新能源和可再生能源为主体的可持续能源体系。在向可持续能源体系过渡过程中，核能仍将发挥不可替代的作用。

第三，确立 CO_2 排放峰值目标，作为促进能源变革和应对气候变化的综合目标和关键着力点。未来 20 年将是我国能源变革和经济转型的关键时期，节能和减排 CO_2 要有比过去 20 年更为显著的成效。当前研究并确定积极的 CO_2 排放峰值目标，可成为我国统筹国内节能减排和全球应对气候变化的一个综合性目标，超前部署，形成促进能源变革和经济发展方式转变的倒逼机制。

我国核能发展的目标与作用

推进能源体系变革，我国比发达国家面临更为艰巨的任务。我国地域广大，能源需求量大，需要各项新能源技术协同发展，优势互补，核能在未来能源变革中将发挥重要作用。我国当前发电装机容量已达 12.5 亿千瓦，到 2030 年还将翻一番，当前各种可再生能源加速发展也不能满足新增电力需求，如不发展核电，就要更多地发展煤电，是核电与煤电之间的选择。而发达国家当前电力需求基本饱和，新建电站是在各种可再生能源与核能之间进行比较和选择，以替代原有的煤电。因此我国发展核电的需求比发达国家更为紧迫。对我国而言，核能是大规模替代煤炭的重要技术选择，核能在向低碳化能源体系变革过程中，有着不可替代的作用。

核能单机容量大，发电时间稳定，负荷因子高，成本具有竞争力。由于水电、风电、太阳能发电等可再生能源的间歇性，对电网安全稳定运行提出新的挑战。到 2030 年以后，核电和可再生能源发电将占总发电量的 40%~45%，而核电将占到其中的 1/3。核电运行稳定，可起到基础载荷作用，稳定电网的运行。核电和可再生能源电力的协调发展，也是保障电网安全运行的一个有效手段。

在确保安全的基础上，我国核能仍需要大规模发展，到 2050 年有可能达 4 亿千瓦左右，年发电量约占届时电力需求的 1/4，可替代煤炭 10 亿吨以上，在一次能源供应比例中占 10% 以上，减排 CO_2 达 25 亿吨以上。

全球能源变革的发展趋势将引发世界范围内经济社会发展方式的重大变革，从而影响国际经济技术竞争格局的变动。夺取先进能源技术的竞争优势和制高点，也是大国参与气候变化领域博弈的重要动因和战略目标。发达国家也旨在凭借自身在能效和新能源领域的技术优势，向发展中国家扩展市场，扩充新的经济增长点，增强其经济活力。核能工业科技含量高，系统复杂，研发周期长，投资巨大，只有少数大国可参与并主导全世界核能的发展和产业化，是低碳技术领域最尖端和最具垄断性的高科技产业。自主掌握先进核能技术也是一个国家具备核心竞争力的体现。未来人口数倍于发达国家的广大发展中国家，在其现代化过程走低碳发展路径，核能将是其推进能源变革的重要技术选项，有广阔的发展前景。核能应成为我国在世界范围内打造先进技术竞争优势的重要领域。

我国未来对核能需求市场潜力大，并已有较好的技术基础，要把核能作为我国在世界范围内战略必争的高科技领域，加强技术创新，提升综合研发和产业化能力，拥有与大国相适应的核科技力量，保持军民结合、寓军于民的核工业实力。因此，我国在核能发展战略上要有前瞻性，适应未来我国可持续能源体系建设的需求。在核能技术发展路线上要做好各代堆型的衔接，创立民族品牌，推进核能工业的可持续发展，争取对世界未来核能发展起到主导性作用。

积极发展核电

中国工程院院士　叶奇蓁

发展核电刻不容缓

目前我国环境污染十分严重，雾霾天气频度不断增加，范围不断扩大，燃煤电厂是导致雾霾的重要原因之一。为此积极发展核电，大力调整能源结构势在必行。

我国用于发电的可再生能源有风电、太阳能、水电。风电主要集中在我国北方和西北，受季节影响很大，远距离输电困难。一台百万千瓦核电机组与平均2兆瓦风电机组相比，核电的年利用率为风电的四倍，相当于2000台风机；太阳能发电尚在起步，成本高，还不能形成规模；水电已开发了约四分之三，尚余的都在大西南，需要远距离输电。当然这些我们都要发展。但是作为当前解决能源结构问题来讲，核电起着关键的作用。核电是清洁能源，不排放有害气体、温室气体，以及导致雾霾的粉尘。实践证明，核电的安全性是有充分保障的，放射性废气废液排放低于国家标准的1%，接近“零排放”。核电是当前主要的清洁替代能源。

当前形势十分有利于我国核电发展

在荷兰海牙举行的第三届核安全峰会上，国家主席习近平提出，发展和安全并重，以确保安全为前提发展核能事业。

李克强总理3月5日在十二届全国人大二次会议上表示，在加大节能减排力度、控制能源消费总量的同时，提高非化石能源发电比重，开工一批水电、核电项目，推动高铁、核电等技术装备走出国门。

1月9日全国政协双周协商座谈会上，在围绕“核电和清洁能源发展”讨论时，全国政协主席俞正声指出，要在确保安全的基础上稳步有序推进核电建设，优化核电项目布局，理顺监管体制，强化核安全监管。

4月18日，在新一届国家能源委首次会议上，李克强总理指出，要在采用国际最高安全标准、确保安全的前提下，适时在东部沿海地区启动新的核电重点项目建设。

目前，国际上先进的核电技术或者是三代核电机组主要有四种类型：一是AP1000，其特点是非能动安全系统、严重事故预防和缓解等；二是EPR，特点是高功率、四通道安全系统；三是俄罗斯的AES2006，采用能动加非能动的安全系统；四是APR1400，采用安全壳内部换料水槽，非能动型氢复合加氢点火器等。

我国已引进了AP1000和EPR两种有代表性的三代机型。AP1000在三门和海阳各建两台机组。近两年来，美国陆续开工了四台AP1000机组。EPR共有四台机组在建设，一台在芬兰，一台在法国，两台在我国台山。

同时，我们还自主开发了三代核电机组，比较有代表性的是CAP1400，它的功率达到140万千瓦，同样以非能动的安全系统满足安全的要求，采用能够经受大型商用飞机撞击的结构设计。CAP1400已通过初步设计审查。

我国自主三代核电技术“华龙一号”采用了能动加非能动的安全系统，具备严重的安全事故预防特点。考虑应对福岛核事故的相关改进和措施，采用了双层安全壳，具有抗商用大型飞机撞击能力。它以成熟可靠的技术为基础，充分利用国产技术，国产化率可以达到80%以上。

我国核电装备行业具有国际一流的制造能力和技术水平，足以支撑每年建设6~8台核电机组。但当前我国核电发展仍“裹足不前”，“十二五”尚剩两年，规划新建的18台核电机组远未落实。相当一部分厂址已做好前期工作，但项目尚未核准。装备行业任务明显不足，有产能过剩的现象。

深化改革促进核电发展

上述这些问题怎么办呢？应该通过深化改革促进核电的发展。李克强总理指出：要调整能源结构，关键要推进能源体制的改革；要放开竞争性业务，鼓励各类投资主体有序进入能源开发领域公平竞争；加强电力体制改革的步伐，让市场在电力资源配置中发挥决定性作用；努力形成各方合力，推进先进能源技术装备走出去。这几点很重要的指示，指明了当前我们怎么解决固守不前的难题。

我们应该转变观念，鼓励在压水堆技术路线指引下，若干种机型并行发展。这样做有利于技术创新，规避政治、经济或者是技术的风险。美国104座在役核电站大体上五分之二为沸水堆，五分之三为压水堆。其中压水堆又有三种主要机型：即西屋公司30万千瓦一个环路的机型，CE公司不同出力均两个环路的机型，以及B&W公司基于直流蒸汽发生器的机型。上述机型都为美国的核电发展作出了贡献。我国未来核电的规模要大于美国当前的规模，只准发展一种机型势必不利于核电发展。

在建核电机组要符合我国最新核安全法规要求。我国是世界核电建设最多的国家，我国的核安全法规受世界瞩目。目前我国的先进核电机组已出口国外，应该说国外认可我国核安全法规符合国际最高安全标准。在建设的次序上，首要应考虑机型开发的成熟度，技术上成熟度高的应该先建，同时积极推动尚在开发的机型。

积极筹划内陆核电的建设。要改变整个能源结构必须建设内陆核电站。相当数量的内陆省份缺乏一次能源，建设核电站有利于促进内陆经济发展和环境保护。实质上，内陆核电与沿海核电在核安全及环保要求上没有本质的差别，重要的是要制定内陆核电建设的技术经济要求，以便具体实施。目前我国开发的废水高度净化设施已可净化到 20~30Bq/L ，可以做到“零排放”。在万一发生核事故时，采取可阻断、可隔离、可贮存、可处理的工程措施，不致对环境造成影响。

支持核安全研究。规模化发展核电会出现新问题，必须事先进行研究。如何实现实际消除大规模放射性释放、如何使安全壳在极端事故工况下保持完整性、如何保证在严重事故条件下缓解措施的有效性等，这一系列课题都值得我们去研究。

支持核电“走出去”的战略。核电“走出去”将推进先进能源技术装备“走出去”。“高科技”出口将拉动我国对外贸易的档次，提升我国在核能领域的话语权。应支持在国内建设与出口机型相同的示范核电站。

改进政府管理职能。核电政府主管部门的职责主要应放在宏观调控，包括核电规划、布局、技术及经济政策、国产化要求等。要加强核电安全监管，加大核安全监管和环保监管力度。让市场在电力资源配置中发挥决定性作用，核电机型的选择交由企业根据市场需求来决定。

核电是湖南能源发展的必然选择

湖南省发改委副主任、能源局局长 王亮方

能源供需矛盾尖锐

湖南是个无油、无气、缺煤少电的内陆省份，一次能源对外依存度高达 59%。能源领域多年来存在的困难和问题始终影响能源安全稳定供应，制约经济与社会发展，主要体现在：

从先天看，资源匮乏制约能源供给。湖南省煤炭资源相对匮乏，保有储量仅约 30 亿吨，占全国总量比例不足 2.6%；人均保有储量约 42 吨，不到全国人均保有储量一半。

从当前看，结构矛盾影响能源安全稳定供应。“水、火”比例失调，“丰、枯”矛盾突出。截至 2013 年底，向湖南电网供电的电源总装机中，水电占 44%（全国仅为 22%），且 80% 以上不具备调节能力。

从长远看，能源短缺将成为制约湖南经济社会发展的瓶颈。预计 2014、2015 年，迎峰度夏与度冬两个电力需求高峰时期，湖南省将出现电力供应紧张局面。到 2020 年，随着国家“一部一带”战略实施，全省全社会用电量达 2650 亿千瓦时，最大负荷 4900 万千瓦，电力系统总需求约 5640 万千瓦。预计“十三五”末，湖南省电力供应需新增装机 2000 万千瓦。

核电建设优势独特

从湖南省能源资源禀赋和长远发展来看，安全高效发展核电是保障湖南未来能源供应的必然选择，主要基于以下几个方面的考虑：

核电将成为湖南省电力供应的主力军。按照经济社会发展规划、能源发展规划以及近几年电力供需现状，以2015年为基数，预计2020年湖南省最大电力缺口约为2000万千瓦；预计2025年最大电力缺口约3600万千瓦。核电与火电、外输电相比，具有量大、价廉与环保三方面优势，中长期可成为湖南省电力供应的主力军。

核电是降低湖南省能源价格的明智选择。湖南处于全国能源输送末端，电煤价格位全国第一，火电上网电价居全国第二位，大工业用户价格排第三，发展成本高，发展环境与条件处于比较劣势。而核电上网电价相对较低，大大低于新能源发电成本，具有非常明显的成本优势，有利于降低能源成本，促进经济社会发展。

核电是调整结构、保护环境的有效手段。湖南是两型社会综合配套改革的先行示范与试验区，环境倒逼经济转型与能源结构调整的脚步正越来越近，在安全的前提下加快核电建设是保护环境的有效手段。同时，湖南省发展核电具有四个方面的比较优势：一是水资源丰富。二是地质结构稳定。三是铀矿资源丰富。四是核电开发技术基础雄厚。

核电发展现状及存在问题

湖南省委、省政府历来十分重视核电发展，从上世纪70年代开始核电建设前期工作，经过近40年的努力，核工业体系初具规模，桃花江、小墨山核电项目前期工作稳步推进，具备尽快启动建设的基础和条件，各项工作已走在中部地区前列。桃花江核电项目目前已完成前期开工的25项工作中的22项，主设备已订货，基本具备开工条件，目前施工设计储备量已经满足开工的需求，关键长周期主设备已订货，主体工程已具备开工的条件。小墨山核电项目，已完成项目征地、进厂道路建设等厂址保护工程。

尽管省、市、县三级政府高度重视核电工作，但受日本福岛核事故带来的影响，湖南省核电发展面临压力与困难，主要表现在：

一是舆论导向压力。福岛核事故之后，核电受到诸多质疑和猜测，尤其是“国四条”颁布后，内陆核电暂停启动，目前工作基本处于停滞状态。

二是项目单位队伍稳定压力。由于项目现场工作基本停滞，工程建设队伍陆续撤离，项目公司现仅维持员工95人。

三是优良厂址保护压力。2006年以来，按照省政府的要求，湖南省启动了核电厂址区域的冻结性保护工作，厂址区域群众房屋不能新建、村村通公路不能修建，厂址区域及周边的电力、通信、水利等公共设施得不到有效维护，经济社会发展受到极大限制。由于“十二五”不安排内陆核电项目建设，导致当地部分干部和群众对核电项目心存疑虑、观望或信心不足。若项目长期不能开工，多年厂址保护堆积压力或有可能集中释放，厂址安全将进一步受到挑战。

四是核电经济性压力。湖南省发展核电主要基于核电的安全、稳定、清洁和经济性，但桃花江核电项目的延期，使成本优势逐步丧失。据测算，每度电成本每年将增加 0.018 元左右。

湖南发展核电所做的主要工作

各级政府积极支持核电建设。近年来，各级地方政府全力配合省内核电项目的推进，在项目许可、厂址保护、开展前期工作、促进银企合作、维系社会稳定等方面做了大量的协调工作。

加强核电科普宣传。根据国家核电建设相关法规要求，湖南桃花江核电有限公司、湖南核电公司迄今共组织开展了三次公众参与活动，对桃花江核电项目和小墨山核电项目周边群众进行了调查问卷，支持率达到 98.3%，反对率仅 1.7%。

大力推进前期工作。2013 年和 2014 年，湖南连续两年以全团名义向全国“两会”提交建议案，呼吁国家尽早启动内陆核电项目建设，并将湖南桃花江核电站列为首个内陆示范核电站。

内陆核电站是安全的

—— 当前核与辐射安全中值得重视的问题

中国工程院院士　潘自强

内陆核电的安全性分析

福岛核事故的影响

核电选址本无沿海和内陆之分，取决于电力需求、厂址地质水文和环境等因素。

世界上，约有一半以上核电是内陆厂址，美国密西西比河流域建有 21 个核电厂，还拟建 5 个核电厂。

福岛核事故造成的损失是巨大的。它产生的废水近 20 万立方米，固体废物约 1000 万立方米。但是，它对人和生物的影响，应该说是有限的。

据联合国原子辐射效应委员会 2013 年呈联大的报告，福岛核事故放射性物质释放量为：排入大气的，碘 -131 是 100~500PBq，铯 -137 是 6~20PBq；液体释放量，碘 -131 是大气排放的 10%，铯 -137 是大气排放的 5%。现在仍有低水平液体排放。对健康的影响是：12 名工作人员的甲状腺风险增加了；160 名所受剂量超过 100mSv 的工作人员，癌症风险增加，但难于察觉。

我国内陆核电厂考虑的主要安全要素

核电厂抗震能力较强，抗洪能力是研究的重点。我国内陆厂址具备较为稳定的地质结构，基本可以排除大规模地震发生的可能性。福岛不远处的女川核电厂能够在大灾难中保持安全状态，表明核电厂的抗震能力存在较大裕量。福岛核事故的发生，表明相对于抵御地震的能力而言，核电厂设计抵御水淹的能力不足。

内陆核电所需要考虑的安全要素是：洪水、溃坝、泥石流、堰塞湖等外部事件；气象条件及人类活动，引起河流流量、水文等变化；放射性流出物排放对下游饮水安全、水生态和水环境的影响，尤其累积效应的影响；假想核事故的放射性废水对水资源安全的影响。

洪水不对内陆核电厂构成安全威胁。我国核电厂设计基准洪水位选取与三峡电站校核基准相当，既考虑了基于确定论的最大基准洪水位，也考虑了基于概率论的

"万年一遇"洪水。研究表明，核设施的洪水计算方法与水利设施提出的"万年重现期"的计算方法基本相当。

在核电厂设计基准中还考虑了洪水和溃坝叠加。目前我国内陆核电考虑了 10 种洪水事件，其中包含了 4 种组合，包括最大洪水与溃坝效应的叠加。堰塞湖不足以威胁现有内陆核电厂址。对核电厂址的评估结果表明，我国内陆核电厂址均处于地质稳定地区，厂址附近不存在地震带，不具备发生堰塞湖而影响安全的条件。

干旱不构成内陆核电厂的安全威胁。干旱属于一个缓发的自然现象，并非突发事件。营运单位和监管部门有足够的决策和应对时间。

内陆核电厂的用水安全有保障。根据国外经验，保持核电厂取水量低于河流径流量的 10% 是可以接受的。当前，我国内陆核电厂均能满足此项要求。

内陆核电厂正常运行工况下环境影响是可接受的

国家对从核电厂排放的废液的放射性、总量和浓度控制以及监测和评价等管理要求作出了明确的规定。正常运行工况下，核电厂的放射性接近零排放，向环境排放的液态流出物中的放射性核素含量很低，接近为零。我们国家环保部门规定排污收费，核电站是不收费的，这意味着核电站是不排污的，或是远低于收费标准。

另外，核电厂的"放射性废水（液）"的说法不准确。核电厂流出物作为含极微量放射性的排放液体，其对环境的影响已达到豁免水平，称其为"放射性废水"是不适当的，要进一步予以澄清。

内陆核电厂的放射性流出物可满足饮用水标准要求。我国法规标准对内陆核电厂液态流出物规定了极其严格的排放管理要求，确保液态流出物的排放满足环境要求。我国核电厂液态流出物的解控水平比国家标准规定值还要严格。我国按照饮用水标准控制排放口下游 1 公里处受纳水体的水质，确保我国内陆核电厂液态流出物的排放对公众不产生影响。

事故工况下，内陆核电厂放射性污染可控

对事故工况下产生的废水有四种处理方式：可存贮、可封堵、可处理、可隔离。

可存贮：安全厂房、废液滞留池、厂区水池等作为贮存设施，可提供足够的贮存容量来滞留、贮存严重事故工况下大量可能产生的放射性污水。

可封堵：对污水泄漏裂缝，可根据厂址的具体土壤条件选择特定酸碱度的水玻璃（硅酸钠溶液）作为有效的速凝应急阻水剂。

可处理：建设废液应急处理设备，建立闭式处理循环，并辅以临时废水处置设施。

可隔离：在现场储备一定数量的放射性物质抑制剂，并且在电厂取水口和排水口设置过滤段，作应急隔离使用。

总的来说，内陆核电完全可以达到不低于滨海核电的安全水平，环境风险低于社会可接受水平。应在社会总体条件下综合评估内陆核电厂概率风险影响，而不应脱离整体，孤立看待。核电厂邻近地区的人口密度和分布情况是保证应急计划有效性和可行性的重要因素，从此角度说内陆核电反比滨海核电更具优势。内陆应该完全具备发展核电的条件。

加强放射性废物的处理和处置

当前应该加快近地表处置场的建设。秦山核电基地放射性废物已经存放了20年，还有田湾、红沿河、海阳、宁德、福清的放射性废物何处去？这个事是需要考虑的。

要尽快启动中等深度处置场的研究，处置对象是长寿命中放废物，包括研究堆、生产堆等退役中产生的废物，长寿命废放射源，部分 α 废物。中等深度处置经济性远优于深地质处置，可为深地质处置积累经验。

建议能够在2020年以前建成高放废物的地下实验室，以工程为引导，尽快明确责任主体。

利用实验快堆开展高放废物嬗变研究。快堆嬗变路线可以搞“两步走”——研发阶段：时间为2011—2030年，利用后处理中试厂、MOX燃料实验线、中国实验快堆，开展次锕系元素/核素的分离实验；研制含MA的MOX燃料；开展燃料辐照考验和对反应堆安全性影响测量；开展含MA乏燃料的后处理试验。示范应用阶段：时间为2030年之后，选择快堆电站系列产品中的一种，采用含MA燃料运行；根据后处理分离出的MA量，在快堆电站中推广使用含MA燃料。

提高安全文化

切尔诺贝利核事故，因为是粗暴地违反操作规定而造成的。所以，事故后明确提出了安全文化的概念。福岛核事故表明了深化安全文化研究、提高安全文化是非常必要的，不能满足于遵守规程和标准，要有不断深化的探究精神。

现在有一些安全文化不够的表现，比如满足于符合标准，不对问题深究；只讲剂量限值，未见或少见最优化；废物处置与核事业发展不适应；没有建立完善的事故和事件反馈的机制等等。

加强核与辐射安全相关科学问题的研究

联合国原子辐射效应委员会给联合国大会的报告提出，“2014—2019年期间，其战略目标是加强决策者、科学界和民间社会对电离辐射照射水平及相关的健康与环境影响的认识，深化这方面的理解，以此作为就辐射相关问题作出知情决定的坚实基础。”

加强科学决策有关基础研究，包括不同能源链排放放射性影响的研究、核设施环境影响评价、医疗照射评价、人为活动引起的辐射水平的提高、低剂量和低剂量率的辐射生物效应。在发展核电的时候，做一些全面的研究是非常必要的。

法国内陆核电建设与管理经验

法国电力公司亚太区副总裁　普罗内

法国核电站总体情况概览

石油危机发生之后的1974年，法国宣布了一个庞大的核能计划，旨在通过核能解决法国电力供应。此后 15 年里法国建立了 56 台核电机组。

法国电力公司 (EDF) 运营着全法 58 台核电机组，总装机量超过 62 GW。这 58 台机组分布在全法境内 19 个不同厂址，其中 14 台机组位于海滨，采用开放式回路冷却；44 台内陆机组，4 台位于河口，采用开放式回路冷却，10 台位于河边，采用开放式回路热阱，30 台机组位于河边，采用闭式回路。

核能发展的两大主要顾虑

核安全和公众接受度，在世界上被广泛认为是核电工业持续健康发展的两大主要顾虑。在法国，一般不认为这两大顾虑与内陆项目特别相关。这两个顾虑并不是彼此独立存在的。一方面，高度的核安全性是实现公众接受的重要基础；另一方面，公众对于核能方面的顾虑，促使核电工业活动相关利益方在面对核安全问题上极度小心谨慎。

同时，核安全文化以及运营的质量也是构成核电站安全的关键性因素。

法国内陆核电站的安全性

在核安全方面内陆核电站与海滨核电站没有显著区别。其要求与海滨核电站是相同的。就事故后果对于内陆站址影响的研究方面，相比海滨站址而言并无特殊之处。

对环境影响的限制

热能排放限制。河滨站址要注意以下几个方面：

1. 河水温度以及水温加热方面的限制。河水的温度应当持续地得以监控，以确保电厂热能排放造成的下游水温加热不超过 1.5 K，河水温度不超过 28 ℃。

2. 直通型回路仅被接受用于高流量河。这是为了确保可靠的冷却水供应，冷却水流量不低于 40 到 50 m^3/s。

3. 需要冷却塔来确保在各种环境下可靠的热能排放。冷却塔对于河滨站址而言是一个重要工具。

4. 有时候为了避免过度排放热量需要进行产能限制，但有冷却塔额外冷却可以避免这类限制。

放射性废液管理。法国压水堆机组的气体排放的放射性影响总是非常低，对于内陆电站而言，没有必要发展复杂的扩散模型或者其他专门模型。关于放射性废液管理，法国对于内陆核电站没有特别的限制。

化学物质排放管理。来源于一回路和二回路的物质都应当严格被限制，这一点上无论对内陆核电站还是海滨核电站都是如此。所有的对生态有毒的物质，都应当评估化学液体排放对生态系统的影响。内陆核电站化学液体排放对于公众健康的影响一般都不是重要因素。

灾害时所考察的不同点

洪涝危害。法国在此方面的一个重要的经验反馈是 1999 年 12 月 27 日在 Blayais 站址发生的洪涝事件。尽管该事件并未使群众或环境处于危险境地，但它证明了安全级别恶化事件发生的可能性，导致法国大范围内的复评估，针对预防以及限制洪涝影响进行了新的安全改进。

热阱干涸危害。一般来讲，几种原因

可能导致干涸：河水里流量非常低、泥沙运移、下游大坝破裂或失效。防止这类灾害发生可以使用不同办法，比如，通过河水基底来确保安全泵最低水平；把全热阱丧失作为扩充设计情况来考虑等。

热阱堵塞危害。这类问题河滨站址与海滨站址是相似的。法国的经验反馈表明，大部分涉及热阱堵塞的原因都不是由于内部故障，而是由于外部危害。2009 年在 Cruas 发生过法国仅有的一次 TLHS 热阱完全丧失事件，是因大规模藻类引发的。为了确保安全性，法国使用了不同办法以应对这类危害。比如，在 Cattenom 站址，利用湖水作为河水的多样化替代方案；在 Civaux 站址，利用安全冷却塔来确保重要用水的冷却。还有在其他的站址，采用另一些不同的办法。

内陆核电站温度变化幅度。内陆站址更易受大陆性气候支配。温度变化幅度主要对供热通风与空气调节系统产生影响，还有就是内陆电站取水口结冰。但海滨站址也可能发生结冰情况。

法国内陆核电站的公众接受度

法国没有特别针对内陆电站的公众接受计划，对于内陆站址的一般性实践与海滨核电站相同。法国电力公司作为法国以及世界范围内核电机组负主要责任的业主，一直都对核电项目的公众接受度高度重视。法国电力公司主要基于以下几个关键条件来制定公众接受计划：

独立监察以及透明度。法国的总体能源政策是由 2005 年 7 月议会通过的计划法令来管制的。2006 年 6 月 13 日，法国议会投票通过了针对核电透明性以及保安性的法律 (称为 TSN 法)。这部法包含 3 个层面：确保透明度的社会性层面、增强核安全主管单位独立性的机构性层面，以及改善核电站法定地位的程序性层面。

CLI，代表地区信息委员会，被吸纳到TSN法里以加强透明度以及公众辩论。该法令要求每一个核设施的附近都必须成立一个 CLI。如今，法国共成立了 38 个 CLI。

委员会的总体性任务是致力于提供核安全方面的信息跟踪和咨询，包含核活动对于人和环境的影响。每年委员会都会编写一份公开的活动报告以经常性地告知公众。核电站本身也提供给委员会所有与核安全及环境相关的必要信息。这些委员会由居住在电站周边的地区性“关键人物”（本地政治家、不同的职业联合会代表、环境保护协会，以及地方政府）组成，并由政府以及地方组织承担 50% 的经费，其中最主要的一部分来自法国核安全局 (ASN)。

咨询以及公众参与。法国传统的做法是，核能项目的沟通计划都是在咨询技术专家建议的基础上，由政府或监管机构作出的。这些决定被告知给公众并期望获得他们的理解和支持。然而，这些被用于尝试说服人们接受政策、技术以及其包含风险的信息，可能被公众看成是可操纵的。在这个背景下，传统的依赖政府或专家制定而缺少公众咨询的决策过程，可能导致负面效果。因此，法国采取了相应措施，以便利公众通过公开辩论，参与到决策过程里来。

公开辩论由法律确定，涉及到地区性民主。由一个专门的委员会（国家公众辩论委员会）来负责决定是否需要组织一次公开辩论。辩论要达到两个主要目的：一是尽可能多地告知公众，使得他们可以表达自己的观点；二是要提供所有相关信息给业主单位，使得它可以对项目作出最终决定。

在法规因素之外，运营商还通过一种透明的方式，让所有利益相关方参与决策过程，从而获取大众利益方的广泛支持。

全面沟通策略。当今，新闻媒体成为一般大众获取信息的重要来源。EDF 为此发展了一套全面的“实时”沟通策略，比如，网页公布每月环境情况、开通免费呼叫电话和信息中心、组织参观核电厂、每周通过邮件发布专题性和周期性媒体信息、与地区信息委员会合作等等。这些长期的沟通手段，让 EDF 直接参与到核文化在公众中的发展和理解中来。

另外，需要培训具备技术知识、并能将复杂的科学信息转化成易于普通公众理解的语言的指定发言人，由他们来回答媒体提出的问题。这些培训必须由核电厂来进行。

社会与经济计划。对于所有的工业活动，EDF 都通过积极贡献当地经济发展为社区群众创造真实的价值。在法国，这类大项目的社会经济规划，都会考虑到三个方面：与项目相关招聘的教育和培训、与地方密切合作的基础设施融资以及长期的就业计划。

跨区域合作。鉴于核电站的巨大影响以及群众对于核设施的极端敏感性，国家之间会进行跨境合作。例如，法国 Fessenheim 核电站与德国边境直接相连。两国依据 1976 年由德国内务部和法国工业研究部所签订的条约建立了一个固定性法、德委员会机构，负责处理与核安全、辐射防护和紧急计划相关的所有涉及相互利益的问题。再如，法国和卢森堡间针对 Cattenom 核电厂以及法国和比利时间针对 Chooz 核电厂的合作。2012 年 6 月，跨境演习在法国、德国、比利时和卢森堡大公国之间举行，以测试如果在 Cattenom 核电厂发生了事故，它们所采取的共同紧急措施是否得当。这次“大区域”跨境合作覆盖了面积大约 65000 平方公里的区域里的 1112 万居民。

法国电力公司对于内陆站址积累了超过 1200 堆年的运行反馈经验，这些经验反馈使得公司能作出一些改进，并得以确认它们的安全性可与海滨电站相比较。

（论文合作者：Jean BARBAUD、袁野）

AP1000 依托项目和 CAP1000、CAP1400 研发设计情况

上海核工程研究设计院院长　郑明光

AP1000 依托项目总体情况

AP1000 采用非能动安全技术与系统理念，技术非常先进，系统布置格局很科学，整个系统设备非常简单，同时也比较

经济。将来通过重大专项和国产化实施以后会变得更好。通过技术转让与引进，我国核电安全水平、设计能力、试验能力、制造能力、安全审评能力等都上了一个层面。

但目前依托项目建设拖期，为什么？主要原因有以下几点：

一是设计开发与设备研制没有同步进行。没有实际工程设备支撑的设计，就有相当大的不确定度。

二是三代设备制造有很大的挑战。特别是非能动技术需要的屏蔽主泵、爆破阀等都具有很大的制造难度，需要有一个研制和试验过程。

三是 AP1000 设计没有固化、标准化。施工过程中经常有停工、返工出现，工厂化制造、模块化施工的优越性没有体现出来。

四是技术发展与进步是一个过程，需要工程项目来推动、考核、完善和优化。

五是福岛核事故发生以后，美国西屋公司对 AP1000 进行了完整的审核，我们也对 AP1000 进行了半年时间的安全审评。

CAP1000 标准设计情况

在 CAP1000 研发设计中，上海核工院消化吸收了 AP1000 先进核电技术和依托项目工程经验，并且融合了我国 40 多年压水堆核电技术研究、设计、工程经验和 20 多年核电站安全运行经验，特别是重大专项开展的研发、设计活动为 CAP1000 核电技术的自主化提供了有力保障。

目前，技术引进已经接近完成，并完成了技转培训和技术复现与验算工作。19 个消化吸收课题中目前已经完成了 17 个课题的研究工作，其中代表掌握核心技术的 3 个课题已于 2014 年 2 月通过国家专项验收，为重大专项目标的实现奠定了坚实基础。这三个课题是：AP1000 核岛重大关键设计技术研究、AP1000 核岛关键设备设计技术研究以及 AP1000 标准设计研究。

CAP1000 标准化设计包括的范围：一个是核岛的最大标准化，还有就是常规岛和 BOP 的标准化。标准化设计结束以后，还有两大设计任务，一个就是设备的适应性设计，还有一个就是厂址的适应性设计。

2011 年福岛核事故发生以后，我们按照自己的设计理念，对于整个设计进行重新的规划，重新布局资料，重新进行全面设计流程的梳理，整个标准化设计完全是自主控制。

CAP1000 标准设计创新成果主要体现在几个方面：优化改进基于依托项目工程经验反馈、后续项目设计评审问题反馈、相应的 AP1000 技术转让消化吸收成果，以及福岛核事故的经验教训。关键设备国产化率有望超过 80%。

标准设计成果推广是国家统一技术路线的模式，国家能源局即将出台的《核电厂核岛工程标准设计及技术创新管理暂行办法》，要求新建核电项目原则上采用标准设计，真正统一我国核电技术路线；5 月初开展标准设计评审，将“国家核电版”标准设计升级为第一版“国家版”标准设计，并用于后续首批项目；即将成立核电厂标准设计和技术创新委员会，负责持续管理、维护和完善标准设计，推动设计改进和技术创新；以建设一批、改进一版为方针，不断完善CAP1000标准设计，进一步提升核电的安全性、可靠性和经济性。

CAP1400研发及试验进展情况

CAP1400是国务院批准的国家科技发展规划16个科技重大专项之一，国家能源局是核电专项实施的政府牵头组织部门，国家核电技术有限公司是压水堆专项的牵头实施单位和示范工程的实施主体，上海核工院是技术总体责任单位。国内有100多家单位、大专院校、研究院所参与了重大专项的研发工作。

CAP1400总体技术方案

按照顶层设计的目标要求，CAP1400总体技术方案有三大内容：第一是建立国家的创新体制；第二是型号技术；第三是产业化推广。具体要求有以下几个方面：知识产权独立，核心技术自主，关键设备国产，技术性能先进，安全特征明显，排放标准严格，厂址适应宽泛，建设工期适当，单位造价合理，运行业绩突出。

CAP1400型号设计计划

CAP1400开发是一个漫长艰苦的过程，从2007年开始策划到概念设计完成、初步设计完成、施工设计大部分完成，已经经历了七年，整个完成预计要将近八九年时间。

安全审评过程时间也很长，2013年3月，发改委同意示范堆开展前期工作。2013年10月，国家核安全局正式接纳了初步安全分析报告。整个安全风险进行了两轮审评，目前全面评审已经完成，后续进入专项评审工作。评审范围包括PSAR审查、六大专项审查、审核计算、实验验证和独立验证五大方面。评审范围和深度在我国核安全评审历史上是第一次。

在施工设计进展方面，截至2014年4月15日，施工设计已经完成65%。

CAP1400关键试验——六大试验情况

CAP1400关键试验有六大项：非能动堆芯冷却系统性能试验、非能动安全壳冷却系统性能试验、IVR试验、蒸汽发生器热态性能试验、反应堆水力模拟试验、堆内构件流致振动试验。到目前为止，各个试验情况进展比较顺利。验证试验结果表明，CAP1400方案是先进可行的。

CAP1400关键设备研制与生产情况

在CAP1400关键设备研制与生产方面，进行了设备与材料的研制，展开了大量的研发试验与EQ试验。这将大范围地提高设备国产化能力，积极推进设备国产化的进程。

几项关键设备的研制和生产情况是：压力容器从二代技术到三代技术，在制造技术上有很大的发展，提高了整个压力容器的安全性。两个蒸汽发生器，一个由东方电气集团制造，另一个由上海电气集团制造。目前，上海电气已完成了55%的制造工作。蒸汽发生器用首批U型管也实现了国产化，整个制造技术有根本性的飞跃。主泵的研制还是有风险。目前两个主泵都在研制过程中。到目前为止，已经完成了整个试验，预计2016年年底第一台主泵可以交货。

爆破阀作为核心卡关技术，研制进展

顺利，首台爆破阀原理样机已成功试爆，工程样机今年 8 月可以完成并试爆，2015 年完成研制。

其他设备研制也在顺利进行中。21 种焊材有 18 种突破了关键技术，完成定型，目前正在试验论证，其中有 4 种已经实现供货。

CAP1400 示范工程建设情况

2009 年 9 月，国家核电与华能合资组建了国核示范电站有限责任公司，2013 年 12 月达成了在荣成石岛湾厂址共同建设 CAP1400 示范核电站的战略协议，目前场地平整和核岛负挖工作已经完成。

CAP1400 是采用举国体制、国家之力与行业智慧，基于最先进的核电技术，自主创新、自主开发出的世界上技术领先的非能动压水堆核电型号，是国家品牌。与 AP1000 相比，成熟性相当，并具有以下优势：优化了总体参数，设计裕量更大，安全性与电厂效率、经济性均有提高，可利用率、设计寿命、运行可靠性、在役检查、人员放射性剂量率、废物产生总量等方面指标比现有核电技术都有突破。结合国家的综合优势，具有更大的国际竞争力。只要大家共同努力，CAP1400 一定能走出去，成为国际品牌。

“华龙一号”——自主创新的中国核电品牌

中国核电工程有限公司副总经理　邢继

研发背景

“华龙一号”是中核集团和中广核集团共同推出的中国自主第三代压水堆核电品牌，是两大核电集团在核电技术自主创新、落实国家核电“走出去”战略上取得的共同成果。

中国的核电发展已经走过了 30 年，中核和中广核始终坚持在引进、消化、吸收基础上，走自主研发再创新的技术发展路线，历经十余年进行自主品牌百万千瓦级三代压水堆核电技术研发，形成了 ACP1000 和 ACPR1000+ 自主核电品牌。

2013 年 4 月 25 日，国家能源局主持召开了自主创新三代核电技术合作协调会，提出关于自主创新核电技术合作的目标、原则和遵循的标准；确定两集团在 ACP1000 和 ACPR1000+ 的基础上，联合开发体现更先进安全理念的、具有我国自主知识产权的三代百万千瓦级压水堆核电技术——“华龙一号”。

融合方案确定：“华龙一号”要充分借鉴三代核电技术的先进设计理念和我国现有压水堆核电站设计、建造、调试、运行的经验，以及近年来核电发展及研究领域的成果；必须能够满足我国最新的核安全法规和要求，以及国际国内最先进的标准要求，同时参考国际先进轻水堆核电厂用户要求（URD 和 EUR），满足三代核电技术的指标要求；采用经过验证的技术，并充分利用我国目前成熟的装备制造业体系，具有技术成熟性和完整的自主知识产权，满足全面参与国内和国际核电市场的竞争要求。

截至2013年8月底，两个集团专家组进行了8轮充分技术交流，形成了“华龙一号”总体技术方案。2013年9月5日，《“华龙一号”技术合作协议》正式签署。

总体技术方案

一项先进的核电技术，首先应该具有比较高的核安全水平；作为一个自主创新的中国先进压水堆核电品牌，它应该具有市场竞争力，也就是说要能够体现出经济性；为了更好地实现安全性和经济性目标，要尽可能采用更先进的技术；同时，还要考虑成熟的技术和成熟的设备，这样更有利于安全性和经济性的提高。“华龙一号”正是全面地考虑了安全性、经济性、先进性、成熟性这四个方面的综合统一。

核电站的三大基本安全功能是反应性控制、余热的排出和放射性包容。“华龙一号”针对这三大基本安全功能，通过应用“纵深防御”设计原则，丰富和完善事故预防和缓解手段，充分保证核电厂的安全性、先进性和成熟性。其主要设计思想是：充分汲取了三里岛、切尔诺贝利和福岛核事故经验教训，考虑完善的严重事故预防和缓解措施来强化“纵深防御”，提高系统与设备多样性、多重性和独立性；充分借鉴AP1000先进安全设计理念，采用“非能动”技术作为能动安全措施的补充；采用成熟经验证的技术。

“华龙一号”的堆芯采用了177组先进燃料组件，既增加了核电厂的发电能力又提高了核电运行的安全裕量；采用了先进的堆芯测量系统。“华龙一号”在系统全面地开展事故分析的基础上，采用风险指引的概率安全分析技术来支持设计决策，充分发挥该技术在识别安全薄弱环节、优化设计和平衡设计上的作用，使安全性得到保障的同时，保证经济性。

“华龙一号”创新性地采用能动和非能动相结合的设计理念。能动安全系统是高效的、经过工程验证的，非能动安全系统可有效应对动力源丧失的情况。以非能动安全系统作为能动安全系统的补充，可在保证技术成熟性的同时，大大提升安全性。

“华龙一号”的技术特征还包括：完善的超设计基准事故/严重事故应对措施；采用单堆布置，实现布置优化和实体隔离；采用双层安全壳；抗商用大飞机撞击；抗震设计能力提高等。

在提高经济性和先进性方面，在“华龙一号”的技术方案中也采取了很多的措施。其中包括采用18个月换料设计、60年设计寿命、先进的数字化仪控系统；三废系统设计优化以满足废物最小化要求等。

在设备成熟性及国产化方面，“华龙一号”在现有核电技术基础上通过持续改进和继承发展，首堆建设国产化率不低于85%，批量化建造后设备国产化率不低于95%。关键设备供货可以依托现有核电机组已经形成的国产化能力。

从研发开始，中核、中广核集团就

十分重视“华龙一号”自主知识产权体系建设，开展了一系列专题研究工作，对建立自主知识产权体系进行了精心策划，并分步实施。“华龙一号”作为在中核ACP1000和中广核ACPR1000+基础上融合优化的机型，是具有自主知识产权的三代核电机型，其自主知识产权覆盖了设计、燃料、设备、建造、运行、维护等领域，并已自主开发了核电专用软件，形成了完整的知识产权体系，是目前国内能独立出口的三代机型，在国内和出口目标国均不存在侵犯他人知识产权和违反有关技术引进协议的风险。

项目进展情况

中核和中广核集团开展了全面、大量的基础科研工作，从堆芯、一回路设计到主要的设备设计、系统设计，包括燃料元件设计，“华龙一号”的整个研发过程和研发成果都有试验验证工作作支撑。重要试验验证包括：反应堆水力模拟实验、堆内构件流致振动实验研究、控制棒驱动线抗震实验研究、二次侧非能动余热排出系统实验研究、堆腔注水系统实验研究、非能动安全壳热量导出系统实验研究、自主品牌核燃料组件研发等。

目前，中核集团计划在福清核电5、6号机组上实施“华龙一号”建设；中广核集团计划在广西防城港3、4号机组建设“华龙一号”示范工程。

“华龙一号”首堆示范工程开工建设对落实国家“建设核电强国”和核电“走出去”战略具有重大意义，对我国全面参与国际核电市场竞争将起到重要支撑作用。

“两条腿走路”积极稳妥发展核电

中国工程院院士　郑健超

规模发展核电是我国能源可持续发展战略的重要组成部分。我国核电界对规模发展核电的技术路线在福岛核事故前已形成广泛共识：二代核电持续改进与引进三代核电并行不悖，应同步推进。在引进三代技术时，为规避风险，政府作出了非能动（AP1000）与能动（EPR）同时引进的慎重决策，体现了“两条腿走路”、多技术路径同步推进、积极稳妥发展核电的方针。

应当看到，福岛核事故在公众心目中留下了挥之不去的阴影，也形成了对核电安全的一些认识误区，例如：二代核电不安全，三代核电才安全；非能动系统比能动系统安全；PSA计算结果等于安全性等。如果真是这样，我国核电发展的技术路线的可选择性越来越小，核电规模应用的前景堪忧。业内专家对于这些问题也持有不同的观点。带着这些问题，本人查阅了一些技术报告，形成如下看法。

渐进型先进堆和创新型先进堆

要回答二代核电、三代核电的安全性问题，首先要从国际原子能机构（IAEA）对全球先进堆（三代）设计的评价说起。IAEA 2004年发布了题为《先进轻水堆设计现状》的技术报告，目的是为成员国有技术背景的官员和研究院所，在制定本国核电发展计划时提供参考。报告将先进堆（三代）设计分为两类：

渐进型（Evolutionary）设计：基本上传承了现有堆型的设计，通过经验反馈和采用新技术（包括非能动技术），改进反应堆的安全性能。渐进型反应堆在商业化应用之前需要进行工程确认性试验。

创新型 (Innovative) 设计：与现有堆型有显著的区别。在商业化应用之前，需进行大量的验证和试验，包括建设示范电厂或者原型堆电厂。

IAEA 按照先进堆（三代）的评价标准，筛选了 19 项大型先进轻水堆的设计。

这 19 项绝大部分都属于渐进型设计（包括韩国、欧洲、俄罗斯开发的先进压水堆，已经投入运行的先进沸水堆，中核集团设计的 CNP1000 等）。AP1000 从概念性设计阶段就被定位为创新型先进堆。最有代表性的渐进型先进压水堆是韩国的标准堆和现已走出国门的 APR—1400。先进轻水堆绝大部分属于渐进型。渐进型设计看来是当代先进堆发展的主流。

从现有堆型（二代）发展到先进堆（三代）是一个持续改进的渐进过程，之间很难认定“代沟”，在安全性上也很难区分出显著性差异。在国际正式文件中，也都避免采用“代际”的提法。这样比较科学。

我国现有的二代核电是在三里岛核事故 20 年后，高起点起步、引进国际成熟先进技术、经过持续技术改进发展起来的，良好的安全性已经过长期工程实践的验证，很可能实际的安全性已经达到先进堆的水平。

创新型先进堆从概念性设计到商业化应用，需要进行大量的试验和验证，以及原型堆（或示范堆）的工程验证。通过安全评审的难度也大。至今还没有大型创新型先进压水堆建成，说明它极具挑战性。创新型先进压水堆的代表——AP1000 首堆目前尚处在建设阶段，现在评价其技术性能还为时过早。

非能动安全与能动安全

能动安全系统与非能动安全系统孰优孰劣，一直是核电界的热门话题。对这两种安全系统的全面评价，涉及安全性、经济性和对核电站运行性能的影响等方面。

安全性能评价

非能动安全系统的主要优点：一是不依赖外部能源供应，只靠自然力（自然循环、重力、压力储能）应对严重故障；二是对电站设备失效和人因错误不敏感。在理论上，它的安全性优于能动系统。

非能动安全系统的主要缺点有：低驱动力自然循环过程与反应堆中的热交换过程耦合，使非能动系统中的热工水力过程变得极其复杂。这种过程容易受环境条件的微小变化的影响而偏离预期的运行状态，发生所谓“物理过程失效”。

IAEA 组织的一次非能动安全系统应用国际会议的结论指出：应该对非能动安全设备和系统的潜在失效模式进行仔细评估，以确定可能出现的新故障机理。

另外，非能动安全系统缺乏试验数据和运行经验。IAEA 的一份技术文件指出，过去 30 ～ 40 年全球对能动安全系统中的热工水力过程、评价软件、设计工具已进行了十分详尽的研究，积累了大量的试验数据和运行经验，而对非能动安全系统中的热工水力过程的了解甚少，试验数据有限。非能动安全技术的广泛应用，需要作进一步的试验研究和工程验证。

非能动安全系统的可靠性：因为非能动安全系统有可能因热工水力过程的不稳定而失效，所以非能动安全系统的可靠性成为国内外近年的重点研究课题。其可靠性包括非能动设备（如管道、阀门）的可靠性，需要研究系统中硬件失效（如阀门失效，不能启动安全系统）对整个安全系统可靠性的影响；物理过程的可靠性，需要研究热工水力过程的不稳定性、失效模式、发生概率及对整个非能动安全系统可靠性的影响。

非动能安全系统可靠性评价方法：概率安全分析（PSA）已成为分析核电站安全性的有力工具。现有 PSA 是针对能动安全系统发展起来的概率风险分析方法，适用于设备失效（包括人机界面）带来的安全风险评价，没有考虑非能动系统中物理过程失效对安全系统可靠性的影响。如果沿用现有的 PSA 来评价非能动系统的安全性，会得出过于乐观的结果。例如，用现有的 PSA 计算 AP1000 的 CDF、LERF，可得出比能动系统低 2 个数量级的结果。“AP1000 的安全性比二代反应堆高两个数量级”的说法可能来源于这个计算结果。PSA 的计算过程并无错误，问题出在现有的评价工具不适用非能动系统。

将硬件失效和物理过程失效的影响融入PSA评价体系，需要解决许多困难问题，包括建立非能动系统热工水力过程仿真的数学模型。评价非能动安全系统的另一困难是，非能动设备（如阀门）可靠性的数据缺乏。

经济性评价

一般认为非能动系统（减法）一定比能动系统（加法）更经济。但有专家认为，非能动系统因简化减少了投资，但尺寸较大，可能会因抗震要求增加费用。此外，非能动特殊设备的研发和制造费用昂贵，可能会抵消简化带来的效益。

对电站运行性能影响的评价

这方面的评价内容包括：非能动系统对核电站的运行方式灵活性、响应速度是否有不利的影响；在核电站寿期内，非能动设备（管道、阀门等）的老化管理和实施在役检查及试验的可操作性。很明显，在这方面，非能动系统都逊于能动系统。

以上的内容可以归纳成如下几点：

1. 由于低驱动力的热工水力过程的不稳定性，非能动安全系统的失效模式、发生概率、影响因素和它的适用范围，需要进一步仔细研究；

2. 非能动安全系统的可靠性与设备可靠性、物理过程可靠性有关；

3. 常规 PSA 没有考虑物理过程失效对安全性的影响，用于评价非能动系统的安全性会得出过于乐观的结果；

4. 用改进的 PSA 评价两种系统的安全性的初步结果显示，非能动与能动系统的安全性没有显著性差别；

5. 非能动安全系统的实际应用，还需要考虑经济性和对电站运行性能的影响；

6. PSA 是一种安全风险定性评价的工

具，计算结果不等于安全性。

非能动安全技术是一项重要的核电先进技术。任何新技术都有两面性，对它的评价不能绝对化。为了使非能动安全技术的应用收到实效，需要开展非能动安全系统可靠性的研究，特别要研究降低物理过程失效带来的风险，并开发适用的评价方法和设计工具。

同步推进中国渐进型先进堆的研发与引进先进堆的工程示范

福岛核事故重创了全球核电事业，也使中国核电的发展面临许多难题。为了推动中国核电的健康持续发展，需要按照“两条腿走路”的方针，毫不动摇地继续同步推进中国渐进型先进堆的研发和引进的三代核电的工程示范。

中国式渐进型先进堆的开发和规模应用有利的条件：现有的反应堆已非常接近先进堆的水平；设计吸取了福岛核事故的经验教训，进一步提高了安全性；有大量运行经验的支持；与现有核电产业链能有效地链接；经济性好、有利于规模应用；获得完全自主知识产权的困难较小。因此，中国渐进型先进堆（例如联合开发的“华龙一号”）的研发和应用应作为国家战略给予重点支持。

推进引进三代先进堆工程示范的建议：

要充分认识全球核电界瞩目的AP1000/EPR首堆工程的挑战性。目前两个项目工程进度有不同程度的滞后的原因主要在于外方设计修改频繁、设计迟迟不能固化、关键设备验证试验滞后、福岛事故后的大量设计修改、技术转让打折扣等因素所造成。在后续项目中要十分重视总结经验，并认真做好经验反馈。

由于技术转让不充分、关键知识产权仍掌握在跨国公司手中，自主创新任务十分繁重。需要从长计议，创造鼓励自主创新的宽松政策环境，以避免催生短期行为。

与设备制造强国相比，我国核电高端设备制造水平还有不小的差距，有关材料、工艺的基础研究跟不上。这是规模发展核电的软肋。急需通过改革，建立产学研有效合作机制，促进我国高端制造技术的发展。

坚持安全第一 促进核电健康高效发展

大亚湾核电厂原厂长　濮继龙

社会经济生活离不开核电，发展核电必须坚持安全第一的原则不动摇，这已经成为世界有识之士的共识。今年，国家主席习近平在世界第三届核安全峰会上以“四个并重”第一次全面系统地阐述了中国“核安全观”，体现出统筹兼顾的辩证思维和不能单执一端的智慧，为我们指明了如何认真落实核安全要求的指导性原则，是我们今后一段时期和安全管理工作的指针。

在现有条件下，究竟如何做到确保核安全，如何使核电又健康又高效地发展，还有许多问题需要进行认真的思考与讨论。

什么是科学理性的安全观？

核安全是什么？核安全，就是我们采用的一切技术与管理措施，确保环境与公众免遭过量放射性的伤害。这是从技术层面上讲的。那么，究竟技术与管理要强化到什么程度，安全才是足够的呢？这就要探究一下安全的另外一个很重要的属性，它的社会心理层面的意义。安全是什么？安全是公众的一种心理情感体验，公众觉得放心的，就是安全的。公众不接受，那就是不安全。所以安全标准始终是相对的，其底线就是社会的认可与接受程度。

既然如此，核电相关企业就应当把核安全问题作为自己对社会的承诺。最近国家要求在新的核电项目审批过程中要作社会影响评估报告，这就是说，我们已经把公众的接受度作为衡量一个项目是否符合安全要求的一种评价手段，公众接受度已经成为核电发展路径上的重要关卡。这无疑是一种进步，对我们也是巨大的挑战。

再从企业经营的角度来看，安全是一切企业的生命线，没有安全，一切的效益与发展壮大都免谈。安全是一个企业的内禀特质，是企业核心竞争力的前提。正因为我们要对环境和公众负责，就必须确保拥有这种内禀特质，而不仅仅把它作为一个可以用来商业炒作的话题。

一般行业一般都不会在宣传上不停地探讨安全问题，只有核电企业是个例外，所以核电是一个十分特殊的行业。出现这种情况的原因，一个是冷战的影响，在那个时代，超级大国过分强调了核武器的威力及其战略重要性，客观上宣扬了核恐怖，结果吓坏了包括本国老百姓在内的普通人。另一个是生物性方面的原因，动物，包括人类，出于自卫本能，对于自身不熟悉的东西有着天然的抵触与规避。第三是部分媒体过分渲染了核事故的恐怖后果。第四是能源品种之间和核电企业之间的利益博弈，常常拿核安全问题说事儿，造成公众与政府无所适从。当然也有部分核电从业人员行为欠妥，造成了一些不良的后果，给人留下了话柄。正因为核安全摊上了政府与公众接受这样的大事儿，就不得不天天把安全挂在嘴上。

从事核电这一行业的人，一定要切记历史教训，但我们不能仅仅把安全口号挂在嘴上，更要落实在行动上才行。必须积极推动安全文化建设，努力提高本单位全体员工的安全意识，养成良好的安全习惯与作风。当领导的，在决策过程中，更要切切实实地把核安全问题置于所考虑的一切问题的首位，为员工作出好榜样，让公众信得过。

作为一个核电企业，我们应该怎么干？

安全不是目的，安全只是达成企业经济目标的基础与手段，安全性与经济性的契合，是企业领导人必须权衡的大问题。企业的经济目标离开了可靠的安全手段，是不可能实现的。为什么核电企业必须坚持安全第一的原则不动摇？为什么必须来真的、切切实实抓好核安全工作？因为只有这样，才能得到政府部门和公众的支持，才有可能通过这道关卡，才有可能站住脚。

在具体核电企业的运作中，要注意克服一些偏向：应当坚持原则，不要取巧；

坚持大局，不图小利；坚持实干，不来虚的；坚持透明公开，不掩不盖；坚持持续改进，绝不自满。

核电安全没有国界。核电行业，可以说是一损俱损，一荣俱荣。核电企业之间是一个利益共同体，应该互相帮衬，互相补台，而不要相互搅局。

政府主管部门要做核电的促进派

作为政府主管部门，首先要抓好“立法、执法、守法”，做核安全的坚强守护者。立法，应当从国家的长远利益出发，从人民群众的根本利益出发，从经济发展的大局出发，从当前可实现的工业基础出发，提出严格而适当的安全要求。执法，应当在环保压力与社会舆论压力之间，眼前利益与长远利益之间，国家总体利益与部门、企业局部利益之间，坚守从大局、全局、长远出发，该担责任就担责任，该发声就发声，不能不作为。守法上，作为执法者，要坚持一个标准不动摇，既不应该“法外施恩”，也不能“层层加码”，执法部门要以法律为准绳，不能为一时的汹汹舆论所左右。

政府部门应当旗帜鲜明，积极作为，为公众树立“爱核亲核”的榜样，做核电的促进派。

在促进公众认识了解并支持核电事业方面，政府有着雄厚的资源，有比企业更超脱的地位。政府相关部门，在对公众进行教育科普、回答解决公众对发展核电方面的重大关切上，具有举足轻重的作用。做好舆情疏导、加强科学知识普及、处理好公共关系，也应该是政府部门的重要职责之一。

正确理解核电安全问题

围绕核电安全问题，近年来，社会上与业内有过各种口号与说法。我想就这些说法谈一点自己的感想。

第一个说法是“要保证绝对的安全”。这种说法在哲学上和技术上都很有深入探讨的余地。世界上没有绝对的东西，也没有绝对的安全。这种话从政治家口里说出来，作为一个使公众放心的政治口号，当然没什么不可以。但是具体工作人员如果要把这种口号“坚决落实一丝一毫不动摇”，变成一种技术要求，却又没有与之配套的法规标准可供操作，客观上效果如何，恐怕就要打一个大大的问号。

第二个说法是“我们要执行最严格的安全标准”。这种说法本意在表达对核能安全的高度重视，要高标准、严要求。标准就是把严格的尺子，不严格就不能称之为标准。标准是在一定技术条件下可以达到的质量等级，最重要的是可不可以操作，怎么评判。各国的核电标准大体相当，但也都根据本国工业实践在量化参数上有所取舍。如果我们把世界各国最严格的量化条款都集中起来，那么我们有可能写出一部“最严格”的标准。但肯定地说，它是不可操作的，没有一个国家会接受它。我国核安全法规的现状是，法规体系从总体上说与国际原子能机构推荐的标准是相一致的，但是存在着部分法规要求上下游不够配套、一些核安全条款过于原则、执行起来难免有见仁见智的情况。核安全法律体系方面，我国当前最需要解决的，恰恰是提高其可操作性以及强化执行力的问题。

第三是“核安全，怎么强调都不过分”。这种说法是为了强调核安全的极端重要性，但从哲学上说是不妥的，这是形而上学的口号。任何事物都有个“度”，走过了头，真理就变成谬误。安全是手段，不是目的。不搞核电就不存在核安全问题，这样强调，行吗？再者，核安全是行动的科学，是踏踏实实干出来的，不是靠扯着嗓子喊出来的。我们之所以有“怎么强调都不过分”的感叹，就是因为很多时候落实不到位，需要有关方面不停地“耳提面命”。什么是对核安全的真正强调和重视？那就是紧抓落实不放松。落实到行动上，才是坚持安全第一原则的重要抓手，仅仅靠呼吁、呐喊、宣传，是远远不够的。

第四是“老百姓不支持的事我们坚决不干”。现在我们比以往任何时候都更重视民意舆情，这是一个巨大的社会进步。然而，“民意”往往是政治人物表达其政治诉求的工具，对所谓民意必须冷静对待。谁能真正代表“老百姓”，我们是不是要辨别一下？老百姓为什么不支持，我们是不是要分析一下？怎样才能让老百姓支持，我们是不是要思考一下？行动一下？一看到有几个人气势汹汹，就吓得不得了，我以为没必要。“老百姓不同意”，决不能成为我们不作为的借口。

第五是“铁路警察，各管一段”。这常常是我们表达自身权力有限的一种托辞，它所包含的潜台词是：“我的地盘我说了算，我管不着的事别来烦我。”这很容易变成一种本位主义。核安全任务一定要被分解，每个岗位的责任都是有限的。越分解，责任越细，接口越多，灰色地带也越多。结果是出现无休止的协调会、论证会、联席会，而确保安全这一根本宗旨却常常被抛诸脑后。所有的人都应该意识到，只有确保安全，才能发展核电，没有安全，核电不可能健康发展。小道理必须服从大道理，这一辩证关系，千万不能被忽略，更不能被扭曲。

我们讨论核安全问题，重点已经不在于解决有关安全的技术手段问题。当前的核安全问题，我以为主要是解决认识问题、理念问题、标准的执行问题、行动的落实问题，以及部门、企业及相关方之间的利益纷争问题。解决这些问题，统一思想行动，才能让公众与政府部门信任支持我们，这是促进核电发展过程中必须跨越的难关。

核电是我国国民经济的重要组成部分。发展核电，是我国能源结构调整的需要，是保护环境的需要，是技术进步、提升核心竞争力的需要，也是壮大国家综合经济实力的需要。安全问题不是核电发展的障碍，相反，它应该是核电发展的助推剂。只要我们正确认识理解安全问题，坚持安全第一的原则不动摇，精诚团结，真抓实干，核电事业一定能获得更健康高效的发展。

核电装备制造业：现象与思考

上海电气集团核电部总工程师　缪德明

随着核电国产化战略的推进和核电项目批量性启动，核电装备集团以市场为导向的发展规划、以扩能为目标的基地建设、以项目为依托的产业推进，迎来了前所未有的核电装备批量化、规模化的产业发展的三年。虽然福岛核事故一度动摇了全球核电市场预期，但中国核电环境依旧给了国内核电装备业这三年的“缓冲期”，使之能有机会为践诺当初的核电装备业发展战略而初试锋芒。福岛核事故三年后的今天，回顾三年历程，省悟其间的进退得失，思索未来的取舍缓急，这样做，不无裨益。

装备集团发展战略遭遇挑战

2006年开始，核电建设进入批量化、产业化发展的历史阶段，核电装备制造经历了三大发展阶段，即：通过秦山二期翻版、岭澳二期和巴基斯坦恰希玛二期等项目建设，建立、健全了核电队伍、生产设施和管理文化；通过红沿河、宁德、福清等二代改进项目建设，形成、固化了批量生产百万千瓦级机组的制造和管理体系；通过三门、海阳AP1000和台山EPR项目建设，三代关键设备的批量化制造能力开始显现雏形。国内核电制造产业化发展的业务构架基本形成，核电装备国产化基本跟上战略发展的步伐。通过这一时期批量项目的依托，以核电重型装备国产化为突破口，推进了科研开发、产品试制和产能扩充，实现了核电关键设备的批量供货，为国家核电跨越式发展作出了贡献。

在福岛核事故之前，业内当时一般的共识是：核电市场发展规模将会是每年开建10~12台百万千瓦机组。在研究国际核设备产业格局和国内核电发展战略基础上，以强化或延伸核电主设备供应链能力为重心，核电装备集团纷纷推出资源重组和战略扩张的举措。经过这一轮战略扩能，国内核电装备能力大幅上升。据国家能源局2011年底的统计数据，国内压力容器、堆内构件和控制棒驱动机构的制造能力均为10台（套），蒸发器27台，主泵30台，汽轮发电机组15套。

福岛核事故的突然发生，增加了核电产业发展前景的不确定性和外部环境的困难度，使刚显现的核电高速发展态势戛然而止。

在经过一年半核电项目“休眠”之后，随着《核电中长期发展规划（2011—2020年）》修订，政策趋于明朗，核电装备业受到的影响得以廓清。

经梳理，当时的直接影响是：

1. 由于明确“新建核电机组必须符合三代安全标准”，前几年企业投入较大、已开发成功并日臻成熟的二代改进设备制造技术和经验将失去直接应用机会。

2. 由于明确“十二五”时期不安排内陆核电项目，与三个内陆核电业主签订的合同估计要推迟三至五年。

3. 由于出台的中长期规划目标远低于前阶段产能大增时的业界预期，后续订单只是国内产能的一半左右。

装备集团核电集成发展战略遭遇挑战。

制造企业能力提升的机遇

对装备制造企业来说，这一市场休整期给提升核电管理水平提供了难得的机遇。是否有效地利用了这一机遇，在不断的资源冲突、管理冲突和企业文化冲突中善于总结和提高，这不仅可从这一时段的业绩差异中有所体现，而且必将对未来几年再一轮设备制造高峰期的业绩带来影响。

通过这一阶段的努力，装备集团长足进步，呈现几方面的特点：产业发展的业务构架基本形成；前瞻性的核电制造基地基本建成；核电产业化规模初见成效；关键设备国产化和出产能力取得较大进展；科研攻关取得进展，重大技术瓶颈有所疏通；核安全文化深入人心；核电队伍快速壮大，全员素质提高。

要善于总结和重新认识自我

前一轮的主设备制造和交付高峰期已经或正在过去。这几年的实际负荷基本上没有超越原先企业宣布的能力上限，项目运作所反映的企业实际出产能力与对外宣布的能力水平存在差距。

企业管理层应对常态下核电产能作一番评估，通过分析关键设备和人员资源、关键技术和措施的储备，找出关键制约因素，还有哪些差距。

企业影响设备供货能力的制约因素，包括部分关键设备产能和关键人员的不足，影响了整台（套）设备的出产能力。真正的制约因素恐怕还是在管理能力方面。管理能力涉及集团产业管理和企业项目管理两个层面。

通过这两年核电运作，企业对“产能”这一词的内涵有了更深认识，值得投入一定时间和人力，开展对核电产能的评估工作，重新认识自我，找寻突破口，拾遗补缺，以利再战。

其实业界对国内核电装备能力的评估也在调整，对国内制造能力的认识更深入更全面，评估也更加趋于谨慎和客观。

不求做大做强唯求做“精”

“做大做强”曾经是核电装备集团的追求——以规模化、批量化为发展途径，通过资源配置、结构调整，使供应链延伸、产业拓展。这一战略曾使核电装备产业有了一个良好的产业发展开局。但以高投入实现高增长的发展战略已不再是、不该是当前的首选。如何延续辉煌、为国家战略再作贡献？这问题很现实。

当初指望以占位跑量、挤入并扩大市场赢得投资回报，但现实是没有那么多空间可以占位，没有那么多市场可以跑量。用好品牌，特别是用好当前受市场青睐的优势产品品牌，通过稳定质量、保证周期、降低成本，以赢得更大的市场主动，是当前一种有效选择。

找差距练内功迎接核电提速

核电建设正在提速，核电装备集团未来十年乃至数十年的产业发展得到支撑，这样的发展空间是其他行业没有的。在核电产业化、常态化发展过程中，要发现问题、解决问题，达到优化系统、完善能力的目的。

· 以完善体系为核心，不放松核安全文化建设，研究重大事故预防机制，严防事故对产业发展的冲击。

小概率质量事故会出现高风险后果。一些质量事故虽然由个别员工违反工艺纪律造成，但根子仍反映管理体系和精细程度存在问题。核电质量事故和失误不仅影响企业声誉，严重的可能断送产业发展。如何进一步优化质量管理体系和流程？如何将核安全文化意识融化在领导和一线员工的行动中？如何将质量问题的被动处理转变为主动预防？如何提高监督工作的有效性和覆盖度？如何从体系管控的角度减少或避免个别员工的“特立独行”？这都是我们当前面临的重要课题。

·完善多项目、紧周期、高度交错的项目管理模式，树立设备供货的良好口碑。

核电技术路线在由“二代”向“三代”转移，但多项目、多堆型、紧周期、高度交错的项目管理模式仍可能是未来几年的现实。新一轮核电项目正在启动，上一轮核电项目启动时的管理矛盾不应重现。要以稳定质量为主线、以项目计划为抓手，提高计划的合理性、科学性和严肃性，以产品高质量和合同履约率来鉴别企业管理、技术和产能的水平。

·建立用户为主的服务系统，以业主需求作为企业的追求。

·发挥核电基地的产能效应，让基地效应与集团品牌发扬光大，为产业发展所用。

·以信息化带动产业化、产业化促进信息化，提高信息技术对企业效益的贡献率。

核电经验积累是国家和企业资源投入的结果，核电产业发展非企业一家之事，需要相互提携。要建立和完善经验共享平台，加强行业交流，重视同行经验，推进信息向生产力转化的进程，提高信息技术对企业效益的贡献率。

在核电“走出去”战略中做好配角

当前，核电“走出去”的目标正在化为具体行动，给国内核电装备集团带来新的期盼。制造企业很难指望核电“走出去”会对产能有多大贡献，主要还是出于产业拓展的需要，这方面的意义大于经济效益方面的考虑。

制造集团参与国外设备供货的形式大概有三种：（1）国内核电公司拿下国外项目，然后国内制造企业分包；（2）国内核电公司与制造集团联手，拿下国外项目，制造集团企业优先承担制造；（3）国外核电公司承担国外项目，将部分设备分包给国内企业。

无论是上述何种形式，国内制造企业都处于从属、后发地位，装备集团当前的选择是跟紧形势，抓准机会，做好配角。

如何做好配角？按国外企业的管理模式运作项目，这将带来新课题。解决这些课题，需要在提高技术含量，管理精细度上继续努力。解决这些课题，有时会挑战企业文化、颠覆企业习惯做法。

做好配角，还要争取国内核电公司更多支持，尽早地融入国内核电“走出去”的团队氛围中。不应求一时的利益划分，要重在品牌推介，展现企业良好形象。服务国家战略，推进产业发展，争创国际一流，应该成为核电装备集团新的战略发展导向。

2014 年度中国核能行业协会科学技术奖获奖项目

一等奖项目 3 项

序号	项目名称	主要完成单位	主要完成人
1	EPR 核电站双层安全壳建造技术	中国核工业华兴建设有限公司	周　博　陈宝智　黄　权 陈明国　龚振斌　秦亚林 魏权宗　许开勋　陈志勇 陶玉平　廖春生　王　龙 丁水涛　王凌华　刘莎莎 魏建国　杨　尚　钱伏华 宋建义
2	核电站堆内构件振动监测系统	中国核动力研究设计院	刘才学　邓　圣　魏　东 王红波　胡建荣　李　翔
3	国产首台第三代核电（EPR）蒸汽发生器制造技术	东方电气（广州）重型机器有限公司	唐　伟　明向军　周振虎 邹　杰　刘远彬　赵红远 程怒涛　李　萌　蔡泽波 江国焱　戴光明　张泽贵 叶欣延　郭时玲　颜建文 王书亮　李　恩　谢　丹 刘　俊　陈均昌

二等奖项目 21 项

序号	项目名称	主要完成单位	主要完成人
4	百万千瓦级压水堆核电厂首炉一体化含钆 18 个月换料研究与应用	1. 中科华核电技术研究院 2. 深圳中广核工程设计有限公司 3. 福建宁德核电有限公司	张　洪　周　洲　肖　岷 魏　挺　卢向晖　蔡德昌 厉井钢　付学峰　王　婷 胡友森　马兹容　刘海涛 熊京川　濮　阳　白成斐
5	核电蒸汽发生器用 800 合金 U 形传热管	1. 浙江久立特材科技股份有限公司 2. 中国中原对外工程有限公司 3. 上海核工程研究设计院	苏　诚　王　勇　顾国兴 蔡志刚　王红斌　曲国胜 陆祖祥　景　益　杜圣华 张建宇　张耀耀　沈宾宾 王永东　李欢妮　夏　亮

（续表）

序号	项目名称	主要完成单位	主要完成人
6	乏燃料接收与贮存水池工程设计	中国核电工程有限公司	吴博康 任天祯 马 敬 岳会国 许德佑 孙智华 周耀良 屠国纪 赵昌友 李庆春 潘丽雅 罗玉弟 左 越 刘继连 卢 涛
7	非能动压水堆热工水力试验综合测控技术	1. 国核华清（北京）核电技术研发中心有限公司 2. 上海核工程研究设计院	常华健 田 芳 刘云焰 张 陶 亓振锋 王嘉鹏 戚展飞 倪陈霄 李玉全 赵瑞昌 段岩峰 毛从清 王 燊 李洪森 崔明涛
8	四川省若尔盖铀矿田成矿规律和深部勘查模型研究	1. 四川省核工业地质局 2. 四川省核工业地质调查院 3. 四川省金核地质勘查工程有限公司 4. 四川省核工业地质局二八二大队 5. 四川省核工业地质局二八三大队	张庆亨 任 胜 何发扬 金有忠 张立军 陶卫中 李庆阳 邓霜岭 李宝新 黎 波 张 浒 李宏涛 孙 丹 陈田华 耿 亭
9	中国运行核电厂 PSA 设备可靠性数据库的创建	1. 环境保护部核与辐射安全中心 2. 苏州热工研究院有限公司	依 岩 郭建兵 柴国旱 陈捷飞 汤 搏 侯 伟 韦 力 邱艳荣 代洪伟 李 春 王 奋 黄志超 钟 山 初永越 黄 乾
10	百万千瓦级核电厂蒸汽发生器自主化设计	中国核动力研究设计院	张富源 黄 伟 黄 海 何劲松 余 平 张文其 李海颖 陈军亮 王 园 汤臣杭 刘宏斌 张意翼 黄 敏 邓 丰 李 磊
11	自主知识产权 CPR1000 核电非安全级数字化控制系统研制应用	1. 北京广利核系统工程有限公司 2. 中广核工程有限公司 3. 深圳中广核工程设计有限公司	刘 元 孟庆军 王童生 徐晓梅 赵慧丽 林 杰 卢 炜 吴显东 王群峰 李俊卿 张学刚 陈 龙 马建新 高连国 王道斌

（续表）

序号	项目名称	主要完成单位	主要完成人
12	AP1000 核电站屏蔽厂房穹顶及主体结构先进施工技术应用与研究	1. 中国核工业二四建设有限公司 2. 中国核工业二二建设有限公司	杨振勋　刘兆瑞　于　军 余荆州　贺　凯　刘　军 蔡　松　谢利平　刘天宇 邓国平　黄　振　曾庆威 章中华　张炳畅　吴海宾
13	急性放射损伤救治新技术的研究	苏州大学	杨占山　张舒羽　许玉杰 曹建平　华道本　朱南康
14	层间氧化带砂岩铀矿床翼部矿体溶浸液流向控制技术	核工业北京化工冶金研究院	谭亚辉　胡柏石　阳奕汉 刘乃忠　程宗芳　姜　岩 霍建党　李晓剑　张宝恩 王晓东　王海峰　王高山 杜志明　苏学斌
15	核电厂先进水泥固化系统工艺及配方的研制与应用	1. 深圳中广核工程设计有限公司 2. 中广核工程有限公司 3. 大亚湾核电运营管理有限责任公司	陈亦德　潘跃龙　乔丕业 陈小强　邓先宽　张　鹏 袁建春　王辉诚　王成东 李　超　王　倩　张学岭 李春常　赵　滢　李　东
16	AP1000 反应堆压力容器顶盖贯穿件检验系统研制	1. 核动力运行研究所 2. 中核武汉核电运行技术股份有限公司	蔡家藩　丁冬平　王仕村 张建军　周礼峰　邵文斌 聂　勇　张志义　杨崇安 朱启琼　周凤革　陈　姝 张　军　范国成　刘立群
17	国内首次一回路压力边界缺陷管道的更换方法及实施	大亚湾核电运营管理有限责任公司	秦余新　张鸿泉　王文奎 陈述清　黄开凯　李　杰 张志明　黄荣许　王国才 蒲　江　桑建军　张朝辉 杜秋波　王　松　郭召生
18	压水堆核电厂安全壳氢气风险评估及监测系统研发	1. 中科华核电技术研究院有限公司 2. 中国船舶重工集团公司第七一八研究所 3. 中广核工程有限公司	林继铭　罗　沙　葛珍珍 姜晓玲　覃　亮　段承杰 董　强　李　琳　祝维燕 肖　洲　黄永生　陈　鹏 陈美兰　崔赫辰　张世顺

（续表）

序号	项目名称	主要完成单位	主要完成人
19	核反应堆压力容器管嘴超声检查装备研制	中广核检测技术有限公司	吴健荣 李 明 刘金宏 陈怀东 肖学柱 吕天明
20	核电厂操纵人员心理测评研究与应用	核动力运行研究所	申中祥 黄乃曦 任军华 郑建锋 陆 凡 胥遥山 张兆虎 炊晓东 邓江明 潘保林
21	核电厂实时信息监控系统设计开发与应用	中广核工程有限公司	王 婷 刘高俊 谭 珂 江国进 孙永滨 倪立功
22	内陆厂址大气弥散模式研究	1. 中国核电工程有限公司 2. 北京大学	李凤菊 蔡旭辉 朱 好 宋 宇 刘新建 张宏昇 郑 伟 陈家宜 王晓亮 康 凌 毛亚蔚
23	重水堆主热传输支管自动超声检查系统开发	1. 中核核电运行管理有限公司 2. 中核武汉核电运行技术股份有限公司 3. 中国核动力研究设计院 4. 秦山第三核电有限公司	郑永祥 袁建中 商俊敏 何 海 许 奎 陈明军 杨崇安 邹廉列 王仕村 裴启林
24	高温气冷堆核电站示范工程筏板基础冬期施工工艺与应用	中国核工业二四建设有限公司	刘兆瑞 金世安 秦玉伟 衡福利 赵景发 李 攀 董林博 朱利军 霍海旺 刘庆红 路进学 李 兵 李文恒 贺 攀 唐建国

三等奖项目 50 项

序号	项目名称	主要完成单位	主要完成人
25	核电厂蒸汽发生器传热管涡流检查策略重大优化及实施	大亚湾核电运营管理有限责任公司	李平仁 王 琪 张志明 吴宇坤 李晓蔚 范岩成 张 涛 龙 笛 韩 超

（续表）

序号	项目名称	主要完成单位	主要完成人
26	ACPR1000 概率安全评价模型的开发及其在设计中的应用	1. 苏州热工研究院有限公司　中广核工程有限公司 2. 中科华核电技术研究院有限公司	黄　飞　郭建兵　杨志超 杨　健　孙逸民　黄　乾 郗海英　姚　远　刘　翔 王　明
27	数字化核电站总体运行功能分析及相关人机接口设计	1. 中国核电工程有限公司 2. 福建福清核电有限公司	唐　涛　商幼明　刘学春 徐　钊　王长东　孙　涛 张　莉　刘海宇　尚　臣 杨东升
28	恰希玛核电厂工程 2号机组电站计算机系统设计及应用	上海核工程研究设计院	方　舟　王　伟　谢大蓉 王志成　马　骏　毛　磊 陈明瑾　张淑慧　张　洪 苏　杰
29	核电机组在广东电网运行方式研究	1. 中国能源建设集团广东省电力设计研究院 2. 广东省能源局 3. 中国南方电网有限责任公司 4. 苏州热工研究院有限公司	罗必雄　谢卓群　彭　波 刘　云　孙景强　圣国龙 任剑强　陈　旭　朱志芳 孙开宝
30	ACP1000 仪控特点总体方案设计	中国核电工程有限公司	吕冬宝　陈日罡　王　强 肖代云　邹　凯　俞光卫 张瑞萍　刘　玥　赵　晨 崔明路
31	车载伽玛能谱勘查技术研究与综合预测	核工业北京地质研究院	李必红　陆士立　韩绍阳 柯　丹　赵　丹　卫三元 罗　毅　张明林　李晓光 张濡亮
32	航天器测高装置用贫铀屏蔽体研制	中核北方核燃料元件有限公司	王玉岭　田春雨　续锦梅 房淑英　邹本慧　韩志华 王锦龙　康泰峰　梁　军
33	大埋深砂岩型铀矿床地浸采铀工艺技术	核工业北京化工冶金研究院	王海峰　牛玉清　李建东 武　伟　原　渊　汤庆四 甘　楠　利广杰　宋振江 陈云龙

（续表）

序号	项目名称	主要完成单位	主要完成人
34	燃料棒焊缝半补偿法X射线检测工艺研究与应用	中核建中核燃料元件有限公司	邓昌义 杨通高 刘轶群 曹 晖 陈 超 蒋建军 杨 昆 查 军 宋 磊 兰 虹
35	铀尾端流化床系统设备研发与工程应用	1. 中国核电工程有限公司 2. 中核四〇四有限公司	张永平 吴 涛 左宝昌 朱长兵 金福岳 石秀高 宋来武 姚红军 胡彦涛 刘海军
36	AFA3G核燃料组件骨架检查装置的研发	中核北方核燃料元件有限公司	王二平 赵 锐 崔振波 李万普 常艳君 刘宝桐
37	低中放废物处置场地勘测及核素运移研究	中国能源建设集团广东省电力设计研究院	易树平 马海毅 程小久 曾 强 汪华安 李学山 胡学玲 何宝石 任国澄 张润明
38	核电站用抗磨抗蚀功能涂层研发	苏州热工研究院有限公司	吴树辉 许 彪 黄科峰 胡金力 黄 骞 史一岭 叶 林 刘泽坤 尹 嵩 覃恩伟
39	秦山二期扩建工程严重事故管理导则开发技术研究	1. 中国核动力研究设计院 2. 中核核电运行管理有限公司	邓 坚 黄代顺 卢毅力 邓纯锐 崔怀明 冷贵君 武铃珺 孔翔程 向清安 陈建新
40	新型多源 γ 校准装置	中国核动力研究设计院	杜 毅 程 瑛 漆明森 刘献忠 陈嘉浪
41	岭澳二期安全壳超压保护措施改进——增设安全壳过滤排放系统	中国核电工程有限公司	李嫦月 丁 亮 王世民 龙 亮 王晓江 周 喆 李丽娟 李 军 王红玉 韩晓峰

（续表）

序号	项目名称	主要完成单位	主要完成人
42	重要用户中间回路冷却水系统（KAA）加缓蚀剂处理工艺研究	江苏核电有限公司	顾颖宾　李　锋　韩　斌 张　毅　王旭初　王宇宙 陆志浩　秦金光
43	核电站换料仿真培训系统	1. 核动力运行研究所 2. 中核武汉核电运行技术股份有限公司	张　皓　李　姝　赵鹏程 彭　波　廖红星　张　侃 景应刚　陈　明　覃　坤 王　瑜
44	凝汽器喉部膨胀节氦检漏开发及实施	1. 中核核电运行管理有限公司 2. 国核电站运行服务技术有限公司 3. 秦山第三核电有限公司	徐利根　袁建中　周越峰 杨　敏　郑永祥　陈明军 厉建文　柏佳磊　汪　植 冯春杰
45	事故辐射分区及人员累积剂量分析方法研究	上海核工程研究设计院	梅其良　孙大威　韩建春 付亚茹　黎　辉　潘　楠 钱惠富　张姗姗　张海俊 李怀斌
46	大孔径阴树脂去除核电厂 ^{110m}Ag 核素的应用研究	1. 中核核电运行管理有限公司 2. 核电秦山联营有限公司	秦建华　王　东　刘新福 韩玉刚　雷水雄
47	核级设备鉴定技术研究	中科华核电技术研究院有限公司	黄文有　赵月扬　钱建华 钟质飞　王　超　杨壮豪 杨立树　朱　贺　王　胜 陈　勇
48	百万千瓦级发电机励磁旋转二极管监测系统自主化研制及应用	中科华核电技术研究院有限公司	刘业胜　李建华　黄　超 夏敬明　贺英章　许航源 徐小明　尹　亮　钟质飞 杨　勇
49	百万千瓦压水堆核电控制棒驱动机构电源系统	1. 上海发电设备成套设计研究院 2. 中广核工程有限公司 3. 上海科达机电控制有限公司	俞高伟　黄定忠　张　甬 童富春　周蕴花　顾立刚 付丰年　王宏印　沈志华 刘南衡

（续表）

序号	项目名称	主要完成单位	主要完成人
50	扩散型氢计研制及其在中国实验快堆的应用	1. 清华大学 2. 中国原子能科学研究院	罗　锐　余华金　裴志勇 王　洲　杨献勇　洪顺章 宋德宽　穆瑞云　李同生 李文宏
51	秦山二期扩建工程反应堆保护系统设计优化和设备改进	1. 中国核动力研究设计院 2. 中国核电工程有限公司	刘艳阳　王远兵　许东芳 周继翔　李红霞　李　高 李谢晋　冯　威　肖　鹏 刘宏春
52	核电站 1E 级电缆热缩套管研制	1. 中国核电工程有限公司 2. 深圳市宏商材料科技股份有限公司 3. 北京市山江科技发展有限公司	周晓斌　钟晓光　姜庆水 熊　宇　李笑镭　吴绍佳 张　楠　窦慧元　顾燕春 苏　罡
53	钢制安全壳分析关键技术研究	上海核工程研究设计院	葛鸿辉　柳胜华　陈来云 汤福平　徐　挺　马云飞 黄小林　张　瑞　彭晓平 李帅希
54	直流熔断器寿命试验与评估系统	1. 苏州热工研究院有限公司 2. 中核核电运行管理有限公司	石　颉　姚建林　刘玉杰 陆永芳　施海宁　梁志国 吴成年
55	汽轮机转子叶片根部超声相控阵检验技术研究	1. 核动力运行研究所 2. 中核武汉核电运行技术股份有限公司	张益成　邱进杰　蔡家藩 聂　勇　方　江　李彦伟 何　海　陈　亮　卢　威 成照宇
56	ACP1000 核岛厂房抗震分析技术研究	中国核电工程有限公司	杨建华　张超琦　李玉民 王洪斗　隋春光　王先东 刘　敏　王冬梅　杨　烨
57	AP1000 核电厂大型结构模块力学性能试验及设计技术研究	上海核工程研究设计院	葛鸿辉　夏祖讽　李韶平 褚　濛　宋晓冰　黄小林 黄江德　储艳春　严　军

（续表）

序号	项目名称	主要完成单位	主要完成人
58	AP1000 核电钢制安全壳（CV）现场组装及安装技术研究	中国核工业第五建设有限公司	梁选翠　王　伟　张文燕　陈华桥　尹付军　李灿彬　郭玉炳　刘卫华　董　亮　杨久贺
59	ACP1000 非能动余排系统外层安全壳外挂水箱流固耦合分析	中国核电工程有限公司	王黎丽　李玉民　张超琦　蔡利建　姚　迪　王洪斗　魏　峰　刘玉林　左仲存　孙晓颖
60	田湾 3、4 号机组特殊地质体地基优化处理	1. 中国核电工程有限公司 2. 江苏核电有限公司	李玉民　张超琦　王宝树　孟　剑　崔方水　李雪明　韦松余　王黎丽　江传方　王云峰
61	核能海水淡化堆非能动专设安全设施综合模拟试验研究	中国核动力研究设计院	许世杰　刘　逊　卓文彬　李朋洲　宋丹戎　李长林　谭曙时　肖泽军　许晓兰　王晓衡
62	基于核电三维布置设计平台的管道支吊架结构设计软件 NPHS 开发	1. 中国核动力研究设计院 2. 北京伟熙华高新科技有限公司	唐涌涛　苏荣福　许　伟　崔国强　许　余　张　栋　余兴凤　林　亮　王　帅　裴郊区
63	汽机房半地下布置的通风设计	国核电力规划设计研究院	押淑芳　张天林　綦建国　许延荔
64	核电厂消防安全关键技术研究及应用	中国能源建设集团广东省电力设计研究院	李　波　乔旭斌　陈　澜　何小华　曾令刚　黄　宇　黄志祥　王明才　毛卫兵　解丰波

（续表）

序号	项目名称	主要完成单位	主要完成人
65	开发性金融支持中核集团核能发展与铀资源开发战略规划研究	1. 中国核科技信息与经济研究院 2. 中国核工业集团公司财务部	白云生 韩绍阳 刘 敏 张 明 袁 帅 陈 超 凌晓哲 朱 博 王亚坤 田 楠
66	AP1000 施工管理标准化规范	中电投山东核电有限公司	丁维民 冯 平 马元华 丁 军 章善春 殷作敏 姚 鹏 谭贡清 郑日水 张 敏
67	可靠性维修（SRCM）应用技术及预防性维修大纲开发	1. 核动力运行研究所 2. 中核武汉核电运行技术股份有限公司	刘丙月 高建勇 李艳良 秦 凤 付 佳 杨海双 戴 兵 金国强 郭 逸 何 虹
68	AP1000 工程施工质量控制及验收标准化图册研究与应用	中国核工业第五建设有限公司	徐忠祥 张少青 钱永根 朱欲志 和英锋 侯言慧 安宇哲 谭世杰 李 欣 李 学
69	小型模块化反应堆法规标准适用性研究	中电投核电技术中心（北京）有限公司	王晓航 朱立新 吴锦坤 丁云峰 梁 军 刘学锋 刘 宏 宋明海 王 遥 赵 鑫
70	核用电动鱼雷真空阀开发	中核新能核工业工程有限责任公司	罗玉英 熊建平 钟 雄 吴 刚 殷亚芳 刘 洋
71	控制棒驱动杆解锁及检查工具的研制	中国核电工程有限公司	王 燕 樊秀梅 沈艳祥 刘慧芳 李建奇 谢 亮
72	蓄电池短路耐受时间的试验方法及装置	1. 中国核电工程有限公司 2. 沈阳东北蓄电池有限公司	姜庆水 周晓斌 沈 岩 曾跃沫

（续表）

序号	项目名称	主要完成单位	主要完成人
73	辐照后钴调节棒组件厂内转运容器研制	中国核电工程有限公司	张洪军　姚　琳　王　庆 唐兴贵　吴　明　谢　亮
74	一种核电站闸门吹砂装置	中国核电工程有限公司	王东海　李海珠　白　玮 张荣勇　武　婕

中国核能行业协会

中国核能行业协会组织结构

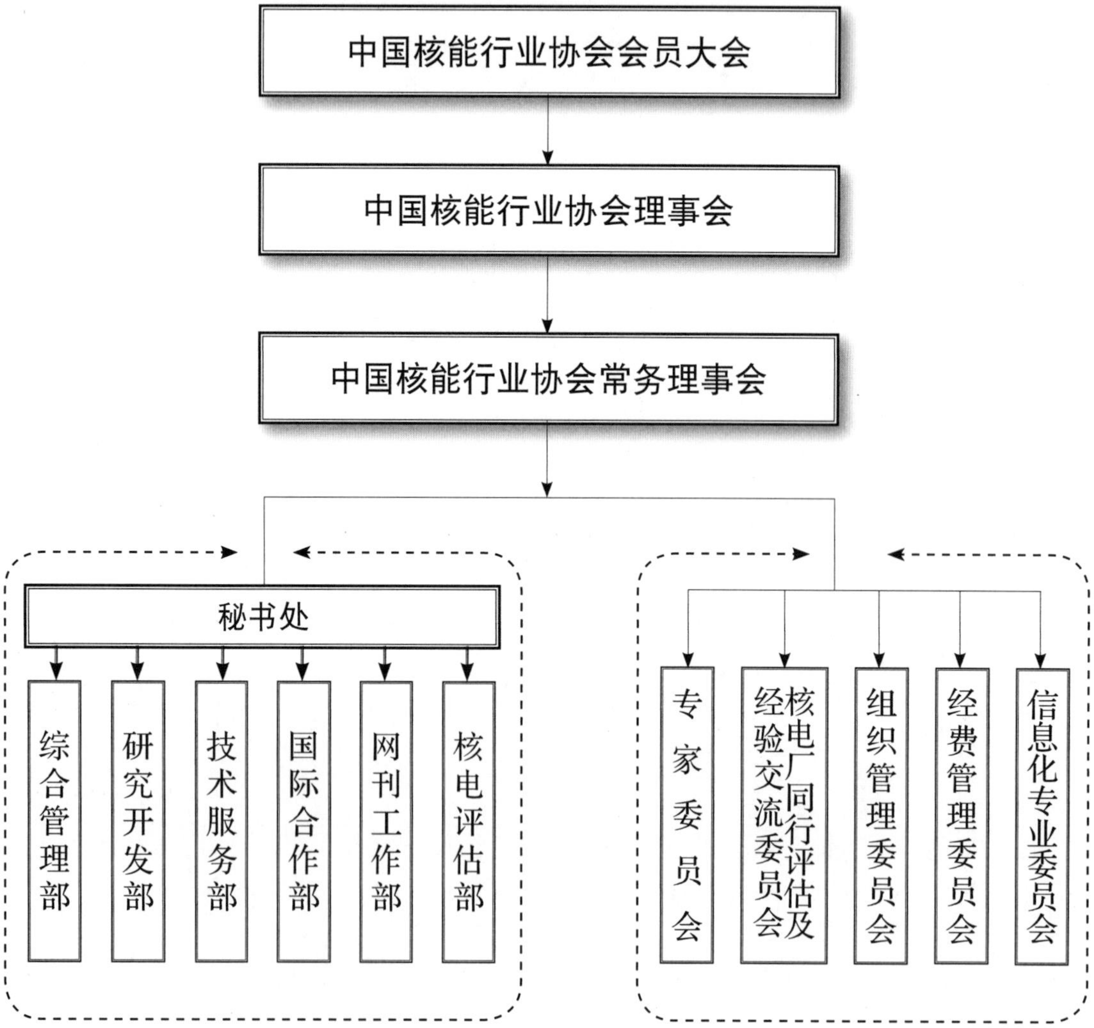

第二届理事会名单（截至 2014 年底）

名誉理事长：张国宝

名誉副理事长：丁中智　李永江　翟若愚

理事长：张华祝

副理事长（22 名 按姓氏笔画为序）：

马鸿琳	王　森	王毅韧	毕亚雄	吕华祥	刘　华	杨　岐
杨兰和	李冠兴	时传清	张廷克	张炜清	陆启洲	俞贵银
赵成昆	高　嵩	高立刚	斯泽夫	韩建伟	程建平	程念高
魏　锁						

常务理事（49 名 按姓氏笔画为序）：

马鸿琳	王　森	王毅韧	左岚林	毕亚雄	吕华祥	刘　华
刘志刚	刘　巍	杨　岐	杨　兆	杨兰和	李大宽	李明亮
李冠兴	严嘉鹏	束国刚	杜运斌	时传清	张一心	张华祝
张廷克	张炜清	张建国	陆启洲	陆素娟	俞贵银	陈宝智
陈家昌	陈绍雄	金有忠	周振兴	赵成昆	贺云生	徐玉明
郭剑波	高　嵩	高立刚	曹水林	崔绍章	韩建伟	韩乃山
斯泽夫	程念高	程建平	谢秋野	雷鸣泽	魏国良	魏　锁

理事（105 名 按姓氏笔画为序）：

丁建波	万　钢	万东海	马鸿琳	王　安	王　森	王凤学
王宝忠	王俊峰	王福平	王毅韧	王黎明	左亚军	左岚林
毕亚雄	叶向东	吕华祥	吕宏伟	刘　嘉	刘　华	刘　巍
刘伟瑞	刘志刚	刘志颖	刘春胜	刘皓洁	许大庆	孙忠飞
庄建新	杨　岐	杨　兆	杨兰和	杨晓峰	杨朝东	李一农
李大宽	李宗明	李俊杰	李苏甲	李冠兴	李明亮	严嘉鹏
束国刚	杜运斌	时传清	吴　杰	吴立昆	吴美景	邹树梁
张一心	张仕兵	张华祝	张廷克	张作义	张炜清	张建国
陆启洲	陆素娟	俞贵银	陈国祥	陈宝智	陈建华	陈家昌
陈鉴平	陈绍雄	郑明光	郑晓军	金有忠	周振兴	赵　虎
赵成昆	柳和生	贺云生	钟开华	唐伟	唐椰熙	黄学清
徐玉明	徐凯祥	徐洪海	徐浏华	郭忠德	郭剑波	高立刚
高　嵩	曹水林	崔绍章	梁光扶	董宏亮	韩乃山	韩建伟
韩恩厚	蒋达进	蒋国元	斯泽夫	程念高	程建平	谢秋野
路建美	雷鸣泽	廖伟明	缪亚民	霍锁善	魏国良	魏　锁

会员名录（截至 2014 年底）

序号	会员单位名称
1	中国核工业集团公司
2	中国核工业建设集团公司
3	中国广核集团有限公司
4	中国电力投资集团公司
5	国家核电技术有限公司
6	中国华能集团公司
7	中国大唐集团公司
8	中国华电集团公司
9	中国国电集团公司
10	中国长江三峡集团公司
11	哈尔滨电气集团公司
12	中国东方电气集团公司
13	上海电气（集团）总公司
14	清华大学
15	中国核能电力股份有限公司
16	中国核动力研究设计院
17	大亚湾核电运营管理有限责任公司
18	中核北方核燃料元件有限公司
19	核电秦山联营有限公司
20	广东核电合营有限公司
21	中电投核电有限公司
22	华能山东石岛湾核电有限公司
23	华能核电开发有限公司
24	江苏核电有限公司
25	秦山核电有限公司
26	秦山第三核电有限公司
27	香港核电投资有限公司
28	中国核工业地质局
29	四川省核工业地质局
30	中广核铀业发展有限公司
31	电力规划设计总院

（续表）

序号	会员单位名称
32	中国核电工程有限公司
33	中科华核电技术研究院有限公司
34	广东省粤电集团有限公司
35	中广核工程有限公司
36	中国核工业华兴建设有限公司
37	中国核工业二三建设有限公司
38	大全集团有限公司
39	哈尔滨工程大学
40	中联重科股份有限公司
41	中国电力科学研究院
42	上海市核电办公室
43	浙江省海盐县中国核电城建设办公室
44	山东核电有限公司
45	中核集团三门核电有限公司
46	辽宁红沿河核电有限公司
47	阳江核电有限公司
48	福建宁德核电有限公司
49	福建福清核电有限公司
50	中核四〇四有限公司
51	中核陕西铀浓缩有限公司
52	中核建中核燃料元件有限公司
53	江西省核工业地质局
54	中国电力工程顾问集团华东电力设计院
55	中国原子能科学研究院
56	中核新能核工业工程有限责任公司
57	上海核工程研究设计院
58	国防科工局核技术支持中心
59	国家环境保护部核与辐射安全中心
60	核工业北京化工冶金研究院
61	核工业标准化研究所
62	核工业理化工程研究院
63	核动力运行研究所
64	深圳中广核工程设计有限公司

（续表）

序号	会员单位名称
65	中国中原对外工程公司
66	中国核工业第二二建设有限公司
67	中国核工业二四建设有限公司
68	中国核工业第五建设有限公司
69	核工业南京建设集团有限公司
70	中国第一重型机械集团公司
71	中国第二重型机械集团公司
72	上海电气核电设备有限公司
73	上海自动化仪表股份有限公司
74	上海第一机床厂有限公司
75	中核苏阀科技实业股份有限公司
76	东方电气（广州）重型机器有限公司
77	东方电气集团东方锅炉股份有限公司
78	西安核设备有限公司
79	南方风机股份有限公司
80	贵州航天新力铸锻有限责任公司
81	浙江宏伟实业有限公司
82	东华理工大学
83	苏州大学
84	南华大学
85	清华大学核能与新能源技术研究院
86	中国原子能工业公司
87	华电国际电力股份有限公司
88	四川省重大技术装备办
89	上海工业自动化仪表研究院
90	江苏申港锅炉有限公司
91	海南核电有限公司
92	中国科学院金属研究所
93	江苏银环精密钢管股份有限公司
94	台山核电合营有限公司
95	上海三一科技有限公司
96	成都神钢工程机械（集团）有限公司
97	苏州热工研究院有限公司

（续表）

序号	会员单位名称
98	福建省核电办公室
99	中国大唐集团核电有限公司
100	岭东核电有限公司
101	岭澳核电有限公司
102	国核宝钛锆业股份公司
103	广东省核工业地质局
104	宁夏核工业地质勘查院
105	辽宁省核工业地质局
106	吉林省核工业地质局
107	陕西省核工业地质局
108	青海省核工业地质局
109	浙江省核工业二六九大队（核工业金华建设工程公司）
110	浙江省核工业二六二大队
111	湖南省核工业地质局
112	中核北方铀业有限公司
113	中核抚州金安铀业有限公司
114	中核浙江衢州铀业有限责任公司
115	中核二七二铀业有限公司
116	中核赣州金瑞铀业有限公司
117	西安中核蓝天铀业有限公司
118	湖北三〇三库
119	新疆中核天山铀业有限公司
120	中国工程物理研究院
121	中国核科技信息与经济研究院
122	中国辐射防护研究院
123	上海发电设备成套设计研究院
124	中国能源建设集团广东省电力设计研究院
125	中核能源科技有限公司
126	国核电力规划设计研究院
127	国核电站运行服务技术公司
128	核工业工程技术研究设计有限公司
129	核工业计算机应用研究所
130	核工业北京地质研究院

（续表）

序号	会员单位名称
131	核工业西南勘察设计研究院有限公司
132	中核第四研究设计工程有限公司
133	湖南省电力勘测设计院
134	中国能源建设集团广东火电工程总公司
135	中国核工业中原建设有限公司
136	中核投资有限公司
137	中国能源建设集团天津电力建设公司
138	安徽电力建设第二工程公司
139	郑州中核岩土工程有限公司
140	核工业西南建设集团公司
141	浙江省火电建设公司
142	上海一核阀门制造有限公司
143	上海电气电站设备有限公司—上海发电机厂
144	上海电气电站设备有限公司—上海电站辅机厂
145	上海电气电站设备有限公司—上海汽轮机厂
146	上海阿波罗机械制造有限公司
147	上海重型机器厂有限公司
148	上海起重运输机械厂有限公司
149	上海阀门五厂有限公司
150	大连大高阀门有限公司
151	大连苏尔寿泵及压缩机有限公司
152	大连宝原核设备有限公司
153	大连深蓝泵业有限公司
154	广东亚仿科技股份有限公司
155	广州秀珀化工股份有限公司
156	南通中兴能源装备股份有限公司
157	中国电能成套设备有限公司
158	中核（北京）核仪器厂
159	中核动力设备有限公司（四七一厂）
160	东方电机股份有限公司
161	东方汽轮机有限公司
162	北京广利核系统工程有限公司
163	北京中核东方控制系统工程有限公司

（续表）

序号	会员单位名称
164	北京和利时系统工程有限公司
165	四川三洲川化机核能设备制造有限公司
166	宁波奥崎自动化仪表设备有限公司
167	石家庄工大化工设备有限公司
168	安徽电缆股份有限公司
169	江苏大明金属制品有限公司
170	江苏华光电缆电器有限公司
171	沈阳东管电力科技集团股份有限公司
172	沈阳盛世高中压阀门有限公司
173	国核自仪系统工程有限公司
174	环球阀门集团有限公司
175	陕西煤炭建设公司管件设备厂
176	哈尔滨电机厂有限责任公司
177	哈尔滨汽轮机厂有限责任公司
178	哈尔滨锅炉厂有限责任公司
179	浙江三方控制阀股份有限公司
180	浙江中达特钢股份有限公司
181	浙江中控技术有限公司
182	浙江宝纳钢管有限公司
183	浙江金盾风机风冷设备有限公司
184	烟台台海玛努尔核电设备有限公司
185	常州八益电缆有限公司
186	湖南湘投金天新材料有限公司
187	群星集团公司
188	嘉兴多角电线电缆有限公司
189	上海交通大学
190	中国电力投资集团公司高级培训中心
191	西安交通大学
192	西南科技大学
193	核工业管理干部学院（核工业培训中心）
194	北京柯瑞生物医药技术有限公司
195	苏州大学附属第一医院
196	中国太平洋财产保险股份有限公司

（续表）

序号	会员单位名称
197	中国平安财产保险股份有限公司
198	上海中核浦原总公司
199	北京宇航恒基文化传播有限公司
200	兴原认证中心有限公司
201	中国建筑第二工程局有限公司
202	中建电力建设有限公司
203	中国华电工程（集团）有限公司
204	中电投江西核电有限公司
205	山东电力工程咨询院有限公司
206	中电投电力工程有限公司
207	国核工程有限公司
208	中国核保险共同体
209	中国科学技术大学核科学技术学院
210	厦门大学能源研究院
211	沈阳航天新星机电有限责任公司
212	远东电缆有限公司
213	通裕重工股份有限公司
214	江苏天源华威电气集团有限公司
215	江苏神通阀门股份有限公司
216	申科滑动轴承股份有限公司
217	上海阀门厂有限公司
218	浙江国泰密封材料股份有限公司
219	河南力威管道设备有限公司
220	常州电站辅机总厂有限公司
221	哈尔滨天达控制工程有限公司
222	南通昆仑空调有限公司
223	广州华晟建筑材料有限公司
224	北京首宏钢科技开发有限公司
225	湖南圣川控股集团有限公司
226	江苏省核应急办公室
227	无锡市新峰管业股份有限公司
228	浙江博凡动力装备有限公司
229	中国原子能出版社

（续表）

序号	会员单位名称
230	陕西柴油机重工有限公司
231	中国电力工程顾问集团华北电力设计院工程有限公司
232	南京新核复合材料有限公司
233	浙江电力建设监理有限公司
234	北京金瑞致科技发展有限公司
235	宁波泰索科技有限公司
236	中电华元核电工程技术有限公司
237	台山市清洁能源核电装备产业园有限公司
238	吴江市东吴机械有限责任公司
239	江苏华冠电器集团有限公司
240	苏州宝骅机械技术有限公司
241	天津华油天元石化设备有限公司
242	常熟市辐射技术开发应用研究所
243	北京京能恒基新材料有限公司
244	南阳市核电项目前期工作领导小组办公室
245	上海森林特种钢门有限公司
246	西北工业大学
247	攀钢集团江油长城特殊钢有限公司
248	巨力索具股份有限公司
249	宝银特种钢管有限公司
250	海龙核材科技（江苏）有限公司
251	江苏新恒基重工有限公司
252	上海申江锻造有限公司
253	上海福克斯波罗有限公司
254	中橡集团沈阳橡胶研究设计院
255	东方电气（武汉）核设备有限公司
256	华润新能源控股有限公司
257	上海临港经济发展（集团）有限公司
258	紫光同能（北京）信息技术有限公司
259	中核华兴达丰机械工程有限公司
260	大连华阳光大密封有限公司
261	渤海重工管道有限公司
262	广西金雨伞防水装饰有限公司

（续表）

序号	会员单位名称
263	湖南核电有限公司
264	国家核电技术有限公司北京软件技术中心
265	通标标准技术服务有限公司
266	天津天地伟业数码科技有限公司
267	浙江百基特材科技有限公司
268	海盐科路人力资源有限公司
269	阿尔斯通（武汉）工程技术有限公司
270	中广核（北京）核技术应用有限公司
271	中核河南核电有限公司
272	中核核电运行管理有限公司
273	苏州纽威阀门股份有限公司
274	四川科新机电股份有限公司
275	北京益利精细化学品有限公司
276	金泽核创（北京）国际能源技术服务有限公司
277	吉林昊宇电气股份有限公司
278	浙江苍南仪表厂
279	上海森松压力容器有限公司
280	中机生产力促进中心核设备安全与可靠性中心
281	四平市巨元瀚洋板式换热器有限公司
282	深圳航天科技创新研究院
283	中国钢研科技集团有限公司
284	国核示范电站有限责任公司
285	哈电集团（秦皇岛）重型装备有限公司
286	有能集团有限公司
287	西安永华集团有限公司
288	中铁二局集团电务工程有限公司
289	成都中广核久源测控科技有限公司
290	泰安市山口锻压有限公司
291	烟台通用机械设备制造有限公司
292	浙江国之光电器科技有限公司
293	广州南宝建筑材料有限公司
294	浙江阳光时代律师事务所
295	哈尔滨红光锅炉总厂有限责任公司

（续表）

序号	会员单位名称
296	上海核昌实业有限公司
297	山东衡达有限责任公司
298	哈尔滨工业大学
299	广西防城港核电有限公司
300	中电投核电技术中心（北京）有限公司
301	大连海密梯克泵业有限公司
302	广东正超电气有限公司
303	北京市君致律师事务所
304	山东电力建设第三工程公司
305	上海新曼传感技术研究发展有限公司
306	宁波天生密封件有限公司
307	浙江久立特材科技股份有限公司
308	浙江创想节能科技有限公司
309	山东双轮股份有限公司
310	中国科学院合肥物质科学研究院
311	厦门安能建设有限公司
312	山西华钢贸易有限公司
313	上海电气凯士比核电泵阀有限公司
314	上海太比雅电力设备有限公司
315	河南华泰特种电缆有限公司
316	江苏美特林科特殊合金有限公司
317	杭州新纪元消防科技有限公司
318	南京佑天金属科技有限公司
319	中核新能源有限公司
320	深圳市创捷科技有限公司
321	江苏其兵实业有限公司
322	连云港经济技术开发区管理委员会
323	江苏爵格工业设备有限公司
324	中国仪器进出口（集团）公司
325	四川沱江起重机有限公司
326	全南晶环科技有限责任公司
327	沧州隆泰迪管道科技有限公司
328	上海通用风机股份有限公司

（续表）

序号	会员单位名称
329	浙江电渣核材有限公司
330	中国船舶重工集团公司第七〇三研究所无锡分部
331	西陇化工股份有限公司
332	博天环境集团股份有限公司
333	核建清洁能源有限公司
334	上海宝亚安全装备有限公司
335	青岛东卡环保工程技术有限公司
336	甘肃中核嘉华核设备制造有限公司
337	天津市贝斯特防爆电器有限公司
338	沧州惠邦机电产品制造有限责任公司
339	河北卓华环境工程有限公司
340	岳阳筑盛阀门管道有限责任公司
341	北京群菱能源科技有限公司
342	上海埃比埃斯技术检验有限公司
343	北京市中伦律师事务所
344	北京斯帕顿矿产资源投资咨询有限公司
345	四川省简阳龙头磨料磨具有限公司
346	北京华圣金程科技有限公司
347	上海元达律师事务所
348	江西省水电工程局
349	北京市君合律师事务所
350	邯郸市邯钢附属企业公司
351	法国电力公司北京办事处
352	福建上润精密仪器有限公司
353	斯堪伯奥科技（北京）有限公司
354	堡盟电子（上海）有限公司
355	日立（中国）有限公司
356	大连日立机械设备有限公司
357	魏德米勒电联接国际贸易（上海）有限公司
358	莱茵检测认证服务（中国）有限公司
359	西门子（中国）有限公司
360	希西艾流体控制设备（上海）有限公司
361	广州司态结构监测技术咨询有限公司

（续表）

序号	会员单位名称
362	阿海珐（北京）咨询公司
363	瓦卢瑞克核电管材（广州）有限公司
364	伯合乐焊接产品贸易（上海）有限公司
365	美国赛瑞丹有限公司北京代表处
366	山特维克国际贸易（上海）公司
367	罗尔斯•罗伊斯商业（北京）有限公司
368	瑞西屋电气（亚洲）有限公司北京代表处
369	颇尔过滤器（北京）有限公司
370	瑞斯奇柯特尔冷却系统（天津）有限公司
371	艾默生电气（中国）投资有限公司
372	ABB（中国）有限公司
373	必维质量技术服务（上海）有限公司
374	阿法拉伐（江阴）设备制造有限公司
375	布兰肯（徐州）金属设备制造有限公司
376	康斐尔过滤设备（昆山）有限公司
377	富迪斯工程技术（上海）有限公司

网站与出版物

2014 年，协会网站栏目进行了整合优化，取消了一些不适合的栏目，增设了“信息公开”栏目；对页面布局进行了调整，撤销了二级栏目在首页上的显示，规整了专项网页的位置，按栏目关注度调整了栏目位置；对部分栏目的权限进行了扩充，以保证栏目的更新速度。同时，制定了网站管理的补充规定，确保网站的安全运行和规范管理。2014 年，网站刊发各类新闻信息 2715 条。

2014 年，共完成 6 期《中国核能》会刊、12 期《核能新闻》电子月刊、《中国核能年鉴》2014 年卷的编辑出版工作，确保了刊期和质量。

《中国核能》全年一是围绕核电安全高效发展进行策划；二是以核安全宣传为主线；三是继续关注核电重点项目，杂志记者深入项目一线进行采访；四是重点关注核电“走出去”战略，刊发专家论述文章，跟踪战略实施情况，宣传出口自主品牌，组织专题集中报道。策划的重要专题有：公众宣传、“两会”核声音、福岛三周年“守护核安全”特别报道、协会年会、核能论坛、中国核建成立 15 年、中广核成立 20 周年、“华龙一号”、法国首届世界核工展、中国加入原子能机构 30 年、信息化工作。

《中国核能年鉴》2014 年卷近 70 万字。出版后，第一次获国家图书馆捐赠证书。

2014 年，协会在原有宣传平台的基础上，新开通了协会官方微信和微博，利用这些新的手段发布核能行业的有关信息、传递国际国内有关核能动态、宣传核电科普知识、提高公众对核电的可接受性。截至 12 月 31 日，协会的微信公众号已有近 1600 人关注，发布文章 700 余条，阅读总量近 15 万次，国家政策类、高端观点类、技术创新类文章的关注度高，单篇阅读量最高为 4000 余次；新浪微博上传新闻 346 条。

图书在版编目（CIP）数据

中国核能年鉴．2015年卷／中国核能行业协会编．
—北京：中国原子能出版社，2015.11
ISBN 978-7-5022-6869-5

Ⅰ．①中… Ⅱ．①中… Ⅲ．①核能－中国－2015－年鉴
Ⅳ．①F426.23-54

中国版本图书馆CIP数据核字(2015)第229776号

中国核能年鉴·2015年卷

出版发行	中国原子能出版社（北京市海淀区阜成路43号 100048）
责任编辑	谭 俊
责任校对	冯莲凤
责任印制	潘玉玲
印　　刷	北京盛通印刷股份有限公司
经　　销	全国新华书店
开　　本	787 mm × 1092 mm 1/16
印　　张	25.5　　　字　数 635千字
版　　次	2015年11月第1版 2015年11月第1次印刷
书　　号	ISBN 978-7-5022-6869-5　　定　价 178.00元

网址：http://www.china-nea.cn/

ISBN 978-7-5022-6869-5

9 787502 268695